普通高等学校
应用型教材
· 新闻传播学 ·

史文静　李　飒 / 编著

出镜记者与主持人实务

ON-CAMERA REPORTER AND ANCHOR PRACTICE

中国人民大学出版社
· 北京 ·

浙江省普通高校“十三五”新形态教材建设项目

“现场采访报道”

前 言

“是否存在观察与理论的二分”曾是科学界讨论度最高的经典问题之一。我们使用科学仪器所观察到的物体和结构是真实的吗？如果是，科学家就必须对问题中所涉及的科学仪器的工作原理有基本的了解。对新闻记者的工作来说同样如此。记者的观察并不是被动观看（passive seeing），而是一种主动干预（active intervention），同时也是一项需要学习工作原理的技能。主动干预使得科学观察成为可能，让我们确信观察到的结构是真实的。而记者在现场的“所见”，不仅仅是被记录的“现场”，实际上还包括了记录者的“视角”。当新闻学可以使用技术上精细的观察以及大数据整理和经验分析之时，如何使这种新闻实践理论更加接近于专门提供指导的经验模式，并作为与记者这个角色认知相关联的行动进行深度动态研究，正是本书所要探讨的功能-结构模型。

新闻教科书是新闻实务课程内容的核心载体，在学习场景中发挥着重要作用。当前我国正处在由卓越新闻传播人才教育培养计划2.0向新文科建设培育人才“关键能力”转变的教育改革升级过程中，实践教学“1＋1模式”（任课教师＋业界导师的实践教学模式）和融媒体时代实践教学的改革与创新衔接了教学的基础理论与实践应用，可视为“中层理论”，需要完成“归置协调”和“吸纳整合”的功能，即将实践特征进行分门别类以形成逻辑自洽的基本框架结构，以及对成果进行充分吸纳，并形成能够承载理论与实践之间对话沟通的整合平台。因此，需要找到相关“载体”建构完成模型化任务。如果把新闻采访的“现场”作为“物质载体”，那么可以向初学者展示的不是琐碎的知识点，而是把知识点穿插在认知体系里，用这个思维模型去诠释现场采访的本质。基于此，本书提出了记者采访现场的功能-结构视角，构建了包含“知识点-教学案例-认知呈现”三层面的“功能-结构”分析框架。通过精选现场案例，检视现场的知识模型性能特征和价值意义。比如，用“多维信息空间”讲述出镜采访与连线报道，用“故事冲突点”讲解新闻结构，用“性格”讲解人物真实感，用“视角”讲述现场体验过程，让专业学理变得直观而易操作。

为了保证观点和案例的实效性，在这几年里，我们几乎检索了近年来发表在重要新闻学期刊上的所有相关文献，还参阅了大量书籍。本书所采用的案例，多为近几年的热点新闻事件和获奖新闻作品，案例从国内到国际，兼顾浙江地方特色。案例中大多选取了有代表性的片段进行分析。本书省略了一些常规教材中的基础采访理论，从问题出发，以思辨的方式，以讲故事为核心，通过历史学、文学、传播学、叙事等多个视角展示真实社会和人心；以对人的理解为核心，在宏观和微观之间给读者提供一个思考和操作的中观路径。

在新闻实务发展过程中，有很多重大的技术和理论进步，也有很多记者做出了突出贡献。如何才能筛选出具有“里程碑”意义的事件、最具人格魅力的新闻工作者呢？我们主要考虑的是这些事件及新闻工作者是否改变了今天的新闻和我们的生活，同时让读者不仅了解这些技术和理论本身，通晓采访现场的前世今生，还可以掌握目前重要技术的由来和原理。这些新闻工作者极具人格魅力，他们展现出的高尚的人格品质不仅是我们每个新闻工作者学习的榜样，更能让我们普通人从中学会如何工作，体味“人生之道”。新闻采访史上的典型案例，书中也列举了很多。从这些案例中，可以感受到新闻工作的艰辛以及发展历程。“一线者说”和“推荐阅读文献”则有利于读者进一步拓展视野。

我们希望在保证实践教学系统内部结构的逻辑周延和关系明确的基础上吸纳和反映相关研究的最新成果，把新闻学重要的进展、常见的认知以及沟通、决策、未来发展等总结并且提炼出来，把艰深的专业知识用“显”而不“浅”的语言表达出来。我们期望构建这样一个认知体系，它不仅适用于传媒学子，同样适用于没有就读传媒专业的人。希望读完本书的你，不仅能对现场采访等新闻实务领域有更深入的了解，更能将知识学以致用。

史文静

2024 年 1 月 8 日

目录

CONTENTS

第一章

现场采访报道

【本章学习要点】

1. 现场采访报道界定
2. 现场信息如何呈现
3. 现场采访如何体现场性思维

平台新闻业诸多新形式、新业态的出现重新定义了新闻实践工作，媒体的发展是一个不断迭代和基因延续的过程。本章主要从“采访”概念与“现场”概念入手讲述现场采访报道的基本概念、理念，记者如何确定采访报道重点，以及如何进行理性思辨，重点在于理解媒介形态与技术变革对实现采访报道和有效传递信息的提升作用。

第一节 现场采访报道

一 概念界定

（一）采访及出镜记者

采访是一门对人的形象及人的个性、心理、情感等复杂本质进行探究的艺术。

以唯物主义哲学观来考察，采访活动是主体认识客体的活动。采访，是记者认识客观事物，采集、发现、挖掘事实与信息的调查研究活动，记者采访的目的是传播信息、交流信息、沟通社会。采访讲究时效，要体现现场感，用事实说话。电视采访是指电视新闻工作者利用电视技术中一切可以兼容的手段，为实现新闻的大众传播而进行的素材采集活动，包括拍摄、记者出镜、画外采访。出镜记者是在新闻现场或连线新闻现场镜头中从事信息传达、人物采访、事件评论的电视记者和主持人（主播）的总称。

本书探讨的内容主要是以下两个部分：

- 出镜记者和现场主持人采访，包括记者和主持人现场提问、访谈和述评以及形体姿态、表情反应等。尤其强调记者对现场做全面的信息搜寻和梳理。
- 画外采访，即记者围绕事件所进行的文字、背景、资料等非形象素材的采集等。

本书中的现场报道不包括广播现场报道。

（二）现场及现场报道

如何界定新闻现场？

狭义的新闻现场是指“新闻事件发生现场”，而广义的新闻现场则是指与新闻报道主体存在逻辑关系的新闻空间。① 镜头对于新闻事件现场的展现通常是即时的、连续的、完整的，所以具有真实性与可信性。除了用画面记录事态的发生发展，记者在现场的报道也是重要的组成部分，记者不仅要观察现场、感受现场、体验现场，而且在现场要善于发现重要信息，挖掘出有价值的事实和细节，并有较好的思辨性，提出发人深省的观点。比如针对灾难现场报道，马少华提出：“哪里能够发现突破性的信息，哪里就是新闻现场。”②

国内学者过去多从电视新闻的角度对现场报道进行定义，比较有代表性的如下：

宋晓阳对现场报道的定义是：电视报道者置身于新闻现场，面对摄像机，以采访者、目击者和参与者的身份向观众描述新闻现场、叙述新闻事实、点评新闻事件，并同时伴以图像报道的一种报道形式，分为录像型现场报道和直播型现场报道。③

曾祥敏在《电视采访》中提出：“现场报道是指电视记者在新闻事件现场，面对摄像机（观众）以采访者、目击者或参与者的身份做报道。”④

现场报道是广播电台、电视台记者在新闻事件发生的现场直接向听众、观众作口头报道（也可以配置音响和画面）的报道形式，它有利于充分发挥电子媒体现场感、真实感和面对面的优势。⑤

电视记者到新闻现场，肩上的摄像机和手中的话筒要围绕着新闻事件的“场信息”采集来分工。首先是记者发现现场的新闻元素，利用摄像机镜头尽快捕捉到新闻六要素中的 when（何时）、where（何地）、what（何事）、who（何人）、how（怎么样）五大要素。在此基础上，记者利用手中的话筒再进行现场同期声采访，请当事人、目击

---

① 宋晓阳．出镜记者现场报道指南［M］．北京：中国广播电视出版社，2008：30.

② 马少华．马航失联，中国媒体落后在哪里［EB/OL］．(2014-03-18)[2023-10-10]．微信公众号“仟言万语”.

③ 同①.

④ 曾祥敏．电视采访［M］．北京：中国传媒大学出版社，2010：152.

⑤ 王斌，王佳平．现场报道的即兴口语组织［J］．中国广播电视学刊，2009（3）.

者、知情人及受影响人等对摄像机镜头捕捉到的现场视觉信息做诠释解读。同期声采访还要对新闻事件的内涵进行开掘、对外延线索进行拓展，采集直观视觉观察不到的各种现场信息，即展现 why（原因）这一新闻要素，以及 how（怎么样）中没有拍到的部分内容。后期的解说词、画外音辅以现场事件过程镜头，更多起到的是对现场具象视听信息的补充延展与环境背景介绍以及跨时空新闻元素的连缀整合作用，有时囿于篇幅也可将现场同期声的部分内容转化成解说词介绍。

二　客观性原则

客观性与客观主义不是一回事，客观性是呈现信息的一种方法或风格。第一次世界大战结束之后，欧洲的新闻工作者和评论家很快达成了一个普遍共识——肯定“客观性”原则，追求客观的、无偏见的报道渐渐于 20 世纪 20 年代不同程度地在美国和英国日益专业的新闻文化中作为制度确立下来。沃尔特·李普曼在他的《公众舆论》一书中对“客观性”阐述道：“新闻的职责在于传达事件的信息，真理的职责在于照亮隐蔽的事实，并且将两者联系在一起，从而形成作为人们开展行动所依据的有关现实的图画。”

然而，现场报道的诸多做法和表现形式似乎违背了新闻客观性原则，比如类人际传播的报道行为，话语中的个性与自我表露，评论事实等。但是只要记者对报道过程展开战略策划，使用系统性工具分析新闻事件并采集信息，清晰地界定所采用的表述方式等，从而将主观结论与客观事实区分开来，客观性原则是可以实现的。

一线者说

记者的“脚力、眼力、脑力、笔力”

《广西日报》融媒体报道《柳州融水突围记》荣获第二十八届中国新闻奖新增的融媒短视频项目一等奖。笔者就是“失联”数十小时，在穿越 40 处塌方后发回现场短视频的那位记者。

融媒体时代，新闻人更需要贯彻习近平总书记全国宣传思想工作会议重要讲话精神，增强在一线采访的“脚力、眼力、脑力、笔力”，只有如此，才能厚积薄发，在关键时刻打硬仗、打胜仗。走基层的脚力，是党报驻站记者必须练好的基本功，也是传统媒体人的强项。传统媒体记者始终走在路上深入一线调查研究，接地气、知民心，因此也练就了自己走基层的矫健脚力。

笔者作为把走基层视为常态的“泥脚记者”，多年来，足迹已经踏遍驻地苗山侗寨的山山水水，每次柳州发生重大灾情和突发事件，都会第一时间赶到现场，及时发回第一手的现场报道。这次能快人一步赶赴灾区现场，其实是出自职业本能的“本色呈现”。

对地方的情况一知半解，用碎片化的认知去“解读”现象，靠浮光掠影的网络采访和没有现场求证的信息去推送某一事件，少数新媒体就是以如此低成本和不严谨的采编作风，将新闻要素缺失的报道变成误导视听的谣言，甚至把“网红”变成“网黑”。党媒的新媒体必须保持自己对新闻事实和民情民意的敏锐洞察和清晰判断，这就是“四力”中的“眼力”和“脑力”。发现新闻本真的眼力，其实就是记者经过无数次现场历练才能淬炼出来的洞察力。这种洞察力不仅基于记者的观察和生活积累，也依靠记者自身的修为和人文积累。这恰恰是绝大多数传统媒体记者的修为。笔者常年在融水大苗山里采访，熟知山里的地理环境和风土人情，能说侗语，能听懂当地的苗语。2017 年 8 月 13 日清晨杆洞乡再次暴发山洪时，很多人还在睡梦中，笔者听到村里有人用苗语高喊“洪水来了！”，立刻起床直奔现场采访。

当天晚上第一次突围失败后，笔者在灾区村民家中辗转采访，经过察言观色和座谈发现：受灾群众跟外面失联后，焦虑的心态正在弥漫和扩散。笔者曾在 1996 年柳州特大洪灾中几天几夜冲在一线做抗洪报道，荣获柳州市“抗洪救灾先进个人”，深知在灾难降临时，上级党委和政府的关怀及外界的驰援，对稳定民心、提振灾区干部群众抗灾和重建家园士气极其重要。

基于现场的观察了解和判断，笔者决定次日一早再次突围，终于成功将灾区的重大灾情传递给正在山外打通险隘往山里突进的国家防总和市县领导，同时建议尽快派救援突击队员运送食品和药物进入灾区，往山外运送伤员，稳定受灾群众情绪。在新闻现场把握好采访报道的主题，履行好专业责任和对百姓的担当，作为党的新闻工作者应有清晰的脑力。有了这样的脑力，在突发事件面前，才不会走错方向，挖错素材。在《失联》的报道中，因灾情恶化一度“失联”数十小时的笔者，在题材的把握上始终坚持两个基点：

（1）不渲染、不误报灾情，做实现场采访和事实数据的求证。

（2）记录当地乡干部组织营救、自救的珍贵视频画面，回应社会关注焦点和可能出现的谣传，呈现基层党员干部把人民群众生命放在第一位、勇敢跑在灾情第一线，有组织、有纪律、有担当、有作为的优良品格。有担当、有情怀的报道，总能激发满满的正能量。

从报道效果看，《突围》一经发布便引发强烈反响，及时搭建起灾区与外界沟通的桥梁，提升了救援士气，覆盖微信、微博和客户端等平台数百万网友；成为新华网等央媒及《柳州日报》等地方媒体对暴雨灾情的权威信息来源，获大量转载；图文音视融媒体融合报道获业界好评。

资料来源：谌贻照．一台手机的突围：中国新闻奖一等奖作品《柳州融水突围记》实战心得［J］．中国记者，2018（12）．

三 新闻真实

电视能通过“现场感”表现“真实”这一主张贯穿其发展历史，是更大的“自然主义意识形态”的一部分。沃尔特·李普曼在 1920 年发表的《自由与新闻》一文中将“真相”（truth）与“新闻”（news）作为同义词互换使用。但在 1922 年出版的《公众舆论》中，他说新闻和真相并不是一回事，新闻的功能只不过是使某个事件更加突出，而真相的功能则是说明隐藏的事实，让它们彼此联系，形成一幅现实的图像，以便人们以它为参照采取行动。“实况”和“真实”这两种范畴不仅支撑仪式形式，而且支撑媒介话语建构社会现实框架的功能，给社会现实的内容命名。

一线者说

孙玉胜谈真实感的力量

“抖音和快手之所以能拥有过亿甚至过2亿的日活，除了娱乐因素，就是因为那些拍客上传的片段非常有真实感。”

4月3—4日，在“2019·中国（国际）纪录片论坛”上，中央广播电视总台中央电视台副台长孙玉胜以时下兴起的抖音、快手等新媒体社交产品为引子，阐释了他对纪录片的认知和理解。“纪录片不仅要真实记录历史，而且还要还原真实的历史，让历史告诉未来，给人们以启示。”孙玉胜表示，20多年前创办的《东方时空》，改变了传统电视节目的形态，其最大的特征就是纪实，让节目有真实感。

资料来源：央视副台长孙玉胜：从《东方时空》到抖音快手，谈纪录片真实感的力量［EB/OL］．(2019-04-17)[2023-10-10]．https：//www.sohu.com/a/308620819_247520.

真实是新闻的生命。“新闻真实”不只是要求准确，还是一个去伪存真的过程，是报道与公众、被报道者与新闻工作者之间的相互作用。新闻的首要原则——超功利地追求真实——最终将新闻与其他形式的传播区别开来。①

随着人类社会技术的进步，媒介对现场的记录和呈现能力不断提升。从古代的结绳记事、甲骨刻字、造纸、印刷到近现代的电报、电话、电视、计算机，再到现在的互联网、移动互联网，人类记录见闻和呈现现场的手段越来越强大。原来需要用大量语言文字去描述、传递信息的方式，现在广泛地被图片、音频、视频等形式取代。同时，手机使得记录和传播见闻易如反掌。

现场的信息如何呈现，技术如何促进信息流动的改善，通常是人类合作能力发生改变的基础。在网络技术快速发展的情况下，信息传播不仅延伸了人的视觉、听觉、触觉等感官，完善了受众感知世界的认知系统，而且最大限度地延伸了受众的人际关系，这是传播关系延伸性改变的一个重要表现。电视新闻现场直播满足了受众“眼见为实”的普遍心理诉求，赋予原生态的新闻现场“零时差”“信息零损耗”“传受零误差”的特性，确保了新闻信息的保真与传播过程的时空完整。它打破了传统的“你传

① 科瓦齐，罗森斯蒂尔．新闻的十大基本原则：新闻从业者须知和公众的期待［M］．刘海龙，连晓东，译．北京：北京大学出版社，2011：48.

我受”的对信息获取的不对等，实现了受众主动获取信息，一改以往受众被动接受信息的局面，不仅促成了受众与传播者在某种程度上的平等关系，而且实现了“客观真实”“媒介真实”与“心理真实”较为完美的统一。

真实是新闻的本质，当现代媒体伴随着民主理论的诞生逐渐萌芽时，对真实和准确的承诺迅速成为早期新闻业市场营销的有力手段之一。媒介表现的“真实”，是我们作为社会成员共同拥有的那种“社会真实”。

四 现场观察与记录

“是否存在观察与理论的二分”曾是科学界讨论度最高的经典问题之一。我们使用科学仪器所观察到的物体和结构是真实的吗？如果是，科学家就必须对问题中所涉及的科学仪器的工作原理有基本的了解。对记者工作来说同样如此。记者的观察并不是被动观看（passive seeing），而是一种主动干预（active intervention），也是一项需要学习工作原理的技能。

主动干预使得科学观察成为可能，让我们确信观察到的结构是真实的。而记者在现场的“所见”，不仅仅是被记录的“现场”，实际上还包括了记录者的“视角”。当新闻学可以使用技术上精细的观察以及大数据整理和经验分析之时，如何使这种新闻实践理论更加接近于专门提供指导的经验模式，并作为与记者这个角色认知相关联的行动进行深度动态研究，正是本书所要探讨的功能-结构模型。

要想实现最好的记录与呈现，需要在“现场”与“视角”这两个方面分别做到“身临其境”和“感同身受”。在被记录的“现场”层面，要能充分还原，甚至可以“浸入”现场。而在记录者的“视角”层面，从主观感受上要能把其所感带到现场，缩小记录者与观看者的感知与认知差距。关注现场并不意味着“唯技术流”，媒介从来不是限制受众“身临其境”“感同身受”的阻碍。

采访现场要求电视工作者具备“场性思维”，摄影师、记者、制作人、编辑等始终处在观众和事件之间，拉开了观众与事件之间的距离。

观察是对某种事物有目的、有计划的知觉。什么是现场最有价值的事件？什么是现场最能激发观众兴奋点的情节细节？什么是值得深入挖掘、深入探索的现象？这一切都凭记者在现场用眼睛去观察，用脑子去思考，用摄像机去迅速捕捉，用访问去深入调查。现场观察是检验记者发现和识别新闻价值的能力，在现场捕捉一事物区别于其他事物的标志、特点及其个性，有特点才有新意，才有生命力，善于观察并抓住事物个性特征是记者的基本功。敏感的记者能迅速判断事物的典型意义和指导意义，能在现场众多事实中迅速判断出最重要、最有价值的事实。“新闻是跑出来的”，新闻报道是“七分采、三分写”，即谁能够突破现场，掌握关键人物和信息，就能掌握报道的制高点，当然这也需要记者在新闻现场临场应变，从而找到突破的灵感。

记者的采访视野需要面向整个人类社会，才能发掘和再现具有时代特征的客观物质世界。保持对不同论述的警惕，才能保持自己的独立性。很多记者深入现场拍回来的素材之所以千篇一律，是因为惯性思维支配着他们采取的视角。能不能换一个角度看世界，能不能换一个位置看事件，能不能在熟悉的地方看出别样的风景，这是对记者思辨力的考验。

新华社战地记者陈聪（见图 1-1）展示了一名战地记者现实中的工作与责任：他记录下战地血淋淋的真相，把这个世界上正在发生的事情告诉人们，让更多人对生命和死亡有了更为深刻的理解。从 2011 年到 2014 年，陈聪作为新华社内派记者在中东常驻，经历过埃及大规模示威游行，也抵达过叙利亚的化学武器袭击现场（见图 1-2）。如今，叙利亚内战已进行了十几年，战火还在继续蔓延，陈聪也在用文字和镜头记录着中东的历史剧变。为了忠实地记录下现场画面，陈聪曾录了一分钟的出镜视频。这无疑有巨大的风险，据点附近废弃的建筑物里可能藏着反对派的狙击手，随时会发动狙击。所有人都需要弯腰贴着墙走，但是他却要在建筑物旁的空地上出镜："我背后就是一片几米高的废墟掩体，对于他们来说，我就像是一个扎眼的靶子，站在空地中央一动不动。但我当时脑子里想的就是怎么把出镜录好，完全考虑不了别的。""战地记者对很多人来说其实只是一种凭空的想象，你不能因为想做战地记者而去做战地记者。"他认为这个职业需要有一种原始的驱动力，譬如探寻真相，或是挖掘独特的故事。最终，这份职业带给他的，还是那几个眼熟问题的答案：我是谁？我如何向前走？我想要过怎样的人生？在剥开战争最残酷一面的过程中，陈聪也在无数次自我反思里找到了"超脱所有叙事框架和刻板印象的、真正属于我自己的人生道路"①。

图 1-1　陈聪在难民营

① 战地记者陈聪：揭秘最真实的现代战争［EB/OL］.（2021-10-27）［2023-12-12］. https://new.qq.com/rain/a/20211027A02MY300.

图 1－2　陈聪在化学武器袭击前线

第二节 现场信息与技术变迁

一 信息交流形态的更迭

交流与传播是普遍的社会现象，在不同的历史时期和文化背景下，交流与传播的能力都是人类拥有的一种突出特征。书写、印刷、电子以及数字媒介各自以其独特的方式，极大地拓展了人类对现实世界的表征及交流的能力。媒介影响人感知介入世界的方式，不同的媒介对于信息形态转化和兼容的能力不同，接近和还原信息的能力也不同。书籍报刊的出现标志着人类拥有了专门化、机制化、大众化、对外部世界进行摹画与传播的媒介。印刷媒介可以用抽象的文字配合静态直观的图片，对发生在不同时空界面的世界进行视觉上的精准复现。电视媒介声画同步，视听兼有，用声音和影像的水乳交融来表意情境，摆脱了时空限制和语言束缚。

在人类进化史上，媒介技术的进化是人的体外进化的一个重要方面，它在人类传播活动中呈现出一种螺旋式上升的态势，使人类的传播从身体之间的近距离面对面传播发展到机械媒介之间的远距离传播，最后上升到电子媒介形似零距离的远距离音像传播。

人们在 19 世纪就已经有了跨越长距离传送声音与图像的梦想，而在 1844 年第一条电报线路开启现代通信时代之后，这一梦想更成了美国和欧洲的科学家的共同追求。道路传播是具有空间属性的传播形式，它所带来的是人类突破部落空间向外拓展，受到客观因素限制的人类个体的活动空间永远是有限的，“纸路”传播带来的信息却能使阅读者的思绪“漂洋过海、放眼世界”。在此过程中，受众所接受的信息当然都是由媒介组织同质化加工后的虚拟信息，受众由此进入了传媒所创造的全新空间，人在这个空间中得到极大延伸的同时，同样也受到了媒介组织的偏见、喜好以及意识形态的左右。在一个半世纪以前，信息与意象还只能以人们携带它们所能达到的速度与距离被传递；而今天，无处不在的数字语言的即时传播，基本上可以说是电视和电脑发展的结果。

每一种现代媒介都通过缩减信源发送信号与信宿接收信号之间的时间差提高其控制空间的能力，进而实现其偏向于时间属性的精神控制职能。每一次传播方式的改变都会改变人类感知时空的方式。在“电路”传播信道上，电子媒介趋于瞬态化的传播速度将人类带入一个信息内爆的世界。与“道路”传播和“纸路”传播最大的区别是，“电路”传播不仅通过改变人的时空感知方式体现出了媒介时空的偏向属性，还通过海量信息的“电子殖民”体现着不平等的精神交往关系。

不同的媒介产生不同的叙述方式和表意系统，产生不同的语言，信息形态的不断发展与人类的进化阶段有关，取决于科技进步的水平。人类在不断提高原始信息还原能力的过程中，体现着人本精神。电视画面是以电子、数字等技术手段记录的与真实时空同步的生活原始形态的形象。《华盛顿邮报》（*The Washington Post*）和《新闻周刊》（*Newsweek*）曾经的出版商菲利普·格雷厄姆（Philip Graham）有一个著名的描述，他说新闻是历史的初稿，而此前没有任何媒体能比电视更迅速、更亲切地提供这种即时印象。[①]

三　现场报道的历史变迁

有学者依据中央电视台的发展脉络，梳理我国电视新闻现场报道的历史，大体分为五个阶段。

第一阶段（1958—1993 年）：文体和重大时政活动直播阶段。1958 年 6 月 19 日，北京电视台使用日本在北京举办展览时留下的一辆二讯道转播车转播了“八一”男女篮球队和北京男女篮球队的友谊比赛，开创了中国电视直播的先河。我国电视新闻界在 20 世纪 80 年代开始出现现场报道，1980 年 7 月 12 日中央电视台的电视新闻评论节目《观察与思考》中播音员庞啸以记者的身份采访居民进行评述引起了广泛反响。20 世纪 80 年代初期，山西电视台新闻性述评节目《记者新观察》中，主持人高丽萍大量采用现场报道，98%的画面有被采访者出现，并且采用现场同期声，对教育、消费者权益、环境污染、廉政建设等问题进行分析评述。在一期节目中，高丽萍把自己置于日常生活场景，就“粮食抢购风”这一问题进行现场采访、报道、述评，揭示其缘由及危害，并提出解决的途径和应吸取的教训，对促进问题解决和维持社会稳定起到一定的引导作用。

在这一阶段，最值得一提的是 1984 年中华人民共和国成立 35 周年盛大阅兵和群

① 埃杰顿．美国电视史［M］．李银波，译．北京：中国人民大学出版社，2012.

众游行的现场直播。但总体而言，这一阶段其实主要采取的还是我们传统意义上的实况转播，即将摄像机架在现场，将现场的情况单纯地反映给电视观众，鲜有深入的报道或评论。

第二阶段（1993—1997 年）：新闻栏目直播化阶段。这一阶段的主要标志是 1993 年 3 月 1 日中央电视台第一套节目新闻播出由 4 次增至 13 次，实现了整点播出、新闻直播和重要新闻滚动播出。20 世纪 90 年代由传者中心向受众中心传播理念的转变促使电视现场报道的实践操作渐趋成熟。此时的现场报道不再只重宏大叙事，开始出现更为世俗化的民生话题。比如，中央电视台《东方时空》的子板块《生活空间》"讲述老百姓自己的故事"在中国几乎家喻户晓。它运用纪录片的方式来展示普通中国人的喜怒哀乐，通过一个个"个别"的故事来表现处于社会转型之中的中国人的生存状态。

再如，中央电视台《交流》栏目有一次联系到了轻工业部部长，就当时人们最关心的话题"小学快开学了，轻工业部没能提供足够的纸，学生们没有课本"进行现场提问，现场观众一提问，部长就得赶紧回答，"这样一来穿靴戴帽就都没用了"。节目结束时，主持人庞啸说，这种交流是我党的优良传统，欢迎各部委都来参与。上海电视台《新闻透视》现场采访抢购住房有奖储蓄券的人，引出住房制度改革的话题；透视交通管理不善、化妆品质量低劣、公物被盗等社会问题；主持人李培红在直升机上讲述黄浦江上游民生引水一期工程竣工背后的故事；等等。尽管早期电视新闻节目中还留着明显的时代痕迹，比如一些"文革"词汇、高八度音调等等，但是节目关注民生话题及背后原因，这种质朴与贴近让人感到新鲜而亲切。

这种"我在场"的现场报道是区别于以往画面解说"两张皮"的观念转型，对真实性的探求隐于其中。这种蕴含着科学主义和真实性探求的"我在场"和"记者出图像"的现场报道，为 20 世纪 90 年代中后期香港回归、澳门回归、新千年到来等大型现场直播的到来和记者型主持人的出现做出准备和示范。①

第三阶段（1997—2006 年）：以大范围、长时间、经常化的重大新闻事件直播为基本特征的直播常态化阶段。这一阶段的主要标志是 1997 年中央电视台的一系列重大直播，例如有日全食、彗星同现苍穹的天文奇观直播，香港回归 72 小时直播，中共十五大开幕会直播，小浪底和三峡水利工程截流直播等，此年因此被称为"电视直播元年"。而 2003 年 7 月 1 日中央电视台新闻频道的正式开播，使直播以频道为保障，频道以直播为特色，成为直播常态化的标志性事件。在地方台中比较突出的案例是东方卫视 2003 年的温家宝总理访美直播，2004 年的别斯兰人质事件直播、伦敦地铁大爆炸直播，以及 2005 年的海啸灾情直播等，东方卫视凭借这些现场直播特别节目大大提升了

---

① 於春，李娜．主体性建构：改革开放初期节目主持人的话语转型研究［J］．现代传播（中国传媒大学学报），2018（8）．

影响力。同时，以江苏电视台城市频道的《零距离》、南京电视台新闻综合频道的《直播南京》、安徽电视台经济生活频道的《第一时间》、重庆电视台的《天天630》等节目为代表的民生类新闻节目，也把新闻现场报道推向高峰。

第四阶段（2006—2016年）：电视直播从“供应信息”发展为“建构关系”的阶段，逐渐形成“内容+关系”的新型传播结构。与此同时，电视直播广泛延伸至包括电视文艺、综艺在内的多种节目形态之中。比如，2008年北京奥运会的大型直播就开始具有了综艺基因。2016年，“直播+综艺”电视节目形态已成为直播类节目的全新生长点。另外，电视还利用直播进行垂直细分节目的专业化生产，在体育、财经、文化等节目中进一步生成新的媒介价值。

第五阶段（2016年至今）：网络直播是基于互联网平台运作的媒介，其特点是实时同步，即在线搭建传受双方同时在场的虚拟交流平台，复现线下面对面交流的场景，使传受双方得以在更便利的技术条件下进行互动。发展至今，网络直播已经渗透到娱乐、教育、医疗、购物等领域。不论是展示才艺的网络秀场直播还是展示个人生活的网络慢直播，网络直播中的用户都变得更加自由，能通过评论、上麦等行为轻易突破媒介壁垒，实时介入屏幕的另一端，与主播深度交谈甚至影响直播的后续内容发展。

网络直播细分后的垂直领域直播平台更为看重内容的专业度与人群的关联性、黏合度，网络直播催生的“网红经济”也成为电视发展的基因。此外，在仪式性直播、事件性直播等传统电视直播活动中，网络直播的身影也日益增多。比如2017年“两会”、G20峰会、党的十九大召开期间，具有个性视角和人际传播优势的网络直播在其中扮演着重要的传播角色。

三 信息分享与交流

当信息变成交流议题时，注意力应该从信息——作为可能的客观信息系统——转移到信息同接受者之间的交流关系。本体论信息和认识论信息与申农信息论的信息概念既有联系又有重大区别。这里的本体论信息是外部事物呈现的运动状态及其变化方式，所以又称为客体信息；认识论信息是认识主体从本体论信息中感知的信息，所以也称为感知信息或全信息，它是语法信息（形式）、语义信息（内容）、语用信息（效用）的三位一体。随着互联网时代的到来，海量的信息中包含了大量用户生产内容（user generated content，UGC）。或许用巴特关于“可读文本”（lisible text）和“可写文本”（scriptible text）来说明新闻平台用户生产内容模式颇为恰当。“可读文本”描绘很容易辨识的人物或事件，依照线性因果关系来讲述故事，这类文本往往把读者变成被动的接受者；“可写文本”的特征是旨在将读者变成文本的合作者，甚至是文本的重写者。迥异于可读文本的完成性和过去时特征，可写文本总是处于正在进行时，它有待读者的主动“重写”，生产出新的意义，所以它是开放的、未完成的。

现场是一种正在进行的新闻生产——跟新闻的提供者和参与者、接受者之间形成真正的互动，让他们来采访，让他们来播报，让他们来参与结构，参与每一个时段、每一次编排，包括信息收集等每一个环节。亨利·詹金斯提出过“参与式文化”概念，在其著作《文本盗猎者：电视粉丝与参与式文化》中指出，当今不断发展的媒介技术让普通的公民也可以参与媒介内容中的存档、评论、挪用以及转换和再传播。媒介消费者通过积极参与媒介内容一跃而出为媒介生产者。① 在融合媒体时代，各类现场新闻以及在线聊天的结构之中包含着特定世界观，这种世界观的构成具有选择性，其组合传递着言外之意，需要我们密切关注媒介中的实在的表征，以及广泛传播的公众事件与社会热点的信息表现形式。

在打破了传统电视直播的语态后，出镜记者需要尝试在报道中多融入趣味化的表达方式，比如运用网络热词、有趣的段子等，拉近与网友的距离。同时，为了呈现得有趣、易看，提高手机用户的观看兴趣，出镜记者和主持人还应多思考，在报道中融入体验、互动等多样化的形式，以及通过表情、肢体语言的展现丰富表达空间，以网友喜闻乐见的方式赢得关注、保持长时间的注意力。为了实现幽默化的表达，出镜记者和主持人要在现实生活中积累各种知识，丰富自身的语料库存，从而突发奇想、脱口成趣。同时，幽默也是一种生活态度的展现，是一种思维方式，一种真实的性格渲染，因此出镜记者和主持人要对生活充满热情，让趣味真正内化于心，从而外化于报道的表达中。

区别于传统语态，出镜记者须构建新的人际传播语系，采用“同伴式”解说口吻，与屏幕对面的接受方进行现实关系的互动，建立起联系。在表达方式中尽量使用“一对一”“点对点”的方式，尽量使用“你”的称谓而非“你们”；语气、节奏的处理要符合网友的视听习惯，以流畅化的表达增强感染力；在报道时多站在网友角度思考，选取网友关注的信息点。通过多种方式增强网友的代入感，拉近传受双方的距离。在移动直播中，出镜记者做好“同伴”还不够，还要成为一位“有知识的同伴”——引领者。他带领网友边走边看、边体验边解说，挖掘新闻背后的信息，呈现丰富的新闻现场。因此，出镜记者要做充分的案头工作，尽可能多地了解、感知新闻信息及背后的故事，才可以“事事通”，多视角展现新闻现场。

四 移动现场与沉浸式现场

移动新闻直播作为时下信息传播的重要形式，在承继电视直播新闻性、实时性、现场感等特点的基础上，呈现全新的传播语态和样态。

移动新闻直播的在场感分为两种：一是生理感觉的在场，二是心理感觉的在场。前者可以通过虚拟现实（virtual reality，VR）技术带来的沉浸式感官体验实现。比如，中央电视台“天舟一号”发射任务 VR 全景直播中，让用户在史上距离发射点最近的 100

① 詹金斯．文本盗猎者：电视粉丝与参与式文化［M］．郑熙青，译．北京：北京大学出版社，2016.

米距离、360 度全景观看火箭发射，还能在火箭吊装、转运等环节获得全方位沉浸式体验。心理感觉的在场实际上是用户在参与直播这一事件中获得围观和扮演角色的心理满足，用户实现的不是物理空间意义上的身体在场，而是在网络虚拟空间中的情感在场。

移动新闻直播具有强过程感，用户直击全过程，参与并推动直播。移动新闻直播打破了传统严肃精英式的电视直播方式，不仅能够传达核心信息，还可以展示直播者获取信息的准备过程。以中央电视台驻叙利亚记者徐德智进行的《美国空袭叙利亚》移动直播报道为例。在时长约 3 个小时的直播中，记者将镜头对准大马士革驻地公寓阳台外的城市街道，自己大多数时间都不在镜头前。直播间内的用户可以听到记者在镜头外打电话了解信息、与北京总部沟通、准备电视直播等声音。当阳台外的画面中出现任何异动或获知最新消息时，记者会第一时间回到镜头前，告诉观众发生了什么。在播出时长受限的电视新闻直播中，这种强过程感是无法实现的。就这个角度而言，移动新闻直播对电视直播的过程性做了跨越式的拓展。

移动新闻直播与电视新闻直播最大的区别在于，其将单一、线性、灌输的传播模式变为主播与用户、用户与用户多向交互的传播模式。交互即用户参与，参与就会获得过程感，但这种过程感实际上是基于直播间这一公共领域的。哈贝马斯在“公共领域”的概念中提出，现代公共领域是在交往行动中产生的社会空间结构。

移动新闻直播所形成的直播间，是一个公共领域、一个情境、一个社群。用户在直播间观看、参与信息的传播，甚至通过提问、选择等一系列动作推动直播进程。比如 BuzzFeed 曾经在一次直播中尝试完全按照观众评论内容进行下一步的行动，用户需求得到反馈和满足，参与的过程感随即加强。

西方学者提出了“地理媒介”概念，认为其有四个关键元素：融合、无处不在、位置感知和实时反馈。实时性，由电视直播支持的“媒介事件”，数字网络分散架构使得多人对多人的实时反馈成为可能，提供新的共识性体验。这种变化削弱了传统新闻学的新闻采访“反映论”范式的解释力。

过去许多戏剧家都想打破隔绝舞台和观众的“第四堵墙”，使观众忘我地进入戏剧剧情，这在自然主义戏剧中达到了登峰造极的地步。现在 5G 时代传输技术的突飞猛进有望实现这一夙愿。它推动了传感器的兴起，为人体对外界的感知提供了新方式，基于传感器获得的精准数据做出判断和行动或将成为常态。同时，以智能化可穿戴设备为代表的人体传感器所测量、采集、发送的数据成为人体状态、活动甚至思维的映射，大数据对人的探索从表层信息逐渐深入到深层情绪。

随着“人体终端”的形成，VR 新闻和增强现实（augmented reality，AR）新闻的应用场景将逐渐普及，从而形成沉浸式现场。VR 技术和 AR 技术把受众“引领”到真实的新闻现场进行身临其境的沉浸式体验，受众能够全方位感知新闻事件的发生场景，也最大限度地接近事实真相，这既是虚拟现实技术的核心理念，也是新闻传播长期以来的不懈追求。此外，基于 VR 技术和 AR 技术的新终端可以实现媒体信息的“升维”，由此对“新闻现场”有了全新的定义。在传统的直播中，人们所观看的现场仍是被安排和导演的。而5G带来的实时、高清的VR直播和AR直播的应用，会让观看者获得临场感，并且可以“自定义”现场，即自己设定在现场中的位置、关注对象，从自己的角度来观察与解读现场，也会为人际传播带来新的形式与体验。此外，VR技术和AR技术的应用会逐渐进入人们的日常生活领域。例如：VR技术让医生可以模拟临床手术中可能出现的各种情况，为医疗安全助力；AR技术让消费者可以在线“试穿”衣服、尝试“摆放”新家具，为在线购物的消费者提供便利。

延伸阅读

四全媒体

全媒体，即全程媒体、全息媒体、全员媒体和全效媒体，“四全”是对全媒体分别在四个维度上的阐释。全程媒体，指的是媒体在播报一个事件消息的过程当中，从事件的开端到最终的结果，媒体都对其进行跟进，使得事件的每一步进展消息都能即时向公众发布；全息媒体，指信息传播的形式不再拘泥于简单的图文，AR、H5、音视频等新鲜形式更能为受众带来全新的体验，能够对新闻信息进行立体的展现，并且在当今人工智能技术、云技术等新型技术手段的支持下，“万物皆可为媒介”的发展趋势随之愈加明显；全员媒体即在信息传播渠道十分便捷的环境下，人人都可以成为信息的传播者和接收者，人人都持有对事件的话语权；全效媒体指的是媒体的分众化特征愈发明显，能够更加精准、更加高效地将传播分类。这不同于以往的新闻传播过程，以往一则新闻传播出去，并不明晰受众群体到底集中在哪里，也不了解传播的效果如何，更不知道受众接收信息之后的反馈都有哪些。

四全媒体是我们国家大力推进传统媒体和新媒体进行无缝隙融合的实践产物，是媒体融合的必然发展趋势，也是将媒体融合战略不断向纵深推进的必经之路。

资料来源：曹三省：主流媒体转型融合发展与主流舆论传播策略［EB/OL］.（2019-08-06）［2023-10-10］. http：//www.71.cn/2019/0806/1053215.shtml.

第三节 理性思辨与场性思维

现场采访不仅是对真相和真实的捕捉，也是对人物和事件多面性的展示。好的记者应该善于进行理性思辨，强于运用场性思维，最终从大众情感层面寻找共鸣点。

一 理性思辨

观看先于言语，观看确立了我们在周围世界的地位。他人的视线与我们的相结合，使我们确信自己置身于这可观看的世界之中。当图像终于取代文字，充斥于视线所及的一切空间，我们又该如何观看而不致再度迷失？

——约翰·伯格《观看之道》

每个人似乎都亲历了“历史的现场”，又不可避免地为时代的“话语装置”所遮蔽。如何保持观众观看现场采访报道时的自我意识和批判性能力呢？这是媒体人要思考的问题。

如果媒体人从“在现场”转变为“在线”，用网络上的舆论来作为新闻报道的线索，而不是深入一线调查采访，就会导致“追星”容易“追问”难。因为很多带有挑战性的问题，都不是短时间之内能够通过一两个非此即彼的答案来回答的。传统的客观性报道已经无法真实地展现错综复杂的现代社会。比如有主持人在提到如何在新闻现场表现人的心理的复杂时认为，对人的认识深入，现场呈现才能深入，这需要记者的理性思辨，经过理性思辨在新闻节目的层面上把个体感受转化为集体意志，去解决一些长期困扰新闻媒体的问题，这里的关键在于能否形成有机的对话。要形成有机的对话需要一个共同的讨论平台，也需要一个共同的讨论标准。这种对话的关键是能否既从宏观领域落到微观案例，但又从个人感受上升为社会共识。

案例 1－1 是关于“外卖员已成高危职业”的讨论。为了找到这个问题的答案，《人物》杂志团队进行了近半年的调查，通过与全国各地数十位外卖骑手、配送链条等各环节的参与者、社会学者的交流，试图对一个系统进行详细解读，让更多人一起思考一个问题：数字经济时代，算法究竟应该是一个怎样的存在？

案例 1－1 外卖骑手，困在系统里

来源：《人物》杂志百度官方号

时间：2020 年 9 月 8 日

了解完整内容请扫码

又有两分钟从系统里消失了。

饿了么骑手朱大鹤清晰地记得，那是 2019 年 10 月的某一天，当看到一则订单的系统送达时间时，他握着车把的手出汗了，“2 公里，30 分钟内送达”。他在北京跑外卖两年，此前，相同距离最短的配送时间是 32 分钟，但从那一天起，那两分钟不见了。

差不多相同的时间，美团骑手也经历了同样的“时间失踪事件”。一位在重庆专跑远距离外卖的美团骑手发现，相同距离内的订单，配送时间从 50 分钟变成了 35 分钟；他的室友也是同行，3 公里内最长配送时间被压到了 30 分钟。

这并不是第一次有时间从系统中消失。

金壮壮做过三年的美团配送站站长，他清晰地记得，2016 年到 2019 年间，他曾三次收到美团平台“加速”的通知：2016 年，3 公里送餐距离的最长时限是 1 小时，2017 年变成了 45 分钟，2018 年又缩短了 7 分钟，定格在 38 分钟。相关数据显示，2019 年，中国全行业外卖订单单均配送时长比三年前减少了 10 分钟。

系统有能力接连不断地“吞掉”时间，对于缔造者来说，这是值得称颂的进步，是 AI 算法深度学习能力的体现。在美团，这个“实时智能配送系统”被称为“超脑”，饿了么则为它取名为“方舟”。2016 年 11 月，美团创始人王兴在接受媒体采访时表示：“我们的口号‘美团外卖，送啥都快’，平均 28 分钟内到达。”他说：“这是一个很好的技术的体现。”

而对于实践“技术进步”的外卖员而言，这却可能是疯狂且要命的。

报道《外卖骑手，困在系统里》在网络上刷屏，引发了公众对于外卖骑手生存状态的关注。文章讲述了外卖骑手在平台系统的算法与数据的驱使下，疲于奔命，交通事故频发，外卖员成了高危职业。随后饿了么和美团先后发表声明，宣布了应对举措。

“你愿意多给我 5 分钟吗?”2020 年 9 月 9 日，外卖巨头之一的饿了么在微博上这样问道。在千篇一律的广告、推销和单个“饿”字砌成的内容堆里，这个问号来得与众不同。9 月 9 日凌晨，饿了么宣布会尽快发布新功能：一是在结算付款的时候增加一个“我愿意多等 5 分钟/10 分钟”的小按钮，饿了么会为按下按钮的消费者提供红包或吃货豆等权益；二是针对历史信用好、服务好的蓝骑士提供个别订单的“超时免责”权益。

同日晚间 7 点多，美团外卖发布声明，表示将更好地优化系统，在为用户提供准时配送服务的同时，调度系统会给骑手留出 8 分钟的弹性时间；恶劣天气下，系统会延长骑手的配送时间，甚至停止接单。同时改进骑手奖励模式，让骑手在保障安全的同时获得更实际的回报。

案例 1－2　外卖小哥拼命，谁“饿”了?“美”了谁?

来源：中央广播电视总台《新闻 1＋1》栏目

时间：2020 年 9 月 9 日

了解完整内容请扫码

视频简介：系统算法不断压缩时间，骑手付出沉重代价。他是系统里的一个点，更是生活中的一个人。系统要求更快送达时间，社会希望更多劳动者权益。解决外卖骑手痛点，关键在哪？《新闻 1+1》重点关注外卖骑手与时间。饿了么、美团两大巨头回应。

逻辑思路：外卖骑手人身安全—新兴业态监管—科技向善。

（1）饿了么和美团的回应，是危机公关，还是真诚地在准备解决问题？

（2）怎么看待美团 9 日晚的回应，哪些是可取的？

（3）怎么看待“把人当机器”这件事所显现出来的结果？

（4）怎样的管理才是合理的，现在为什么让大家感觉到不合理？

（5）外卖平台该不该借鉴更长时段的评估体系？

（6）外卖骑手对这样不合理的、压迫的状态，为什么还能接受？

一线者说

能够帮外卖骑手走出困境的，不是怜悯

去年秋天，编辑张跃找到我，问我有个选题感不感兴趣：“为什么外卖骑手的车祸越来越多？”当时她偶尔会看北京卫视一档叫《红绿灯》的交通节目，发现几乎每期节目都有外卖骑手违章、出交通事故的新闻，她很好奇到底是什么造成了这个现象。很快，我们讨论了一些约访对象和资料收集方向。当时，我们都没有想到在数百万外卖骑手的背后，是一个如此庞大、细密、盘根错节的系统。我粗略翻阅了过往资料，外卖骑手出车祸的新闻有大把，主要都在报道现象或泛泛的行业规则。当时有个感觉，外卖骑手车祸不可能是单一原因造成的，很复杂，很琐碎，具体是什么我也没法解答。寻找骑手，这是第一步，也是最重要的。可是，开局就遇上了困难。外卖骑手是最好找的，他们无处不在。但外卖骑手也是最没有工夫搭理你的。他们总是在跑单，没时间也没精力，他们的需求也很朴素，要赚钱，接受采访既不赚钱还耽误事——而我总是提出要聊一两个小时的要求。说服他们本身就是一项挑战。那段时间，我去扫街，看见坐在路边休息的外卖骑手都会跑上前去聊天。实际上这样的工作效率很低，成功率也不高。他们总怀疑我是不是美团或饿了么跑来调查他们的，或聊着聊着，他们就去接单了。即便留下了联系方式，也很难维持很深的交流。偶尔遇上几个能说的，那是运气好。我决定改变思路，在网上寻找骑手。我想，总会有一些喜欢上网、愿意在社交平台上表达的骑手。在知乎上，我用“外卖”“外卖骑手”“美团”“饿了么”“送餐”“事故”“车祸”等词汇作为关键词，做各种排列组合后进行搜索，把历年来外卖行业相关问题以及问题下的每条留言、留言下的每则评论都逐一读过，但凡有人表明自己是外卖员，说了几句有信息量的话，我都会发私信给他们。不是所有人都会回复，不过成功率比扫街要高得多，也遇到了文章中几位很重要的讲述者。接着，我将搜索范围扩大至贴吧和 QQ 群。在和外卖骑手的交流中，我得知，这两个平台是他们很重要的社交场所。我把几个万人

骑手贴吧里重要的帖子都翻了一遍，发了一百多条信息，去联系那些比较有表达欲望，有过事故经历的骑手。

编辑部的一些同事也知道我们在操作这个选题，也会留意帮忙寻找线索。2019 年底，有同事在自家小区门口看到了一起外卖员车祸。知道消息后，我立刻打车赶到现场，可是到现场时已经晚了，什么都没有了，只有一些电动车外壳的碎片摊在地上。我只好站在刚刚发生过事故的街上数了数，10 分钟里有 8 个外卖骑手逆行。2019 年的最后两个月我几乎都在寻找全国各地愿意说出故事的外卖骑手——一篇有说服力的深度报道的基础，就是要有足够多的样本量，以及足够丰富且有力的证据和细节。我们的关注点不能只停留在北京，还要有上海、深圳、广州这些外卖单量巨大的一线城市，同时也要包括三四线城市甚至是一些更加下沉的县城。样本量不仅要充足，还要分配平均，北方的、南方的，沿海的、内陆的，做骑手三四年的、做了半年辞职的、做过骑手离开又再次回来的……很幸运，在最后报道的呈现中，我们的访谈样本几乎覆盖了所有这些骑手的类型。在寻找外卖骑手的近两个月中，通过“为什么外卖骑手的违章和交通事故越来越多”这个切口，我初步了解了外卖平台骑手端的运行规则，如什么是专送、什么是众包，骑手们送出一单外卖的过程是怎样的，同时，也获得了大量有关骑手工作困境的故事和细节。在整个选题的操作过程中，每进行一个阶段的采访，我和编辑都会进行一次梳理和复盘，将上一个阶段获得的信息用关键词的方式进行整理和讨论，其中的很多细节，例如王福贵外卖箱中的可乐、画给顾客的小猪佩奇，朱大鹤得知送餐时间再一次被压缩后手心的汗，那条指引小刀去逆行的导航路线图……这些都在提示我们，这个选题有着极其复杂且值得探寻的空间。

主流媒体的理性，体现在以同一种标准来衡量突发事件，来衡量利益阶层，来衡量民众的诉求和呼声，同时揭示中国发展的复杂性。比如在“外卖骑手”系列报道中，记者并没有简单地下结论，而是试图通过解决问题，找到社会发展中矛盾的症结。大家越了解发展的复杂性，就越能进行更为理性的探索。所谓理性探索，就是要从新闻节目的层面上转个体感受为集体意志，去解决一些长期困扰新闻媒体的老大难问题。这里的关键在于能否形成有机的对话。寻找真相的过程成为一场对话。在多数情况下，不同意见需要一个共同的讨论平台，也需要一个共同的讨论标准。关键是这种对话能否从宏观领域落到微观案例，从个人感受上升为社会共识，主流媒体需要直面社会重大争议的勇气。

资料来源：赖祐萱．能够帮外卖骑手走出困境的，不是怜悯［EB/OL］．（2020－09－28）［2023－12－12］．https：//baijiahao. baidu. com/s？id＝1679041273809711434&wfr＝spider&for＝pc.

记者提供的是事实，不是情绪，报道是对事实和因果的梳理。

因此，出镜记者或主持人不是一味炫技——“你看，我的问题多漂亮，我把对方问倒了，我赢了”，这对于解决问题毫无帮助。重要的是经过理性思辨，记者明白采访的重心，不轻易做出褒贬，要做的是细节的探究和幕后真相的挖掘，给事件相关方公平的表达机会，能让对方自由地表达，帮助公众得到尽可能多的真相。保持对不同论述的警惕，才能保持自己的独立性。探寻的过程要不断相信，对人的认识有多深入，呈现才有多深入。

二 历史叙事中的新闻现场

记者采访的使命是记录正在发生的历史。我们经常会被问到这样的问题：你怎么看待他人和这个世界？我们看到的最热闹的新闻，未必揭示这个世界的真相。很多被热搜遗忘的真实故事，却是值得我们铭记的时代缩影。

新闻无法直接阐述各种宏大的观念，记者的工作是考察大观念、大事件如何与每一个有血有肉的具体人物相遇，如何改变他们的命运，重塑他们的内心，将个别作为新闻的起点和终点。关注现场就是关注社会成员在人际关系中打交道的体验：以怎样的语言来描述他们的体验和眼中的世界，他们对于现实如何评判？他们对于未来具有怎样的期待和愿景？他们的自我认同和身份建构如何？随着权力、财富和声望的分化或重新分配，特定群体的成员在日常互动中体验到怎样的特别之处？采访可以在家庭、邻里、职场、商店、餐馆、街道以及其他公共场所传递现场体验，在这一过程中为观看者传递和塑造出事件和人物怎样的社会性格和行为倾向？

视听媒体的传播随时代发展而流变，信息的呈现与接受也发生了许多改变。采访现场要求电视工作者具备“场性思维”，摄影师、记者、制作人、编辑等始终处在观众和事件之间，拉开了我们与事件之间的距离。

场性思维中的“场”指的是一种从关系角度进行“思考”的技术。法国社会学家皮埃尔·布尔迪厄（Pierre Bourdieu）提出了场域理论（field theory），给研究新闻生产提供了一种全新范式。“场域可以被定义为在各种位置之间存在的客观关系的一个网络（network），或一个构型（configuration）。”简单来说，从场的角度思考就是从场域或关系的角度思考。这可以进一步阐释为，新闻场域从属于文化场域，其场域受制于政治、经济场域资本。在新闻生产过程中，新闻生产者与社会各种不同位置的网络关系，对新闻生产产生不同的影响或压力，或者在网络关系中影响直接行为的效应。现场采访作为新闻生产的主要环节，也同样如此。而记者的场性思维是指在采访报道中对于这种影响或压力保持警醒。

现场记者可以按照时间顺序向观众讲述其在现场的感受，通过解说词深化现场内容，把其亲自见到、听到、接触到的感受传递给观众并与画面信息形成互补，共同建构一个多维立体的现场。同时，记者在现场选择典型画面的过程中也进行着思考，要在现场捕捉信息含量最大、最有内涵张力的画面形象，在稍纵即逝的视觉流程中截取最有说服力的精彩瞬间。

从内容看，新闻传播作品日渐转变为“中国故事”。聚焦于宏大叙事，关注中国发展的历史对比，形成的新闻报道作品也往往从这个角度入手。随着社会对话日渐增多，讲故事成为传播作品的一种必然选择。这既是新闻工作的一个基本特点，又是对话的一种有效手段。这种故事有个性、鲜活、丰满，能够成为当代中国的一种典型代表，反映普通中国人的点点滴滴。那么，如何理解和评判新闻现场对于这种历史景象的再现？

三 对话：回应社会关切

现场对话意味着记者讲述普通人物的故事，不仅要现场感强、叙述鲜活，而且要解说词与同期声采访之间串联互补，信息呈现层层推进，故事化叙事的报道理念大大提高了报道的可看性。采访对象向记者讲述自身经历的场景。由画面呈现的变化可以看出，主题报道的表达愈发贴近百姓，逐渐生活化。采访形式更丰富，根据选题适当地增加互动环节，体现了将连接与分享视为重要特征的互联网思维。新闻内容更加多样，采用用户生产内容。普通用户缺乏专业新闻采编技巧，拍摄角度、构图以及镜头的稳定性都无法得到保证，但通常镜头的摇晃、现场混杂的音效以及更加个人化的拍摄都让观众认为该新闻素材更具有“真实感”。由于拍摄角度的多样性和拍摄时机的偶然巧合，很多用户生产内容也更加具有戏剧性，可能获得更高的点击量和关注度。采用用户生产内容让用户直接参与到新闻制作中来，并且允许他们讲述自己的故事，同样能够让用户与新闻媒体建立更亲密的关系，并提供深入发展的空间。

用户生产内容泛指以任何形式在网络上发表的由用户创作的文字、图片、音频、视频等内容，是 Web 2.0 环境下一种新兴的网络信息资源创作与组织模式。对于微博、推特（Twitter）、脸书（Facebook）等社交媒体以及 BuzzFeed 等新闻聚合平台而言，用户生产内容是主要内容来源；而在传统新闻领域，相对于传统媒体的内容生产专业性，用户生产内容则是用户业余生产的内容。例如中宣部和中央电视台联合制作于2017 年播出的电视纪录片《辉煌中国》，采用“内容众筹”的方式搭建创作平台，向全国人民征集他们眼中的成就故事和身边的巨大变化，由人民自己讲述精彩的“中国故事”。据统计，该纪录片“众筹”案例线索、照片、短视频等逾万条，是一次成功的主题报道实践。

媒体融合语境下，作为新闻传播的主体，主持人、记者、新闻主播等也开始探索新的人性化表达方式。从表达内容看，表达主体要重视在报道过程中融入“关系讯息”。尤其是随着以移动互联网技术为支撑的新平台发展，很多记者开始出现在直播平台上，在现场报道新闻事件，同时根据观众的实时评论做出回应，从而传达出自己的价值观。媒体融合时代，新闻媒体在传递信息的同时，还通过各种符号为受众构建情境，并提供价值观分享和确认的场所。

延伸阅读

新闻生产趋势：新新闻生态系统

新闻媒介场域中的多元行动者（actors）角色流动和杂糅（hybridity）构建了新新闻生态系统，内容生产和分发向深度媒介融合和媒体平台化趋势转型。传统新闻生产的主体行动者是记者，主要负责现场采访和快速写稿，稿件编辑虽然可以进行进一步的审核、编辑和排版，但稿件的关键部分却受制于记者的供稿。在互联网时代，根据《互联网新闻信息服务管理规定》的相关条例，新浪、腾讯等商业网站只有新闻编辑和刊载权，而没有原创新闻采访权，因而其生产主体主要是编辑。目前，网络新闻多数是非原创的，供稿来源主要还是传统媒体，编辑为吸引网民点击或扩大稿件影响，往往需要对标题做深加工。由此，传统新闻报道中记者主导的高成本原创为“复制/改编＋聚合（草根新闻）＋少数原创”的编辑主导所取代，记者在场的“offline research”（线下观察）为编辑不在场的“online research”（在线观察）所取代。

网络编辑对新闻的选择、整合和挖掘决定了新闻产品。新闻生产的偏向从硬变软，传统新闻生产的新闻内容以整体、深度、一次性、文本性的方式呈现，在新闻形态上强调事实至上，在新闻价值上崇尚由快至深，不断逼近真相的努力和公共利益至上的价值观使其对“硬新闻”的社会意义更加看重。对于网络新闻生产来说，其对用户需求的满足、对技术表达的注重、对点击量的追求使其在新闻形态上更加重视视觉至上而非事实至上。由于娱乐化、碎片化、视觉化的文本最适合通过移动互联网的载体和工具进行发布和传播，也最容易在短时间内形成爆炸式、病毒式的传播效果，因此商业网站的新闻内容逐渐趋向速度而非深度、强调体验而非质量。

总体上看，伴随着网络新闻的日益规模化和主流化，软性新闻业（soft journalism）开始兴起，具体体现在从传统的提供公众需要的（needed）转向提供公众想要的（wanted），从硬软兼顾的公共利益偏向转向逐渐偏软的用户兴趣偏向，从读者口碑驱动的质量至上评估转向用户点击率驱动的影响至上标准，其背后是商业主义的强化和专业精神的弱化。

资料来源：张志安，吴涛．互联网与中国新闻业的重构：以结构、生产、公共性为维度的研究［J］．现代传播（中国传媒大学学报），2016（1）．

【思考与练习题】

1．如何用视听语言有效传达现场信息？
2．现场采访的核心是什么？
3．现场采访报道如何体现理性思辨和社会对话？
4．选择观看历年中国新闻奖获奖作品。

【推荐阅读文献】

1. 陈力丹，陈俊妮．传播学纲要［M］. 2 版．北京：中国人民大学出版社，2014.

2. 李希光，孙静惟，王晶．新闻采访写作教程［M］. 北京：清华大学出版社，2011.

3. 曾祥敏．电视采访：融合报道中的人、故事与视角［M］. 3 版．北京：中国传媒大学出版社，2018.

4. 叶子，赵淑萍．电视采访：探寻事实真相［M］. 北京：北京师范大学出版社，2009.

5. 朱羽君，雷蔚真．电视采访学［M］. 北京：中国人民大学出版社，1999.

6. 高钢，潘曙雅．新闻采访与写作［M］. 北京：中国人民大学出版社，2018.

7. 宋晓阳．出镜记者现场报道指南［M］. 北京：中国广播电视出版社，2008.

8. 周宪．再现危机与当代现实主义观念［J］. 文学评论，2019（1）.

9. 陈力丹．试看传播媒介如何影响社会结构：从古登堡到“第五媒体”［J］. 国际新闻界，2004（6）.

10. 埃杰顿．美国电视史［M］. 李银波，译．北京：中国人民大学出版社，2012.

11. 延森．媒介融合：网络传播、大众传播和人际传播的三重维度［M］. 刘君，译．上海：复旦大学出版社，2012.

12. 伯格．观看之道［M］. 戴行钺，译．桂林：广西师范大学出版社，2015.

13. 艾柯．开放的作品［M］. 刘儒庭，译．北京：新星出版社，2005.

第二章

事件报道角度与中心人物

【本章学习要点】

1. 如何以讲故事的方式传递信息
2. 如何理解新闻中的故事观念
3. 如何展现视听媒体的故事人物个性
4. 如何理解中心人物性格的设置

去现场应该选择什么样的报道角度与人物？如何与之形成沟通？如何追踪报道？有哪些现场手段支撑人物？怎么挖掘、发现细节、性格？是什么线索提供了报道思路？如何选择事件才能契合当代社会的历史背景与本质发展？

如何选择被访者才能给事件提供一个更客观的表述、更全面而丰富的视角、更多样性的解读方式？如何从一般事实中挖掘出最有价值的新闻事实？以何种角度报道才能提升新闻价值？

带着这些问题，我们进入这一章的学习。

第一节 新闻事件人物化

一 不要一直在现场

中心人物展现活动的现场不一定是采访的现场，或事件发生的现场。

对于叙事性的新闻，记者好像面临一种很强的压力，即要每时每刻沉浸在他的采访活动中。但实际上，记者不要一直身处现场，如果你知道何时走出现场，你就能更好地完成你的故事。比如第七届中国新闻奖一等奖获奖作品《种树“种到”联合国》

中讲述的主人公王果香的故事，没有局限于治沙现场，而是放到了《联合国防治荒漠化公约》的谈判会议上，回顾了中心人物王果香的成长经历。

案例 2－1　种树“种到”联合国

来源：《内蒙古日报》
时间：1996 年 5 月 3 日

“王果香要去联合国了！”

消息在乡下传得特别快，时值年根，姐妹们像迎来一件了不起的喜事，有的送去钱，有的送去衣服，有的去家里看望。张铁营子村的杜花眼还特意到她家帮忙：收拾东西、洗衣服、做年糕……他们说，平时果香帮助我们太多了，怎么着这次也要表表心意。别看是喜事，姐妹们还不无担忧，叮嘱道：“日内瓦那么远，可别走丢了！”

是啊，身为内蒙古达拉特旗治沙协会会长、树林召乡副乡长的王果香，为改变家乡沙化和贫困面貌，一心扑在工作上，没黑没白地干。与她家乡一河之隔的包头市她只去过两次，至今连自治区首府呼和浩特她都没去过，何况出国呢？

去年 9 月，《联合国防治荒漠化公约》秘书长迪亚罗和项目官员卡尔博马顿一行，在中国有关方面的陪同下，到达拉特旗树林召乡视察。地处库布齐沙漠边缘的树林召乡，过去大部分土地荒漠化严重，经多年的治沙造林，如今已随处可见成片的林网化良田，庭院经济，飞播造林，经济圈建设也已在沙区兴起。秘书长和项目官员对树林召人民在防治荒漠化工作中取得的成就，对那里农村妇女儿童长期坚持治沙，改变贫困面貌的做法，赞叹不已。

没过一个月，公约秘书处又派来联合国开发计划署电视部“防治荒漠化成就”拍摄小组，将树林召乡治沙造林的经验拍成专题片，计划于今年 6 月 17 日“第二个世界防治荒漠化和干旱日”期间，在 143 个公约签署国播出。今年 1 月 17 日，一纸传真再次飞到树林召。《联合国防治荒漠化公约》第八次政府间谈判会议将于 2 月 5—16 日在日内瓦举行，会议除各国政府代表外，还邀请 25 个国家的非政府组织代表参加，王果香作为中国唯一一名非政府组织代表（也是我国首次被邀请的非政府组织代表）受到邀请。

生活在黄河南岸的树林召人惊诧了：“联合国对种树治沙这么感兴趣？”

“万国宫”是联合国驻日内瓦机构召开重要会议的场所，典雅别致，富丽堂皇。会议安排四位非政府组织代表发言，王果香被排在第一位。

坐在写有“CHINA”标牌的位置上，王果香感到特别自豪，她说：“我的家乡地处沙丘，长期靠天吃饭，村民生活贫困，前些年许多村民迁徙他乡，剩下的男人到外面打工，村里多是妇女和儿童。在这种情况下，除了号召妇女们联合起来，团结自救，没有别的路可走。经过十几年的努力，我们在沙地上栽种防风固沙林，开发水浇地，发展果园，改造沙漠，改变了家乡面貌，沙地面积曾占80%的环境状况有了很大改观，森林覆盖率由过去的12%提高到现在的21%，耕地也由过去的5万亩增加到现在的近13万亩，粮食单产由原来的200公斤提高到现在的400公斤，过去人均纯收入500元，现在提高到1 800元。村民们盖起了新房，过去搬走的又陆续搬了回来。”

王果香的一番话，着实令在座不同国籍和肤色的代表震惊，他们对这位来自基层的女干部和她家乡人民坚持不懈治沙治穷的精神深表敬佩。迪亚罗高兴地握住王果香的手鼓励说：“我们是老朋友，今后好好干，我还会去树林召的。”一位意大利教授表示一定要到树林召看看，搞些合作开发项目。

大会秘书处认为“树林召的做法对世界防治荒漠化工作具有新的认识作用”。公约秘书长和主管项目官员为支持王果香的工作，决定赞助一套计算机设备。考虑到眼下最缺乏的是资金，她提出可否换成资金形式，资助乡里建立优质绒山羊基地和中小学生防治荒漠化教育试验林场。官员们看着这位有“心计”的中国女性，仿佛看到了防治荒漠化的新希望，当即同意捐款2万美元。

植树和治沙在王果香眼里原来是极平常的事，却引起了国际上的关注，她还应邀坐到联合国的席位上，理想和现实像梦境一样叠映在脑际，绵延悠长。

今年43岁的王果香生长在树林召乡王贵村。过去那里沙化严重，人们生活贫困。她从小就跟爷爷在沙窝子里打井种树，改造土地，爷爷说过：“在鸣沙里种树，叶子掉下来变成肥料，土质就会改变。”老人种了一辈子树，也种下了一个绿色的梦。王果香告诉我们，爷爷给他们起名都和植树联系起来，哥哥叫果绿，姐姐叫果梨，她叫果香。她从小就喜欢绿色，就想让家乡绿起来。

王果香和林业专业技术人员一道，深入田间地头，制定近期和远景绿化规划，还两次组织村社干部和科技示范户到巴盟、包头等地参加学习，引进葡萄、桐柏等栽培技术。农闲时，她又请来果树专家，举办培训班，先后培训3 000多人，关碾房村要搞飞播，她带领几名工作人员，自备干粮和水，亲临现场作业，挥小旗、举标志，连续二十几个小时指挥飞播。夜里旷野寂静，上百米远站一人，有的妇女吓得大吼大叫，声音传出很远，很远……

张铁营子村原来沙堆起伏，草木稀疏。1982年在王果香的扶持下，赵金马家率先在房前屋后开发50亩沙地，种起果树，搞林粮套种，如今全家年收入5万元。在赵家的带动下，全村各户纷纷种起了果树，收入倍增，张铁营子村成了远近闻名的果树村。

如今，树林召乡上至老人，下至儿童，对种树有了一种新的认识，它已远远超越了浅显概念上的理解，要生存就必须改造自然环境。植树使警醒的人们认识了过去，看到了未来，最终变为一种全民性的自觉行动。

湍急的黄河水日夜奔流，滋养着周围的土地和人民，也目睹了岸边所发生的一切。树林召人——一个让黄河永远铭记的群体。

二 新闻报道人物化

科学研究证明，大多数人更善于理解故事，而非罗列的事实。在新闻报道中，人物是故事前进的动力，欲望与现实不平衡会制造冲突，人的期望和需求推动故事的发展并决定故事的发展方向。当人物遇到现实中错综复杂的情况，又不得不面对和解决时，行动就发生了，故事正是由一连串行动构成的。讲故事通常会从人物开始，人物面对问题，因问题（挑战）而挣扎，进而采取行动，最终解决问题，表现为故事结构——“主人公—困境—解决困境”。下面就以典型人物报道为例来讲解新闻中的人物故事该怎么讲。

典型人物报道是主流媒体新闻报道的一个重要类型，也是媒体舆论引导的重要方式，发挥着传播核心价值观、引领社会风尚、凝聚社会认同的重要作用。在新的媒介环境下，舆论生态、媒体格局、传播方式发生了深刻变化，典型人物报道的理念、模式和方法也发生着巨大变化。作为一种形式上的新创造的“现实主义”报道，便内含着在主观与客观问题上更为复杂的纠葛。不论论者进行了怎样的探讨，终究并不存在一种主观与客观完全对立的现实主义和“典型”，因为创作总是在种种客观性的时代意识形态的要求与框限之下，通过在写人层面的探索来体现出一种隐秘的、对整体性的表现与理解的主观欲望和期待，“典型”正应该被理解为贯穿这一欲望和期待之始终的范式与方法，而不仅仅是论者所讨论的创作公式。

第二十八届中国新闻奖电视专题类一等奖获奖作品《刘桂珍：四副担子一肩挑》中为了提升叙事观念、寻求表达的创新，在电视新闻中通过聚焦人物刘桂珍来探寻中心人物的表达方式，通过挖掘观众看不到的内在层面来提升共情力，完成从事实真实向心理真实的转换。

那么这个案例是怎么探索中心人物的核心价值点的，比如怎样将四个职务安排在一个人身上来体现人物个性？刘桂珍开展工作的现场是怎样的？为什么要干四份活？各项工作是分离的还是有联系的？重点在哪？要采访哪些人还原现场？引入点在哪？结构是如何架构的？

这个案例从单纯的报道转变成讲故事，在导语中就直接点明这是一个“愚公移山的故事”。如果按照传统的新闻制作方式，这个村支书的事迹可能没有办法报道。因为这已经是多年前的旧闻了，没有时效性，甚至没有新闻价值。但是，现场纪实却能够还原故事本身的精彩，提升它的价值。全片从学校琅琅的读书声作为引入点，画面采制十分用心，从窗外红旗飘飘配上读书声到上课画面（镜头从老师摇到学生），孩子是特写。

大时空的维度用时间为纪实服务。在电视纪实中，时间已成为一个重要的因素。把对人物和事件的纪实融入较长的时间段里，就会产生一个故事。故事化是现代纪实美学发展的一个重要方面。在电视新闻《刘桂珍：四副担子一肩挑》中，时间跨度从20世纪70年代到拍摄时长达40多年，本身就给故事的发生提供了非常好的土壤。因为缺水，北庄村从靠天吃水到去远处村庄担水，再到联合修建水渠，然后水渠报废靠接收雨水，再到后来开山打洞引水，北庄人所经历的解决缺水问题的过程自然就成为一个曲折的故事。现在洞早已经打好了，水也通了。而编导再回过头来为我们讲这个故事时，却巧妙地穿插运用了其间村民自己用DV拍摄记录下来的一些重要事件的画面，比如最初开山修路、中间挖隧道、最后隧道打通以及村民自发庆祝放鞭炮等等。这些重要时间节点上村民们自己记录的画面，无须言语，已经完整地为观众呈现出了一个精彩的故事。

该片采访细腻，着重渲染情感。新闻采访都会注重挖掘细节，但针对的是事实本身。然而，在《刘桂珍：四副担子一肩挑》中，大部分的人物采访围绕一个主题抒发自己内心的感情。所以这些人物在采访中表达的情感更多，那些原本支撑传统电视新闻的事件在这里发生了位移，变成了建构整个故事的串联线索。该片善于在现场纪实中抒情。生活中的事件总是伴随着人与人之间的情感表现，情感本身就是纪实的内容。村民们用最质朴的方式表达了自己内心对于缺水和有水以后的情感，他们表达出来的真情会直接通过屏幕传递给观众，并且感染观众。

刘桂珍一肩挑起了四副重担：村医、乡村教师、村支书和村主任。摄制者在布局时没有将这四个不同角色分成四条线来讲述，而是将这四条线巧妙地糅合在一起，齐头并进，起承转合十分自然。

相对于传统的情节化的现场报道而言，这个电视新闻作品的叙事节奏是偏慢偏缓的，有它自己独特的绵延性与流动性，类似于中国古典叙事作品，还原生活原生态，却看似闲笔。但它的动态性是建立在整体性与全息性的艺术基础之上的，而不是片断性的、快速的情节推进模式。其偏重于生活中横断面而不是故事元素的连接，从提炼生活的“线”汇聚到构筑生活的“面”。在日常生活细节流叙事中不仅要呈现外在的现实生活细节流，还要展示内在的心理细节流。这种整体性和全息性的“生活流”叙事乃至“细节流”叙事类似于法国哲学家柏格森所谓的“生命的绵延”，处于整体性的流动中。

案例 2－2 刘桂珍：四副担子一肩挑

来源：山西广播电视台《山西新闻联播》栏目

“两学一做在山西”专栏

时间：2017 年 6 月 22 日

了解完整内容请扫码

序号	画面	声音	分析
1	《山西新闻联播》演播室节目现场。	**【演播室导语】** **主持人：**54 岁女人 80 斤体重，瘦弱的身板却一肩挑起四副担子。38 年村医、29 年乡村教师、18 年村支书、14 年村主任，这些工龄干起来足够别人干上两辈子，乡亲们说她扛起的可不止是几副担子，而是小山村的一片天。	通过一连串数字生动表现人物形象，让观众更好地理解刘桂珍身上所扛的担子，引出人物。
2	教室内读书、授课画面（见图 2－1）。 刘桂珍去找李狗小，照顾他，带他来打针。	（读书声） **【解说词】** 恒山脚下的人起得早，而刘桂珍起得更早，每天陪孩子们早读，29 年雷打不动，即使班里现在只剩下三个学生。29 年前，村小学唯一的老师不干了，孩子们停了两个多月的课。作为村里的唯一一个高中生，就这样，刘桂珍挑起了这个担子。趁着课间的空档，刘桂珍一路小跑找到村民李狗小家。83 岁的李狗小得了脑血栓说不出话，可这倔老头死活不肯跟着闺女进城住。刘桂珍就成了他的半个闺女，因为身为乡村教师的刘桂珍还是周围五个村的村医。	以学校琅琅的读书声作为引入点，通过生活化的场景将刘桂珍的日常展现给观众。小跑、扣鞋、戴帽子、搀扶进教室，一边上课一边看着老人输液，反映出刘桂珍工作的忙碌和细心。
3	打针画面，招呼孩子们上课。	**【同期声】** （打针现场过程，叫孩子上课及上课现场声）	
4	课堂上课，孩子和老人共处教室。	**【解说词】** （上课声） 因为患者输液得盯着，课堂经常就会变成临时医务室。38 年前，刘桂珍还在读高三，她一门心思想考大学学法律，可当村支书的父亲却不同意。	从现在回忆过去，人物背景使访谈内容变得充实，这也是刘桂珍渐渐挑起四个担子的起因。
5	采访刘桂珍（见图 2－2）。	**【同期声】** **代县峪口乡段家湾村村支书 刘桂珍：**（父亲说）没有其他人了，年纪大的不准备培养，小些的文化也浅，你不干谁干？	

序号	画面	声音	分析
6	课堂上课，查看吊瓶点滴。	**【解说词】** “你不干谁干?”父亲这句话让刘桂珍打消了考大学的念头，留在村里当起了村医。九年后又是父亲一句“你不干谁干?”，她又成了段家湾小学唯一的老师。	
7	村民找刘桂珍，刘桂珍跟着村民到油棕苗地。	（下课铃声，现场说话声） **【解说词】** 一只脚刚迈出教室，就有人来喊桂珍，村里来了收购油棕苗的，大伙等着她去给拿主意。种油棕苗是8年前刘桂珍从县里找回的致富项目，当时，她挨家挨户动员大伙种树。两年后，苗木出圃，又赶上好行情，家家户户都挣了钱。段家湾当年就摘下了贫困村的帽子。	从教室到油棕苗地，刘桂珍的身份也自然从教师切换到村支书，场景衔接自然不生硬，观众也更能接受。
8	采访刘桂珍。	**【同期声】** **代县峪口乡段家湾村村支书 刘桂珍：**我那个三分地，你猜一猜能卖多少钱? **记者：**猜不出来。 **代县峪口乡段家湾村村支书 刘桂珍：**卖了七万五。	
9	刘桂珍在油棕苗地。 刘桂珍走在段家湾村。	**【解说词】** 三分地七万五，一亩地就是二十多万，刘桂珍说这是她当上村支书和村主任后干的最满意的一件事。1996年，代县段家湾村支两委换届，有点能耐的人都在外打工不愿接班。大家都看着又当村医又当老师的刘桂珍，希望她能接手干。而这回，还没等父亲说那句“你不干谁干?”，刘桂珍就一口应承下来了。她说，那几天，一件件往事一直在她脑海里转悠。	
10	刘桂珍和村民打招呼。 采访刘桂珍。	**【同期声】** **代县峪口乡段家湾村村支书 刘桂珍：**这两天好不好，你的牛放的? **村民：**不赖哇。 **代县峪口乡段家湾村村支书 刘桂珍：**有一次，早晨下来叫我，给他老婆看病。我一上去，人家老婆把饭已经做好了。虽然是下的方便面吧，人家里面放的，一个碗里头，已经给我盛好了，碗里头放了五个鸡蛋。	通过对话展现刘桂珍和村民关系的融洽，村民对刘桂珍工作的支持，对其人品的认可。

序号	画面	声音	分析
11	刘桂珍背着药箱走在村里。 刘桂珍给村民看病。 刘桂珍去找阿姑。	（音乐） **【解说词】** 五个鸡蛋一口吃不下，可刘桂珍却一直搁在心上，就为这一份放不下的情谊，38 年她给人看病从不收费，药也只按进价卖，还连续八年自个儿掏钱给乡亲们默默地垫付新农合医保，国家发给她的村医补贴她都贴了百姓。就为这一份放不下的情谊，29 年，她没让周边三个村的一个孩子辍学，成绩还一直在全乡名列前茅。	访谈内容既有厚度又有温度。
12	刘桂珍和阿姑对话。	**【同期声】** **代县峪口乡段家湾村村支书 刘桂珍：**阿姑，俊俊呢？ **代县峪口乡王家会村村民 阿姑：**早就找艳飞他们去了。	
13	刘桂珍和阿姑对话。	**【解说词】** 阿姑的三个孩子都是刘桂珍教大的，所以特别感谢这位刘老师。	
14	采访阿姑。	**【同期声】** **代县峪口乡王家会村村民 阿姑：**我二女儿这会儿考到滩（镇）上了，38 个学生，遍遍是拿的第一名。好老师，世界上还有这人呢。我说全代县也难找这样的人。	村民朴素的评价反映出村民眼中刘桂珍的好形象。
15	刘桂珍和村民。 刘桂珍骑车回村委。	**【解说词】** 2003 年，已经身兼村医、老师、村支书三职的刘桂珍又被推选为村主任，80 斤的小身板从此一肩挑起四副重担，这让乡亲们感激，也更心疼。	画面配合解说，刘桂珍的身份又自然切换到村主任。
16	李狗小的女儿看望刘桂珍。	**【同期声】** **李狗小的女儿 李小红：**这是我们的一点心意。 **代县峪口乡段家湾村村支书 刘桂珍：**你要是拿给我，我就给你爸爸拿回去。	
17	李狗小的女儿看望刘桂珍。	**【解说词】** 回到村委，正赶上李狗小的两个女儿从城里回来看她们的桂珍姐。	

序号	画面	声音	分析
18	采访李小红。	**【同期声】** **李狗小的女儿 李小红：**也许就是，所做的一切她自己认为是平平常常的、平平淡淡的一些事情，就是这么平平淡淡中间，其实这就把人们所需要的，特别需要的事情，她都给做了。我多少次来，她都不要东西，什么也不要。 （音乐声）	展现了刘桂珍勇于奉献、真诚质朴的形象。牵手画面的细节，打动人心。
19	段家湾村村貌。 刘桂珍回家路上。	**【解说词】** 因为条件艰苦，段家湾村已经移民搬迁了两次。2012 年，为了动员村民们搬迁，刘桂珍一咬牙借了四万多元，在县城的移民小区买了套楼房，这才动员了 13 户村民也跟着搬了过去。可如今楼房空了五年，她没住过一天，只因为村民还没有全搬走。	刘桂珍心里装着百姓，自觉承担起责任。
20	采访刘桂珍。	**【同期声】** **代县峪口乡段家湾村村支书 刘桂珍：**村民这么好，我一定要陪他们，我要守护他们。	
21	刘桂珍家。	**【解说词】** 两个女儿都在外地上学工作，山脚下的这间 30 平米老屋，就是她和丈夫温暖的家。	
22	刘桂珍和丈夫对话。 刘宏生翻照片。 采访刘宏生。	**【同期声】** **代县峪口乡段家湾村村支书 刘桂珍：**宏生，饭熟了吗？ **刘桂珍丈夫 刘宏生：**还没做呢。 **代县峪口乡段家湾村村支书 刘桂珍：**怎么你不做？ **刘桂珍丈夫 刘宏生：**那时候二十三岁、二十四岁。我小学的时候留（级）了两年，比人家（学历）低。她离不开这个村子，我就得陪着她守着。 （音乐声）	家人的支持给了刘桂珍莫大的依靠。
23	夜晚刘桂珍家门外，刘桂珍拿信。	**【解说词】** 其实，和丈夫一起陪她守着段家湾的还有埋在山脚下的父亲。今年三月，父亲去世了，刘桂珍写下的这封信，念给父亲也念给自己。	

序号	画面	声音	分析
24	刘桂珍读信，对刘桂珍的乡村医生证、衣服上的党徽做特写。刘桂珍冲着镜头笑。	**【同期声】** **代县峪口乡段家湾村村支书 刘桂珍：**我父亲无私的工作态度、正直的品格情操，在我小的时候就知道。我们生活在父亲的臂膀下，做着和他一样的事，全心全意为人民服务，这就是这个家庭里走出来的人。	展现刘桂珍作为一名共产党员的坚定信念。
25	用动画模拟手写的方式展现记者手记。	（音乐声） **【解说词】** 在与刘桂珍相处的十多个日夜里，我们一直试图寻找一个答案：到底是什么样的动力、什么样的信念，支撑着这个农家女人，把四副哪个都不轻的担子全扛在了自己瘦弱的肩膀上。就在我们离开前，她的一句话，让我们找到了答案。“我不干谁干？”这看似平常的一句话，却正是一个共产党员在面对急难险重、面对人民需要时最朴素的回答、最真挚的情怀。习总书记告诫全党：共产党人要永葆为人民服务的政治情怀。而在刘桂珍身上，我们看到了一名基层共产党员对这句话最生动的诠释。	最后的结尾总结平实自然、详略得当、感情真挚，生活场景的代入和体验使得人物形象更加饱满和鲜活，细节描写准确、生动地表现了人物的思想和行为。

图 2－1　刘桂珍给孩子们授课

图 2－2　刘桂珍接受采访

三　故事主题原型

很多故事的主题原型作为一种情感向往和文化记忆，具有深刻的文化意义。需要引起我们注意的是，故事的主题原型需要结合当代生活中的现实问题而展开。“十四五”时期，中国 60 岁及以上老年人口预计将超过 3 亿，占总人口比例将超过 20%，我国将进入中度老龄化社会。2035 年左右，60 岁及以上老年人口将突破 4 亿，占总人口比例将超过 30%，我国将进入重度老龄化阶段。面对不断加速的人口老龄化进程，如何提升老年人的获得感、幸福感、安全感，让老年人老有所养、老有所依，是全社会共同关注的话题。

近年来，很多以社区为单位组织开展的老年人喜闻乐见的讲座、沙龙，在促进老年人与外界交流的同时，引导老年人顺畅使用智能手机等电子设备，掌握网上购物、拍照、浏览社交平台信息等基本技能。此外，还让年轻人主动走进银发族的生活场景进行代际相处。比如在B站一档有着约4 000万播放量的热播节目中，呈现了三位上海老人与年龄在20岁左右的“Z世代”为期21天的共处实验，让年轻人与老人找到了更多交集。节目提供了走进独居老人真实生活的窗口。正如一位年轻人所说，“老人们明明渴望家人的环绕，愿意在年轻人的陪伴下接触新鲜事物，但却总是难开口”。

2016年“孙子为85岁爷爷拍照”这个热点社会事件讲述了一个走在时尚圈并心存感恩的年轻人，怀着对生活在故乡的爷爷的深厚情感，通过镜头为爷爷打造出一组和爷爷形象反差极大的时尚大片的故事。老吾老以及人之老，如何用镜头来诠释孝道，呼吁对老人多点关心和陪伴？栏目编导及策划团队敏锐抓住网络上“孙子为85岁爷爷拍照”这一热点事件，把祖孙二人请到演播室进行生动活泼的访谈交流，不仅讲述了照片背后的故事，更探讨了如何有效进行代际沟通、更好关爱老人的社会话题，具有很强的社会意义和人文关怀。在老龄化快速加剧的态势下，独居老人的养老、医疗、照料问题，得到了年轻人的关注，节目让更多老人被需要、被看见、被陪伴。

案例2-3 为85岁爷爷拍照

来源：厦门广播电视集团《玲听两岸》栏目
时间：2016年3月20日

了解完整内容请扫码

2016年3月，针对火爆网络媒体的“孙子为85岁爷爷拍照”的新闻事件，厦门卫视《玲听两岸》栏目编导及策划团队敏锐地捕捉到了其新闻价值和社会意义，立即对新闻当事人做了追踪采访及策划报道，最终制作播出了一档新闻访谈节目。

围绕核心价值：这个社会事件讲述了一个走在时尚圈却又心存感恩的年轻人，怀着对生活在故乡的爷爷的深厚情感，通过镜头为爷爷打造出一组和爷爷形象反差极大的时尚大片的故事。

解决的痛点：社会背景是中国正在加速进入超老龄化社会，民政部门的统计数据显示，截至2016年底，我国60岁以上的老人约有2.3亿，其中65岁及以上老人高达1.5亿。老吾老以及人之老，如何用镜头来诠释孝道，呼吁对老人多点关心和陪伴？为了回应这一问题，栏目编导及策划团队敏锐抓住网络上“孙子为85岁爷爷拍照”这一热点事件，把祖孙二人请到演播室进行生动活泼的访谈交流。电视访谈不仅讲述了照片背后的故事，更探讨了如何有效进行代际沟通、更好关爱老人的社会话题，具有很强的社会意义和人文关怀。电视节目以电视访谈为主轴，通过穿插摄影作品及影像画面等丰富的声画方式娓娓道来，不仅在电视端取得了良好收视效果，而且在网络上也得到了较高的点击率和较大的转发量，传播效果很好。

第二节 人物性格

新闻因人而生动。人物是故事的主体，故事就是叙述特定性格的人物在特定情境下的思想、情感、行为。人物和事件是故事的两个要素，但人物才是最重要的要素，因为剧情就是为了表现人物性格及命运的，任何事件只有当它与人物发生关系并对人物命运产生影响时才有价值和意义，也才可能作为故事中的情节。

人物能够推动动作和场景的发展。什么样的人物故事最吸引人？英国作家福斯特在《小说面面观》中，以他丰富的创作经验和准确的思辨能力，把小说中的人物分为“扁平”人物和“圆形”人物：“十七世纪时，扁平人物称为‘性格’人物，而现在有时被称作类型人物或漫画人物。他们最单纯的形式，就是按照一个简单的意念或特性而被创造出来。如果这些人物再增多一个因素，我们开始画的弧线即趋于圆形。”人物按功能可分为三种：一是理想化人物，满足观众超越现实的梦想；二是典型化人物，帮助观众认识人生和人性；三是娱乐性人物，使观众得到愉悦。人物的戏剧功能取决于人物性格及人物关系。一般说来，人物个性越强，与他人的关系及周围环境越不和谐，戏剧功能越强大。叙事有三大支柱：人物、动作和场景。在优秀的故事里，从陷入困境到走出困境，人物发生了深刻的变化。“圆形”人物是多变的、多面的，人性的缺点、矛盾、变化会让受众产生共鸣。人物性格是个性与共性、表象与本质的“凝聚物”。

人物的性格是一个广阔、复杂而微妙的精神性世界。从外在形态看，它由情节、人物、环境等多种元素构成，人物在其中具有举足轻重的地位。从整体属性看，它是形而下的现实生活和形而上的审美意境的有机融合，人物是其中的核心和灵魂。马克思下面的话对于我们认识人有着深远的启迪意义。他指出：“人的本质不是单个人所固有的抽象物，在其现实性上，它是一切社会关系的总和。”① 性格型人物倾力表现的是人物那种丰富的个性和深刻的共性，要有一种主导性的性格特征；它要求人物在展现丰富性格的同时，体现出同类人物的共性特质，个性与共性达到较好的融合。这种人物接近于福斯特所说的“圆形”人物，比意象型人物有更强的写实感、现实性，比类

① 马克思恩格斯选集：第1卷［M］. 3版. 北京：人民出版社，2012：139.

型化人物有更强的逼真感、丰富性。性格绝不仅仅是人物的外在特征，同时也是人物全部生命的折射。

科学哲学家卡尔·亨普尔说过，科学的功能是“解释”，人文的功能是“理解”。《美国工厂》的导演一直强调的关键词就是“理解”。生活并非黑白分明，而是连续的灰色。人物也不存在绝对地好坏分野，而是复杂多变的。纪录片《美国工厂》讲述的是来自中国的公司福耀玻璃工业集团股份有限公司（简称中国福耀）在美国的废弃工厂上投资、生产，让上千名失业工人重获工作的故事。社会环境的构建、人物心理的洞察以人物曹德旺在美国设厂的故事为依托。曹德旺作为企业家的盈利需求与作为普通人的反思诉求，直入人心。最有效的开篇往往从人物即将开展的一个决定性行动写起，再回溯。只有将能解释动机的信息写入新闻才有意义。在新闻中的独白或对白可以推动情节发展。最具戏剧化、最精彩的对白，可以让人过目不忘。这些都是该片的特色和优点。

案例 2－4　《美国工厂》的企业家曹德旺

来源：美国 Netflix 公司

时间：2019 年 8 月 21 日

序号	画面	声音
1	曹德旺对中国员工讲话画面。	**【同期声】** **曹德旺：**我生活在过去的落后的那个中国的时候，我倒觉得很快乐。但我今天跨入现在这个社会的时候，虽然现代化，各方面物质基本都上来了，但是总有一种很大的失落，就是我很难回到原来蝉鸣蛙叫的时代，看着田野上的鲜花小草。在这个几十年里面，我拼命盖工厂，是不是把环境给人家破坏了，这个原来很安宁的地方变得不安宁了。其实我自己弄不清楚我到底是有功之人还是有罪之人，不清楚。如果不是心情不好的话就不会这样想，人嘛，活着就是要干活…… 尊敬的各位员工，上午好。这个经济指标没有达标。这是一个非常艰巨的任务，我们都是中国人，我们自从出生那一天开始到死，无论被埋在什么地方，都是中国人。祖国是我们的母亲，这是永恒的。今天，中国人到美国来办企业，我们最最关键的第一件事情不是赚多少钱的问题，而是让美国人改变对中国人的看法、对中国的看法。因此每一个中国人都应该树立这种观念，报国为民，关键靠我们在座的人。
2	曹德旺思考画面。	**曹德旺：**美国工人效率低，产出低，而且不能管的，一管他，他就找工会去了。怎么能让美国人理解，并接受我们中国人在那边投资？这是比较大的问题。

序号	画面	声音
3	美国管理层来中国福耀工厂学习参观。中国福耀工厂员工向美国领导展现自己训练有素的面貌。	**中管理**：听说你们那边做得很不顺利。 **美管理**：对，是的，所以我们来这边培训。 **中管理**：再讲句实在话，你一个月放 8 天的假，周末都有假，一天 8 个小时，这已经很爽了。我们中国人一个月（休息）大概一到两天，他们都有点不干。 **美管理**：所以我跟你说，美国员工就是太懒了。 **中管理**：是你们本性就是这样，不是说懒。人都可以改变的。 **美管理**：我们有一些很努力的，想进步的，想上去的那些人，非常好。然后大部分是我来了只是为了拿工资，不是为了做玻璃。 **中管理**：一个班上几个小时？ **美管理**：他们是一个班 8 个小时。 **中管理**：8 个小时，算 100 美金吧。在我们中国有句古话说，你拿多少钱做多少事，要对得起这份钱嘛，你应该明白吧？ **美管理**：明白啦。 **中管理**：我，反正是听说你们那边工人嘻嘻哈哈开玩笑说话聊天。 **美管理**：我们最好的工具就是那个胶带，把胶带贴在嘴巴上，他们会表现更好。 **中管理**：你们能贴吗？ **美管理**：不能，我是说（开玩笑）如果可以这样贴，我们的产量会上来。因为他们现在都啰唆。 **中管理**：最重要的一点是你要让他们形成一种团结力。
4	采访中国福耀工厂员工，美国管理层被中国福耀工厂的激情和拼搏精神惊呆。	**员工 1**：工作还可以吧，有成家，孩子也在老家。有时候不放假，不让回去，也很少回去，基本上等到过年的时候才能回去。我们上 12 个小时（的班）。累啊，累也没办法啊。 **员工 2**：领导叫我们做我们就做，我现在有两个小孩，一个才半岁，一个才四岁，孩子比较小一点。看玻璃的情况，如果做玻璃比较忙的话就可能休不了（假）。反正一年回去一次两次。 **员工 3**：（我的孩子）大的有 11 周岁了，小的 8 周岁。就是加班，陪他们的时间特别少。
5	中国福耀工会主席接受采访的画面。	**中国福耀工会主席 何世猛**：我们在福耀也是很有激情的，就是说整个都挺有激情的，我们在这做也很开心。所有的（工人）都是工会成员。没有政府的大力支持，这个企业肯定走不好。工会跟企业是密切联系在一起的，跟齿轮一样转动。让他们一起为福耀的成功奋斗。因为我们是在这艘船上，船好大家才会好，船开翻了，大家连饭碗都没了，这也是很简单的道理。

第三节 人物性格的现场表现手段

一 个性话语

如果没有通过个性话语抓住人物的本质，就没有找到情感核心。传统新闻报道中的人物容易出现符号化倾向，有时出于宣传的需要，人物容易变成意象化、理念化形象。但是个性话语可以让人物脱颖而出，起到了点睛的作用。

陈慧的故事是通过文章开头一个镜头式描写来展开的："我在菜市场见到陈慧时，她正被一圈人围着，一根短辫低低扎在脑后，皮肤黢黑，嗓门洪亮，拿货、找钱、寒暄，爽脆利落，挎在身上的黑色腰包里装着一叠五块十块的钞票和一些钢镚儿。"让人物在具体的场景中行动：不同于一般的生活艰辛的劳动妇女，陈慧对于美好生活的追求并没有被粗粝的生活所磨灭。比如："我想烫头，我想修眉，我想颠覆自己，我想还是算了。""我有两个窗口。一个让我趴着，窥视近在咫尺的凡间；一个用来飘着，放纵灵魂四处徜徉。"

新闻中的景物描写、环境呈现与人物内心的关系，都隐喻着陈慧坚韧顽强的个性："陈慧长日坐在窗口，在溪水声中分辨雨声，伴着雨声敲打键盘。""她记录下生命的无奈和庄严，卑微与贵重。""我眺望她，像在眺望一个珍稀的同类。"

案例 2-5　贴地生活：菜市场里的女作家

来源：《新华每日电讯》

时间：2021 年 8 月 27 日

了解完整内容请扫码

我在菜市场见到陈慧时，她正被一圈人围着，一根短辫低低扎在脑后，皮肤黢黑，嗓门洪亮，拿货、找钱、寒暄，爽脆利落，挎在身上的黑色腰包里装着一叠五块十块的钞票和一些钢镚儿。

…………

2010 年冬天，她从菜市场抱回一台电脑，牵上网线，注册了一个 QQ 号，在自己的 QQ 空间里断断续续敲下一些文字：

"我想烫头，我想修眉，我想颠覆自己，我想还是算了。"

…………

"我有两个窗口。一个让我趴着，窥视近在咫尺的凡间；一个用来飘着，放纵灵魂四处徜徉。"

窗外，青山的脊背抬眼可望，窗户打开，溪水声就顺着流进屋里，流向下游的四明湖。陈慧长日坐在窗口，在溪水声中分辨雨声，伴着雨声敲打键盘。近百篇故事从她的指尖诞生，她记录下生命的无奈和庄严，卑微与贵重。

电脑就放在她床边的窗户下面，有时候写累了，或者写不下去的时候，她就向窗外看看。窗外有田野和小溪，小溪旁还有一个中风的女人。

陈慧经常看着她。她像一个挤不干净的拖把一样拖着不能动的半边身体在田里干活。

"我眺望她，像在眺望一个珍稀的同类。"陈慧说。

…………

"普通人的生活浑身都是线头，一拉都散了。"陈慧说。十几年来，她一直骑着那辆铃木摩托车进货，车一开轰隆一声，看上去潇洒飒爽。

"一个女人看似坚强，但原本应该是柔软的样子啊，"她的话音之外似有遗憾，"如果能不当骑车的，而是去当坐车的该多幸福啊。"

因为无可依靠，所以看着洒脱，这种"坚强"，是硬扛着的。

一个天性柔软的人，被生活"打铁"打硬了。在菜市场里风风火火，好像是在掩盖生活中的委屈；她往返于家与菜市场，也往返于笔下的文字和辛劳的日子。

【点评】人物生活的表面是我们了解他们内心生活的窗口。

从真实的生活中采撷素材，以生活自身的形态来阐释生活、抒发情感、升华哲理，这是真实生活中的一个存在、一个流程、一个片段，以此来反映活生生的人生现实，给予观众一个评价生活的基点和一种真实的人生体验。妙趣横生的生活空间完全依靠创作者的主体创造性才得以完整体现出来。陈慧的生活片段和个性话语以及看似搬演的生活场景之所以读之感人至深，是因为场景的时空结构固有的真实性在两个时空最后重合的瞬间爆发出巨大的情感力量。

三 外貌描写

案例 2－6 董倩对话武汉网格员"药袋哥"：急！急！急！身上挂满药物 心中装着病人

来源：央视新闻客户端

时间：2020 年 3 月 7 日

了解完整内容请扫码

他叫丰枫，今年 40 岁，体型偏胖，武汉某社区网格员（描写与主题有关的外貌，客观中立的描写）。前几天，他因为被媒体拍到一张照片（见图 2－3），在很多人的朋友圈火了。火，是因为在新冠疫情之下，他帮社区居民代买药的样子让人有些感动。在黄石路的汉口大药房，平时脾气急的丰枫展现出另一副样子。他不厌其烦地排队开药、查单子，仔仔细细核对居民的社保卡和药物的名称、剂量，对于突发的一些情况也没急，而是耐心解决。他说："能开到药就好！能开到药就好！"丰枫说："这个大社区有六千多户居民，我平时服务辖区内的一千多户居民。"（通过人物的言行显示人物性格）

图 2-3　挂满药袋的“药袋哥”

这次疫情发生后，他就主动向社区领导提出要帮居民去开药。“其实我就是帮一下那些患有重症的居民，他们的药是绝对不能断的。”这类可以走国家重症通道的居民有 900 到 1 000 户。疾病种类不属于重症的居民也可以走医保，大概有 1 500 户。所以，丰枫的责任就是不仅要尽量为居民开到药，还要让居民每一次开药都享受到医保或是重症通道的优惠政策。他给居民开药这件事，原本是他和社区随口说的，因为看到社区居民出去买药不方便，他说他帮着买能给他们省点事。于是要他带药的人从刚开始的一天四五人发展到目前的五六十人，现在要带的药量每天都不少。丰枫常常要面临各种状况，他偏胖的身躯每天小跑着在药房开药的样子，让人有点动容。他把数十个药袋子串在一起，挂在身上，说这个造型像游戏《魔兽世界》里的一个大 Boss。他得意地发了朋友圈，但被妈妈说：“你嘚瑟个啥?!”丰枫就是我们生活当中熟悉的社区工作者，有优点也有缺点，有办好的事情也有没办成的事，但他热心去干别人觉得累不爱干的事，办得认真仔细，他把这些居民的事当成自己的事，当成事关别人生命的大事，所以，他可爱且真实。

【点评】照片要生动形象，与人物外貌配合得当。一味单纯地描写外貌细节没有意义，必须要结合人物性格和行为来理解他的外貌细节与周边环境的关系。

三　生活细节

奥斯卡获奖影片《绿皮书》用了很多细节给人留下深刻印象。影片善于将某些细节进行前后对比，作富有深意的隐喻与反讽，非常耐人寻味。如将一个特写镜头定格在基督教青年会（YMCA）的标志处，不了解美国文化的观众可能不明白这一细节。事实上 YMCA 是为男青年提供健身和临时居住服务的机构，向来是同性恋者聚集的场所。这也正对应了片中主人公之一雪利（Shirley）在雨夜中所说“我既不够黑，也不够白，也不够男人，那告诉我，我是谁”以及黑人用过的杯子被扔掉、在路上吃炸鸡等细节，通过这些细节足以表现当时美国社会种族矛盾冲突之激烈。

通过个体经历展现国家命运的纪录片《含泪活着》主要讲述了主人公丁尚彪为了女儿和家庭的未来，长期忍受与家人的分离（见图 2-4），独自一人在日本默默地艰苦打拼的故事。纪录片从创作者张丽玲的视角对这个文化水平不高的出国工作的群体进行了纪实性的展现。《含泪活着》对在日常艰苦、单调、重复的劳作生活中所体现的隐忍的生活态度和坚韧不拔的拼搏精神有充分的展现。主人公丁尚彪一天工作结束后已是深夜十二点多，末班电车都收车了，他才沿着轨道走回家。为了不惊动一楼的房东，他从来都是踮着脚尖轻轻往上爬（这个细节很传神）的，因为那是 30 年前建造的旧式木制房子，一有动静就极易产生噪声。针织厂工作的妻子在讲述自己在丈夫离开上海的八年时间里的生活情况时，只有一句简单的话：“现在一个人没办法了，像断电了换保险丝什么的自己都能做。”

图 2-4　丁尚彪与妻子再次分离时妻子在车上流泪

第四节 发现人物的核心价值

展现人物的核心价值需要激励事件。这个激励事件既可以是宏大的社会事件，也可以是悄然发生的内在事件。当新闻故事技巧性地把意义包裹在激励事件所产生的戏剧性之中时，观众不会感觉到精神压力，反而会对世界和人心产生更深刻的理解。请看案例 2-7 中的人物报道。

案例 2-7 平原上的娜拉：刘小样

人物对话的本质是什么？

情感核心不应该是怜悯。

“在农村，有钱可以盖房，但不可以买书；可以打牌闲聊，但不可以去西安。不可以交际，不可以太张扬，不可以太个性，不可以太好，不可以太坏。有约定俗成的规矩，要打破它就会感到无助、无望、孤独，好像好多眼睛在盯着你。不需要别人阻止你，你会自觉自愿地去遵守这些规矩。”王峻对这封信赞叹不已。他揣着这封信，激动地在办公室里，见人就读。在又一封来信中，女人描述了自己生活的地方：“夏有一望无际的金黄色的麦浪，秋有青纱帐一般的玉米地……可是我就是不喜欢这里，因为它太平了。”来自平原陌生女人的书信和电话，震惊了节目组的每个人。在《半边天》诞生的最初几年，观众看到的多是都市女性的故事，很少听到来自村庄和边地的女性声音。女人在来信中所写的，也与过去农村妇女的主流叙事殊为不同。

所有看过那期节目的人，都记住了电视机里，那个始终微微抬高着下巴，做出不服从的姿态，颧骨处的皮肤发红，像是正发着一场高烧的红衣女人。

在21世纪之初的北方平原，中国传统农耕文明最厚重的核心地带，刘小样忍受的是“一种怪异的悸动，一种心有不甘的感觉，一种渴望”。这种来自女性的悸动和渴望第一次为世人所关注，是在20世纪中叶的美国。作家贝蒂·弗里丹在《女性的奥秘》一书中，刺破了历史文化语境形塑和压抑下的美国郊区主妇神话。

来自中国北方平原的农村妇女刘小样，在半个世纪后，发出了同样的呼喊和不甘。这不仅仅是一个农村选题，或者一个女性选题。穿过性别、地域、阶层的阻隔，刘小样的表达是对“人”的本质的表达。在这个意义上，《半边天》节目主持人张越觉得，“刘小样既是她自己，又是我们每一个人——她是‘一个人’，同时她也是全世界”。《我叫刘小样》因此成为《半边天》最著名也影响最深远的一期节目。“刘小样”这个名字，从北方的平原走出，成为不同世代观众心中的一个暗号，在之后的二十年里，不断引发回响。

窗外的小花园中，鸡冠花开得正盛。刘小样说，以后，小花园给她多少，她就接受多少。花开得好的时候，她跟谁都炫耀，说我的花开得可好。女儿听了取笑她，就那几朵花，成天说我的花，说得好像有多多似的。《人物》杂志前主笔安小庆说，她和刘小样最后一次谈话是在厨房里。那天傍晚，平原上飘起了雨夹雪。她问刘小样，有时会觉得这是个悲剧吗？刘小样陷入了沉默。天光从头顶的天窗透进来。厨房几乎还是二十几年前的样子，只有柴火灶荒废了，被一只电磁炉取代。碗柜、水缸、菜刀、蒸馒头用的大木盆，都还是1991年刘小样嫁过来时婆婆为她准备的。

案例 2-8　葬花词、打胶机与情书

来源：《人物》杂志微信公众号
时间：2020 年 7 月 20 日

了解完整内容请扫码

故事为何发生在吴桂春身上？故事为何出现在东莞图书馆和珠三角？

这是一个几乎称得上完美同时又充满偶然的故事。这又是一个不可复制的故事。它击中了变幻时刻所有人群的心绪和时代的情绪。或许故事只可能发生在这里——吴桂春、东莞图书馆和"世界工厂"落脚的城市。它只能从开放、包容、务实、温暖的物候和土壤中长出，只能在依旧鼓呼和实践公共价值观的行业里被看见。

…………

"我来东莞十七年，其中来图书馆看书有十二年。书能明理，对人百益无一害的唯书也。今年疫情让好多产业（企业）倒闭，农民工也无事可做了，选择了回乡。想起这些年的生活，最好的地方就是图书馆了。虽万般不舍，然生活所迫，余生永不忘你，东莞图书馆，愿你越办越兴旺。识惠东莞，识惠外来农民工。"

留言被传播刷屏后，吴桂春和图书馆的故事成为动荡的 2020 年里又一个令人感怀的公共事件。

…………

在儿子给他换智能手机前，他的手机是月租 8 块钱的老年机。他买了 10 块钱的流量，一个月电话费差不多是 18 块钱。

南方冬日短促，他从不买羽绒服。一年大概买三件衣物，一件短袖加一条长裤和一条短裤，15 块一件，花费不到 100 块钱。

每天的生活费控制在 30 块左右，午餐和晚餐大多时候在街面上的平价快餐店解决。两荤两素，10 块钱。一碗面，8 块钱。老板娘从四川来东莞开店超过 20 年，她体恤工友，看到吴桂春这样的食客，会多抓一把面条下锅。

17 年里，几乎戒掉水果。他说，这些年花在水果上的钱不超过 40 块。

…………

湖北冬天寒冷。偶尔几年回家过年，身上穿的外套、羽绒服都是哥哥或者弟弟的。穿到走的时候，脱下来还给他们。

结合案例 2-7 和案例 2-8，借助细节找到人物故事要点：

（1）与主题有关的外貌特征：

“那个始终微微抬高着下巴，做出不服从的姿态，颧骨处的皮肤发红，像是正发着一场高烧的红衣女人”。

（2）选取最具代表性的新鲜细节：

“他的手机是月租 8 块钱的老年机。他买了 10 块钱的流量，一个月电话费差不多是 18 块钱。南方冬日短促，他从不买羽绒服。一年大概买三件衣物，一件短袖加一条长裤和一条短裤，15 块一件，花费不到 100 块钱”。

（3）动感画面：

“窗外的小花园中，鸡冠花开得正盛。”

“偶尔几年回家过年，身上穿的外套、羽绒服都是哥哥或者弟弟的。穿到走的时候，脱下来还给他们。”

（4）受访者情感体验：

“有约定俗成的规矩，要打破它就会感到无助、无望、孤独，好像好多眼睛在盯着你。不需要别人阻止你，你会自觉自愿地去遵守这些规矩。”

（5）受众与故事的情感连接：

“穿过性别、地域、阶层的阻隔，刘小样的表达是对‘人’的本质的表达。”

【思考与练习题】

1. 如何选择事件主题才能契合当代社会的历史背景与本质发展？

2. 如何选择被访者才能给事件主题提供一个更客观的表述、更全面而丰富的视角、更多样性的解读方式？

3. 如何从一般事实中挖掘出最有价值的新闻事实，切入何种角度才能提升主题的新闻价值？

4. 回顾一下你今天观察到了什么。有没有观察到其他人没有观察到的细节？

5. 课堂讨论：

请看最近互联网热搜上的新闻标题，回答：有哪些你喜欢的新闻？为什么喜欢？未点开之前是什么新闻点打动了你？请点开后面的文字或视频看看它的主题是否符合你的心理期待，以及是否带给你情感或价值观的触动。

6. 观察一个事件，至少提炼出两个以上报道角度，分析哪个角度最能体现事件本质。

7. 思考策划选题的方法。

【推荐阅读文献】

1. 麦基，格雷斯．故事经济学［M］．陶曚，译．天津：天津人民出版社，2018.

2. 哈特．故事技巧：叙事性非虚构文学写作指南［M］．叶青，曾轶峰，译．北京：中国人民大学出版社，2012.

3. 曾祥敏．电视采访：融合报道中的人、故事与视角［M］．3 版．北京：中国传媒大学出版社，2018.

4. 李云雷．如何讲述新的中国故事?：当代中国文学的新主题与新趋势［J］．文学评论，2014（3）.

5. 克雷默，考尔．哈佛非虚构写作课：怎样讲好一个故事［M］．王宇光，等译．北京：中国文史出版社，2015.

第三章

电视新闻故事化

【本章学习要点】

1. 故事化叙述方式
2. 故事冲突点
3. 故事结构的时间

近年来，故事化叙述方式在新闻中的地位逐渐凸显。故事化手法引发了对新闻媒体故事化写作取向的思考。在电视媒体领域，故事化的叙事理念开始打破电视新闻、深度调查报道、纪录片等非虚构类节目平铺直叙、一击到底的模式，而采用设置问题与悬念、峰回路转的结构方式。事件故事化，戏剧性和冲突性、悬念设置等故事性元素逐渐凸显。

第一节 故事化叙述方式

讲故事、听故事、分享故事是我们基于社会交往和本能需求的信息行为之一。新闻也可以是讲述故事的形式，新闻报道的一个重要传统就是通过讲述真实精彩的新闻故事实现新闻对受众的吸引力和影响力，既满足受众对新闻信息的需求，也传达一定的价值观念，这成为新闻报道实现新闻价值的重要方式和手段。正如美国作家斯坦利所说，我们迫切需要好故事，这些故事不仅能够娱乐观众，同时也要包含深刻的道德准则和生命的伦理指引，为一个更加健全而明智的社会开出救世良方。

一 故事理论

故事理论最早起源于古希腊。《现代汉语词典》对“故事”的定义是：“真实的或虚构的用作讲述对象的事情，有连贯性，富吸引力，能感染人”。故事在文艺作品中一般用来体现主题情节。

乔恩给“故事”下的定义是：当人物遇到错综复杂的情况，而他又不得不面对和解决时，行动就发生了，故事正是由一连串这样的行动构成的。这个定义能够帮助我们对故事的关键要素进行细致分析。为了凸显故事的重大意义，故事叙述者需要精心选择和安排材料，此时情节便出现了。情节就是一系列有意安排的事件，之所以刻意安排，是为了揭示戏剧的、主题的和情感的意义。亚里士多德在《诗学》中提出文艺理论需要解释叙事的结构、故事的诸要素以及要素结合和表达的问题，将“情节”解释为“事件”的安排。

故事的原始形态是口头讲述。生动的故事讲述是现场沟通最有效的形式，IP 创新都需要进行故事营销。媒体是最好的传播渠道，可以进行跨界合作、品牌联动，扩大影响力。同样，电视现场报道中的出镜记者用口头讲述的方式还原故事。精彩故事在讲述时总围绕充满情感负荷的价值观，可能嵌入行为模式，像是真实经验的记忆，以及成为未来行动的参考矩阵。故事思维是一种具有整体性的叙事思维，事实是事物、事件的本体论，任何语言、符号都难以完整确切地描述事实。加西亚·马尔克斯说：“生活不是我们活过的日子，而是我们记住的日子，是我们为了讲述而在记忆中重现的日子。”现场所展现的故事情节，即将现在和随后播出的事件之间的单义的、单向的联系组织起来即兴形成的情节。

威廉·E. 布隆代尔在《〈华尔街日报〉是如何讲故事的》中说道：“我们所有人承担着一种责任，一种常常被我们忽略的责任，这就是我们既是事实的提供者，更是故事的讲述者。”

普利策新闻奖得主之一的美国记者富兰克林把“新闻故事化”定义成：“采用对话、描写、场景设置等手法细致入微地描述情节和细节。”“就是打破常规的‘倒金字塔’式短、平、快的报道方式，而对新闻进行细节化、情节化的表现，凸显新闻事实本身含有的一些戏剧因素。”这种依据现场细节的结构方式更加符合电视媒介直观、形象的特点，更加符合电视新闻现场性的特点。

电视新闻作为一种审美视角与报道风格也应运而生，通过故事化的叙事策略实现新闻的亲近感、可信度与说服力。故事化叙事是电视新闻中最具吸引力的一种，这是在结合电视新闻特性的基础上，将叙事学作为一种研究理念、研究视角或者研究手段对电视新闻理论进行的有益补充。其在某种程度上也解决了传统电视新闻报道表现手法单一和主观性强的问题。

从某种意义上说，任何新闻都是在讲故事，无论处理什么主题，都要面对如何让受众进入你的故事情境，如何找到故事点，如何让故事主体、受众和作者之间产生情感共鸣等问题，这里面有共通的传播规律。以讲故事的方式揭示重要新闻事实，这一点对于出色的电视现场报道尤其重要。

二 新闻故事化叙事特征

电视新闻故事化是将新闻、故事、电视相结合。在电视媒体领域，故事化的叙事理念打破了传统电视新闻、深度调查报道、纪录片等节目的平铺直叙方式，采用设置问题与悬念、表现峰回路转的故事化冲突的方式加以呈现。这些特征与理念的相互融合使得电视新闻得到更为全面的拓展。现在的“电视新闻故事化”具体表现为以下几个特征。

1. 纪实性和真实性

电视新闻的纪实性和真实性主要表现在事实和媒介的真实，即所报道的事物是客观存在的以及媒介对事实的呈现是真实的。电视新闻通过故事化的叙事方式使得受众可以无限接近事实本身。

2. 戏剧性和互动性

导演希区柯克有句名言：“电影是将平淡无奇的片段切去以后的人生。”从中其实可以看出这位“悬念大师”在自身创作中把“戏剧性”理解成故事情节的戏剧性处理。亚里士多德在《诗学》中所提到的戏剧作为一种“在场呈现”的艺术，情境、心理、动作三者相辅相成才能形成作品的“在场性”表达。

电视新闻的故事化可以深入地发掘作品内容中的人性，而这种人性化是通过戏剧化的情节加以放大的。镜头的巧妙切换以及情节中戏剧性的冲突使得电视新闻更具有感染力，从而容易让观众对新闻事实的报道形成认同和共情。在电视新闻报道中，故事化的呈现理念使得画面与声音充分融合，提升了观众对事件整体的分析和感知度。在经过综合作用之后，受众的参与意识被极大地调动起来，他们开始积极参与新闻事件的后续报道。这在新的传播环境中具体表现为观众参与微博微信中相关的新闻话题。观众参与新闻事件，这种电视新闻故事化的表现方式既展示了生活百态，也让观众在互动中感知新闻的教化功能与现实意义。

有剧作大师把主题称为戏剧的前提，是整个戏剧的基础。文本的主题来自作者的价值观，来自作者对人生的理解。主题探索的是对这个世界的信念。巴赫金认为：“艺术形象世界的结构形式不仅是对空间和时间因素的安排，而且也是对纯思想含义因素的安排；不仅有空间和时间的形式，而且也有思想含义的形式。”如果新闻是讲故事，那需要由说者和听者配合完成，需要双方建构一个“意义地带”和“情绪空间”，达成一定程度的相互理解。而建构这一空间意味着叙事者必须要运用一些公共符号和话语，将其主观经验以听者可以理解的方式表达出来。因此，这些叙事策略必须在全球化的语境中去激活中国传统叙事资源，并找到其中“变化的动因和恒久的因素”，才能呈现出中国的真实面貌和中国故事的普适寓言，让听者沉浸于故事的仪式之中，达到一种知识上和情感上的充分满足，让每一个中国故事都种在人类灵魂深处。

第二节 寻找故事冲突点

每一个人对故事的理解各不相同，特别是在立意上往往大相径庭。如何找准新闻故事的“冲突点”显然是至关重要的，因为它决定故事发展的走向，直接牵涉到立意与深度。故事往往是传统而普通的，常常并无新奇之处，但优秀的记者却可以找出它独特的地方，给出自己的理解。比如 2006 年至 2007 年的于欢案，从网易、凤凰网等媒体的《母亲欠债遭 11 人凌辱 儿子目睹后刺死 1 人被判无期》《山东 11 名涉黑人员当儿子面侮辱其母亲 1 人被刺死》到《南方周末》的《刺死辱母者》，记者以新的叙事结构对伦理视角下小人物无望的反抗的描写成为这个故事令人难以忘怀的冲突点。

对于讲故事的人来说，一个好故事可能包含了关于话题或议题的大量信息，是透过一粒沙子窥见世界的方式。媒体人擅长用故事还原人性和世界的复杂性。人是复杂的，唯有尽可能多占有各种信息，多维度去认识和理解人，才能真正认识他所处的世界。讲“好故事”意味着记者要从报道对象中发掘戏剧冲突和人性因素，并以具体的、贴近受众生活的方式呈现。此种实践要求从业者摆脱对受众的匿名的、大众化的想象，将新闻与活生生的日常生活特别是人们的道德实践建立关联。现象或问题具有抽象性，在电视表现方面具有一定的难度，如何用可视性电视语言来反映这些现象或问题，挖出现象或问题背后的本质特征，是电视报道在具体化操作过程中的难点。要把抽象的主题或概念用具象、生动的电视形象语言来表现。

法国学者茨维坦·托多洛夫认为故事是从一种平衡开始通过不平衡达到新的平衡。每一个故事都有一个潜在结构，一个中心人物遭遇了一个难题，与之斗争，最后克服了难题，或者被击败，或者在某方面被改变，我们把它概括为“主人公-困境-解决困境”故事模式。福斯特说：“叙事是国王死了，王后也死了，而情节是国王死了，王后因悲伤过度而逝。”一个事件的原有状态被打破，也就推动了新的事件的发展。从新闻角度来说，报道关注的也就是这些被打破平衡的动态变化。

在电视现场新闻中，通过扣人心弦的故事和巧妙的场景设计可以让受众沉浸在角色中，再现现实。第二十七届中国新闻奖电视消息类一等奖获奖作品《中国笔王贝发小笔尖大制造 杭州 G20 元首笔撬动高端市场》这个新闻故事的“戏核”是一个励志故事：“制笔强国”梦，30 亿支笔走向海内外市场，讲述“中国好笔贝发造”的情怀。G20 杭州峰会是一场国际级别的经济盛会，在峰会上绝大多数的新闻报道聚焦的是峰会本身，但该作品立意高远，独树一帜将目光投向峰会所带来的效应，以贝发集团制造的“中国好笔”为关注点，既回答了李克强总理对中国好笔的提问，也展现了贝发在中国制造业的探索，同时彰显了峰会所带来的品牌效应和拉动效应。

在情节设计上，报道开始时记者并没有将事件的前因后果作一个简单的介绍，而是通过现场画面与同期声，一上来就给观众展现事件的现场状态，把观众带入现场。接着是对当事人的采访，并在采访中不时插入事件的背景信息。通过记者与当事人的交流，把贝发制笔的细节逐步展现给观众，讲述了一个“制笔强国”梦，显然属于高情感性故事。

案例 3－1 中国笔王贝发小笔尖大制造 杭州 G20 元首笔撬动高端市场

来源：宁波广播电视集团

时间：2016 年 12 月 29 日

了解完整内容请扫码

【正文】

距离 2017 年春节还有一个月左右的时间，这几天贝发集团的“中国好笔”生产车间，进入了最繁忙的阶段。正在生产的这批产品月底就要交货，每支零售价在 628 元。

【同期声】

贝发集团金属笔事业部车间主任 胡佩瑾： G20 峰会开始的话，我们一直都没有间停过，一直在装配的。

【正文】

数据显示，我国每年生产约 380 亿支各类圆珠笔，“中国好笔”诞生之前，国内中高端市场的圆珠笔，生产所需的笔尖珠芯近 90％需要进口，墨水 80％需要进口。邱智铭给记者算了一笔账，出口美国的圆珠笔市场上卖 1.99 美元，贝发只有 0.1 元人民币的利润，千元销售贝发能得到的，就是几块钱，这也一直是“中国笔王”邱智铭的一块心病，一支笔同样也牵动了总理的心。

【同期声】

（现场）

CCTV2 节目主持人： 今年（2015）年 6 月份李克强总理提到了说，什么时候我们中国制造的圆珠笔，书写起来也能像国外生产的圆珠笔那么顺畅就好了。

贝发集团董事长、中国制笔协会副理事长 邱智铭： 它的难度跟制造一架大飞机是一样的，有价值的笔一支产品利润可以顶得上一台空调。

CCTV2 节目主持人： 你们的利润这么高啊！

贝发集团董事长、中国制笔协会副理事长 邱智铭： 便宜的产品一支只能挣几厘钱。

【正文】

邱智铭说，制约中国制笔业走向高端化的最关键技术就是笔头和墨水。2011 年，贝发牵头国家“十二五”科技支撑计划，推进“制笔行业关键材料及制备技术研发与产业化”项目，和太原钢铁厂一起协同成功研发“超级易切削不锈钢材料”，一举打破日本对这一关键材料的垄断。

【同期声】

贝发集团质量管理部经理 徐君道： 关键的部位，我们叫这个碗口，也就是说球珠体，它的尺寸精度要达到 2 个 μ，也就是说头发丝的三十分之一。

【正文】

贝发经过 5 年的努力，上万次的实验，从油墨所需的约 20 种原料中，研制了属于自己的高端笔所需油墨，触变性达到国际先进水平，也就是不书写时快速黏稠，书写时流畅，且耐高温，有效克服了圆珠笔书写不连贯或漏油现象。

【同期声】

贝发集团测试实验室主任 胡省洋： 它的添加量，有些助剂，说白了，它只有 0.001（%）、0.002（%）会有这样的现象存在。这也是致命性问题，假如这个不加，你写起来的手感、润滑度或者保湿就会不一样。

【正文】

作为我国最大的制笔企业，贝发集团成立近 30 年来，一直专注“制笔强国”梦。目前，贝发每年有 100 多个品种 30 亿支笔走向海内外市场，销往世界 150 多个国家和地区。

【同期声】

贝发集团董事长、中国制笔协会副理事长 邱智铭： 我觉得这支笔，打破了中国好笔一定得追求万宝龙、追求派克，我觉得中国自己能够生产出好产品，就是我们提前实现了，我们中国好笔贝发造的这么一个情怀。

【同期声】

记者 董寅寅： G20 杭州峰会圆满落幕已经三个多月的时间了，这场世界性的盛会所带来的品牌效应和拉动效应，正在加速地释放。贝发的中国好笔以国家元首笔亮相，它既回答了总理中国好笔的提问，同时也成就了贝发在中国制造上的探索。

【点评】 该报道以“困境-解决困境”为故事模式，以贝发制造的“中国好笔”这一“小事件”为切入口，串起“G20 杭州峰会”“总理之问”等大事件，说明了 G20 杭州峰会不仅是一场级别极高的国际峰会，更是一场给我国制造业提供改革、发展机遇的盛会，它把一家制笔企业的命运与国家制造业的振兴紧密联系起来，展现了中国制造的新力量。

“故事”与“叙事”是西方现代叙事理论中的一对重要概念，长久以来新闻报道的经典结构是倒金字塔式结构，即上大下小——最重要的信息放在最前面，次重要的信息往后放，后面的信息是对前面信息的补充。应当说，百年来形成的这一结构并不过时，它仍适合于短、平、快的消息类报道，适合于在最快的时间里把最重要的信息传达给观众。而电视新闻报道中故事化叙述结构发生了新的变化。阿尔·汤普金斯提出了沙漏式结构，即两头大、中间小——把最重要的信息放在报道两头，次重要的信息放在中间，这样可以持续吸引观众的眼球。沙漏式结构只是以最简洁的方式概括了故事化叙述结构，在实际操作中，其实有多种多样的变体，比如时间顺序式结构、悬念式结构等。无论以什么样的变体出现，它在报道中最典型的特征都是对现场细节的深入刻画与展示。从另一个角度来说，这种依据现场细节的结构方式更加符合电视媒介直观、形象的特点，也更加符合电视新闻现场性的特点。

延伸阅读

像制作电视剧一样做报道

“剧情简介”“背景音乐”“剧集”“氛围”……在 Les Jours 网站位于巴黎的办公室里，每天都能听到这些词。但别搞错了，虽然这像是电视制作人说的，但这个成立了3年的网站真正深耕的领域却是严肃的深度报道。不过，借用这种编剧才用的术语并非毫无原因。当 Les Jours 的联合创办人筹划着从前东家法国《解放报》(*Libération*) 离职——9位创办人中有8位在这家老牌报纸工作过——创办一个专注深度报道的新闻网站时，他们咨询的对象不仅有记者，还包括电视编剧。原因很简单：他们想要像写电视剧剧本一样写新闻，把长篇大论的报道拆解成一集集扣人心弦的故事，让读者拥有更容易进入也更刺激的阅读体验。Les Jours 主席伊莎贝尔·罗伯茨 (Isabelle Roberts) 表示：“我们希望像写长篇冒险故事一样写新闻，用上这个时代最受欢迎的形式，也就是电视剧。”Les Jours 把他们撰写的系列报道统称为“剧集”(这和 Quartz 每周的新闻通讯同名，但后者关注的是一些小众话题，比如说罐头笑料或者门铃)。只要“剧情需要”，一部剧式报道可以想写多长就写多长。有些只有几集，迄今最长的一部叫《帝国》，讲的是一位法国媒体大亨如何不择手段地收购某个主流电视台的故事，目前发布了115集，而且仍在连载中。《帝国》的联合作者罗伯茨 (Roberts) 总结道：“我们的工作方法就是，确立主题，尽全力地消化，然后锲而不舍地进行深挖。”这种方法和 Les Jours (意为“天天”) 的名字不谋而合：“这意味着我们有可能在昨天、今天、明天都讲同一个故事，即使其他的新闻机构早就转去关注别的话题了。”

资料来源：全球深度报道网（获授权转载）像制作电视剧一样做报道，法国媒体 Les Jours 的新闻实验[EB/OL].(2019-07-24)[2023-09-01]. https://feng.ifeng.com/c/7notBNIomvo.

第三节 新闻故事化结构

电视现场报道作为一种影像叙事作品要注意细节。有些电视新闻节目之所以平淡无奇、没有个性，重要原因就在于记者给观众呈现的事件只是表象而已。新闻只有把握住它独特的“冲突点”，我们才能真正知道新闻应该从何处开始。而只有知道从何处开始，我们才能做到尽快地让观众“入戏”，使新闻表达更加集中与简洁。这是非常重要的一门功课，但却常常被忽视。一个新闻故事吸引人的点是什么？这都是记者首先要考虑到的。为了达到效果，你必须先找到能带来意外的部分，如一个瞬间、一句评论、一个情节。这就是这出戏的“戏眼”与“戏核”，而戏也只有从这里才算真正开始。

一 精心布置策划意外

在新闻故事讲述中，意外需要精心布置策划。你让观众期待一件事情，结果却揭示了完全不同的事情，推迟揭示或保留一些信息，直到最佳时机设置好了才揭示你的意外。意外让故事从平庸提升到特别。第二十八届中国新闻奖电视评论类一等奖获奖作品《减产为何却增收?》不追求宏大叙事与面面俱到，而是运用以发生在农民身上的改革故事为支撑、以专家和农业干部为两翼的表现思路，实现论点鲜明、论据充分、论证有力的目标。为了丰富作品表现力，在布局谋篇上分成三个部分：第一部分设小标题“为何要减少?”点出农业要发展，必须要调整结构；第二部分设小标题“怎样增加?”指出农业结构调整努力的方向；第三部分设小标题“‘减少’和‘增加’等于什么?”告诉观众，供给侧结构性改革让玉米生产获得重生。

案例 3-2 减产为何却增收?

来源：黑龙江广播电视台《新闻在线》栏目

时间：2017 年 12 月 31 日

了解完整内容请扫码

序号	画面	声音	分析
1	《新闻在线》演播室节目现场。主持人解说画面演示。	**【演播室导语】** **主持人 李莉：**今天是 2017 年的最后一天。年终总结，我们来关注一下粮食生产。国家统计局本月发布了 2017 年全国粮食产量公告，黑龙江省结束了连续 13 年粮食增产的纪录，减产近四亿五千万公斤。而与此同时，来自省农业部门的数据显示，今年黑龙江农村居民人均可支配收入增速有望突破 8%，是近三年来增幅最快的一年。黑龙江农业减的是产量，增的是效益，这一减一增体现的是黑龙江省推进农业供	播出时间点选择在“2017 年的最后一天”，意味深长。年终盘点，通过对过去一年的经验总结，展望来年的发展大计，体现了这篇电视新闻评论的时效性。

序号	画面	声音	分析
		给侧结构性改革的可喜成果。黑龙江粮食总产量和商品量连续多年保持中国第一，黑龙江人一直把保障全国粮食供给作为自己的责任和使命，但是缺少市场导向的增产就像不断增重的包袱，持续地拖累着中国农业。农业要发展必须要调整结构，农业的减法从玉米做起，可是为什么要减玉米呢？	“黑龙江省结束了连续13年粮食增产的纪录，减产近四亿五千万公斤”。对于习惯了国内媒体增产报道的受众来说，这则评论似乎应该带有强烈的批评性。但是，峰回路转，评论却转而指出另外一个事实：“今年黑龙江农村居民人均可支配收入增速有望突破8%，是近三年来增幅最快的一年”。粮食减产，而农民人均可支配收入大幅增长，这种强烈的对比引发观众对其问题关键的思考。 在谋篇布局上将评论分为三个部分：“为何要减少？” “怎样增加？”和“‘减少’和‘增加’等于什么？”。由黑龙江农业种植的主要作物玉米引入，对第一个问题“为何要减少？”进行解答。
2	采访黑龙江省农委种植业管理处副处长郭家勇。 黑龙江省农民种植、生产玉米画面。	**【同期声】** **黑龙江省农委种植业管理处副处长 郭家勇：**在国家进行玉米托底收购的时候，我们黑龙江农民普遍来说就是为了追求产量，当时生产的玉米质量是一般的，特别是四、五积温带农民，为了追求产量，搞了一些品种越区种植，这就出现了水苞米。	点明减产的原因，引出“水苞米”。
3	玉米种植农田、玉米生产机械化作业画面（见图3-1）。	**【解说词】** 水苞米指的是含水量大、籽粒成熟度不够、品质差的玉米，不过在两年前这样的玉米同样不愁卖，原因很简单。2008年起，国家为保护农民种粮积极性，实施东北玉米零储收购政策，种多少国家这个大客户包收。	解释水苞米是什么，进一步说明减产的原因。

序号	画面	声音	分析
4	采访克山县新民村种植大户房建龙。	**【同期声】** **克山县新民村种植大户 房建龙：**那时就考虑把地种好了就行了，到秋收购都是国储定价的玩意儿，你还考虑啥呀？	引出农民对减产的不理解。
5	动画演示解说词。 玉米生产储存画面。	**【解说词】** 八年间，黑龙江玉米种植面积从 5 000 万亩迅速提升到 1 亿亩以上，成为中国玉米产量最大的省份。到 2015 年，我国玉米产量 2 245.8 亿公斤，而当年玉米消费仅为 1 750 亿公斤，产大于销近 500 亿公斤。品质差、库存量大的水苞米，只能躺在粮库里睡大觉。	提供玉米减产的背景，说明不减产导致的后果。
6	采访中央党校经济学教授杨英杰。 玉米种植地和粮库画面。	**【同期声】** **中央党校经济学教授 杨英杰：**当时的情况非常严峻，严峻到什么程度呢？储备的玉米太多了，另外就是国家的财政负担压力也很大，国内外价格倒挂，陈化粮很多。同时和国外的优质玉米比起来，我们的玉米质量没有优势。单靠国家政策补贴那是不可持续的。	
7	《新闻在线》演播室节目现场。 主持人解说画面演示。	**【演播室】** **主持人 李莉：**2016 年，玉米零储收购政策退出历史舞台，改为实行市场定价、价补分离的政策。玉米产量占黑龙江粮食总产量的六成多，农民收入的三分之一来自玉米，少种玉米改种什么呢？这就像让二人转演员改唱歌剧一样难。	欲擒故纵，为了引出下文。
8	海伦市民强村种植大户潘河与人交谈。 玉米种植地画面。	**【解说词】** 海伦市民强村的潘河流转了 2 300 亩地，虽然种的都是水苞米，但年收入都在 50 万元开外。如今国家不收了，可是种别的就更没有把握。老潘思来想去，决定不听从农业部门和专家的劝告，在玉米这块阵地上再坚守一年，结果一下子赔了 50 多万元。	讲述了农民种植水苞米吃亏的故事。
9	采访海伦市民强村种植大户潘河（见图 3-2）。	**【同期声】** **海伦市民强村种植大户 潘河：**哎呀，那心情就别提了，我的天哪，都不知道种啥好了。我就不信邪，2016 年我说再种一年玉米，瞅瞅它看它啥样，哎呀到秋天一卖，三斤苞米没换来一根冰棍。哎呀这火上的，这脑瓜子嗡嗡的，这牙疼的。	故事化的表达、东北农民的同期声，不但拉近了作品和观众的距离，而且生动地烘托了主题，就农业供给侧结构性改革的必要性进行了最接地气的形象诠释。

序号	画面	声音	分析
10	《新闻在线》演播室节目现场。主持人解说画面演示。	**【演播室】** **主持人 李莉：**2016 年是农业供给侧结构性改革的元年，国家政策的调整让很多没有调转船头的黑龙江玉米种植户吞下了苦果。这一年，黑龙江的粮食产量取得了十三连增，继续位居全国第一。然而全省玉米种植减收 200 亿元，全省农民人均减收 1 000 元以上。面对压力该如何应对呢？	粮食减产会不会让大家的钱袋子变瘪？一连串疑问，让这条新闻越来越有嚼头。 提出问题→如何解决→进一步设计悬念。
11	农产品种植画面。采访黑龙江省农委副主任李世润。	**【同期声】** **黑龙江省农委副主任 李世润：**在结构调整上，重点做了减的文章。2016 年、2017 年，全省仅减少四、五积温区，低效、低质的玉米面积超过 3 000 万亩。	介绍玉米减产情况。
12	《新闻在线》演播室节目现场。主持人解说画面演示。	**【演播室】** **主持人 李莉：**减法做完了，加法怎样才能做对呢？面对千变万化的大市场，黑龙江培养起来的二十多万个新型农业经营主体成为探路者，他们增加的，是适销对路的绿色有机优质农产品和特色农产品供给。	增加了什么？ 点出方向。
13	拖拉机在农田上运作画面。 仁发现代农机合作社的有机大豆画面。 合作社开会画面。	**【解说词】** 克山县仁发现代农机合作社把 4 万多亩普通玉米减到了 3 800 亩，换成了市场上抢手的非转基因有机大豆、新式玉米、马铃薯。现在仁发合作社的有机大豆已经卖到了每公斤 26 块钱，比普通豆子高出了 5 倍多，其他作物也销路紧俏。今年，合作社的总收入超过 4 000 万元，比去年增加了 400 多万元。	转折。
14	采访克山县仁发现代农机合作社理事长李凤玉。 玉米画面。	**【同期声】** **克山县仁发现代农机合作社理事长 李凤玉：**收的数量少了，但是它的质量非常好。像我们的鲜食玉米，每亩地在种植上就能剩四百到五百块钱的纯收入。如果要种普通玉米，很可能你种五亩六亩，也赶不上这一亩的收入。	产量减少了，但收入增加了。一减一加引起观众兴趣。
15	拖拉机在农田上运作，农民在辣椒地工作。	**【解说词】** 作为全省农机合作社中唯一的示范社，仁发经验给全省农民打了样。海伦市向秋蔬菜种植合作社把周边 4 万多亩的玉米田都改种了辣椒。种植玉米不咋样的地块，长出的辣椒品质却是一流的，平均亩效益超过了 3 000 块钱，是当地种玉米的 5 倍多。	增加了什么？

序号	画面	声音	分析
16	采访海伦市海兴镇农民董春笑。	**【同期声】** **海伦市海兴镇农民 董春笑：**（过去）最多也没挣过两万块钱。 **记者：**两垧（公顷）地呀？ **海伦市海兴镇农民 董春笑：**嗯。 **记者：**现在一下子翻了这么多倍？ **海伦市海兴镇农民 董春笑：**对呀，今年一下子就挣十多万。	意外惊喜。
17	采访海伦市向秋蔬菜种植合作社理事长高向秋。 收集打包辣椒画面。	**【同期声】** **海伦市向秋蔬菜种植合作社理事长 高向秋：**咱们也在看市场，这个辣椒南方总种，总种地都种乏了。那个时候，根本就种不了辣椒了，咱们这个下来了就是反季节菜。咱们这个上市价格每年都挺好。	调整结构才是增收之道。
18	潘河走在雪地上，海伦市民强村种植大户潘河与人交谈。 大豆田地画面。	**【解说词】** 榜样的力量是无穷的，海伦市的种粮大户潘河也放弃了曾经坚守的玉米。今年春节后就出去跑市场，加上政府的点拨让他开了窍，种上了市场急需的非转基因蛋白大豆。	展现了农民从不理解到理解的转变。
19	采访海伦市民强村种植大户潘河。	**【同期声】** **海伦市民强村种植大户 潘河：**一下子种对了，到 11 月份就已经卖空了。我历年来没挣过这些钱，2017 年挣了 80 多万，我们全家人太乐呵了。	同期声反映种植户的真实心声，营造代入感。
20	农田上机器运作画面。	**【解说词】** 大宏合作社播撒有机肥，杜绝除草剂，绿色种植，未产先销，效益远超玉米。	以绿色种植为收入增长方向来补充说明。
21	采访哈尔滨市大宏现代农机合作社理事长莫大宏。 农田上播撒有机肥画面。	**【同期声】** **哈尔滨市大宏现代农机合作社理事长 莫大宏：**现在种大蒜一点化肥不用，全是用有机肥。签订单了，山东那边回收，每亩地纯效益可以达到 2 000 到 3 000 元。	进一步论证。
22	动画演示解说词。	**【解说词】** 今年，黑龙江出台了《关于扶持标准化绿色蔬菜生产基地建设的意见》，改造升级了 17 个蔬菜专业批发市场。一系列政策杠杆点燃了农民调结构的热情。大豆、杂粮、草木果蔬等高值高效作物面积扩大到了 1 741 万亩。仅蔬菜产业，就拉动农民人均增收 172 元。	介绍顶层设计，进一步解释减与增。

序号	画面	声音	分析
23	《新闻在线》演播室节目现场。主持人解说画面演示。	**【演播室】** **主持人 李莉：**减法让黑龙江减掉了市场上不需要的大路货，加法让黑龙江增加了更多的优质农产品，而减和加的最终结果就是优化了农业种植结构，适应了农业供给侧结构性改革的要求。今年年初，国务院给黑龙江点了赞，称赞黑龙江玉米收储制度改革有序推进。总体看，无论是结构调整还是深化改革都好于预期，已经取得巨大成效。特别值得一说的是，原来备受国家呵护的玉米，被爆出问题之后非但没有成为市场的弃儿，反而成了热销的金娃娃。	主持人进行总结。
24	采访黑龙江省农委副主任李世润。 玉米种植地画面。 玉米收集画面。	**【同期声】** **黑龙江省农委副主任 李世润：**今年我们郑重地提出，玉米品种的选择要在当地适宜积温区退回两百度，也就是退回一个积温区。这样能使玉米充分成熟脱水，提高玉米的质量。再一个就是我们实行专品种种植，我们选择收储企业和加工企业需求的高淀粉、高赖氨酸、高蛋白的优质品种，实行专品种种植、专品种生产，所以全省专品种种植面积比例达到了90%。	专家解读实施政策的科学依据。
25	玉米收集、玉米加工画面。 动画演示解说词。	**【解说词】**过去零储收购政策把玉米价格托得老高，加工企业收不上优质原料，成本还高，开工就赔钱。今年玉米价格回归市场，品质也上来了，国内大型玉米加工企业纷纷抢滩登陆黑龙江。黑龙江玉米的年加工能力从去年的120亿公斤已经发展到今年的175亿公斤。	引用数字增加说服力。
26	采访黑龙江龙凤玉米开发公司采购部经理戚玉金。 玉米加工厂画面。	**【同期声】** **黑龙江龙凤玉米开发公司采购部经理 戚玉金：**今年玉米比往年质量好，容重高，霉变也少，这么多年了质量没这么好过。现在收购价格都到（每斤）6毛了，老百姓还不想卖。	补充第三方视角，增加说服力。
27	采访黑龙江成福食品集团公司董事长王成福。	**【同期声】** **黑龙江成福食品集团公司董事长 王成福：**国家取消零储、价补分离以后，对于中国这些企业特别是出口企业，春天来了。同时这个量大起来了，订单源源不断，根本供不应求。	

序号	画面	声音	分析
28	龙凤玉米开发公司生产车间。	**【解说词】** 这个冬天，位于青冈县的龙凤玉米公司的生产车间里，机器开足马力运转。不远处他们与精粮集团共同投资建设的100万吨玉米深加工项目也开始试生产。	展望。
29	采访青冈县工信局副局长孙海峰。	**【同期声】** **青冈县工信局副局长 孙海峰：**我们要把我们的产业链条逐渐地往下延伸，我们要利用两至三年的时间，把我们（县）的玉米产业打造成百亿产值。	进一步规划未来。
30	采访国务院发展研究中心农村经济研究部部长叶兴庆。	**【同期声】** **国务院发展研究中心农村经济研究部部长 叶兴庆：**黑龙江两年的结构性改革取得的成就给我们一个启发，对强国农业的供给侧结构性改革带来一个重要的启示，就是中国的农业到了从增产导向向提质导向转换的一个关口。只要我们围绕绿色生态、围绕市场导向这样一个方向去推进我们的农业供给侧结构性改革，是可以实现农民增收的，也是可以把我们农业真正做强的。	领导发言深化主题。
31	采访中央党校经济学教授杨英杰。 农田农作物种植画面。	**【同期声】** **中央党校经济学教授 杨英杰：**我觉得这个太棒了，黑龙江领先一步，在农业供给侧结构性改革方面迈出了勇敢的第一步。这是市场的呼吁、市场的要求，我们黑龙江紧紧抓住了这一点。很敏感，正当其时。我想对于全国农业领域的供给侧结构性改革能够起到一个非常好的样板作用、示范作用、引领作用。	专家点评。
32	《新闻在线》演播室节目现场。	**【演播室结语】** **主持人 李莉：**党的十九大报告中指出，新时代我国社会主要矛盾已经转化为人民日益增长的美好生活需要和不平衡不充分的发展之间的矛盾。习近平总书记称黑龙江是维护国家粮食安全的压舱石，新时代赋予这块压舱石的新任务就是要适应农产品消费结构升级的迫切需要，提供更多高质量的适销对路的农产品，满足人们从吃饱向吃好、吃得安全、吃得营养健康的需求转变。从而也让农民的钱袋子更鼓，推进乡村振兴。	主持人总结。

图 3-1 黑龙江省农民处理玉米

图 3-2 采访种植大户

【思考】这则报道中有三处意外是如何经过准备后出现的？

第一处意外：粮食减产，而农民可支配收入大幅增长，形成强烈的对比。具体讲解："年终总结，我们来关注一下粮食生产。国家统计局本月发布了 2017 年全国粮食产量公告，黑龙江省结束了连续 13 年粮食增产的纪录，减产近四亿五千万公斤。而与此同时，来自省农业部门的数据显示，今年黑龙江农村居民人均可支配收入增速有望突破 8%，是近三年来增幅最快的一年。"

第二处意外：玉米零储收购政策退出历史舞台，农民何去何从。具体讲解："当时的情况非常严峻，严峻到什么程度呢？储备的玉米太多了，另外就是国家的财政负担压力也很大，国内外价格倒挂，陈化粮很多。同时和国外的优质玉米比起来，我们的玉米质量没有优势。单靠国家政策补贴那是不可持续的。""2016 年，玉米零储收购政策退出历史舞台，改为实行市场定价、价补分离的政策。玉米产量占黑龙江粮食总产量的六成多，农民收入的三分之一来自玉米，少种玉米改种什么呢？这就像让二人转演员改唱歌剧一样难。”

第三处意外：种植大户坚持种玉米，不仅没有赚到钱，反而赔大发了。具体讲解：“海伦市民强村的潘河流转了 2 300 亩地，虽然种的都是水苞米，但年收入都在 50 万元开外。如今国家不收了，可是种别的就更没有把握。老潘思来想去，决定不听从农业部门和专家的劝告，在玉米这块阵地上再坚守一年，结果一下子赔了 50 多万元。”

三种具体新闻事实的展示，不仅让作品更有叙事节奏，加深了观众的印象，还有力地揭示了黑龙江粮食产量降下来、农民钱袋子鼓起来的根本原因，剖析了农业供给侧结构性改革给农业带来的重大变化。

二 做好新闻主题策略

就新闻事件而言，隐含在新闻事件中的故事化元素较多，做好新闻主题的策略，是优化新闻故事化叙事的重要环节。新闻故事化的一个重要原则是新闻中要有“人”，故事需要借助人来提供和展现社会环境的详细图景。请看案例 3－3 所示的第二十九届中国新闻奖电视消息类三等奖获奖作品《诸暨：请来的“洋专家”又走了 “退出机制”动真格》。

案例 3－3 诸暨：请来的“洋专家”又走了 “退出机制”动真格

来源：浙江广播电视集团《浙江新闻联播》栏目

时间：2018 年 7 月 15 日

了解完整内容请扫码

诸暨市中乌生命科学研究院是当地重点打造的海外人才平台。然而平台挂牌一年多，集中入驻的一批乌克兰专家却纷纷离开。“洋专家”来了又走的背后，到底隐藏着什么样的故事？给当地人才引进带来什么样的思考？

7 月 10 号，诸暨中乌生命科学研究院的 12 名专家陆续启程回国，他们在诸暨为期一年的聘期也就此终止。生命科学研究院的院长——乌克兰专家谢尔盖，也正在为回国做着准备。

随着乌克兰专家的陆续离开（见图 3－3），这个位于诸暨经济开发区、曾经备受关注的中乌生命科学研究院显得有些落寞。一年前，这里作为诸暨吸引海外人才的平台正式挂牌，2 亿元的投资、占地 1 万平方米的研究院、全套新购置的科研设备，招贤纳士的满满诚意，吸引了 20 多人的乌克兰专家团队入驻，包括院士 1 名，博士 11 名。

图 3－3 乌克兰专家离开

诸暨市开发委副主任 赵玉丽： 我们希望一是把国际上的先进技术能够引到诸暨，二也是希望通过这个平台招引优秀的人才。优厚的条件面前，乌克兰的专家们也是有备而来。（他们）带来了 50 多个项目，大部分是前沿技术，其中“淡水珍珠的水体改良”技术在几轮评审当中都是评分最高。然而就是这个让乌克兰专家信心满满的项目，在和诸暨本土产业对接中，却困难重重。

浙江清湖农业科技有限公司总经理 郭伟锋： 这方面要求跟各大专（院）校一起捆绑现场来做、蹲点来做，淡水养殖业才会真正有进步。

诸暨市山下湖镇副镇长 祝新军： 既要生态养殖，又要排放出去的水达标，又要有效益，这个难题乌克兰专家们解决不了。

记者： 引进来的技术难落地，怎么办？在这张 2017 年 7 月诸暨市开发委和乌克兰专家团队签订的人才引进合同书上，我们看到了这样的条款。

诸暨市开发委副主任 赵玉丽： 在 2017 年底就要有 5 项成熟的科研成果的转化，但乌克兰专家没有按照所规定的时间完成预期的目标。

记者： 按照合同规定，考核不达标，就必须退出。乌克兰专家团队离开了，但也给诸暨引进好、利用好海外人才留下了深深的思考。目前，诸暨市人社局等部门已组成 22 个工作小组，用三个月时间集中开展“千企”人才需求大调研，汇总问题清单，一企一策提供人才引进方案。

浙江申发轴瓦股份有限公司新产品开发部部长 沈卫英：企业的出发点肯定是消化国外的技术变成企业自己的技术，一定要用得上，如果是虚的、挂个名的，企业肯定就不考虑了。

诸暨市人社局千企调研组成员：针对企业的实际需求，将会引进相对比较高端的外国专家。

记者：而就在乌克兰专家离开的同一天，诸暨市出台了新的人才政策，进一步明确了高端人才的动态监管方法，确保引进人才有的放矢、精准发力。

诸暨市人才办主任 朱玉荣：会根据中乌产业园的经验，把动态考核机制延伸到诸暨各个层面的人才当中，打通进和出的渠道。

【点评】相对于常规的电视消息，“洋专家”离开没有仪式、没有核心的事件节点和新闻现场，这更加考验记者电视化表达的功力。报道从最后一位专家的离开切入，开场一段行李箱轮子滚动的现场声急促而充满现场感，立即让专家启程这一相对静态的事实变得具象而生动，也让报道开门见山，迅速切入正题。全文运用场景叙事（见表 3－1），起到了戏剧性的效果。

表 3－1　概括叙事对比场景叙事

概括叙事	场景叙事
抽象	具体
在空间上延伸	在一个地点展开
分解时间	实时发生
运用直接引文	运用对白
概括话题组织	根据场景组织
无所不知视角	具体的视角
处理结果	处理过程
传达信息	再现经历

随后记者以走访式的调查展开报道，从回溯诸暨市中乌生命科学研究院如何建立到专家带来的项目去了哪里、项目落地难度何在，再到落不了地怎么办，记者的调查层层深入，每一个场景都追问有力、事实充分，加上画面的细节到位，对新闻事实给予有力的补充。全片通过记者的走访串接娓娓道来，各个场景环环相扣，有机组成完整的故事，即将离开的乌克兰专家、对接项目未果的诸暨企业以及及时调整引才政策的政府部门，都从个人感受出发，谈事实、谈触动、谈思考，同期声平实、可信，没有空话套话，具有可看性、贴近性。正是记者流畅、娴熟的表达，让原本专业、枯燥的政府政策文件变得深入浅出，也让观众看得进去，愿意看、看得懂。

第四节 故事结构的时间

结构本质上是处理情节的编排问题，时间是其基座。沿时间线叙事，是最符合本能的方式。而根据不同的叙事任务，对时间的截取、拉长、压缩与排序，则需要更高明的技巧。

下面这个案例就采用了一种“双（多）时间线”结构。就像“交叉臂”，一条线聚焦当下（或主题），一条线回首过去。两条线交叉行进，不时通过回忆、场景、物件、对话等关联交汇。

案例 3-4　陈慧：菜场里的女作家 用文字化解生活的不易

来源：《新华每日电讯》

时间：2021 年 8 月 27 日

序号	场景	声音
1	演播厅。	**主持人（女）：**她的名字叫陈慧，今年 43 岁了，怎么来介绍她的身份呢？每天上午的时候，她是推着小车去菜市场卖杂货的小摊贩。但是到了下午，她就是一位坐在电脑前面自由创作的作家。这两种看似不搭界的职业，却在陈慧的身上无缝衔接。 **主持人（男）：**咱们来说说陈慧的故事。陈慧是 27 岁的时候从江苏如皋嫁到了浙江省余姚市梁弄镇。从十年前开始，她在摆摊之余就坚持着写作。更重要的是，到今天她已经出版两本书了，也成了当地最有名的小摊贩。今天我们的《遇见你》，就来认识一下这位菜场里的女作家。
2	书店里的签售现场。	**旁白：**这位正在给每一位读者认真签名的人就是陈慧，她带着最新作品集《世间的小儿女》与读者们见面交流。这是继散文集《渡你的人再久也会来》之后，陈慧出版的第二部作品。书中记录着身边普通人的故事。 **陈慧：**主要是写那些普通人，因为我本人是作为在菜市场摆摊的小贩。生活的这个群体就是普通人的群体，而我自己也是因为站在生活的中心，所以用我自己的角度，用我自己对人性的了解去写这么一群普通的人。我们每一个普通人的生活展开，其实它也是一部史诗。关键看你们是怎么样去阅读、去理解它。

序号	场景	声音
3	陈慧家。	**旁白**：活动结束后，离开书店回到家里的陈慧又恢复了摊贩的身份。第二天清晨五点陈慧简单地收拾一下，便赶往镇上的小姨家。 **记者**：每天都要这么早吗？ **陈慧**：嗯，每天都这么早，冬天可以稍微晚一点，因为我们是到菜市场，它是根据人家出街的时间呀，人家来买菜的时候，顺便在我小摊上买点东西。你去晚了，那肯定生意少做。 **旁白**：陈慧骑车的速度很快，不到十分钟就到了小姨家。小姨也是早年从江苏嫁来的，是陈慧在这里唯一的娘家人。平时陈慧就把自己卖货的小推车放在小姨家。 **陈慧**：他们儿子在宁波余姚，他们去带孩子。这个地方就给我放东西。 **记者**：你推着车大概去菜市场多久？ **陈慧**：推着车过去五到七分钟应该。 **旁白**：小推车是陈慧自己改装的。车上装满了苍蝇拍、马桶刷、菜刀等生活百货。一天的生意就这样开始了。
4	菜市场。	**旁白**：陈慧在这里生活了十几年，早就练就了一口流利的当地方言。顾客都是镇上的老人，和陈慧很是亲切。因为在家里排行老三，大家都亲切地叫她“阿三”。 **其他商贩**：顾客也很喜欢她。她要是两三天不来，大家都要找她，会问阿三今天为什么不来啦。 **记者**：那她的书你们有看过吧？ **其他商贩**：看过啦，书是她送给我们看的，我们看了，也会和陈慧说，你真棒！我们希望她以后写得再好一点，这也是我们梁弄的光荣。 **旁白**：陈慧的书受到关注后，镇上的人都为她感到高兴。不过陈慧自己却把出书这件事看得很平淡。她一直强调自己只是一个小摊贩，与作家隔着十万八千里，写作只是她的副业，摆摊才是她生活的根本。 **陈慧**：因为我始终是脚踏实地地站在这里。首先我生活，我非常感谢梁弄的人，他们买东西，我有时候会很真诚地说一声谢谢。为什么？他们是我的衣食父母，你在衣食父母面前没什么好骄傲的。再说了，在菜市场卖东西，人家是喜欢你这个人，看到你东西便宜还方便。买东西不会因为你出个两本书，你哪怕出100本书，你人不好，人家不会来买。 **旁白**：镇上的人对陈慧对生活不服输的精神很是钦佩，也惊讶于生活不易的陈慧能坚持不懈地写作。 **其他商贩（女）**：一开始，我最早是在那个收音机上听到她的，就是《世间的小儿女》这本书我觉得很惊讶，哎，我们这里还有一个写作的作家呢。就这样子，后来她到我店里来打印什么的呢，她跟其他人不一样的。她推着小货车来了，就是觉得她是真的对生活很热爱。

序号	场景	声音
		记者：每天都这样子的吗？嗯。你觉得她还是一个小货郎？ **其他商贩**：啊对，没改变。小镇上面的人都很喜欢陈慧，佩服陈慧。 **主持人（女）**：不仅是因为她写的书，更是因为她面对生活的时候的那种坚强。陈慧并不容易，怎么形容呢？用她自己的一句话概括，叫坎坷人生，孤单如影随形。孤单两个字，陈慧是从 3 岁开始体会的。那时候，她被父母送了人，直到 13 岁又回到父母身边，高中毕业之后因为生病，她必须终身服药。27 岁远嫁浙江，40 岁离婚，独自带着孩子在梁弄镇生活至今。孤单和压力是陈慧不得不面对的生命之重，却也是她的创作之源。她写下了这样的文字：“你看，人在一个环境里摇摇晃晃，但是我写东西，我用文字把人塞实了，让人确保真正地站在大地上。”前不久，陈慧的《世间的小儿女》登上了浙江省委宣传部推荐的好书榜，陈慧和她的书也因此为更多人所知晓，于是经常会在路上碰到前来买书的人。 **记者问在摊贩前买书的人**：自己看吗？ **买书的人**：给女儿看一下啊，还可以自己看。 **陈慧**：好的，谢谢你，给我 45 块钱就好了，不按定价卖的，你买我的书已经支持我了，45 就够啊。
5	陈慧家。	**陈慧**（回到家）：宣宣来帮妈妈拿东西。骨头买回来了，你要不放到砂锅里炖一下？ **旁白**：中午回到家时，儿子宣宣已经开始准备午饭了。刚刚考上高中的宣宣很少让陈慧操心，这让陈慧颇感欣慰。 **陈慧**：儿子早上自己会弄早饭，夏天的时候在家自己的衣服自己洗。放暑假在家，我从菜市场回来水都已经烧好了，电饭锅都插好了，需要蒸的菜他会弄。我就回来炒一个菜就吃了。然后吃了饭他会跟我说妈妈你去睡觉吧。当然小孩有自己的个性，我们不能要求小孩像一个木偶一样的呀。他十七岁了，有时候也会有小脾气，但是总体来说这几年非常乖。 **旁白**：当前，享受属于她的午后时光。写作是调节自我，是一种排遣。写作是记录一丝疑虑，记录一点一滴的感动。 **陈慧**：生活里所有的事情都要你亲力亲为，像战士一样往前冲，那是孤单，在婚姻里的那种孤单是很大的，但是我无处发泄，所以我往内补，就用文字。你看，人在这个空荡荡的环境里摇摇晃晃，但是我写东西，我用文字把这些、把人塞满，确保人真正地站在大地上。就这样，文字对我来说就是起到这样一个作用。 **旁白**：陈慧在写作和生活间自由切换。下午三点多，她骑上摩托车赶往余姚市区的一个批发市场进货。货装了整整三大箱。第二天，这些百货就会出现在小推车上。

序号	场景	声音
		多年来，陈慧就这样往返于批发市场和梁弄菜市场之间，赚取着维持生活的收入，同时也汲取着创作灵感。 **陈慧：**菜市场的这种摆摊并不是我喜欢的，或者说其实我内心一开始是抵触的，但是既然我选择了它来作为我生活的支撑，那我肯定要把它做好，因为把它做好了，我的生活才能更好。然后是贴近生活，所以说我不觉得我会写文章，我就跟菜市场的商贩没有什么不同。在菜市场你就是小贩，你就是泯然于众的小贩，没有什么特殊的。 **旁白：**陈慧笔下的人物和故事大都有一套生活故事。故事里有生活的酸甜苦辣，有艰辛也有温暖。陈慧笔下的人物和故事大都取材于她所生活的梁弄镇，有辛勤劳作的小贩，也有听从父亲安排错过了爱情的女人……菜场给了她生活的来源，也为她提供了源源不断的创作素材。陈慧说她要继续留在菜场，把故事一直写下去。 **陈慧：**我觉得这个环境对我这么友好，你们采访的时候也应该看到的。大家对我非常友好，我挺享受在这里生活、摆摊，你也在为别人服务啊。那些年纪大的人，他们不可能跑很远的路买东西，他们多年来一直在我这里买。有时候我回娘家，可能在家里多待几天，待个 10 天 15 天，他们找不到你的话，一来的时候他们会很不高兴。你去哪里了？我找了你很多次。就是那种感觉，也让你觉得其实人间还是值得的呀，菜市场还是值得的。
6	演播厅。	**主持人：**陈慧的生活就是这样，往返于家和菜市场之间，也往返于笔下和辛劳的日子。她的生活很平凡，但是当她把普通的日子写进文字里，却感动了很多人。因为在这样朴实的文字当中，有着浓浓的烟火气，有着生活的酸甜苦辣，更有着陈慧所说的人间值得。就这样活在她的人间里。艰难的生活，坚强的生活，她可以淡定地面对她遇到的一切，也许是因为她的生活不只是在那个小小的菜市场里，不只在她的孤单里，也在她对生活的咀嚼中，在她细腻的文字中，在她不曾放弃过的希望中。

【点评】该报道有不同类型的镜头运用，有远景，有特写，有展现人物成长时常见的那种配着欢快音乐的快速剪辑镜头。双时间线叙事，在一条主线里，通过对往事的不断闪回构成另一条主线。故事是要通过陈慧一天的生活场景和过去的生活经历来贯穿的。记者与陈慧的对话中陈慧出版书这件事只是载体，访谈真正讲的是普通中国老百姓的价值观是什么，以及面对着什么样的生活。镜头对准了陈慧这样的人，记录他们的酸甜苦辣。新闻故事中要有人的存在。访谈用情节来推进故事，里面的各个人物有交互行为，主角通过与其他人物展开对话展示价值观和生活态度。

【思考与练习题】

1. 请分析一个经典新闻作品中的双线时间叙事结构。

2. 描述包含新闻价值诉求的场景，并指出类型。

3. 观看电视或阅读报纸、浏览网络，描述打动你或让你发笑的内容，或者让你惊叹的故事点。针对这些内容，描述其打动你的元素是什么？然后试着讲述如何在视觉新闻中跟观众分享这样的瞬间。

4. 从媒体中找到一篇新闻讲解它如何布置、策划一个意外，以及情节怎样层层展开。

【推荐阅读文献】

1. 舒克，拉森，塔尔西奥．电视现场制作与报道：第5版［M］．雷蔚真，主译．北京：中国人民大学出版社，2013.

2. 布隆代尔．《华尔街日报》是如何讲故事的［M］．徐扬，译．北京：华夏出版社，2018.

3. 克雷默，考尔．哈佛非虚构写作课：怎样讲好一个故事［M］．王宇光，等译．北京：中国文史出版社，2015.

4. 李希光，孙静惟，王晶．新闻采访写作教程［M］．北京：清华大学出版社，2011.

5. 哈特．故事技巧：叙事性非虚构文学写作指南［M］．叶青，曾轶峰，译．北京：中国人民大学出版社，2012.

6. 陈晓春．论电视剧产品的核心价值［J］．现代传播（中国传媒大学学报），2010（1）.

7. 陈晓春．故事品性、原型基因与功能释放：影视剧故事的价值分析［J］．现代传播（中国传媒大学学报），2019（10）.

8. 傅翔．当前戏剧思维的偏离与缺失［J］．解放军艺术学院学报，2006（2）.

9. 臧国仁，蔡琰．叙事传播：故事/人文观点［M］．杭州：浙江大学出版社，2019.

10. 孙藜．讲故事、受众想像与新闻的道德力量：以《华尔街日报》如何讲故事为例［J］．现代传播（中国传媒大学学报），2012（3）.

第四章

体验式现场采访

【本章学习要点】

1. 体验式采访的概念
2. 体验式采访的方法

从媒介发展史的角度看，由照片、广播到电视、网络、社交媒体的发展其实是一步步拉近受众与故事之间的距离，进而消解两者“间离效应”的历史。一直以来，在传统的现场新闻报道中，受众被置于被动的接受地位，“外化”于故事之外，只能“目击”（witness），而不能“亲历”（experience）。这种情感层面的缺失不仅会大大影响受众对新闻主题的认知，也会致使他们对一些与本身关系不大的新闻丧失兴趣。对此，记者往往采取各种手段增强新闻的“贴近性”，强调叙述者和受众同时“在场”，使得受众能够更好地“进入”新闻场景和故事，以求获得目标受众的关注，由此提升新闻的整体价值。而全媒体时代现场报道作为媒介技术演进的当下延续，将故事与受众之间的边界破除殆尽，人们借助 VR 技术可以第一人称视角“浸入”故事之中，并获得深度的“社会临场感”（social presence），其与故事亲历者的“共情效应”（empathy effect）可显著扩增受众对主题的理解与认知。

体验式采访是指记者以参与者或目击者的身份亲身参与到事件中，体验被访人的感受与情绪，并通过视听语言符号传达的采访方式。本章介绍两种体验式采访方法：一种是以记者身份参与目击式体验报道，另一种是介绍新闻事件的当事人出镜采访报道。体验式采访多使用纪实手法，讲述个体不为人知的状态以及背后的故事，或通过个体呈现来折射行业生存状态。这种体验侧重对“现场”的见证和解读，包含对宏观和微观两个方面的信息进行架构。与其他新闻报道方式不同的是，这类报道将原来新闻报道中的“听他说”变为“自己说”，变你做我报为我做我报。在这种报道中处理好新闻传播者和参与者的身份变化非常关键。

第一节 体验：随机记录过程

根据富媒体理论，媒体在可感知的细节上表现得越丰富，受众的“在场”感就会越强烈。[①] 体验式新闻实现了宏大叙事向“个人”讲述的转变。新闻中的每一个故事都是由“某一个人”用特有的方式讲述的。在融媒体时代，出镜记者是“某一个人”的最佳实现者，他们通过对节目内容的“参与式介入”，成为凸显个性视角的主述者，改变了原有的宏观视角，使得受众能够更好地“进入”新闻场景和故事。

日常生活叙事最显著的特征是以写实的方式不厌其烦地展示日常经验和日常琐事，将日常生活提升为叙事的主要对象和审美范畴。因此，日常生活作为叙事和艺术表现对象，一旦进入文本的话语空间，就不再是一个原生态的、粗鄙的生存空间，而是包含了独特的审美韵味和丰厚的文化底蕴，并成为沟通作品与受众、精神探索与大众日常经验的有效中介，显示出一种强大、自由的话语力量。日常生活的“生活流”构成了屏幕叙事的“叙事流”，成为对叙事本体的一种支撑，可以用来“复原”“复活”现实的日常生活及生活中的诸种细节。

比如在《新春走基层》的体验式采访中，记者通过出镜的方式将自己的感受立体化地传递给观众。展现 6063 次列车的变化这一宏大叙事就能通过记者的所感所得所说完成个人体验的转化。大角度的叙事方式以小视角的形式来传递 6063 次列车的温暖与变化。

案例 4-1　【新春走基层】6063 次小慢车：满载温暖 见证变化

来源：中央广播电视总台《新闻联播》栏目

时间：2019 年 2 月 4 日

了解完整内容请扫码

---

① DAFT R L，LENGEL R H. Organisational information requirements，media richness and structure design [J]. Management science，1986，32 (5).

序号	画面	声音	分析
1	《新闻联播》节目现场。 清晨六点多陕西宝鸡火车站。	**演播室主持人：**6 字头的慢车跑了 61 年。装满柴米油盐，沿途都是小站。奔跑的国家，始终珍惜百姓的感受。今天的“新春走基层”，我们一起登上绿皮车去感受农民回家路。 **【同期声】** 清晨六点多，无人的街，只有归家的人行色匆匆。	在一开篇就出现了蒙太奇镜头的快速组合，形成一种轻快、幽默的节目风格。这段是节目的开场白，通过主持人欢快的语气风格，在引出接下来的新闻报道的同时体现了新闻的生动性。
2	画面配音乐，展现来往旅客奔波的情景。	（音乐） **【同期声】** 握着一张几块钱的票就可以登上从宝鸡发车的 6063 次列车。回家，这是最后一站。	利用电影剪辑的现场表现形式为观众呈现了 6063 次列车上旅客的回家旅程。记者与旅客同乘 6063 次列车，通过亲切的画面和声音，拉近了与观众的“距离”，同时将观众带入“现场”。
3	火车站站台信息画面。 画面转至车站内休息区，采访旅客。	（车站站台播报声） **旅客：**回家，回家。 **旅客：**出来一年了，回家。 **记者：**你是去哪儿，小朋友？ **小朋友：**回家。 **旅客：**就希望儿子能领个女朋友回来。	
4	采访 49 岁常年坐 6063 次列车去略阳的薛清娥。	**旅客 薛清娥：**在农村买菜的人多，回家要过年。出门打工要坐这个车回家。高铁转，转这个车回来，才能到家。	通过引导性采访，把难以捕捉的新闻点更好地呈现给观众，使此则新闻更有层次性和条理性，也使观众能够更近距离地感受来自 6063 次列车的温暖。
5	画面转至车上挂着的农贸市场分布图以及劳务用工信息栏。	**【同期声】** 6063 次列车就像是服务站。车厢里有农产品供销信息，也有用工需求。	
6	采访乘警和旅客。	**6063 次列车乘警 陈超：**给老百姓提供方便，菜呀啥都能上（车）。 **记者：**数钱呢？多少钱这是？ **旅客：**哈哈哈……几十块钱。	
7	火车沿途风景。 陈小兰正在车上卖菜。 车内陈小兰为大家展示用二维码收的菜钱。	（车内播放行程信息） **【同期声】** 48 岁的陈小兰是 6063 次列车的乘客。每隔一天就要坐这趟火车去凤县卖菜，一次带六大包，总有 100 多斤重。每到这时，列车长便主动把她卖菜的信息广播出去。 **记者：**卖了多少啊？ **旅客 陈小兰：**卖了 30 元，你看这广告打的，一阵卖了 30 元。 **【同期声】** 去年夏天儿子给陈小兰网购了一部智能手机。卖菜收钱，陈小兰用起了二维码。	

<table>
<tr><th>序号</th><th>画面</th><th>声音</th><th>分析</th></tr>
<tr><td rowspan="2">8</td><td>车上的初二学生孙一宸为记者介绍自己多年来收藏的画册。</td><td>【同期声】
记者在车上偶遇了读初二的孙一宸，他是个地道的火车迷，经常会在车上跟兴趣爱好相同的车迷们交流。他随身背着一本画册，上面手绘着从上世纪七八十年代到现在的各种机车车型。从东风 4B 到复兴号新型动车组，时速一路见涨。
旅客 孙一宸：我还有一个可以见证发展的东西，这张车票是我目前收藏的最早的一张。它的车次还是三位数 655 次，然后渐渐地发展，变成这种二维码的时候，有很多车站不用车票直接刷身份证都可以进出站了。</td><td rowspan="2">报道围绕同一个主题，全方位利用视听符号通过不同的展现方式呈现 6063 次列车上的情景。</td></tr>
<tr><td>记者采访 40 岁的旅客聂林一家。</td><td>【同期声】
这个唱歌的人叫聂林，他的工作是搭建脚手架，凭借这门高空作业的手艺，十多年里聂林走遍半个中国。
记者：儿子看到你这个手怎么说?
旅客 聂林：一般我们都藏着，不给他们看。像很多人都感觉到干工地（活）啊，人家说年轻小伙子在工地上（被看）低的那种感觉。我不这么认为。我觉得凭借我的辛勤劳动，没有什么贵贱之分。
（车站播报声音）
【同期声】
小慢车陪乡亲们往来，送远行的人回家，家还在前方，心已经抵达。</td></tr>
</table>

【点评】记者的体验式报道是《新春走基层》系列节目的亮点所在。因参与度高、易于获得第一手具有真情实感的材料，体验式报道往往更具有感染力，并能够增强素材的可信度与说服力。体验式采访强调记者与被采访者一体化，深入他人生活之中，去体验和感受他人的思想和工作生活。《新春走基层》节目强调其叙述视角的平民化，口语化的采访语言、讲故事的方式已经成了一种常态，将新闻的主体定位于普通人，在叙述模式上给“普通人的表达”留出更多空间，报道角度平等平视，尊重百姓话语权。

在《新春走基层》节目中，记者清晨六点等车与老乡一起买票上车，浓厚的人情味就在喧闹热情的互动中呈现出来。这种体验式的设计和场景的调度也能把体验式报道提升到新的高度。此外，经过记者的亲身体验，能够把很多亟待政府和社会支持与帮助的社会问题通过忠实的记录加以呈现。这种用以刻画人物关系、讲述故事情节、推进事件演进的表达方式，使得电视新闻的叙事功能更强。《新春走基层》以其特有的时间节点突出春节期间的红火与温暖，以“共情”为手段，用情感的共鸣“润物细无声”地传播着奋斗成就美好生活、承担应尽之责、用青春报效祖国等积极的社会价值观。

第二节 如何有效传达亲历者感受

（一）抓住有特点的细节

丹·拉瑟曾经提出，电视新闻需要“瞬间”。这种“瞬间”从某种意义上来说可以解释为新闻报道中对细节的捕捉和呈现。在采访现场，好的采访细节一是能够提升和聚焦新闻报道价值，二是能更完善地凸显人物的个性和情感，三是承载意义象征提升内涵。好的采访细节可以捕捉到生动有趣的具体形象，而且细节是独一无二的，无法重复。它隐藏在事件中的细微之处，需要记者用心挖掘、捕捉并有意识地放大。同样，这也是衡量一个记者新闻敏感性的标尺。

（二）介绍变化、引导认知

体验式报道极大地满足了用户自我表达和及时反馈的需求，为用户提供了更具参与性和人际互动性的良好体验。如果是直播平台的体验式报道，用户还能自由充分地表达自己的意见，与出镜记者及主持人进行有效的互动交流，在共存的空间互动中不断强化用户的认同感和归属感。观看者与出镜讲述者构成一种实时互动、共生关系，不仅使信息能够打破时空界限，实现无障碍即时传播，使“一对一”“一对多”的实时互动成为可能，同时降低了信息在传播过程中因转述层次多可能造成的信息变形或信息损耗，从而增强了信息的可信度。

（三）受众视角的出镜评论

受众视角也是体验式视角，能够增强节目的真实感和说服力。“越接近现场，就越接近真实”，出镜记者来到一线新闻现场，与现场“零距离”接触，了解准确的一手信息，真真切切实现“眼见为实”，也让观众以“零距离”投入新闻现场，增强观众观看的代入感，获得“在场”的心理感受。“探访述说式”主要体现在新闻报道中记者或者主持人的采访经历和荧屏实践的影响，其将宏观叙事转化成个人体验。

比如，入选“2016 年中国最具影响力的十大纪录片”的电视专题《人间世——救命》中通过记者的第一人称限知视角所达成的“沉浸式报道”，走进了医务工作者的内心，同时也获得了患者的信任，生动、鲜活地讲好了一个个和生命有关的故事。案例 4-2 的分析选取了《人间世——救命》的开场白，记者秦博的自述典型地体现了受众视角。

案例 4-2　电视专题《人间世——救命》

来源：上海广播电视台

时间：2016 年 6 月 11 日

了解完整内容请扫码

序号	画面	声音	分析
1	整个瑞金医院重症监护室的画面，加上穿插躺在床上的病人。	**记者 秦博：**这里有 12 张病床，这里有 16 张病床，这里躺着的都是最危重的病人。2015 年我经过医学规范培训后，开始在瑞金医院蹲守采访。为了能够在手术室进行拍摄，我们按照手术室要求，给拍摄器材量身定制了防菌服。	这段是节目的开场白，帮助引出下文。体验式报道以亲历者的视角引入记者的所感所思。
2	外科医生做手术的画面。	**记者 秦博：**这是我第一次上手术台观看主刀医生现场手术（见图 4-1）。病人连接心脏的主动脉被手术刀剪开后，我没有经验，不知道躲避。血压大到几滴血溅到我的脸上来（见图 4-2）。外科医生的手可以有多快呢？我的几个同事看这段视频的时候，都以为是快进了。	医生做手术的画面，加上记者以亲历者的角度讲述，给观者以冲击，对医生的尊重和对生命的敬重油然而生。
3	医患矛盾的视频资料，不同外科医生的影像。	**记者 秦博：**和一般讲故事的套路一样，病人命悬一线，手术大获成功，病人出院了，还会谢医生。然而，风险大的手术总有失败。面对失败，我们似乎已经习惯了避而不谈，因为失败的背后，似乎总会夹杂着医患双方的矛盾、纠纷甚至是冲突。很多医生因此也不再愿意选择重症医学，选择手术台了。那么留下来的是谁？他们愿意留下来的理由是，他们没有忘记选择医生这个职业时内心最初的想法，那就是救命。	引出医生的初心也是本片的主题——救命。

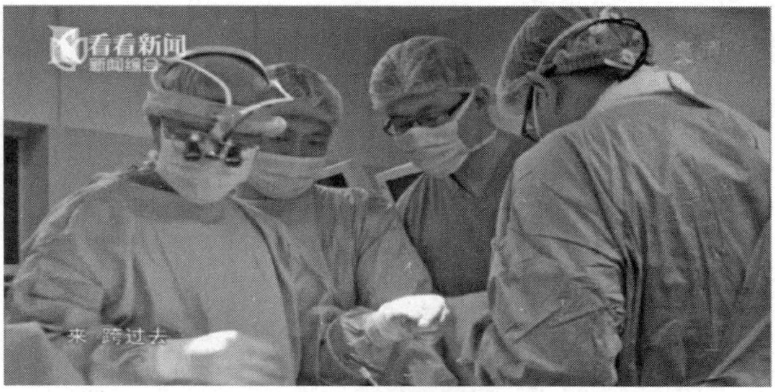

图 4-1　记者秦博换上了无菌服与医生一起进手术室

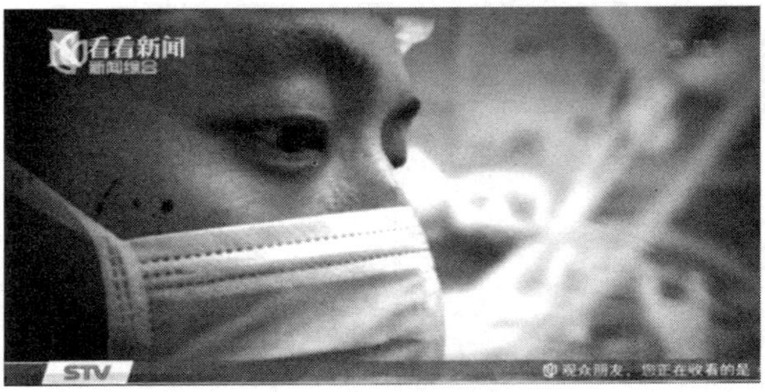

图 4-2　记者第一次进手术室没有经验，手术过程中脸上被溅到血

《人间世——救命》摄制组进驻上海将近 20 家医院，蹲点拍摄，淋漓尽致地呈现了面对生死考验时人性底层的善良、勇气和怜悯，直面了“医学的可为与不可为”这一具有现实意义的主题。《人间世——救命》打造了自己的语态，即“新闻内核，纪实表达”。面对纷繁复杂的医患关系，该作品没有回避“医患关系”这个热点社会问题，通过全面、真实、客观的记录传递出记者的观点，充分表达了“尊重医学，尊重生命”这一重大主题。

案例 4-3　北京城的“地下工作者”

来源：中央广播电视总台《新闻联播》栏目
时间：2019 年 2 月 8 日

了解完整内容请扫码

主要内容：

今天的《新春走基层》，让我们一起来认识首都北京的一群“地下工作者”。他们出现在深夜，工作在井下，常年和污水、淤泥、垃圾打交道，而他们的工作，和我们密切相关。

深夜的北京城结束了一天的喧闹，慢慢静了下来，王志海和他的同事们开始了忙碌（见图 4-3）。

井下污水横流，充斥着有毒气体硫化氢，下井前必须做好防护。为了真实体验王志海的工作环境，记者也按照井下操作规范换上了防护服，戴上了呼吸器，跟随王志海一起下井。

井口狭窄，经过多次调整，我们才终于下到井下。

在井底，王志海确认了呼吸器和作业工具一切正常后，开始清理管道口处的淤积物。

图 4-3 王志海和他的同事们正在工作

王志海所在的北京城市排水集团第一管网分公司，主要负责北京核心区内的地下管网维护，由于老城的管道老旧且狭窄，要靠人一点一点用桶把污泥垃圾装走。

在清理完管道口处的淤积物后，王志海钻进了管道。狭窄的管道内，他双腿跪在污水中，清掏淤积的生活垃圾和淤泥。

整个井下作业过程中，地面上的同伴不时通过对讲机与王志海通话，以确认他在井下的安全。

在井下工作了一个多小时后，王志海决定上到地面喘口气。

过去的 7 个小时，王志海他们一共完成了 10 米的管道养护，从管道内清理出的淤泥和各类垃圾超过 4 吨。

王志海在这一行已经干了近十年。

志海说，他很喜欢一首歌，名字叫作《夜空中最亮的星》，因为他觉得，他们的工作虽然不为人知，但也同样是夜空中那颗最亮的星。

【点评】在 2 月 8 日播出的《北京城的“地下工作者”》中，记者和管道养护工人一起，深入管道，用镜头向观众呈现了这些工人日常的工作环境；而在前一天《用脚步丈量祖国的边防线》中，记者跟随边防官兵一起，体验了高海拔的执勤巡逻工作。通过对记者行进两个小时后体力不支的画面进行呈现，也从侧面凸显了边防官兵高海拔巡逻工作的难度。

第三节 当事人视角体验报道

全知视角的特点在于客观和权威，限知视角给观众带来的感觉是真实和富有感染力。曾庆香认为，内视角可以对人物的言行、心理做再现式的细致描摹，叙述者充分尊重对象的主体性，具有较强的感染力，但往往也具有一定的主观性、偏见和感情色彩。这种叙事视角具有个人化特点，符合人们日常的认知习惯，会给叙事营造出一种真实的效果，产生动感和提升形象性。

体验式采访能够使得记者理解、抓取、提炼事件的主题和性质，从而形成独特的报道角度来展现事件的全貌。新闻事件中不再是记者的自说自话，更多的是话语权的下放，使得普通人能更多地参与其中来表达自己。通过不同人的侧面回答，也能让观众对事件有一个更为清晰和直观的认识。通过报道者与事件当事人互动的动态方式也能激活一些静态的场景、抽象的概念。

案例 4－4 是对北京人社局一名副处长当了一天外卖小哥的事进行的报道，该报道一经发出便在网络上刷屏。“快递小哥的权益如何保护，这一问题社会非常关注。”有干部表示，人社部门会出台涉及平台就业者职业伤害保险的相关政策，从根本上解决这些人员的职业保护问题，也希望广大平台经营者、管理者履行好社会责任，保护劳动者权益。从人社部门角度而言，按照国家要求，要从包容审慎的原则出发，保障好平台企业发展权益和劳动者合法权益。

“其实这个事情是人社部正在全国人社系统推进的‘厅局长走流程’活动，我们现在也在推，将来我也要走。”有干部介绍，走流程的目的，就是了解经办服务中的工作流程和链条。人社部要求所有的厅长、局长、处长都要到流程一线，亲身体验办事难点在哪里，解决办事堵点，进一步改善行风政风，提高为民服务效率。

案例 4－4　我为群众办实事之局处长走流程

来源：北京广播电视台

时间：2021 年 4 月 27 日

了解完整内容请扫码

序号	画面	声音	分析
1	北京快递小哥、外卖骑手、网约车司机的工作画面。	**【解说词】** 快递小哥、外卖骑手、网约车司机等职业吸引了越来越多的劳动者，给北京这座城市注入了新的活力。	以北京当下劳动力市场背景作为报道的开篇，并且使用同期声为受众营造较为强烈的现场感，为后续报道中副处长变身外卖小哥埋下伏笔。

序号	画面	声音	分析
2	采访外卖骑手、快递小哥的画面。	**【同期声】** **外卖骑手 1**：收入比较高，还有一个比较自由。 **外卖骑手 2**：每个礼拜挣小三千块钱。 **外卖骑手 3**：有时间就跑，没时间就休息，多劳多得。 **快递小哥**：有付出就有收获。	通过四段采访承接开篇所展现的背景，以具体的采访展现行业的现状和劳动者的看法，也为后面转入行业问题做铺垫。
3	外卖骑手送外卖的工作画面。	**【解说词】** 不同于传统行业，这些没有固定劳动场所和劳动关系的新就业形态在不断发展的同时，也面临不少新的问题。	承接上文行业新发展的背景介绍，抓住行业的特点，引出新行业出现的新问题。同时运用之前新闻报道的事实为佐证，增强真实性与具体性。
4	采访多位外卖骑手、网约车司机的画面。	**【同期声】** **外卖骑手 1**：平台挺不规范的。 **外卖骑手 2**：派单太乱。 **网约车司机 1**：跑不了那么长时间，挣不了钱。 **网约车司机 2**：他不给你上社保。 …………	这段采访承接上文解说词的内容，通过从业者的口述揭示他们所面临的问题，街采对象具有鲜明的代表性，回答具有真实性，能够引起受众共鸣。
5	外卖骑手工作画面、北京城市空镜。	**【解说词】** 小哥们的工作强度是否有人过问？出了安全问题谁负责？医疗社保是否有人解决？社会认可度以及他们的心理状态又是否有人关心关注？北京市人力资源和社会保障局组建工作专班，全面梳理新业态存在的问题，研究制定支持与规范新就业形态的相关政策。	解说词接连发问，进一步强调新业态中的新问题，深化主题。所提出的问题为副处长变身外卖员提供引导。
6	会议现场画面和发言。	**【同期声】** （会议现场发言的现场声）	现场声介绍了工作专班关于新业态新问题的汇报，并且提出要亲自体验感悟，也为引出副处长变身外卖骑手做好铺垫。
7	会议现场画面。	**【解说词】** 为了找到新业态从业中的真实痛点，切实保障新业态下劳动者的合法权益，会议决定通过“局处长走流程”的方式，进一步展开调研。落实这件事的人，就是副处长王林。	解说词对会议内容进行总结概括，提出了局长走流程的方式，引出副处长王林。

序号	画面	声音	分析
8	北京市人力资源和社会保障局副处长王林接受采访的画面（见图4-4）。	**【同期声】** **北京市人力资源和社会保障局副处长 王林：**局党组提出了更高的要求，让我们深入到劳动者的工作中和生活中去，了解他们的真实诉求，应该说是一个挑战。	以副处长王林本人的采访表达对此次行动的展望，引出后续的实际行动。
9	中关村空镜和外卖骑手工作的画面。	**【同期声】** 中关村是北京最繁华的地段之一，商家企业众多，无数的外卖小哥在这里取单送单，打通了商家与需求客户间的“最后一公里”。王林决定从外卖骑手的工作开始走流程，倾听小哥们的真实呼声，感受他们的真实诉求。	介绍王林即将体验的工作和工作地点，对中关村的介绍也为后续工作做了背景介绍。
10	王林寻找外卖小哥帮忙和取单的画面。	**【同期声】** **北京市人力资源和社会保障局副处长 王林：**第一步，我得去找一位师傅，多点几单呢，到时候看看哪个小哥配合我们，体验这个外卖小哥的这个工作生活。 ………… 我拜的这位师傅名叫高治晓，他是美团平台的老骑手，送外卖七年了，经验丰富，中关村到五道口是他最熟悉的区域。	用王林找外卖骑手帮忙的现场画面直观地呈现副处长变身外卖小哥的过程，运用大量现场声，增强真实性，拉近与受众的距离。

图4-4 王林接受采访画面

【点评】一般来说，记者的观察是对某种事物有目的、有计划的知觉。不仅仅是看什么是现场最有价值的事件，什么是现场最能激发观众兴奋点的情节细节，什么是值得深入挖掘、深入探索的现象。这一切都凭记者在现场用眼睛去看，用脑子去思考，用摄像机去迅速捕捉，用访问去深入调查。因此记者的观察是用眼睛采访，更是用脑子思考。对于记者来说，要深入生活到现场去观察、体验，描写出具体生动的形象、典型的场景和细节。对电视记者来说，要拍摄具体生动的典型形象和细节。可以这样说，电视现场不仅能够再现瞬间，还可以用连续画面再现真实的生活场景和人物活动，包括人物语言及行为。现场记者可以按照时间顺序向观众讲述其在现场的感受，通过解说词深化现场内容，把亲历者王林亲自见到、听到、接触到产生的感受传达给观众，并与画面信息形成互补，共同建构一个多维立体的现场。同时，记者在现场选择典型画面的过程中也进行着思考，在现场捕捉信息含量最大、最有内涵张力的画面形象，在稍纵即逝的视觉流程中截取最有说服力的精彩瞬间。

由于人们收集信息、处理信息的能力是有限的，不可能同时关注面前的所有信息，因此面对同一刺激物，也不可能关注其本身的所有特征，只能有选择地加以关注。知觉的选择性是指对外来刺激物有选择地作为知觉对象进行组织加工。面对对象与背景，个体只能对作用于感觉器官的部分刺激进行反应。人们依据自己的动机、目的、兴趣、背景、经验和态度进行主动选择，对同一个事物作出不同的判断，这就叫“选择性知觉”。

一般来说，记者作为个体，因为影响其知觉的因素包括价值观、人格、立场、动机、目的、兴趣、背景、经验和态度等，繁纷复杂，所以，容易产生某种立场而常常不能客观、公正、理性地看待问题。曲解、断章取义是常见的现象。心理学家提出了“选择性注意”“选择性理解”“选择性记忆”等观点。这种对客观刺激不同的知觉倾向就称为“知觉行为的选择性”。这种“各取所需”的现象，是由各人的背景、兴趣和经验等不同造成的。此外，对未来的预期、身体状况、自身条件等因素也会影响知觉行为的选择性。由主观因素造成的个体知觉差异性使人的知觉世界各有千秋。虽然知觉反映了客体的本质属性，但在具体的反映形式和结果上却体现着个人风格，形成了知觉的选择性。另外，客观刺激物和情境也会影响知觉的选择性。选择性知觉表现在现实生活中，就是对同样的东西，大家给出的结论不同甚至完全相反。因此，我们既要注重这种采访方式，也要了解它的局限性。

还有一个案例是2016年10月19日开始的“新华社特约记者太空日记”系列报道中，其终结篇《史上第一堂“天地联讲科普课”开讲啦》采用天地航天员联手讲课的方式，由两名航天员与地面航天员王亚平一起客串“太空科普老师”，通过航天员在轨讲解及演示、地面航天员解说补充等元素的组合穿插，生动、直观、故事化地讲了一堂太空科普课。报道的有声语言围绕新闻空间展开，利用特约记者的亲身体验完成了从宏观叙事到个人体验的转化。案例4-5是对太空科普课中提到的“太空种菜”更全面的报道。

案例 4－5 太空日记：中国人首次在太空当“菜农”

来源：新华社

时间：2016 年 11 月 13 日

了解完整内容请扫码

序号	画面	声音	分析
1	新华社太空特约记者、航天员景海鹏在“天宫二号”介绍太空中的植物栽培情况（见图 4－5）。	**新华社太空特约记者 景海鹏：** 大家好！今天是“神舟十一号”飞行乘组进入组合体第二十四天。我是新华社太空特约记者、航天员景海鹏。听说有很多网友关心我们在天宫种植的生菜，今天我就具体和大家讲一讲。	这段是报道的开场白，帮助引出下文。体验式报道以亲历者的视角引入记者的所感所思。记者本身为新闻报道提供看点素材。
2	航天员中心环控生保研究室副研究员王隆基解说现场。 景海鹏在“天宫二号”介绍太空中的植物栽培情况。	**【王隆基解说】** 选择栽培生菜有以下原因：一是生菜的生长周期是一个月，这一次在轨时间恰好是 30 天；二是生菜在地面上的种植技术比较成熟；三是生菜可食用，在后续的在轨实验中可以作为食材；四是生菜是老百姓比较常见的植物，有利于进行科普宣传。 **新华社太空特约记者 景海鹏：** 今天做的是一些常规照料工作，主要是检测栽培基质的含水率、养分含量，灯光照射以及用注射器往基质推入空气。我们有一个仪器检测含水率，如果显示指数低，就说明需要给生菜浇水了。注入空气是为了让生菜的根部呼吸到新鲜空气，有利于植物的成长。我们就像是太空的“农民”，每天至少要花 10 分钟的时间来照料生菜。另外，在太空种生菜使用的基质和地面的土壤是不一样的，我们用的是蛭石。 **【王隆基解说】** 蛭石是一种矿物质，它的吸水性非常好，水分在其中传导非常均匀，即使是在地面有重力的情况下，向上吸附都非常流畅；另外它密度小、品质轻，便于携带上天。太空种生菜使用的基质是蛭石。	通过专家的解说能够帮助观众更好地理解新闻报道，提升新闻价值。解说词、画面的结合使得新闻本身更具有说服力。

序号	画面	声音	分析
		新华社太空特约记者 景海鹏：植物栽培是在我们进入组合体的第二天开始的，首先我们需要安装栽培装置，就像是搭积木一样，把装置的各个部件组装成一个白色箱体。 **【王隆基解说】** 白色装置的固件是3D打印的，都是尼龙性材料，比较轻便，白色和绿色形成了一个鲜明的对比，视觉效果也很好。它上面有两个器件，一个用来测量土壤中的水分和养分参数，另一个用来在植物生长后期在封闭情况下测量植物光合作用。 **新华社太空特约记者 景海鹏**：接着我们就会浇水、播种。在上天之前，有一部分种子已经放入白色的单元格里面，这些种子是经过特殊处理的丸粒化种子。由于生菜的种子比芝麻粒还小，为了方便我们播种，专家们特意在外面做了一层包衣，使它和绿豆粒差不多大，方便直接手拿。包衣在吸饱水后会裂开，但在后面的成长过程中，我们发现，包衣对种子发芽的速度会有细微的影响。 在天上播种的方式和地面不同，地面一般是先播种后浇水，但由于我们带入太空的白色单元格是硬质材料，只有吸水软化后，种子才能放进去，所以我们是先浇水后播种。 播种完后，我们会在装置里铺上一层保鲜膜，就和种庄稼的地膜一样。它的作用是保护植物，防止水分流失。 在进入组合体的第五天早上，我们发现种子发芽了。当时我和陈冬兄弟都非常高兴，第一时间把这个好消息告诉了地面工作人员。我们拍了很多照片，还跟生菜芽合影留念了。种子发芽后，我们就会拿掉地膜，把安装在白色装置顶端的灯打开，给生菜提供光照。灯光是由红、蓝、绿三种颜色组合而成的，主要偏红色。 **【王隆基解说】** 生菜对红光吸收效率非常高，在红光照射下生长得很好；采用绿光是因为它照射到生菜叶上，视觉效果非常好；蓝光则是对植物形态舒展具有较强作用。 **新华社太空特约记者 景海鹏**：生菜进入成长期后，在光照的作用下，就开始变绿了。我们第一次给生菜间苗和补水是播种后第六天。间苗那天，我和陈冬兄弟发现生菜长得特别新鲜，看着比地面的要绿一些。我们间苗用的是镊子，主要是把长得相对差一些的生菜连根拔出来，在每个单元格里保留两棵菜苗。因为菜苗都非常嫩，所以我们得非常小心，一不留神就会把保留的生菜苗损坏。	专家对专业知识的讲解增加了节目的可看性。王隆基的介绍，解决了观众知识区的一些盲点，有助于其更好地理解新闻事件。 特约记者的亲身叙述，增强了新闻本身的形象性和真实感。

序号	画面	声音	分析
		过了3天后，我们开始了第二次间苗和浇水，这时每个单元格就只有一棵菜苗了。浇水其实不是每天都需要做的，专家为我们设定了5次浇水，每次浇水使用的是注射器，将水注入生菜根部。 除了播种、间苗、浇水，我们还需要每天对生菜进行观察、拍照，检查基质的含水率、养分含量等。 到今天为止，在我们亲手照料下的生菜，已经长得很好了。我们看着它们一天天成长，很有满足感。 有网友提问，在太空，生菜生长的方向会发生变化吗？长得怎么样了？ 在这里，我要告诉这位网友，我们种植的生菜和地面是一样的，也是向上生长的，而且长得好像比地面更高一些。 **【王隆基解说】** 虽然太空是失重环境，但是因为植物有趋光性，所以它依然是朝上长；同时植物还具有趋水、趋肥性，它的根部就会朝着富有水分和养分的基质生长。 下周二，是我们在轨种植蔬菜的最后一天，到时候我们会进行植物采样，把生菜的叶子和根茎剪掉，放到低温储蓄装置中，再把它们带回。 **新华社太空特约记者 景海鹏：**听说有网友很好奇，种出来的生菜能吃吗？ 这次我们种的蔬菜是用来做实验的，暂时不食用。我相信经过研究，以后我们在太空种的各种蔬菜，肯定是可以吃的。我也期待着在太空吃上自己种出来的蔬菜。 **【王隆基解说】** 这次是中国首次在太空人工栽培蔬菜，暂时不让航天员食用。我们要把植物采样带回来，进行生物安全性检测，比如检测植物表面的微生物是否超标。只有检测合格后，我们才会在下次实验中考虑让航天员食用栽培的蔬菜。在轨植物栽培技术，是未来长期太空载人活动、深空探测等必不可少的一项技术，将来我们还会做其他物种的大面积栽培实验，通过几轮实验，逐步掌握植物在太空生长的规律，便于以后在空间站种植种类更多、面积更大的植物。	特约记者与网友的互动，体现了报道的参与性，也更客观地为观众介绍了在“太空种菜”的具体情形。

图 4-5 景海鹏在"天宫二号"介绍太空中的植物栽培情况

【点评】 值得注意的是，语态的创新并不一定带来好的传播效果。语态只是"表"，披着网络化形式外衣的传统媒体，有时仍会让年轻用户感到尴尬。如果媒体在文化深层上与网络用户是隔离的，那么仅靠表层的语态变化，仍然难以持续赢得用户的青睐。同时，在互动式传播空间中，出镜记者要尽可能地增强网友的参与意识，在"一问一答""一说一做"中构建日常生活化的语态，实现平等化的交流。

海外网友 CHEN 说："收看太空人的日记，太有意思了。新华社这个创意真绝妙。"BBC 记者罗宾·布兰特在社交媒体通过个人认证账号发文评论称："新华社太空特约记者的报道比 BBC 的报道领先一步。"

第四节 以外国人的视角报道中国文化

中华优秀传统文化是我们最深厚的文化软实力，一直以来深深吸引着外国受众，是对外新闻报道的富矿。在当今移动互联网时代，传统文化对外报道需要做出新意。中国自古便被称为"瓷器之国"。景德镇作为"瓷都"，数千年来不绝的窑火烧制出精美绝伦的瓷器，定义了中国的英文名称"China"，更是让中国瓷器名扬四海。一直以来，景德镇陶瓷享誉海外，但对近年来国外主流媒体相关报道的初步调研发现，有关景德镇陶瓷的深度报道或新媒体报道均不多见，更遑论全媒体报道。而诸如 YouTube 等海外社交媒体平台上有关景德镇的分享多数是景德镇陶瓷制作工艺、旅游观光的介绍等。因此，对海外受众而言，景德镇在中国陶瓷文化中为何如此重要，仍是一个有待进一步解析的谜题。于是，新华社报道组选取景德镇这个闻名四方且值得继续宣传的经典的文化类对外报道选题，推出了以《匠从八方来｜千年瓷都里的"洋景漂"》为主打作品的一组系列融媒体报道，在海内外反响热烈，传播效果突出，成为传统文化对外新媒体报道的优秀案例。

案例 4－6 匠从八方来｜千年瓷都里的“洋景漂”

来源：新华社

时间：2018 年 12 月 6 日

了解完整内容请扫码

序号	画面	声音	分析
1	画面呈现记者来到景德镇御窑厂国家考古遗址。	**新华社记者 海伦·本特利：**提到瓷器，你绕不开“世界瓷都”景德镇。中国的英文是“China”，这个词的由来或许无确切考证。但景德镇古称“昌南”，不少人认为，“China”是由“昌南”音译演变而来。朝代更替、风雨变迁，进入数字化时代，景德镇的千年窑火能否继续燃烧不熄？欢迎收看《新华社记者说》，我是海伦·本特利。	通过外国友人的视角来展现中国景德镇的文化变迁。
2	画面转换至景德镇古窑民俗博览区。 制瓷现场，记者体验制瓷。 现场采访尹盛亮（尹家是制瓷世家，尹盛亮展示的是古法手动转动辘轳车拉坯的技艺）。	**新华社记者 海伦·本特利：**这个工坊重现了宋、元、明、清等朝代的传统制瓷技艺。一代代工匠在这里制作陶瓷，我觉得在这里体验制瓷最适合不过了。这坨陶土现在看起来不怎么样，但只要转起转盘，它就会变成美丽的艺术品。 **新华社记者 海伦·本特利：**还不错吧，是个很好的开始。任何陶瓷匠人，任何了解陶瓷的人都知道景德镇。这是瓷器的诞生地。 **制瓷匠人 尹盛亮：**我们在这里主要是传承这个技艺，就是非物质文化遗产嘛。做碗它不是目的，目的是做的过程中把这个技艺传承。我们做的意义就在于这里。 **新华社记者 海伦·本特利：**近两千年来，匠人们的转盘一直在转，就像历史的车轮。年年月月，流转不息，塑造出景瓷的辉煌历程。	记者的亲身经历能够拉近与观众的距离，同时更能让观众体会景德镇的陶瓷文化。
3	记者来到景德镇中国陶瓷博物馆。 记者采访景德镇中国陶瓷博物馆馆长赵纲。	**新华社记者 海伦·本特利：**这个博物馆珍藏了从东晋到现代的陶瓷。走在这里，就像在中国的历史中穿梭，每一件陶瓷都有它的故事。这尊元青花缠枝牡丹纹梅瓶，至少有 700 年的历史。这是存世不足 400 件元青花中的一件。 **景德镇中国陶瓷博物馆馆长 赵纲：**元青花是景德镇从元代开始生产的、风靡世界的彩瓷。它可以说是划时代的作品。 **新华社记者 海伦·本特利：**时至今日，青花瓷仍是中国文化的经典符号。但制作青花瓷的蓝色钴料却来自波斯。 **景德镇中国陶瓷博物馆馆长 赵纲：**早在唐代开始，中国的陶瓷就通过海上丝绸之路和陆上丝绸之路向世界各国展开贸易、	通过专家的角度来展现景德镇陶瓷文化的由来。

序号	画面	声音	分析
		交流。中国工匠生产的陶瓷到了海外，海外的工匠又将中国的陶瓷进行加工，变成东西方文化交融的产品。可以说海外了解中国通过陶瓷，中国也通过陶瓷宣传、介绍、推介了中国文化。	
4	记者来到景德镇陶溪川陶瓷文化创意园。	**新华社记者 海伦・本特利：**就像古代外国商人带来了青花瓷的青料，今天，新的洋面孔也给陶瓷带来新元素。每年，来自世界各地的陶瓷艺术家来到景德镇，他们中的一些人甚至在这里扎根，开设工坊。为什么景德镇能成为他们心中的圣地呢？ **德国陶瓷艺术家 克里斯蒂安・特韦：**作为制陶的人，亲手触摸中国的陶土非常重要。因为这里是陶瓷的故乡。 **新华社记者 海伦・本特利：**克里斯蒂安是来自德国的艺术家，她主攻灯光和瓷器的融合艺术装置。现在她扎根由老瓷厂改造而成的陶溪川陶瓷文化创意园，在景德镇国际工作室创作，离她不远的是中文名叫“喇叭”的美国人瑞安・拉巴尔的工作室。和克里斯蒂安一样，喇叭当初决定来景德镇小住。当时陶溪川正在进行改造，喇叭认为在这里大有可为，于是开设了自己的工作室。 **美国陶瓷艺术家 瑞安・拉巴尔（喇叭）：**我认为景德镇充满了“创意的能量”，这可以说是一种本源能量，它让你感到无所不能。你可以创造任何东西，这种能量来自千百年来陶瓷制作的历史积淀。法国陶瓷艺术家卡米耶刚到景德镇时几乎不会说中文，跟景德镇匠人学艺的经历让她更懂陶瓷。像她这样的外国人，又能给景德镇带来什么呢？ **法国陶瓷艺术家 卡米耶・格朗达蒂：**在这里学做陶瓷有着严格的工序，你必须按照“一二三四五六”这样的步骤来做。然而我们外国人却尝试着跳过一些步骤，比如只做第三、第四步，看看能做出什么，这种探索尝试是外国人可以给景德镇年轻一代匠人带来的影响。你可以发挥创意，去尝试、去体验，把它变成你的独创。	通过采访不同的人，从不同的角度展现事件背后的意义。
5	画面转换至景德镇陶瓷工业博物馆。 采访景德镇古窑文化研究院院长周荣林。	**新华社记者 海伦・本特利：**烧制是陶瓷最后也是最关键的一步，即使之前的工序都完美无缺，但你永远无法预料关上窑门后会发什么。陶土在窑火中发生变化，有可能会开裂、移位、变形、黏合。传统烧窑要几天几夜才能烧出精品，不过我们等不了这么久，幸好这座千年瓷都又创造出了一种新技术——陶瓷3D打印，瞬间就能做好，而且干干净净。此外，我们还有这座微波智能还原烧成炉，它可以大大缩短瓷器烧制的时间。 **景德镇古窑文化研究院院长 周荣林：**景德镇的特点，一个是开放，另一个是创新。工艺的发展确实是与时俱进，没有停歇的。	

序号	画面	声音	分析
6	画面转换至景德镇陶瓷大学。	**新华社记者 海伦·本特利**：今天，景德镇陶瓷及相关行业从业人员多达15万，不少人在景德镇陶瓷工业园区工作，而景德镇陶瓷大学也在继续培养未来一代的陶瓷工艺大师。像陶溪川这样的创意社区，保持着陶瓷艺术的生机活力。历史上，不同文化间的互动要么通过商贸，要么通过冲突，景德镇一直以来都是陶瓷生产和创意的中心。战火几乎没有波及过这里，瓷器让这个地方繁荣和平，这一点很了不起。我们下期节目再见。 （节目末尾彩蛋环节）	

【点评】 在今天的移动互联网时代，脸书、推特等社交媒体平台拥有丰富多样的内容推送功能和直达受众的渠道优势，成为受众获取新闻资讯的主要渠道，也为我们讲好中国故事、提高国家文化软实力提供了机遇和空间。为加强文化报道，对外深入挖掘和阐发中华优秀传统文化，新华社对外新闻编辑部联合新华社江西分社赴千年瓷都景德镇深入采访，推出《匠从八方来｜千年瓷都里的“洋景漂”》等系列融媒体报道，在新华社中英文广播、海外社交媒体平台、中英文客户端、短视频专线等陆续推出，海内外总浏览量近500万次，传播效果突出，反响积极。

在当今新技术、新的呈现手段不断涌现的时代，如何把传统做出新意？

由于这一选题太过经典，报道就不能止步于那些流于表面的工艺和旅游宣传，而是要从立意上体现出深度和高度。因此，融媒体报道旨在贯穿展示千年瓷都的前世、今生和未来，挖掘剖析景德镇千年窑火不熄背后的深层次原因，向世界诠释景德镇陶瓷文化魅力背后的根源。

一周的实地采访，不仅得到了景德镇市政府的全力支持，还充分借助和调动了当地的优势资源，通过在景德镇的中国陶瓷博物馆、古窑民俗博览区、陶溪川陶瓷文化创意园区、御窑厂国家考古遗址和陶瓷工业博物馆等地的采访拍摄，“洋记者”（见图4-6）出镜体验了传统的制瓷工艺，了解了景德镇瓷器悠久的历史和深厚的文化底蕴，与中国陶瓷博物馆馆长、古窑文化研究学者和中外陶瓷艺术家一起畅谈了景德镇陶瓷发展的历史、现状和创新。

图4-6 记者海伦·本特利现场报道

从出镜记者现场表达内容看，作为出镜记者的表达主体要重视在报道过程中融入更多“关系讯息”。与事实等内容讯息不同，关系讯息是指传播者通过语言、声调、神态、节奏等表现出来的行为暗示。而接收者则通过解码的过程，将关系讯息通过意义建构转换为自己的情感和想法，获得对与传播者之间关系的理解。新闻传播主体从深层考虑，在报道中融入关系讯息不仅能够传递新闻背后的情感内涵，赋予信息更多的溢出价值，而且在潜移默化中能够强化交流双方的关系状态，使接收者更好地理解新闻报道。

此外，媒体融合时代，新闻媒体在传递信息的同时，还通过各种符号为受众构建情境，并提供价值观分享和确认的场所。同属系列报道之一的《“洋记者”瓷都手记：“人生就像制陶”》以西方人的视角、观察、感悟讲述景德镇传统手工技艺的魅力所在，并叙述了三位来自不同国家的“洋景漂”各自“漂”在景德镇学习、创作的故事，展现了他们远在他乡却发自内心地为回到陶瓷故土感到幸福的心路历程，以及外国人如何为千年瓷都带来创意。稿件娓娓道来，反映了中国传统工艺与文化的传承、保护和创新发展。系列报道充分利用素材，突出新媒体时代的融合特色，实现了一次采集，多次生成，全媒体展现。值得一提的是，整个系列报道过程注重社交媒体平台上与观众互动的传播特点，增加了很多以往传统报道里没有的新的表现手法和内容。其中，《匠从八方来｜千年瓷都里的“洋景漂”》在拍摄“洋记者”海伦·本特利体验给碗坯上色的过程中，海伦一时失手打碎了碗坯，摄像机忠实记录下了这一瞬间和她打碎碗坯后惊慌抱歉的表情。在视频结尾，以“彩蛋”的形式还原了当时的情景，并回应了视频结语里一语双关的“smashing”一词，创意和趣味十足，使新媒体传播效果最大化。

第五节 Vlog 体验叙事

Vlog 即视频博客，是一种以创作者为第一视角进行拍摄，将个人日常生活记录下来的短视频形式。Vlog 新闻具有个性化传播视角、沉浸式体验等独特优势。

从 2019 年“两会”开始，Vlog 逐渐成为新闻报道的一种重要模式，由记者或主持人担任记录者，通过其个性化的视角来报道新闻背后的故事，比如人民视频做的“两会夜归人”Vlog、康辉制作的 Vlog 系列。Vlog 的出现，给新闻报道带来了语态、内容、形式等多方面的革新，但也存在诸多弊端。

Vlog 是 2018 年在全球范围内兴起的一种视频表达风格。诸多媒体将 Vlog 与报道结合，策划了“开箱”系列主题视频，邀请出镜记者走访“两会”代表，生活化地呈现了上会记者和代表们的精神面貌。人民网推出了《两会 Vlog》，揭秘大型直播节目《两会进行时》台前幕后的故事。《南方都市报》记者吴斌通过《南都记者两会 Vlog：今天，我在两会上提问了！》记录下自己参会、采访、发稿的全过程。Vlog 中记者的播报语态更加亲切自然，视频节奏更快，拍摄过程也更轻量化，减轻了“两会”主题的沉重感，更贴合观众的收看习惯。

英国文化理论家雷蒙·威廉斯提出了“流”的概念，主张把不连贯的事物连贯起来，用碎片来表现生活，如《追忆似水年华》《尤利西斯》等意识流小说元素被融入媒体传播的形态当中。如果说网络直播是“即时视频流”，Vlog就是特定生活片段的“场景信息流”，是用户的情绪在特定场景情境下的涌现。代入感、愉悦感和期待感是场景信息流中影响人们感知场景的三大感受。高卷入度、高黏合性的场景带给人们极强的代入感，使其进入场景后逐渐过渡到沉浸状态。人们沉浸在场景的声光刺激中，产生心理上的满足和精神上的愉悦。

案例 4－7　记者 Vlog｜朝 6 晚 11，北京地铁便利店的一天

来源：《北京日报》客户端
时间：2021 年 7 月 28 日

了解完整内容请扫码

序号	画面	配字	分析
1	北京地铁便利店周围场景的画面（见图 4－7）。	朝 6 晚 11，北京地铁便利店的一天。 北京地铁站内便利店近日开始营业啦！ 一起来看看，地铁站里的便利店，究竟什么样？	第一个画面上全屏展示标题，配上地铁便利店周围场景画面，将内容主题以最突出、最引人注意的方式直接呈现，以标题引导观看。接下来的画面中文字皆以黄色出现在画面底部，吸睛且不遮挡画面内容，画面舒适流畅。
2	罗森地铁便利店外部位置的画面。	从和平里北街站闸机口进站一下就能看到站台中央的地铁便利店。	画面由远及近推进，展现地铁便利店罗森的具体位置，为观看者提供沉浸式便利店探访体验。
3	罗森地铁便利店内部商品的画面。	早上七点，便利店的货架摆得满满当当。 货架上有便利店自家品牌的面包，还有牛肉干、坚果等食品。 货架上摆放着方便面、薯片等食品。 便利店冷柜里摆着饮料。 便利店里还售卖酸奶、果汁等饮品。	从便利店外围转向拍摄内部货品，文字和图片相互匹配，文字简短可读，画面流畅。一系列同类型文字和画面使人印象深刻，拉近了观看者与现场距离，使观看者切身感受到早上七点便利店内部商品的品类丰富。

序号	画面	配字	分析
4	收银台前排队顾客的画面。	七点半左右，地铁便利店的顾客渐渐多了起来，大家正在排队结账。	以顾客排长队列的画面带给观看者直观感受，增强了现场代入感。文字再次点明七点半是罗森地铁便利店的高峰期。
5	地铁青年路站D口以及DELIGOGO便利店画面。	青年路站DELIGOGO便利店在该站D口内。	场景自然转化，展示另一家青年路站DELIGOGO便利店的具体位置，让观看者仿佛和拍摄者一起行走。
6	DELIGOGO便利店内部商品和顾客的画面。	简单的食物和饮料是便利店销量最好的商品。	拍摄商品和选购商品的顾客，画面丰富、文字简洁，文字解释画面，提升真实感和沉浸感。
7	地铁青年路站DELIGOGO便利店晚高峰场景的画面。	晚高峰，青年路站DELIGOGO便利店内客流量明显增多。	以原生态镜头呈现出真实且有流动性的现实场景，展现出便利店随着时间变化客流量的变化。
8	夜间11点地铁青年路站DELIGOGO便利店的画面。	夜里11点，闭店时间已到，依然有晚归的乘客在便利店购物。 便利店最后一批货品被下夜班的乘客和地铁工作人员买走。	
9	夜间11点40分地铁青年路站DELIGOGO便利店内部商品的画面。	夜里11点40分，忙碌了一天的DELIGOGO便利店闭店。	以无顾客的便利店和空缺商品的货架为结尾画面，与前面形成对比。

图4-7　北京地铁便利店周围场景的画面

【思考与练习题】

1. 如何筛选现场核心信息和判断信息节点?

2. 体验型现场的问题设计要注意哪些方面?

3. 现场的非语言符号如何外化为信息传递给受众?

4. 在规定时间内请同学们一起进行一次现场观察，并让每位同学讲出印象最深的现场细节。

5. 请每位同学亲身体验一次社会职业，并就现场感受形成 1 500 字左右的文字。

【推荐阅读文献】

1. 史安斌. 作为传播媒介的虚拟现实技术：理论溯源与现实反思 [J]. 人民论坛·学术前沿，2016 (24).

2. 晏青，付森会. 沉浸与交互：叙事性传媒艺术的认知重启与实践 [J]. 现代传播（中国传媒大学学报），2016 (9).

第五章

现场随机采访

【本章学习要点】

1. 随机采访如何选择采访对象
2. 如何从现场表象推向深入
3. 记者提问与镜头如何配合
4. 如何调动感官采访
5. 如何还原一个真实自然的交流状态

随机采访是一个组织、收集舆论信息的过程，具有目的性、不确定性和挑战性。

人类活动的目标驱动决定了其实践活动中的经济省力原则，体现在记者交际文本中，为了保证和提高交际的有效性和效率，总会把记者的意图所构成的语境视域用他认为最佳的、简明的符号形式提示给目标受众；后者接收到符号刺激，激活最佳相关的语境要素，构建起语境视域，推导出交际意图，完成理解，并据此做出阐释。其中的关联为最佳关联而不是最大关联，所谓最佳关联，是指理解者（受众）根据话语中的明示信息能够推理得出恰当的说话人或作者的含意。现场随机采访作为一种理解和阐释过程，得到最佳关联的含义即可。

第一节 随机采访准备

在新闻事件现场，记者随机选择采访对象，这种采访在视觉上给人以真实、客观的感觉。随机采访使观众产生更强的参与感。记者的采访应该自然、平实，但随机采访不是随意采访，旨在收集舆论信息，是一种民意调查。由于现场采访声画同步，旨在发挥强化信息的作用，因此采访要思考如何深化信息，不要让提问流于表面。

一 如何做好街采

街采灵活、不确定性强，除了随机应变，更需要目标明确，才能获取高质量的观点。同时要扩大采访对象的范围，具体来说，要考虑选择的采访对象是否多元，能否代表不同的视角（参照性别、年龄、职业等人口统计学的指标）。

采访地点要跟主题有关联，场景比较自然，变化较多。比如在随机采访视频《新春海采：今年春节怎么过》中，关于怎么过春节的采访，选择了杭州旅游街上做麻糍的村民、哈尔滨商场采购干果的顾客、宁夏在家中的村民、江苏年货市场商户、成都老年人、北京购买年货的市民、成都东站旅客、山东青岛大棚种植户等多个场所或人物。采访的主题内容明确，被采访者的回答紧紧围绕着主题“今年春节怎么过”展开，从生活的变化到对幸福的认识，再到对未来的期待，层层递进，逐步深入。

案例 5－1 “新春海采：今年春节怎么过”之一

来源：中央广播电视总台《新闻联播》栏目
时间：2022 年 1 月 30 日

了解完整内容请扫码

序号	声音
1	**记者：**今年春节怎么过？ **浙江省杭州市建德市梅城镇龙泉村村民 李建军：**今年春节吃麻糍过，以此来庆祝我们的丰年。 **四川成都市民：**吃团年饭，收红包。 **记者：**红包现在是不是已经准备好了？ **四川成都市民：**准备好了，起码要月月红。 **重庆小商品批发市场商户 黄栋梁：**冬奥会肯定要看的，大年初一（要吃）的那一碗汤圆，就是我妈做的汤圆。 **黑龙江哈尔滨市民 范淑艳、陈范玲：**置办年货来了。 **记者：**今年（过年）咱家添没添置啥大件的东西？ **黑龙江哈尔滨市民 范淑艳、陈范玲：**杀了两头猪，朋友什么的一分，剩下点儿过年包饺子，绞馅儿什么的，（东北）主要是酸菜馅饺子。

序号	声音
2	**记者：**咱们今年春节怎么过呀？ **宁夏吴忠市盐池县冯记沟村村民 张春花：**怎么过？做馍馍、煮肉、炸饺子、炸小吃，全都买回来弄好。 **宁夏吴忠市盐池县冯记沟村村民 冯菊荣：**猪肉、羊肉、鸡肉、牛肉、鱼肉，啥都有。 **记者：**全是肉是吧。 **宁夏吴忠市盐池县冯记沟村村民 冯菊荣：**全是肉。 **记者：**您小时候怎么过年？ **宁夏吴忠市盐池县冯记沟村村民 张春花：**我小时过年那太可怜了，就把那个酸菜，锅里面倒这么一点点油，倒点葱，酸菜搁锅里一炝，再把面下到水里面一捞，连那个酸菜一调，那还不敢煮稠了，煮稠了不够了。我们现在一说我们那些，娃娃还有时候不相信，哪有那么可怜？可怜得很，按现在和过去比，我们现在就是天天过年似的。
3	**记者：**过年了，总要贴一些福字，您觉得福是什么？ **江苏溧阳年货市场商户 费国兰：**子女孝顺是福，自己孝敬老人是福。 **记者：**您对福字怎么理解，什么才是福？ **四川成都市民 彭涛：**国泰民安，这是最大的福。 **北京市民 于清顺：**国家兴旺了，老百姓就是福气啊。这个大家庭不好组织，习主席都在心里头装着，（心里）装的是什么，装的是百姓，让老百姓过上好日子，多不容易，而且国家一天比一天好，他还要设计宏伟的蓝图。一个小家一个家长（照顾）那么三四个人，有俩孩子就忙得不可开交，祖国这十四亿人的一个大家，一个大家长，真难，真的不容易，太伟大了。 **云南宣威市民 张正辉：**老百姓的日子（发生了）翻天覆地的变化，也过上了小康生活。今年春节就是买这个大火腿备年货了，在我们的年夜饭上加上一道硬菜。 **成都东站旅客 黄世安：**（年夜饭）在桌子上至少要摆二十几个菜才能行，以前肯定没有这种条件，现在还是可以了，确实这个时代太好了。 **山东省淄博市淄川区泉头村村民：**一年更比一年好。
4	**记者：**你好大姐，我是电视台的记者，我们在做一期春节的海采节目，想问问您今年春节怎么过，有没有什么特别的安排。 **山东省青岛市城阳区夏庄街道大棚种植户 王倩：**春节，春节还在地里过。 **记者：**过年也干活吗？ **山东省青岛市城阳区夏庄街道大棚种植户 王倩：**过年那天还更忙了。 **记者：**那您怎么感受春节的氛围，这种欢乐的氛围？ **山东省青岛市城阳区夏庄街道大棚种植户 王倩：**这不是游客来了之后，给我们付钱，这就是最大的氛围了。从我刚开始弄（大棚）到现在，让我感受特别大的就是科技助农，我们现在很多东西全是自动化。 **记者：**真好。 **山东省青岛市城阳区夏庄街道大棚种植户 王倩：**对对，这都是国家政策给的，给的补贴，所以我们现在可高兴了。 **记者：**这样，大姐，您用您的家乡话说几句祝福的话？ **山东省青岛市城阳区夏庄街道大棚种植户 王倩：**有了国家的好政策，我才过上了好日子，祝愿咱所有的农民朋友，今年能取得一个大丰收。

案例 5－2 “春节海采：今年春节怎么过”之二

来源：中央广播电视总台《新闻联播》栏目
时间：2022 年 2 月 3 日

了解完整内容请扫码

序号	声音
1	**记者：**叔叔，过年好。 **浙江省杭州市市民 费忠仁：**过年好。 **记者：**我们是电视台记者，想问您一下，今年春节怎么过？ **浙江省杭州市市民 费忠仁：**我们就在球场上辞旧迎新，除夕早上。 **记者：**和谁呀这是？ **浙江省杭州市市民 费忠仁：**我们的一帮球友，一起打球，叫压岁球。年初一，我们打球叫开岁球。这样继往开来，有个好年头。 **记者：**想问问您今年春节有没有什么特别的安排？ **重庆市璧山区居民 罗文菊：**初三我们玩花船、初四我们玩花轿，收入多呀，荷包满了呀。 **福建省厦门市集美区灌口镇顶许村村民 徐春英：**一家团团圆圆，围炉啊，大家一起过来，我们村有幸福院（老人活动中心），我们老人家就是去那边跳跳舞，唱唱歌，生活是真的觉得很幸福。
2	**记者：**我是电视台的记者，我们正在做一个节目。今年（过）春节有没有什么特别的方式？ **北京市民 冯正超：**我是喜欢户外，我就是准备没事就出去，周边走一走，就是非常喜欢长城。现在人生活水平提高了嘛，特别讲究身体健康，然后健康地生活。
3	**记者：**这个集市是不是第一次摆呀？ **江苏省张家港市福民村村民 唐英：**今天是的，我们现在的农村也变得越来越漂亮，我们也非常喜欢自己的家乡。总书记说过，绿水青山就是金山银山，而且我们现在也搞长江大保护嘛，这些在我们这边是真真切切地看得到的。我们乘着这个东风，就是把乡旅、农旅会做越来越好。 **河南省信阳市商城县东河村返乡创业茶农 周正祥：**其实你看俺们农村里面，环境也很漂亮，还有这个产业，俺们还有收入，老人也陪了，小孩子也照顾到了，幸福感感觉是油然而生的。 **记者：**那您新年有什么打算吗？ **河南省信阳市商城县东河村返乡创业茶农 周正祥：**我现在是高级农艺师了，计划要培训更多的园艺工和采茶工，把俺们这个茶种得更好，那到时候还可以做茶旅融合，这我感受又提升了俺们茶农的一项收入，多好呢。 **山东省青岛市即墨古城贵州特产店店主 张旭：**希望虎年能比牛年还要生意好，我们离家这么几千公里出来，拼搏，就是想多赚点钱。 **记者：**那这两年家乡变化大不大？

序号	声音
	山东省青岛市即墨古城贵州特产店店主 张旭：变化特别大，我们交通方便了，东西能卖出来了。习总书记他现在特别强调“三农”，现在又是乡村振兴，把我们家乡的特产这些往外发，消费扶贫。销量还是比较好的，我们都赚了很多钱，都实现了脱贫我们那边，我就身在其中。 **浙江省衢州市开化县音坑乡下淤村村民 陆永芝：**觉得贴了福字，整个气氛都不一样了，特别热闹。福就是聚在一起，把家乡建设得更好。
4	**记者：**打扰下你们，过年好。想问问你们春节这还有好几天呢，打算怎么过呀？ **四川省成都市市民 李彰泽：**春节打算这几天到附近的公园转一转，沾沾这喜庆嘛。你看全国都红红火火的，以前中国一穷二白，对不对？现在你看大家的生活过得挺好的。 **记者：**在您看来什么是福啊？ **四川省成都市市民 李彰泽：**什么是福，健康就是福，祖国强大就是福，人民生活好了就是福，包括国家的国防，飞行上天的航空（航天）事业都是一个好事，对不对？那就是我们最好的（福），在习近平总书记的领导下，我们生活过得真的很好。

【点评】采访对象的合作程度比较好，从采访对象处获取到了有效信息，采访对象的回答真实有个性。

案例 5－3 “五五购物节”今晚启幕 沪上商圈气氛拉满

来源：上海广播电视台

时间：2023 年 4 月 29 日

了解完整内容请扫码

顾客 1：我们外地过来的，没有见过，有点像综艺节目里的那种模式。

顾客 2：买了七千多！打折下来五千多。一共分了四次付款，羊毛薅足了，还是挺开心的。

新世界城品牌招商总监 李蔚：我看拉杆箱的数量非常多，估计今天能达到 50% 左右的外地客人。

顾客 3：中了 500，所以一大早就过来买了。

顾客 4：从无锡那边（过来的），大学生，顺便在商圈逛一逛，感受一下上海的经济活力，体验一下上海的美食，再买一点上海特色的东西。

【点评】视频中对被采访者语气、语态还原较好，既能与采访对象形成互动，又不妨碍抓取信息。

二 设计问题的类型

（一）按问题内容分类

基本信息问题询问基本事实。针对事实本身，搞清楚有关事件的基本事实，比如发生了什么、怎么发生的、什么时间发生的。

深度信息问题询问事件本质和发展，比如事件为什么会发生、目前情况怎么样、下一步措施是什么。

背景信息问题探索事件发生的大环境，比如过去有没有类似事件，事件之间有没有可比性，相关政策、措施以及后续效果如何。

意义信息问题探索事件对未来可能产生的影响，比如事件对谁产生影响，意味着什么，影响具体是什么。

个人信息问题针对采访对象或报道人物提问，比如个人简历、职业、教育、人生故事。

（二）按问题级别分类

初级问题用来引出话题或者同一话题新的方面。这样的问题即使脱离了当时的语境，也可以保持其独立性，具有意义。次级问题被设置在一个初级问题或者另一个次级问题之后，用来发现其他隐含信息。因此，这样的问题通常也被称作刺探性问题或后续问题。一个次级问题只有和前面的问题结合在一起才有意义。换句话说，一个次级问题只有在具体的语境当中才有意义。

次级问题允许就某个领域做更深入的调查，揭示被采访者回答中暗示的内容和试图逃避的问题。次级问题可以是开放式的也可以是封闭式的。在下列情况下，次级问题是一次访谈中必不可少的：

- 回答者顾左右而言他，或不知所云。
- 答案不完整。
- 答案只是蜻蜓点水，缺乏深度。
- 回答含糊不清。
- 答案具有建设性。
- 答案与问题不相关。
- 回答不准确。

（三）按问题性质分类

中性问题可以让回答者在没有暗示或压力的情况下自由地发挥。例如，在回答一个开放式中性问题时，被采访者可以决定回答的长短，是否给出细节，控制答案的本质核心。在回答像极端性问题这样的封闭式中性问题时，回答者可以在两个相对的选项中进行选择：是—否，支持—反对，同意—不同意。

诱导性问题通过明示或暗示让回答者想到并提供提问者所期待或者想要的答案。在这一环节中，提问者会引导回答者，直到他自然地给出提问者期望的答案。回答者会和提问者就该问题达成一致。一个诱导性问题可能是无意的也可能是有心的，含蓄的或者明了的，语言的或者非语言的。

案例 5-4 西安：老旧车限行 非干不可?

来源：陕西广播电视台《今日点击》栏目

时间：2018 年 7 月 27 日

了解完整内容请扫码

序号	画面	声音	分析
1	展示网页上的西安征求意见稿，插入车辆行驶画面。 采访市民画面。 环保局召开媒体见面会。 插入车辆行驶画面。	**【解说词】** 西安发布征求意见稿，10 年以上车辆将在三环内限行。 **【同期声】** **西安市市民 孙明华：**我认为这个公告有些不太公平。 **【解说词】** 市民反响强烈，环保部门要霸王硬上弓。 **【同期声】** **西安市环保局副局长 李博：**但是，这件事情我们是非干不可。 **【解说词】** 十年以上车辆就不能进三环吗？稍后请看《今日点击》。	此为本期节目预告，让人们在很短的时间内就了解到即将播出的相关节目信息，引领观众走进节目、锁住频道。
2	演播室节目现场，融媒体“中央厨房”虚拟图示（见图 5-1）。	**【演播室导语】** **主持人 谢斌：**观众朋友们大家好，欢迎收看《今日点击》。“这件事情我们是非干不可”，这句话对于西安市民来说，绝对是这几天的热词。10 年以上老旧车辆限行的话题，就如闷热的天气突然来一场炸雷一样几乎扯动着每个市民的神经。媒体、车主、网络大 V、律师，包括制定政策的西安市环保局不断发声，上演了一场舆论大战。今天我们再来梳理事情的起因和发展变化，看看这件事到底是不是非干不可？	画面与解说词相配合，情景交融。 新闻语言通俗生动，避免枯燥呆板。 老旧汽车限行，涉及千家万户的切身利益，引发西安市民对该政策合法性的广泛质疑。为此，该专题广泛展示民意，通过采访法律专家，揭示了此项政策存在的种种问题。

序号	画面	声音	分析
3	展示网页上的西安市公安局、西安市环境保护局发布的征求意见稿（见图 5-2）。 插入车辆行驶画面，画面中采用动画文字展示公告主要内容。	**【解说词】** 7 月 23 日西安市公安局、西安市环境保护局发布征求意见稿，内容显示，拟对高排放老旧汽车实施禁限行管控。其中高排放老旧汽车包括 2008 年 8 月 1 日前注册登记的汽油（天然气）汽车和 2013 年 7 月 1 日前注册登记的柴油汽车。征求意见稿刚一发布就一石激起千层浪，因为按照公告所说，将自公告发布之日起全天禁止 2013 年 7 月 1 日前注册登记的柴油汽车进入西安市三环路（含）以内通行；自 2019 年 8 月 1 日起，全天禁止高排放老旧汽车进入西安市三环路（含）以内及远郊区县主城区内通行。自 2020 年 8 月 1 日起，全天禁止高排放老旧汽车在西安市行政区域内通行。对此，许多车主表示无法接受。	介绍事件的起因，西安市公安局、西安市环境保护局发布征求意见稿，从而引起不少民众不满。
4	采访市民。	**【同期声】** **西安市市民 孙明华：**我认为这个公告有些不太公平。 **西安市市民 李旭：**车都是公家生产的合法手续买的嘛，都是正规厂买的，为啥就不能用呢？	记者深入采访了市民，了解民意。
5	展示市民的车。	**【解说词】** 采访中市民们认为，汽车在一个家庭财产中占重要比重，保养得好好的汽车突然被限行，大家肯定不能接受。市民李鹏的车是 2008 年 6 月份购买的，按照通告规定，他的车刚好在被限行的范围内。	揭示市民不满的原因。
6	采访市民。	**【同期声】** **西安市市民 李鹏：**现在跑了八万多公里，目前车况非常良好，正是最好开的时候。	了解市民情况。
7	二手车市场。	**【解说词】** 这个通告，在给李鹏这样的家庭带来影响的同时，对于二手车市场也有不小的冲击。	征求意见稿对二手车市场的影响。
8	采访二手车经营商。	**【同期声】** **二手车经营商 张喜来：**交易大幅度下降嘛，肯定说这个（20）07 年、（20）08 年的车占到这个车总数的百分之七十，你现在要限行的话就没人要了。	通告的发布会对二手车交易额造成影响。

序号	画面	声音	分析
9	展示征求意见稿内容，插入车辆行驶画面，展示网络上市民对此事的反响。	**【解说词】** 而由于征求意见稿没有详细列出被禁车的理由和排放标准，导致大多数人以此类推，认为所有的车开了十年就要报废，反对的声音几乎霸屏了每个人的微信朋友圈。许多市民质疑它的合法性。	市民反响强烈。
10	采访市民。	**【同期声】** **西安市民：**现在是依法治国嘛，制定这个制度的法律依据是什么？ **西安市民：**肯定侵犯到了公民的合法的财产权利。	
11	西安市环保局召开媒体见面会。	**【解说词】** 在一片反对的浪潮声中，7 月 24 日下午 3 点，西安市环保局召集省内各大媒体，就通告进行媒体见面会，同时就征求意见稿做情况说明。	西安市环保局作出回应。
12	媒体见面会现场。	**【同期声】** **记者：**咱有没有科学计算过，这样能减少多少排放量？能不能用数据给大家说明一下？ **西安市环保局副局长 李博：**我们尾气中心给解释一下。 **西安市机动车排气污染监督监测中心副主任 李戈莹：**其他的数据我今天没有带过来。 **记者：**今天咱们做这个事情就是以这个数据为依据的，没有数据支撑，没办法把我们自己说服，那我们怎么去说服广大市民呢？这是第二个问题。第三个问题，在什么条件下这个东西，就是这个征求意见稿，咱们这个措施会暂缓或者暂停实施？ **西安市环保局副局长 李博：**政策出台是肯定要出的。 **记者：**征求或者不征求，这个政策都是要出的？ **西安市环保局副局长 李博：**我们必须要征求啊，我们必须要征求，这是法定的，必须要征求。 **记者：**也就是走一个征求的程序？ **西安市环保局副局长 李博：**我们必须要征求。但是，这件事情我们是非干不可。	西安市环保局召开媒体见面会，记者就这一禁令现场提出群众的质疑。

序号	画面	声音	分析
13	车辆行驶画面。	**【解说词】** 据统计，西安市2008年8月1日前注册登记的汽油（天然气）汽车约有16.2万辆，2013年7月1日前注册登记的柴油汽车约有11.5万辆。如果按“年限”一刀切，就相当于这27万多辆的汽车被强制报废。尽管治污减霾十分必要，尽管这些车辆只是占了很小的比例。但根据国家规定，对于报废汽车，60万公里以上才可以报废，并没有规定以年限作为限行标准。所以许多市民质疑它的合法性。	进行详细的调查了解，确保节目资料准备充足。
14	采访西北政法大学教授。	**【同期声】** **西北政法大学教授 凤建军：**这个法不溯及既往，那么它是法律适用的一般原则，或者说是基本原则。这实际上意味着什么呢？就是说法律它只对其生效以后的社会现象进行调整，而对其生效之前的社会现象不进行调整。那么就本案来看，实际上（20）08年之前的这样一些购车人、车主，他们是无法预判到在现在就是将近10年以后，我们出台这样一个规范性法律文件，对于他们的车辆通行权利以及包括私有财产的使用权，进行了这样一个限制，他们是根本无法进行准确预判的，所以说从这个角度来看的话，咱们西安市将要出台的征求意见稿，实际上还是与“法不溯及既往”这个基本原则存在一定的相悖之处。	采访法律专家，揭示该征求意见稿中存在的问题，做到新闻内容摆事实、讲道理。
15	媒体见面会现场。	**【解说词】** 对此，西安市环保局是这样回答的。	节目内容层层递进。
16	媒体见面会现场。	**【同期声】** **记者：**法学专家提到了，法律有一个基本的准则叫“法不溯及既往”，你们现在制定的这个条例要去限制十年前购买的车，公不公平？ **西安市环保局副局长 李博：**这个我觉得，嗯……	

序号	画面	声音	分析
17	展示网页上征求意见稿的内容，画面转回媒体见面会现场，再转到展示中国青年网的投票分析截图。 展示网页上西安市公安局、西安市环境保护局发布的《关于对高排放老旧汽车禁限行征求意见的说明》以及西安市副市长通过“西安发布”回应市民的截图。	**【解说词】** 7月23日公布征求意见稿，7月24日环保局正式回应。7月25日，中国青年网做了一份针对《关于禁限行高排放老旧汽车的通告（征求意见稿）》的投票分析，就陕西广播电视台等5家陕西媒体征集的网友投票来看，赞成率只有6.72%，反对率占到了93.28%。 7月26日西安市公安局、西安市环境保护局发布了一个《关于对高排放老旧汽车禁限行征求意见的说明》，表示将对市民和媒体提出的意见进行认真研究梳理，将不断改进工作取得共识，最后欢迎大家继续建言献策。 7月27日下午，西安市政府主管领导通过“西安发布”向大家道歉，诚恳接受大家批评。他说由于我们出台意见之前考虑不周全，操之过急，特别是以车辆注册年限代替国家阶段性排放标准，加之我们工作人员在回答问题时，过于急躁，过于情绪化，解释沟通不到位，造成了公众担忧。	节目层层递进，叙述事实与分析道理交替进行，依法依规地表达了媒体的鲜明立场。节目播出后引起各方面关注，最终，在社会舆论的压力下，西安老旧车禁限行的政策以草率发布开始，以副市长道歉而终。
18	演播室节目现场，融媒体“中央厨房”虚拟图示。	**【演播室结语】** **主持人 谢斌：**四天时间，老旧车禁行的话题演进犹如一部情节紧凑高潮不断的剧情电影，只是故事还没有一个结尾。虽然也有人根据西安市7月26日说明中的言辞，分析禁行的事可能要反转，但这年头，反转的新闻太多了，谁又能说定呢？从征求意见稿的出台到媒体见面会上的说明，我们很难看出政策的制定者对民意应有的尊重和对法律程序应有的敬畏。一项政策的出台，应该在合情合理合法的平衡点上寻求最大公约数，而不是让任性的权力随心所欲去编排剧情。这次禁行最终结果如何，相信有车的家庭还会一直关注下去。	该电视专题有理有据，起到了积极的舆论引导作用。在短短几天时间里，节目既抢抓了新闻的时效性，又从不同层面理性分析了此征求意见稿的不合理性，体现了主流媒体的权威性和深度性。节目实实在在维护了公众利益。

图 5－1　演播室充分运用融媒体“中央厨房”虚拟图示

图 5－2　相关资料展示

在电视采访中，现场人物的回答具有不可预知性，正因为不可预知，所以才显得真实。记者不能用自己的想象、观众也不能用自己的想象去预见现场人物的回答，这是现场采访的趣味所在。生活中形形色色的人有着各不相同的心态和想法。面对电视记者的问题，他们的回答呈现出各种不同之处和不可预料，并以声情并茂的形式展现在镜头里，这也是电视新闻的优势。

第二节　现场提问与镜头拍摄的配合

好的现场采访需要记者的提问与镜头的拍摄密切配合。记者既要注意采访提问与镜头拍摄的内容相配合，同时也要不断深化镜头表达的内容。观众与现场记者的区别在于两者掌握的“信源”不同，如果信源相同就没有必要设立前方记者了。因此，记者的现场采访应该超越视觉和表象，向更深层次发展。这样，出镜采访的作用才能得到充分体现。

记者要善于调动自己的一切去挖掘，让观众既能通过摄像机镜头看到现场，同时也能透过镜头里的现场把握更深层次的东西。这就要求记者不能见画面说画面，而要善于挖掘镜头之外的东西，充分调动各种感官为观众带来视觉之外的深层思考。

请思考案例 5-5 中的记者现场提问与镜头拍摄配合的问题。

案例 5-5 Vlog｜记者夜访万安社区安置点

来源：甬视频

时间：2021 年 9 月 12 日

序号	画面	声音	分析
1	记者在现场与工地工人师傅进行对话的画面（见图 5-3）。	**【同期声】** **记者**：师傅你们刚过来啊？ **师傅 1**：刚过来。 **师傅 2**：你不是说不过来的吗？ **师傅 1**：谁讲不来啊。 **师傅 2**：哈哈哈哈。 （背景音：安置点工人们聊天声） **师傅 3**：这次比上次人少多了，上次人多。 **记者**：他好像说还有两个公司没过来。 **师傅 4**：烦死了，台风台风。	记者直接进入新闻现场，以录制 Vlog 的形式进行报道。从第一视角出发，通过对现场环境的呈现和与当事人之间轻松亲近的对话，能使观众更直观地感受到现场氛围，更好地融入现场。
2	记者自我录制的画面。	**【同期声】** **记者**：大家好，我是阿明。我现在在宁波实验小学的篮球场里面。你看现在这里成了一个超级无敌大的大通铺，很多人都在这边打起了地铺。因为随着台风“灿都”的逼近，很多工地都停工了，学校也已经停课了，然后周边一些工地里的工人都搬到了这边。这边作为一个临时安置点，在一个多月之前呢，我也来过这边，这边当时也是作为一个台风的临时安置点，当时大概安置了有 200 人，他们在这边住了 5 天。然后随着这个台风临近，还有很多工人陆陆续续地搬过来。	记者通过自述交代了事件背景，配合自身关于上次台风的经历和见闻，进一步介绍这次台风对当地的影响，以及将此地作为安置点的原因。
3	记者与安置点工人进行对话的画面。	**【同期声】** **记者**：你们刚过来是吧？ **师傅 4**：刚过来呀。 **记者**：带了些什么东西过来？ **师傅 5**：就被褥什么的。 **记者**：打算接下去几天就住在这里了？ **师傅 5**：我们的领导说让在这里待上个两天吧或者一天，最起码明天要在这里。	记者和工人师傅亲切地交谈，一边用设备记录，一边采访，这种方式使记者深入新闻现场，给观众以强烈的亲切感和真实感。

序号	画面	声音	分析
		记者：你这个比较好呀，超级无敌大的，哈哈哈。家里是有孩子吗？ **师傅3**：没有，自己买来没事的时候用。 **记者**：一般都是家里有孩子会备一个给孩子玩的。 **师傅3**：太硬了地上。 **记者**：上次有待在这里吗？ **师傅3**：没有，上次待在那边那个实验学校。	
4	拍摄安置点环境的画面（见图5-4）。	**【解说词】** 在这边来碰到好几个都是算老朋友了，上次也是看到他们在这边安置的。	记者拍摄安置点内环境作为转场。
5	记者和工人师傅交谈的画面。	**【同期声】** **记者**：上次来你也是差不多这个位置。 **师傅6**：对啊，刚才我在刷这个。 **记者**：你在干吗？你自己拍抖音是吧？ **师傅6**：对啊，你看看啊，我也在做。 **记者**：师傅你比较聪明，还买点瓜子嗑嗑。 **师傅7**：这里很舒服。这次比上次人少多了，上次人很多。	记录和工人师傅交谈的画面以及工人师傅在安置点内活动的画面，给人以身临其境之感。记者以自己为第一视角进行体验式的跟进采访，以现场的真实情况（如安置点工人打地铺的情景、工人娱乐的情景等）切实反映在台风来临前安置点的情况。
6	记者拍摄安置点环境的画面。	**【解说词】** 看了下，大家都是比较简单的，一般都是一个席子加一个被子，然后随便往地上一搭，就睡在这边了。按目前的情况来说，他们说可能要在这边待上个两到三天吧，看台风的具体情况。	解说安置点工人的装备和接下来的打算，交代之后的进展。
7	记者手持设备拍摄自己的画面。	**【同期声】** **记者**：提前做好准备还是非常有必要的，所以这几天呢，大家也就在这边安安心心地待着，待个两三天，等台风过去之后，咱们再该干活干活，该挣钱挣钱。	记者通过Vlog的形式记录下台风即将登陆宁波之前万安社区安置点的情况，通过对安置点内环境的拍摄记录以及与安置点内工人的交谈画面记录，配合记者自己的解说，将台风来临前安置点的情况清晰地展现在观众面前，使人如临其境，更加真切地感受到了现场的情况。

图 5-3　工人进入安置点

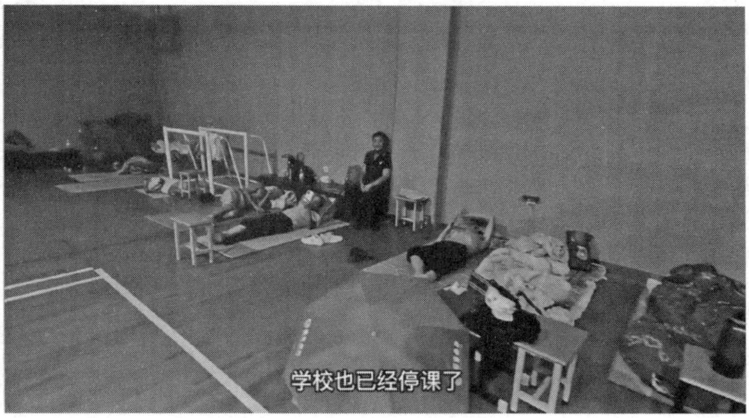

图 5-4　安置点现场情况

【点评】 这个案例中，记者热场时通过拉家常的方式接近被访者，跟进报道时就身边环境提问陈述自己的采访目的可以迅速为采访对象所接纳。从记者现场表达看，作为出镜记者的表达主体在报道过程中融入很多“关系讯息”，如“上次来你也是差不多这个位置”；寻找能引发情绪点的问题，如“在这边来碰到好几个都是算老朋友了，上次也是看到他们在这边安置的”。

总的来说，采访问题要具体，如“带了些什么东西过来?”；问题要简短，如“师傅你们刚过来啊?”；问题是新闻的重点，都是关于“社区安置点”的提问。

第三节 随机采访原则

出镜记者要有镜头意识，运用全感多角度展开采访，还能借现场场景提问。这种即兴提问需要记者“即兴”语言组织能力的有效发挥，才能取得良好的传播效果。

一 记者要有镜头意识

案例 5-6 北京：志愿者参与斑马线引导 切实感受路口文明变化 礼让行人渐成风景

来源：北京广播电视台《北京新闻》栏目

时间：2021 年 8 月 31 日

了解完整内容请扫码

序号	画面	声音	分析
1	主持人在演播厅进行报道的画面。	**【同期声】** **主持人：**为了增强市民的安全出行意识，让更多的驾驶员形成礼让斑马线的良好习惯，有一群志愿者他们风雨无阻，值守在路口，用志愿服务一点一滴地改变着现状。如今机动车礼让行人的画面频频上演，文明出行的理念在慢慢传递。	以主持人在演播厅的报道导引开篇，引出志愿者参加斑马线引导的目的和志愿服务现状，为接下来的报道做铺垫。
2	德胜门箭楼西侧斑马线附近机动车礼让行人的画面。	**【解说词】** 下午一点，德胜门箭楼西侧的斑马线附近，行人三五成群，准备通过。几米外的机动车主动停车，示意行人通行，这样一个机动车礼让行人的普通场景在爱心斑马线团队队长李友华眼中，却是巨大的变化。	镜头切换到北京德胜门箭楼的交通路况画面，突出强调在行人过斑马线时，机动车主动停下等行人先走，使观众直观切实地感受到了路口的交通文明变化，并且引出这类文明现象出现的原因。
3	北京绿色啄木鸟志愿服务中心礼让斑马线活动负责人李友华接受采访画面（见图 5-5）。	**【同期声】** **北京绿色啄木鸟志愿服务中心礼让斑马线活动负责人 李友华：**它没有红绿灯，（过去）车和人就是乱象，汽车也往斑马线上开，斑马线上行人也往前挤。	借北京绿色啄木鸟志愿服务中心礼让斑马线活动负责人之口，讲述过去没有志愿者参与斑马线引导时，路口的交通乱象。以过去的杂乱无章和现在的文明礼让形成鲜明对比，更加突出志愿活动的意义。

序号	画面	声音	分析
4	德胜门箭楼西侧斑马线周边路况和环境画面，志愿者接受培训画面。	**【解说词】** 德胜门箭楼西侧的这条斑马线，连接着箭楼北广场和积水潭地铁附近的变道，乘坐877和919公交车的游客都要经过这儿。路口车流量、人流量大，有斑马线却没有红绿灯。2017年，首都文明办开展礼让斑马线专项活动，号召全社会各机关、企事业单位和社会组织认领斑马线进行志愿值守，北京绿色啄木鸟志愿服务中心积极响应号召，先后认领了德胜门周边的十条斑马线。四年来，每个周末和法定节假日，30余名志愿者风雨无阻地出现在这条不足30米长的斑马线上，护送行人过马路，参加服务的志愿者们主要是附近居民，年纪大的六七十岁，年龄最小才十几岁。	对德胜门箭楼西侧道路的周边路况和地理环境进行拍摄和讲解，突出该路口人流量和车流量大的情况。镜头转到志愿者们参与培训和围成人墙协助行人过斑马线的画面，体现志愿者的认真和有序。
5	北京第二实验小学学生志愿者周孟涛接受采访画面（见图5-6）。	**【同期声】** **北京第二实验小学学生志愿者 周孟涛：**妈妈告诉我有一个志愿服务平台，问我愿不愿意为人民服务，然后我说我愿意。	对小学生志愿者进行采访，体现志愿者为人民服务的高尚品德。
6	志愿者排成人墙让行人安全通过斑马线的画面。	**【解说词】** 为了让社会车辆给行人让行，李友华和志愿者们在路口手拉手排成人墙，拦住车辆，让行人们安全通过。还开展过快板书维护交通活动，大家手持竹板站在变道上劝导行人，经过不懈努力，改变也在悄然发生，许多和谐画面渐渐开始在斑马线上演，如今这里的交通秩序已经有了明显改善。	多次出现志愿者们手拉手排成人墙让行人们安全通过的画面，以志愿活动为切入口，展现出小小的志愿活动促成了交通文明的大大进步。
7	北京师大二附中学生志愿者段鸣旸接受采访画面（见图5-7）。	**【同期声】** **北京师大二附中学生志愿者 段鸣旸：**经过我们这几年的一些行动，汽车会在很远的地方就能停下来礼让行人。	对师大二附中的志愿者进行采访，讲述志愿者们多年的志愿服务活动取得了非常明显的成效。
8	北京绿色啄木鸟志愿服务中心创始人王涛接受采访画面。	**【同期声】** **北京绿色啄木鸟志愿服务中心创始人 王涛：**四年里共组织了志愿者2万人次，参与了咱们的礼让斑马线活动，服务工时在20万小时左右。	北京绿色啄木鸟志愿服务中心创始人用具体数字指出在四年的礼让斑马线活动中参与的志愿者之多和服务工时之长。而服务中心创始人这一身份更加体现了权威性和可信性。

序号	画面	声音	分析
9	部分司机接受采访画面。	**【同期声】** **出租车司机**：个别的思想意识没那么高的，通过引导者、志愿者还确实是都有提高。 **司机 1**：基本上都是礼让行人先（通行）。 **司机 2**：现在基本上司机都主动稍微让一下。	从机动车司机的视角入手，讲述通过志愿者们的斑马线引导活动，已经从以前的交通文明意识淡薄转向主动礼让行人。
10	志愿者拉起人墙保护行人过马路和引导车辆同行画面。	**【解说词】** 记者从文明办了解到，在“文明驾车，礼让行人”专项整治行动中，掀起全区 118 条交通乱象突出的重点路口展开整治，配齐、配强交警、协管员、文明引导员和志愿者四支引导力量共同维护斑马线上的交通秩序。	通过文明办的反馈，多方的合力已帮助北京多个交通问题突出的路口改善了状况，文明出行的理念通过志愿者们风雨无阻的值守也在慢慢地向更多人传递。

图 5-5　北京绿色啄木鸟志愿服务中心礼让斑马线活动负责人李友华接受采访画面

图 5-6　北京第二实验小学学生志愿者周孟涛接受采访画面

图 5-7　北京师大二附中学生志愿者段鸣旸接受采访画面

案例 5-7 主播值守斑马线：斑马线前的文明需要共同维护

来源：北京广播电视台《北京新闻》栏目

时间：2021 年 9 月 9 日

了解完整内容请扫码

序号	画面	声音	分析
1	主持人在演播厅介绍的画面。	**【同期声】** **主持人：**当前“文明驾车，礼让行人”的专项整治行动正在全市深入开展。作为交通参与者，我们《北京新闻》栏目的主播们也参与其中，值守斑马线，倡导市民相互礼让，文明出行。	开篇主持人介绍本则新闻的主题——主播值守斑马线。
2	北京广播电视台记者孙扬在北京市一路口进行报道的画面。	**【同期声】** **记者 孙扬：**现在是早上的七点，我来到海淀黄庄路口，可以看到随着早高峰的来临，这里的人和车都是越来越多了。因为这个周边呢，有剧场、学校、医院，多种人流叠加，这个路口也可以说是海淀区最繁忙的路口之一。那今天呢，我作为一名文明引导员，也会值守这几条斑马线，来看看“文明驾车，礼让行人”活动开展以来，行人和司机有没有做到文明礼让。	记者在海淀黄庄路口这个海淀区最繁忙的路口之一进行报道，以记者对这一路口繁忙情况的讲解，配合人来车往的画面，体现出这一路口的人流量、车流量之大。
3	记者孙扬在现场和引导员们一同进行引导的画面。	**【解说词】** 在早高峰的近一小时当中，绝大部分车辆都能礼让行人，偶尔遇到行动较慢的行人时，机动车驾驶员也能耐心等待，随后安全通过。	记者在现场进行交通引导的画面正呼应了主播值守斑马线这一主题，解说也体现了“文明驾车，礼让行人”活动开展带来了成效。
4	学生接受采访画面（见图 5-8）。	**【同期声】** **学生：**他（机动车驾驶员）看到你要过，就不会主动过去了，他还会等你一下，原来都是你得等他。	对这个路口经过的学生进行采访，从学生的回答中可以看出他对这条路的状况较为熟悉。他指出过去都是行人等机动车先过，而现在是机动车主动礼让行人。通过学生这一路人视角展现了斑马线前司机交通素质的提升。

序号	画面	声音	分析
5	首都文明引导员宋宏讲话画面（见图5-9）。	**【同期声】** **首都文明引导员 宋宏：**司机朋友就是说，你眼睛别看见的光是路，你要看见人，是吧，文明嘛，你首先要把你自己的这个驾驶行动搞好，然后看到人，看到危险。	采访对象不局限于路过的学生，还多元化了，对文明引导员的讲话进行了报道，从引导员的视角指出了斑马线文明不仅仅需要引导员的努力，更需要司机朋友的主动配合。
6	北京广播电视台记者孙扬在现场对海淀交通支队中关村大队民警王任进行报道的画面。	**【同期声】** **记者 孙扬：**我们刚才看到的这辆车被拦下来了，到底他在通过这个路口的时候违反了什么样的规则呢？我们一起来问问。 **海淀交通支队中关村大队民警 王任：**我们经过示意之后，他仍不停车让行的，强行通过，或者加速通过人行横道斑马线的，我们将以这个严格的态度对他进行执法。如果只是不规范，想停又没停，又有点儿犹豫这种情况，我们还是以批评教育为主。	以记者发现路边一车辆被交警拦下之事推进，对海淀交通支队中关村大队民警王任进行采访，说出在文明礼让活动中的惩罚主要还是以批评教育为主，没有法律层面上的处罚，主要还是市民们的自觉遵守。
7	海淀黄庄路口路况画面。	**【解说词】** 自“文明驾车，礼让行人”的专项整治行动启动以来，海淀区黄庄路口因不礼让行人而被处罚的司机大大减少。	用路况画面和解说进行过渡，起到承上启下作用。
8	海淀交通支队中关村大队大队长付云辉接受采访画面。	**【同期声】** **海淀交通支队中关村大队大队长 付云辉：**针对这个路口，现在日常呢，也是实现“五位一体”的日常维护，尤其是在早晚高峰。平时早晚高峰由交警、交通协管员、文明引导员、志愿者，另外还有企业的志愿者，到路口共同维护交通秩序。	此次采访到的人物是海淀交通支队中关村大队大队长，大队长对现场的交通文明工作进行了简略的讲解，提供了有效的信息。
9	北京广播电视台记者孙扬在现场进行报道的画面。	**【同期声】** **记者 孙扬：**经过一上午的观察，我发现其实大多数的司机能够做到礼让行人了，但是我想早高峰可能大家心情比较着急啊，都希望能够快速通过这个路口，但是千万别忘了，安全是第一要务，在尊重安全的基础之上，咱们才能去谈效率。俗话说，宁停三分，不抢一秒。那作为每一位交通参与者，都要有维护斑马线秩	记者以其在繁忙路口观察了一上午交通状况的经历，来诉说自己的感想，指出为了真正做到交通文明，不仅需要司机配合和引导员维护秩序，也需要行人的文明出行。这也再次指明了主题——斑马线前的文明需要共同维护。

序号	画面	声音	分析
		序的责任。礼让斑马线不仅是倡导文明风尚的行动，也是严格落实交通规则的行动，更是一个建立共同规则意识的行动。当然，我想斑马线这张文明考卷的答题者，不光是有司机，也有我们的行人，我们每一个人都有可能转换身份，双方要相互尊重，共同维护。我们希望让每一位交通参与者都能更快也更平安地到达。	

图 5-8　学生接受采访画面

图 5-9　首都文明引导员接受采访画面

二　运用全感多角度采访

全感多角度采访是指记者在采访时，运用视觉、听觉、触觉、嗅觉、味觉等感官，从各种角度获得对事物的全面感性印象，从而拉近观众与新闻事件的距离。

案例 5-8　北京朝阳常营地区："蔬菜直通车"进社区

来源：朝阳区通讯站
时间：2021 年 9 月 25 日

了解完整内容请扫码

序号	画面	声音	分析
1	蔬菜直通车来到北京市朝阳区常营燕保·汇鸿家园，居民挑选和购买菜品的画面。	**【解说词】** 一大早，蔬菜直通车就来到社区指定地点开始售卖。白菜、土豆、黄瓜、西红柿、西瓜、香蕉、苹果等八十余种蔬菜水果，不仅品种丰富，而且十分新鲜。居民们不出小区就可以来此购买。	开篇即展示居民在蔬菜直通车前购买菜品的画面，解说内容直截了当，点明了蔬菜直通车进社区的便利。
2	采访北京市朝阳区常营燕保·汇鸿家园居民的画面（见图 5-10）。	**【同期声】** **北京市朝阳区常营燕保·汇鸿家园居民：**下楼就可以买到，东西也挺多的，跟超市价钱差不多。	通过采访蔬菜直通车进社区事件的受益对象——社区居民之一，以居民这一微观切口将蔬菜直通车进社区的好处具体化，点明其便民的特点，并且这一受访居民也提供了有效信息，如蔬菜直通车地点离家近（非常便利）、价格和超市差不多（价格亲民）。
3	常营燕保·汇鸿家园周边环境画面。	**【解说词】** 常营燕保·汇鸿家园地处常营西南角，由于周边缺少配套市场，之前居民买菜需要到两三公里外，很不方便。社区了解这一情况后，协调有关部门，于今年 6 月将蔬菜直通车引进到社区，成功解决了社区居民买菜难题。	从地理位置角度讲述常营燕保·汇鸿家园引进蔬菜直通车的原因，配合周边环境画面，清晰地展现事件背景。

序号	画面	声音	分析
4	采访常营燕保·汇鸿家园社区党支部副书记聂彩香的画面（见图5-11）。	**【同期声】** **常营燕保·汇鸿家园社区党支部副书记 聂彩香：**目前蔬菜直通车一周来两次，基本上满足了居民的买菜需求，菜品也比较新鲜，价格比较亲民，受到了居民的一致好评。	对社区党支部副书记进行采访，借副书记之口讲述了蔬菜直通车进社区的频率，并且再次强调蔬菜直通车给居民生活带来了很大的改善。社区副书记这一身份具有权威性，以一个较为官方的角度来讲述蔬菜直通车进社区事件是为了便民利民的，并且这一采访对象的配合度高，善于讲出事件重点，也为观众呈现了不一样的视角。
5	常营燕保·汇鸿家园社区居民买菜画面。	**【解说词】** 常营燕保·汇鸿家园社区结合地区居民需求，通过合理协商，深入开发便民服务项目，满足居民诉求，社区为民办实事的举动切实提升了居民的幸福感、获得感。	再次将镜头转向社区居民在蔬菜直通车前买菜的画面，以引进蔬菜直通车这一事件体现出社区为民办实事的良好精神风貌。

图 5-10　社区居民接受采访画面

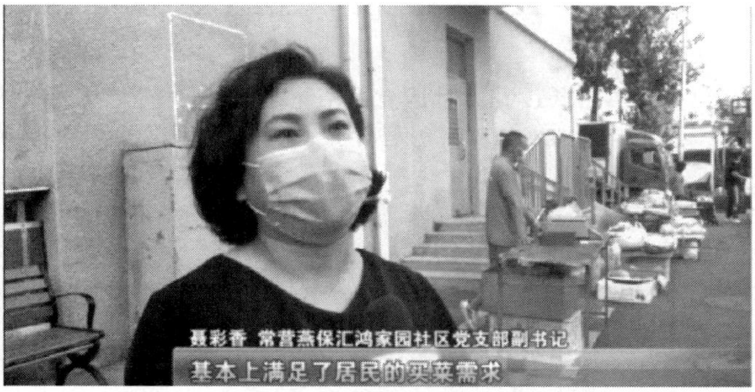

图 5-11　社区党支部副书记接受采访画面

案例 5－9　智能时代，谁来帮老年人跨越“数字鸿沟”？

来源：新华社

时间：2021 年 8 月 28 日

了解完整内容请扫码

序号	画面	声音	分析
1	长春地铁志愿者引导老人买票的画面。	**【同期声】** **志愿者：** 人民广场，是吧？ **老人：** 嗯，两张（票）。 **志愿者：** 别着急哈，两张 4 元钱。 **郭伯伯（67 岁）：** 说是便捷了，在我们眼里反倒麻烦了。啥啥也整不明白。时代太快了，我们到岁数的人也跟不上啊。	对老人买地铁票需要志愿者协助的画面进行拍摄，以此切入，并结合 67 岁老人郭伯伯的感慨，引出主题——老年人在智能时代面临着很大的数字鸿沟。
2	国网长春供电公司南关供电中心营业厅一位老年用户接受采访的画面（见图 5－12）。	**【同期声】** **孙成美（75 岁）：**（电费）交一回多交点，够用一年半载的，最少也得交三五个月的。（交现金）没有手机（交费）方便啊。我们也有手机，有手机就是不会使。	将画面转向供电中心营业厅，由另一位老人讲述自己使用智能机时的困难，为了避免麻烦不得不多交一段时间的钱，以免下次缴费出现困境。
3	长春市长山花园社区老人使用智能手机的画面。	**【同期声】** **崔乐芳（72 岁）：** 我女儿一天比较忙，儿子在深圳（工作），所以说他们都没时间教我这些问题。	再次更换采访对象，也是同样面临数字鸿沟困境的老人，由于儿女的忙碌，无人帮助自己使用智能设备。
4	长春市长山花园社区党委书记韩丽萍接受采访的画面。	**【同期声】** **长春市长山花园社区党委书记　韩丽萍：** 因为我们社区也是属于一个老龄化的社区，我们的老年人口已经达到了 21%以上。现在已经是现代化时代了，而我们的老年人也不希望为现代化所抛弃。我们最开始会教他们一些简单的小程序，每天在微信群，在里面不用发过于复杂的，就每天“早安”问个好。	采访对象转为长春市长山花园社区党委书记韩丽萍，以帮助老年人跨越数字鸿沟的角度来讲述，通过该采访者对自己社区帮助老年人做的一些事情的叙述，我们了解到社区也是在为帮助老年人适应智能化时代做实事的。

序号	画面	声音	分析
5	长春市长山花园社区老人崔乐芳接受采访的画面。	**【同期声】** **崔乐芳（72 岁）：**你叔呢？怎么（教）也不会，“哎呀我可不会”。所以我说我得学，我必须得学，不会用智能手机根本就不行，现在（这个时代）。	将镜头转回到这位老人身上，借她之口指出在智能化时代，老年人不得不去学习如何使用智能手机。
6	长春市长山花园社区第六网格网格长王璐帮助老人学习使用智能手机的画面。	**【同期声】** **长春市长山花园社区第六网格网格长王璐：**你在这块找，你看没看见，崔姨。这就是咱们叫“长山小区六栋大家庭”这块。你把这个群（保存），崔姨。你上次就（删）了，把它给你保存，保存到通讯录了。这个不是一种方式，是找吗，第二种方式是通讯录里找，看，直接在这了，这样你要是像上次似的，把群删了之后，你还能找到。会没会这个？ **崔乐芳：**这个会了。 **长春市长山花园社区第六网格网格长王璐：**上午刚教完，一个小时之后又会来找你：“璐璐我又忘了，你能不能再教我一遍？”我们就是反反复复地教，基本上每个老人至少教过三遍以上，他们才有个大概的印象，知道是怎么去操作。	拍摄了社区网格长帮助老人使用微信的画面，网格长讲解一遍之后，老人说自己会了，但网格长说，许多老人都是教了三遍后才有个大概印象，过一段时间后又忘了。这样的场景再次体现出老年人在使用智能手机方面存在着一定的问题，需要人们的协助，来跨越数字鸿沟。
7	长春市长山花园社区党委书记韩丽萍接受采访的画面。	**【同期声】** **长春市长山花园社区党委书记　韩丽萍：**就是一点一点地让他们进步，并不要求他们一下子就像我们年轻人一样，什么都会办理。	长春市长山花园社区党委书记韩丽萍从年轻人的视角出发，认为对老年人需要多一些耐心，不能急于要求他们学会。
8	于秀云（74 岁）老人接受采访的画面以及其在日常生活中使用智能手机的画面。	**【同期声】** **于秀云（74 岁）：**愿意学，现在这智能手机全方位啥都行，啥都能办，是不是？上商场、上医院，这不都得扫码吗，像坐车现在不都扫码吗？	对这一老人的采访，以老年人的视角指出，在日常生活中的许多方面，都需要使用到智能手机进行扫码，老年人是愿意学习如何使用智能手机的。
9	长春地铁乘客们扫码进站的画面和对郭伯伯进行采访的画面。	**【同期声】** **郭伯伯（67 岁）：**会整就方便，到我们这反倒麻烦了。希望啥，就是专门给老年人、到岁数的人再设置一个形式就好了。	画面再次回到地铁处的郭伯伯，郭伯伯也从老年人的视角出发，呼吁社会能够针对老年人面临的数字鸿沟问题给予一定的帮助。

序号	画面	声音	分析
10	新华社记者司晓帅进行报道的画面。	**【同期声】** **新华社记者 司晓帅：**视觉障碍、理解障碍、使用障碍，老年人使用智能设备所遇到的问题很现实。如何让他们愿意学、学得会、用得上，一场适老化改造正在多维度推进。	以新华社记者的讲述进行一个过渡，前面对老年人的数字鸿沟困境进行了多角度的呈现和报道，后面则要展开说说适老化改造是如何多维度推进的。
11	对某适老化改造项目组成员凌晓奕进行采访的画面、老年人模式下一些软件界面的展示画面。	**【同期声】** **某适老化改造项目组成员 凌晓奕：**一方面我们根据老年人常用的一些场景，去进行了精简和适配，使老年人在操作的时候界面会更加清晰，能够解决他们看不清的问题。除此之外，我们也去除了一些弹窗和非必要的营销广告的推送，防止老年人误点。	以适老化改造项目组成员的视角，展现了为了帮助老年人跨越数字鸿沟，项目组和社会所做的一些努力。采访对象更加多元化，更多方位地展示出帮助老年人跨越数字鸿沟正在进行中。
12	国网长春供电公司南关供电中心营业厅班长张伟宁接受采访的画面、工作人员帮助老年人调大手机字体以便利其观看的画面。	**【同期声】** **国网长春供电公司南关供电中心营业厅班长 张伟宁：**在（老人）使用手机的过程中，可能看得不太清楚。这样我们会跟客服经理对接说，帮老人把字体调大，另外一方面是和老人子女也建立一种联系，会给老人带来一种比较便捷，另外也是很贴心的这种（服务）。	将画面转回供电中心营业厅，在这个画面中，有营业厅的班长张伟宁帮助老人调大手机字体，教他们使用智能手机，与之前出现过的老人抱怨使用智能手机缴费困难相呼应。
13	吉林省延吉市民政局社会事务和社会福利科科长金明日接受采访的画面（见图5-13）、老年人之间互帮互助学习使用智能手机的画面。	**【同期声】** **吉林省延吉市民政局社会事务和社会福利科科长 金明日：**就是60岁以上的或者70岁以下的这样的老年人呢，对智能设备使用得也非常好，这个（年龄）层次的老年人会帮助一些年龄比较大的老年人，（使）用这个智能手机。	对吉林省延吉市民政局社会事务和社会福利科科长金明日进行采访，在科长讲话时背景画面不断出现低龄老人带动高龄老人学习使用智能手机的画面，这正好与科长的话相呼应。（把讨论引向深入）
14	吉林省延吉市北山街道丹英社区党委书记王淑清接受采访的画面、老年人使用智能手机上网满足需求的画面。	**【同期声】** **吉林省延吉市北山街道丹英社区党委书记 王淑清：**儿女不在身边感到孤独的时候，上一下网，看一下新闻，包括看一下抖音，增加了他们生活中的乐趣。	吉林省延吉市北山街道丹英社区党委书记王淑清的话说明了老年人使用智能手机上网可以在一定程度上满足自身的情感要求、生活需求等。

序号	画面	声音	分析
15	长春市长山花园社区党委书记韩丽萍接受采访的画面。	**【同期声】** **长春市长山花园社区党委书记　韩丽萍**：现在有网上预约挂号，而这个程序是非常烦琐的，而且靠“抢”专家号，如果说在医疗这方面，对我们老年人能偏爱一点的话，会更好。	长春市长山花园社区党委书记韩丽萍讲到在医疗挂号方面，老年人需要得到多一点的优待，便利老人网上预约挂号，享受医疗服务。
16	于秀云（74岁）接受采访的画面。	**【同期声】** **于秀云（74岁）**：咱跟年轻人不一样，人家喜欢新式的（智能手机），咱们老年人就喜欢老式（使用便捷）的。	画面再次转换到老年人，讲述老年人还是更加喜欢老式手机，因为对他们来说老式手机使用更加方便。
17	吉林省延吉市民政局社会事务和社会福利科科长金明日接受采访画面、老年人使用智能手机的画面。	**【同期声】** **吉林省延吉市民政局社会事务和社会福利科科长　金明日**：加大政府购买服务的力度，购买专业性质的社会团队（服务），来把老年人的养老都与智能设备相结合起来，这样我相信我们的老年人对智能手机的各种功能会有进一步的了解和掌握。	吉林省延吉市民政局社会事务和社会福利科科长金明日对帮助老年人跨越数字鸿沟进行了未来展望，指出接下来可以努力的方向。

图 5-12　孙成美老人接受采访

图 5-13　吉林省延吉市民政局社会事务和社会福利科科长金明日接受采访

【点评】整篇报道采用了多角度进行采访报道，有在不同生活场景中受数字鸿沟困扰的老年人，还有帮助老年人学习使用智能手机的社区网格长、社区党委书记、供电中心营业厅班长、吉林省延吉市民政局社会事务和社会福利科科长等这些帮助老年人跨越数字鸿沟的人，在微观和宏观层面上，都体现出这个社会想要在智能时代帮助老年人跨越数字鸿沟的决心，适老化的改造正在多个维度推进。

节目最终通过各种现场采访实现了内容的不断深化，展现了国家顶层设计，企业产业协同，更重要的是老年人群体间的自助互助，以及与子女之间的关爱和包容。这些元素集中在一起，才会有化学反应。无论是PC时代，还是移动互联网、物联网、智能时代，每一代人都会老去，都终将面对针对自己的数字鸿沟。只有将这种直面和解决数字鸿沟的精神和体系传承下去，数字鸿沟才会变得不让人畏惧。

三 借现场场景提问

在借现场场景提问时，注意不要为现场而现场，出现多个出镜信息重复；也不要表演痕迹过重，避免采访像朗诵一样。

案例 5-10 傅园慧："我已经用了洪荒之力！"

来源：中央广播电视台《新闻直播间》栏目

时间：2016年8月8日

了解完整内容请扫码

【解说词】当得知自己的成绩是58秒95的时候，傅园慧深吸了一口气，给出了一连串难以置信的表情，还说了一句和她的表情一样让人印象深刻的话，她说："我已经用了洪荒之力！"我们一起去看一下。

中国游泳运动员 傅园慧：几秒？

记者：58秒95。

中国游泳运动员 傅园慧：58秒95啊！

记者：自己都没想到？

中国游泳运动员 傅园慧：我以为是59秒。我游那么快，我很满意。

记者：觉得今天这个状态有所保留吗？

中国游泳运动员 傅园慧：没有保留，我已经用了洪荒之力！

记者：你知道这一年你的这个……平复一下，我们知道你这一年的身体状态并不是很好，其实非常难走到这一步，现在觉得恢复到以前的水平了吗？

中国游泳运动员 傅园慧：已经是历史上的最好成绩了，我就用了这三个月去做这样一个恢复，鬼知道我经历了什么。真的太辛苦了，我真的有时候感觉我已经要死了。我当时训练真的是生不如死，但是，对今天的比赛我已经心满意足了。

记者：是不是同时也对明天的决赛充满希望了？

中国游泳运动员 傅园慧：没有，我已经很满意了。

记者：很满意啦，明天加油。

中国游泳运动员 傅园慧：好。

记者：谢谢。

【解说词】这一连串的夸张可爱的表情也让傅园慧迅速地圈到了大量的粉丝，网友们直夸这个“95 后”的小姑娘是一名不按套路出牌的耿直妹子，还把她的表情做成了各种表情包，并且祝福她在接下来的比赛当中再创佳绩。

【点评】这条报道很出彩：首先，和被采访者的表现力有关；其次，做这条报道的记者刘京京，至少从 2012 年开始就做游泳专项的报道，所以和游泳队队员们非常熟悉，彼此都比较了解，这也有利于运动员在相对放松的情况下进行表达；最后，尽管是在奥运赛场上，但是在泳池边进行采访，也是在被采访者相对比较熟悉的环境下。

按照奥运会惯例，除非运动员明确拒绝，比赛结束后的短采访是每场都会有的，通常也就是问一些诸如感觉怎么样、之后的目标之类的问题。

在这一段采访中，语言表达明显口语化、生活化，使用大众语言更具贴近性；代入感更强，交流式讲述也更具“人情味”，话语方式实现平等化、生动化。电视采访同文字或广播最大的区别是镜前采访，将记者采访由采集手段拓展为表现手法、结构方式和节目形态。新闻传播主体从深层考虑，在报道中融入关系讯息不仅能够发掘新闻背后的情感内涵，赋予信息更多的溢出价值，而且在潜移默化中能够强化交流双方的关系状态，增强采访者与接收者的良好互动。

延伸阅读

50 多年前，有人在路上逢人就问“你幸福吗”（节选）

今年是法国人类学家、纪录片导演让·鲁什诞辰百年纪念。“真实电影创始人”“纪录片大师”，让·鲁什的这些头衔或许令你感到陌生，但他的一部作品一定会引发你不少回忆，在那部记录巴黎的片子中，所有路人都要回答一个问题：“你幸福吗？”

没错，“你幸福吗”采访的首创者就是让·鲁什。身为人类学家，让·鲁什一直致力于用镜头还原人类生活，不过他的拍摄一反人类学的观察传统。在拍摄时他会与拍摄对象互动，甚至让自己出现在纪录片中，为了发掘“显像下的真实”。

今天要为大家介绍的是让·鲁什“真实电影”代表作《夏日纪事》。一群普通人的生活，因为镜头的介入而发生了怎样的改变？到底什么才是让·鲁什为之振奋的“真实”？让我们一同回到1960年的巴黎街头。

“你幸福吗？”“我姓曾。”

2012年中秋国庆双节，“幸福是什么”系列采访因这段神回复走红网络。面对镜头，一位焦姓外来务工者先是回避：“我是外地打工的，不要问我。”在记者“你幸福吗”的追问下，他整了整衣服不假思索地回答“我姓曾”。

采访火爆后讨论纷纭而至，有人感慨飞速发展中的社会百态，有人批评记者采访的突兀生硬。不过，无论是谁来主持采访，架着摄像机突然闯进普通人的生活，尤其还带着国家级媒体的头衔，恐怕没有多少普通受访者能表现得从容而真实。

类似的情形最早发生于1960年法国巴黎的夏日街头。那一年，社会学家埃德加·莫兰与纪录片导演让·鲁什合作拍摄纪录片，他们让采访者到街头拦访路人：“你好，我想问你一个问题，你幸福吗？你喜欢现在的生活吗？”

一年后，一部革新了纪录片创作传统的作品问世，并影响了后来法国新浪潮电影运动——《夏日纪事》。

1960年的巴黎夏日：“你幸福吗？”

1960年，为了探索记录的真实，两名社会科学家走到了一起。

让·鲁什，纪录片导演，继克劳德·列维-斯特劳斯后第五个获得法国国家人类学博士学位的人类学家；埃德加·莫兰，法国当代思想家，法国左翼知识分子领袖之一。

让·鲁什之前关注的焦点在非洲，此前他已拍摄多部有关非洲土著的纪录片。这一次，他和莫兰把镜头对准了自己所生活的城市——巴黎。

巴黎街头，让·鲁什和莫兰对一名在夜总会工作的犹太女子玛斯琳进行采访。起初玛斯琳担心自己害羞，无法在镜头前表现。让·鲁什和莫兰在一旁鼓励她：“你不是一个人，你还有我们在一起，只是提一个问题而已。”

正如央视后来如法炮制的一样，拦访路人，问一个问题：“你幸福吗？”

彼时的法国离惨痛的二战已经过去了十四年，戴高乐再度就任总统，国家一边迅速发展，一边深陷于阿尔及利亚独立战争之中。战争引发民众的反战情绪，但普通人的生活似乎没有受到太多影响。同一片城市天空下，每个人都怀揣着自己的心事步履匆匆。

资料来源：万斋. 50多年前，有人在路上逢人就问“你幸福吗”[EB/OL]. (2017-11-17)[2024-07-22]. https://mp.weixin.qq.com/s?__biz=MjM5NTUxOTc4Mw==&mid=2650464140&idx=2&sn=b0e21b82e0d052e7d3bcc14face32dac&chksm=bef933c4898ebad2520f13c95eaef5add551958f0b0a04a586a527e7476d8177a82536bbc971&scene=27.

延伸阅读

文本意义与日常交际

文本意义的构成较复杂，细分有七种，概括为两类：第一类意义是字面意义或语义意义，包括概念意义、内涵意义、搭配意义和主题意义，这是文本的基本信息或意义。第二类意义包括社会意义、情感意义和反射意义，这些意义的内容不是语言符号系统内的规则所规定的，而是反映着作者的情感和意愿，强调个人人生经验和体悟，表达着作者的交际意图。

日常交际中，人们处在信息交换、视域扩大的过程中，交际过程充满了瞬时性和多变性，交际双方边猜测推理，边矫正理解，即使发现推理出错，也并不耗费多少成本。大部分话语交际的作用在人的生活实践中相当于收集和核实信息、优化计划和设计、为真正的行动做准备，顺畅高效的交际过程本身就具有十分重要的意义。

资料来源：陈开举．文化语境、释义障碍与阐释效度［J］．中国社会科学，2023（2）．

【思考与练习题】

1．现场交流式采访提问的语言要求是什么？

2．如何从现场信息与场景切入提问？

3．现场随机采访如何准备？

4．做一个镜前随机采访，就一个事件设计三个问题，分别问不同的对象，从中总结出规律。假设你在现场做一个机动车礼让斑马线的新闻，以展现市民交通文明素养在提升，该如何进行？

【推荐阅读文献】

1．李希光，孙静帷，王晶．新闻采访写作教程［M］．北京：清华大学出版社，2011．

2．曾祥敏．电视采访：融合报道中的人、故事与视角［M］．3版．北京：中国传媒大学出版社，2018．

3．胡壮麟，刘润清，李延福．语言学教程［M］．北京：北京大学出版社，1988．

4．斯图尔特，凯什，龙耘．访谈的艺术：第10版［M］．上海：复旦大学出版社，2007．

5．SPERBER D，WILSON D. Relevance：communication and cognition［M］．Oxford：Blackwell，1986．

第六章

同期声：动态结构呈现

【本章学习要点】

1. 重视同期声是尊重事实
2. 同期声是展现过程式报道，而不是提供结论
3. 同期声可以结构主题、现象与事件

电子采集系统的信息双通道模式，让同期声与画面一起成为电视采访信息的载体和重要表现元素。同期声与时代发展相关，是媒介功能演变的具体体现。

现场对同期声的运用反映了新闻报道的客观性原则。同时，把对现场判断与解读的权利还给观众。同期声可以成系统递进，结构节目，并与解说词相得益彰。同期声有助于电视新闻在内容与形式上保持相对独立的面貌，也能把创作者的思想情感隐含其中，从而有效传达信息和表达创作意图。同期声是传达现场信息的载体之一，是一种形象性的元素，本身承载了现场的一部分事实信息。

第一节 作为结构性存在的同期声

现场采访可以利用人际交流方式、创造空间感、呈现多场景、展示动态过程等多种方法手段扩展信息。而现场采访报道对同期声的运用，既是现场采访报道的特色也是优势。例如，人物同期声能带出很多言语之外的丰富信息，如语调、语速配合人物表情、手势能够充分发挥电视用形象语言叙事的优势，从而给观众一个具体真实的现场氛围。

同期声即使无法依循严格的纪实要求如实记录，但至少应该达到表象真实——来自情节逻辑的自洽和仿真的细节复制。展现“真实”不仅意味着一种正面的文化价值，

同时涉及审美经验的完整召唤。

同期声作为结构性的存在，实质上就是使它成为贯穿现场采访报道始终的叙事性的提示和情绪渲染的载体，从而使主观创作情绪的抒发与事件本身形成互动，为情绪的提升提供源头活水。这就避免了单纯使用主观音乐或主观音响的主观性、随意性与强制性。由于参与情绪提升与渲染的声音来自现场，因而它们自然也是与现场事件紧密联系并带有很多现场信息和氛围的，从而成为一种既能提升情绪又相对客观的“生活之音”。现场声音的发现与提炼是对生活本身的一种升华。当我们把对同期声的理解上升到这种高度时，它就不是一个简单的技术问题，也不是一个简单忠实记录同期声的问题，而成为一个发现与感悟现场，进而选择提升的工作，这体现了创作者对声音处理的主观能动性。

下面我们以《美国工厂》为例来分析。这部美国前总统奥巴马担任制片人的首部纪录片讲述的是这样一个故事：来自中国的公司福耀玻璃即中国福耀在美国的废弃工厂上投资、生产，让上千名失业工人重获工作。中美汽车产业工人大碰撞，同期声中的采访体现了对现实生活的一种有组织的再现与表现。

案例 6－1 人文纪录片《美国工厂》

来源：美国 Netflix 公司

时间：2019 年 8 月 21 日

序号	画面	声音	分析
1	以一个演讲作为开场白。	我们今天站在这里和要关闭的那家工厂一起，它有着丰厚的历史，我感到悲伤，我确定其他人也是。但我要这样说，我对在这家工厂上班的人感到非常骄傲。他们无与伦比，尽责尽力。	利用演讲自然地引出“美国工厂”产生的背景——通用汽车工厂倒闭。
2	旁白字幕。	美国俄亥俄州代顿市的通用汽车工厂关闭后，一万多个当地工作岗位被裁减。2010 年，中国公司开始增加对美国制造业的投资，重新启动美国倒闭的工厂，朝着前途无量的职业迈出第一步。	利用旁白，更加通俗，进一步明确交代背景。
3	中国福耀的人在演讲。	**演讲人：**看一眼汽车，会看到周围都是玻璃。我们就是做这些玻璃的。我们拥有七成的市场份额，相当庞大。我们在世界各地开设工厂，中国到处有厂，现在开到美国来了。我们在做的是融合文化，中国文化和美国文化，所以我们是一个真正的国际组织。我们现在确实有三班	拍摄中国福耀招聘宣讲会，以及美国工厂成立后人们认真工作、满怀期待的画面，更具现场感，让观众感受到员工们当时的热情和信心。

序号	画面	声音	分析
		倒，早班、中班和夜班，挺传统的。有 30 分钟不带薪的午餐时间，有 15 分钟带薪的休息时间。机会多多，各位女士们、先生们。 **下面的人提问：**这家工厂有工会吗？ **演讲人：**我们没有，我们不希望工会化。不过我们很清楚，我们需要善待员工。好吗？我们会保证这一点。	
4	中国福耀在美国的工厂成立，领导对新员工讲话。 员工认真工作的画面。 员工接受采访。每个员工对曹德旺主席热烈鼓掌，并且代顿把当地一条街道命名为福耀街道。	**领导讲话：**你们今天坐着的位子，曾经是通用汽车的工厂，这家工厂倒闭了，留下了两千个失业家庭，现在有一千多名员工在这里工作，还要招聘更多的人。两年前，这家工厂是一个非常暗黑的、非常鲜明的标志，提醒着人们铭记美国历史上自大萧条以来遭遇最大的经济衰退。从那件事中可以明白，通用汽车对个人的影响，以及对所有相关家庭的影响。 **受采访的员工：**这里一开始就发展得非常迅速，我进厂的时候，厂里什么都没有。从那以后，你可以看到，最近半年来进厂的员工和设备数量大大增加，这进展很令人兴奋，大家积极投入、辛勤工作，我们渴望继续工作。	
5	中国福耀创始人和 CEO 曹德旺对员工讲话。	尊敬的各位员工上午好，我们又见面了。我每一次来都看到工厂不断地变化，你可以看到很多的位置都是要装设备的，都要在这一年里完成。如果我们能够按照我们的计划成功，美国会展现出对外引进投资的一种政策的成功，谢谢大家。	用曹德旺刚开始的满腹希望和员工对未来的憧憬来为之后中美之间文化观念的各方面冲突进行铺垫。
6	员工与曹德旺对话。	感谢您给了我们重新工作的机会，下次我们在楼下 BBQ 邀请你来吃。	
7	对员工博比的采访。	**员工 博比：**整整一年半，我没有任何收入来源。在福耀上班后，我很感激、很幸福，我……跪下感谢上帝，我终于有事做了。这是现在最理想的选择。第一次回到那里，我有点热泪盈眶，因为，我可以看到标注的位置贴在上面，它会告诉你在厂里的什么位置。人们还是会迷路，但我不会。（望天）	利用对美国员工的采访，自然地过渡到美国工厂里逐渐出现问题。

序号	画面	声音	分析
8	对员工肖妮的采访。	**玻璃检查员 肖妮：**我在通用公司的时薪是29美金，外加一些收入。在福耀是12.84美金。以前，我的孩子们要是想买一双新运动鞋，我就直接买了，现在没法这样了。我们失去了房子，失去了车子。	
9	对员工吉尔的采访。	**叉车操作员 吉尔：**通用关闭时，我屋子的抵押赎回权被取消了，从那以后，我就挣扎着努力回归中产阶级。我一直住我姐妹的地下室。我足够幸运，好歹有间卧室，这里只有床头柜和电视是我的。床不是我的，是他们的。你懂的，所以……	“镜头-观众-主持人”沿着跟拍进了女员工的家中，于是便开始多角度地用一系列的运动镜头交代真实生活环境、攀谈之后整个段落一气呵成，没有任何摆拍、导演搬演的痕迹，加上自然光效和实景中的客观环境高度真实，一个原本简单的新闻式镜头寻访段落却变成了一个生活流构成的精彩叙事段落。所以，“镜头-主持人”不顾镜头就显得既令观众惊奇也合情合理。一个客观的记录镜头便具有强烈的艺术震撼力，观众自然会被打动，仿佛自己也置身于这样的真实环境之中。
10	中美员工之间发生分歧。	发生问题时，我们都试图查明原因，他们会心烦，大家都会不安，然后各自走开，五分钟后再在这里碰面。	
11	对中国员工的采访。	**窑炉工程师 王：**到俄亥俄州的最初印象是比较平原化。我国内的家人，目前有两个比较可爱的小孩，还有一个漂亮的老婆。我从18岁成年后进入的第一家企业就是福耀，我在这个岗位坚持了20多年，就是因为喜欢这个工作，喜欢这个岗位。有时候毕竟还有个语言交流方面，还有文化（方面的障碍），就是说一时半会很难把每个人的想法都很好地融合在一起。我经常没有时间吃饭，每个礼拜都要带一包（夹心面包），这个就当饭，一次吃两块。我们这个红红的，这个就是断掉了，需要我们人工拿出来。所以说我手上的伤，都是被烫伤的。	相对美国员工，中国员工倾向于满足现状，比较勤奋认真。两种文化之间开始出现差异，并且也有美国员工受到中国员工的感染。

序号	画面	声音	分析
12	对窑炉主管罗伯进行的采访。	**罗伯：**王和我，我们在一起相处了很长时间，他什么都会教我，母亲节我们整个周末都在加班。我们的翻译人员也在，来来回回地翻译。他们那个时候告诉我说，他们要在这里待两年，远离家人，没有额外补贴。我开始真正地思考，越来越感谢他们为我们所做的一切。我在他们家吃过饭，他们也来我家吃饭，我们之间有了感情纽带，我们试着了解彼此的文化。我有个好主意，感恩节邀请我最好的朋友，应该是四五个人，最后来了……我想 13 个。我买了一只 11 公斤的火鸡，买了我能买到的最大的蜜汁火腿，还有所有传统的佐料。我知道他们在中国拿不到枪，我有把 12 毫米口径的猎枪，还有手枪，几个胆子比较大的人还想跟我骑着哈雷摩托去兜兜风，他们一直把这件事挂在嘴边，我很开心。	
13	参议院的谢罗德·布朗演讲的画面。	**布朗：**我们听说两位总统候选人将俄亥俄州称为“铁锈带”，看看今天的这番景象，我们拒绝那个词。有了曹董事长，我们知道如何利用这个州的资源，这就是很出色的范例。最后一点，我知道这里很多工人打算组成工会，以便在这家伟大的公司努力表达自己的声音，俄亥俄有着丰富的工会和管理层携手合作的历史，我支持在这个社区、这家工厂、这群人中的那些人，无论他们是否加入工会。我希望福耀看法也是如此，非常感谢。	在中国福耀的美国代顿项目竣工庆典中，不同立场的人上台演讲，自然引出了中国福耀美国工厂要不要成立工会的问题。
14	插入吉米的评论画面。	**中国福耀美国工厂副董 吉米：**他把自己当什么人了，不称职，太不称职了。	
15	记者采访曹德旺的画面。	**记者：**议员在讲话中提到工会的问题，不知道福耀在这方面有什么好计策，或者有什么措施预防这方面的风险？ **曹德旺：**从战略上，首先你已经知道了我们集团的意见，我们跟你一样的，就不愿意看到它在这里发展。因为工会在这里，会影响我们的劳动效率，直接影响我们的企业效益，那这个会造成损失。我是很明确的态度，工会进来，我关门不做了。那么他现在这样做的话我生产线开不起来的，那个慢亏比工会破坏更厉害。约翰，我和你说，你如果想在这里当总经理，一定要听我的劝告。	

序号	画面	声音	分析
16	员工工作的画面。	**员工**：工作条件……不太好，不断重复着相同的事情，会让你精疲力尽。身心疲惫，你会非常……有时候你会想：我干吗要做这个？你会思考自己有没有毅力、是不是想来做这种工作。	
17	曹德旺对中国员工讲话的画面。	**曹德旺**：尊敬的各位员工，上午好。这个经济指标没有达标。这是一个非常艰巨的任务，我们都是中国人，我们自从出生那一天开始到死，无论被埋在什么地方，都是中国人。祖国是我们的母亲，这是永恒的。今天，中国人到美国来办企业，我们最最关键的第一件事情不是赚多少钱的问题，而是让美国人改变对中国人的看法、对中国的看法。因此每一个中国人都应该树立这种观念，报国为民，关键靠我们在座的人。	
18	曹德旺思考的画面。	**曹德旺**：美国工人效率低，产出低，不能管的。一管，他说我要找工会去了。怎么能让美国人理解，并接受我们中国人在那边投资？这是比较大的问题。	
19	美国管理层来中国福耀工厂学习参观。中国福耀工厂员工向美国领导展现自己训练有素的面貌。	**中管理**：听说你们那边做得很不顺利。 **美管理**：对，是的，所以我们来这边培训。 **中管理**：再讲句实在话，你一个月放 8 天的假，周末都有假，一天 8 个小时，这已经很爽了。我们中国人一个月（休息）大概一到两天，他们都有点不干。 **美管理**：所以我跟你说，美国员工就是太懒了。 **中管理**：是你们本性就是这样，不是说懒。人都可以改变的。 **美管理**：我们有一些很努力的，想进步的，想上去的那些人，非常好。然后大部分是我来了只是为了拿工资，不是为了做玻璃。 **中管理**：一个班上几个小时？ **美管理**：他们是一个班 8 个小时。 **中管理**：8 个小时，算 100 美金吧。在我们中国有句古话说，你拿多少钱做多少事，要对得起这份钱嘛，你应该明白吧？ **美管理**：明白啦。 **中管理**：我，反正是听说你们那边工人嘻嘻哈哈开玩笑说话聊天。 **美管理**：我们最好的工具就是那个胶带，把胶带贴在嘴巴上，他们会表现更好。 **中管理**：你们能贴吗？ **美管理**：不能，我是说（开玩笑）如果可以这样贴，我们的产量会上来。因为他们现在都啰唆。 **中管理**：最重要的一点是你要让他们形成一种团结力。	

序号	画面	声音	分析
20	采访中国福耀工厂员工，美国管理层被中国福耀工厂的激情和拼搏精神惊呆。	**员工1**：工作还可以吧，有成家，孩子也在老家。有时候不放假，不让回去，也很少回去，基本上等到过年的时候才能回去。我们上12个小时（的班）。累啊，累也没办法啊。 **员工2**：领导叫我们做我们就做，我现在有两个小孩，一个才半岁，一个才四岁，孩子比较小一点。看玻璃的情况，如果做玻璃比较忙的话那就可能休不了（假）。反正一年回去一次两次。 **员工3**：（我的孩子）大的有11周岁了，小的8周岁。就是加班，陪他们的时间特别少。	镜头转向中国的福耀工厂，通过对中国员工的采访和展现中国福耀工厂的气氛，可以感受到和美国工厂完全不同的氛围。中国福耀的工会主席是曹德旺总裁的妹夫，可以说是和企业融为一体。但是美国的工会不是这样子的，这让中美工会文化冲突更加剧烈。
21	中国福耀工会主席接受采访的画面。	**中国福耀工会主席 何世猛**：我们在福耀也是很有激情的，就是说整个都挺有激情的，我们在这做也很开心。所有的（工人）都是工会成员。没有政府的大力支持，这个企业肯定走不好。工会跟企业是密切联系在一起的，跟齿轮一样转动。让他们一起为福耀的成功奋斗。因为我们是在这艘船上，船好大家才会好，船开翻了，大家连饭碗都没了，这也是很简单的道理。	
22	中国福耀美国工厂管理者柯特想在美国工厂学习中国那一套对员工的管理方法，但无人回应。	**柯特**：从中国回来后，我开始执行一些事情，我落实的第一件事情就是我们的班前例会，我们习惯坐在桌子上讲话。看着中国的班前例会，他们排成队，我觉得在这里像他们那样做很好。各位早上好，克雷格你站第二个，动起来，查克你站第三个，大家都来了吧。做个实验，生产线今天都正常吧，大家都戴好眼镜，穿好靴子了吗，好了吗？有什么问题吗？好吧，祝大家今天愉快。	
23	美国员工接受采访的画面。	**吉尔**：前几天，我跟中国同事说，我绝对不会用立式叉车去叉两摞玻璃，叉车不够坚固。我说："你要做随你，我不干。我不会，不会让别人冒生命危险。" **博比**：我工作了一辈子，从没受过工伤，从来没有。我在通用汽车干了15年也没有受过工伤，然后开始在福耀工作。怎么样了呢，我受工伤了。	
24	记者报道以及拍摄工会在美国工厂前示威的画面。	**记者**：现在我站在凯特琳大道，莫兰工厂外面。这里有11起针对福耀安全问题的投诉。有些工人声称工作条件不安全，待遇不公。 **工人**：我说"人"，你们说"权"，人权。我说"工"，你们说"会"，工会。大家一起来！	

序号	画面	声音	分析
25	反工会咨询顾问埃里克对员工讲话的画面。	**埃里克：**你们在电视上会看到很多关于福耀的消息——“安全考量”，还有其他相关报道。我们认为其中有很多不是真的，如果你把工会牵扯进来，这样做就违法了，你就不能在这继续做下去了（指着图）。如果我是员工的话，我得把自己的想法反映给工会代表。如果这张图上的东西成为现实，我们就不能和美国同事同等直接沟通了，可怕吧？	利用各方面的声音点出冲突，使得矛盾更加立体，让观众更能融入问题本身思考，而不是单单谁对谁错的立场。
26	曹德旺总裁讲话的画面。	**曹德旺：**管理层素质的提升，有利于平息工会的骚乱。我们中国人聘请美国人担任管理人员，我们对他们的期待就是，相信他们，你相信他们，给他们很高的待遇才会提这个服务，其他没有什么了。为什么他不做呢？我觉得是对中国人的敌视。一到十月份的亏损，是接近四千万美金，把我们过去的经验，用最快的速度扭转过来。我相信通过这次整改，我很快会看到这里盈利。第一个我们请了刘道川先生。	
27	刘道川对中国员工演讲的画面。	**刘道川：**对美国人要有一些技巧，就是说我们怎么能够用他们的优势来帮福耀做事情。在美国有这样一种文化，从小以鼓励为主，所以每个美国人长大都过于自信，超自信。美国这个社会，捧死人不偿命，动手打架的话可能会有问题。中国很多话都是对的，人都是顺毛驴。驴呢，你顺着它没事，逆着它就一定会尥蹶子。我说话听得懂吧，听得懂啊，好的。这个需要咱们的智慧，需要怎么去引导他们，帮助他们。	
28	美国福耀员工的画面。	**美员工 1：**他们称我们为“老外”，人们希望……他们希望觉得自己是在美国工作，而不是走进大门就离开了美国，到了中国。他们毫不停歇，一直工作，全天工作，周日也在那里。有时他们都不想让我们午餐休息一下。因为他们需要产出某个数量的玻璃。 **美员工 2：**中国人真的完全不帮我们，他们只是走过来告诉美国人要做什么。“这么做”，你问“为什么”，他们也不告诉你原因，就转身走了。 **美员工 3：**我知道这是家成长中的公司，是家新公司，但随之而来的工作量……你是想把员工留住的，尤其是好员工。简单点的话，涨薪就行，涨一美金也行，表示你欣赏他们，也感谢他们的辛勤劳动。乐观、希望，这是我们进厂时候的想法。前程似锦，现在是 180 度大转弯，在我看来，他们不尊重人。	

序号	画面	声音	分析
29	美国工厂员工在工厂里举着支持工会的牌子。	（美员工举着支持工会的牌子） **领导：**我已经跟保安说过了，如果你再这样，他就会过来把你“请”出去。 **举着工会牌子的员工：**他们不把这些人当人看，有时候你得成为莎莉·菲尔德这一号倡议工会的人物。	
30	中国员工开会的画面。	你们有时候，领导没办法的时候可以过来找我，特别是对美国人怎么管理的问题，可不可以强制让他们加班？……	
31	对中国员工的采访。	**窑炉工程师 王：**我觉得最重要的是相互体谅，在这里压力是很大的，比国内压力大好多倍，那边有个人好几天都睡不着。很佩服美国人，还能上两班倒，这边上了还能去其他地方，我还以为他们的生活压力很小，以为他们不用为了生活牺牲很多东西。	
32	美国福耀员工集体聚会演讲的画面。	**美员工 1：**大家下午好，你们听到的关于福耀的事情都是真的，让你们大致有个了解吧。我女儿是做美甲的，去年她比我多赚一万三千美金。想想看，她赚了四万美金，而我赚了两万七千美金，这可不对劲。 **美员工 2：**我的一位同事被炒了，因为住院一周，没有请病假。这也可能发生在我身上，万一我生病了怎么办，他们会把我炒掉吗？ **美员工 3：**跟我上班的一个人，他坐着的纸板箱着火了，他们就那样继续工作。 代顿的纳税人和俄亥俄州给福耀承诺了几千万美金，然而福耀没能为这个社区提供社区应得的安全的好工作。 **俄亥俄州众议员 福特·拉霍恩：**工人和劳工运动建立了美国，一开始是这些让美国伟大起来的。福耀的工人现在没有这些，我们干活拿钱，天经地义。还有在座的各位前辈们，我们有权过上公平的生活，拥有安全的工作场所。70 年前，我们做出了反抗斗争；70 年前，我们失败了。让那些当官的、公司有钱人来挑挑拣拣，决定你的命运和所得，对努力工作的人来说，美国没有什么变化，变化的是上面的那些人，他们决定改写规则，压榨底层人民，牺牲我们的利益，他们坐收渔翁之利。你有权利也有义务拒绝。这就是在福耀成立工会的意义所在。	

序号	画面	声音	分析
		在这些年来奋斗的过程中，我们为公司找到了一种既能赚钱又能公平对待员工的方法，还能给员工一份体面的工资，并确保他们的安全，这两者是可以共存的。你们和福耀的这场战斗，全美汽车工人联合会（UAW）会支持你们，和你们一起作战，我们会让福耀知道，咱们俄亥俄代顿不这么做事，我会和你们并肩作战。站在UAW这边！站在工人这边！我们会打赢这场战斗，谢谢。	
33	刘道川对美员工谈话的画面。	**刘道川：**早上好，下周一，在场的各位员工无论时薪多少，一律加薪2美金，谢谢。人们说："为什么涨工资，我们还在赔钱呢？"高效来自好员工，如何留住好员工？更好的待遇。我们希望成为这里最好的雇主，不过作为回报，希望你们努力工作，努力加班。我们美国工人不比中国工人差，对自己要求严格点，我相信未来属于每个人，再次感谢。	
34	UAW成员在福耀工厂前示威的场景。	**人们大声欢呼：**我们支持福耀员工。工会让我们强大。	
35	劳资关系研究所员工讲话的录音。	**劳资关系研究所员工：**下午好，非常感谢大家能够过来。我知道你们别无选择。工会会竭尽全力试图说服你们，说这对你们是好事，符合你们的最大利益，你们得到的合同，如果你们能得到的话，可能包括更好的薪水和福利，可能包括你现在拥有的薪资和福利，也可能包括比较低的薪资和福利。罢工的威胁，对雇主来说没那么可怕。因为今天，如果你们罢工，又不能炒掉你们的话，雇主有权永久把你们换掉。你们好好想想。罢工不会被炒掉，但是会被永久换掉。	
36	福耀律师接受采访的画面。	**福耀律师 迈卡：**世界上任何其他地方都会采纳UAW，如果他们想付钱给我们的工人，让他们坐那听讲座，听那个讲话，那是他们的权利。但如果在我们的工作时间，就得由我们说了算。	
37	吉尔举着支持UAW的牌子。吉尔被公司勒令不准进入工厂。	**吉尔：**我接到福耀的来电，说他们解雇了我，我真的觉得……他们针对我。我上了新闻，我参加了市议会会议。这几天……还蛮悲哀的。这种失落的感觉，"我失业了"，让我的心情跌到了谷底。我应该这么投入吗？赌上了我整个人生？	

序号	画面	声音	分析
38	曹德旺与各级领导谈话的画面。	**曹德旺：**最近工会没有声音了是不是？ **刘道川：**基本上比较小了，最近有目标地淘汰了很多工会的人。做了很多这种措施，还是很有效的。 **曹德旺：**那后面呢，就招一些优秀的人进来，年轻的，培养这样一个文化，要把这个局面巩固下来。 **刘道川：**美国这很多东西，确实是跟中国的方法不太一样。 **曹德旺：**谁叫我在这里投资了，投资了，他就是不行。	
39	一群UAW的人在外举牌示威，让员工投赞成票，记者在旁报道。	**记者：**这些是全美汽车工人联合会的人，他们来这里示威，试图鼓励福耀员工投赞成票。福耀先前发表了声明说他们认为美国工会腐败，他们希望员工投反对票。预计有1 500多名工人……	
40	投票最终结果：868票反对组建工会，444票支持组建工会。	**中国员工：**我们赢了啊，我们太牛了。 **美国员工：**我并不震惊，因为我知道他们，年轻人怕了。劳资关系研究所的人把我们吓死了，就这样。	
41	曹德旺画面，展示他的内心独白。	**曹德旺：**我生活在过去的落后的那个中国的时候，我倒觉得很快乐。但我今天跨入现在这个社会的时候，虽然现代化，各方面物质基本都上来了，但是总有一种很大的失落，就是我很难回到原来蝉鸣蛙叫的时代，看着田野上的鲜花小草。在这个几十年里面，我拼命盖工厂，是不是把环境给人家破坏了，这个原来很安宁的地方变得不安宁了。其实我自己弄不清楚我到底是有功之人还是有罪之人，不清楚。如果不是心情不好的话就不会这样想，人嘛，活着就是要干活……	
42	黑色背景下展示文字。	中国福耀的美国工厂从2018年起开始盈利。起薪仍为每小时14美元，该公司现在约有2 300名美国工人和200名中国工人。	在片尾做出公司的后续情况介绍，消除人们的疑虑。

【点评】中国福耀在美国本土建厂，原本打算带动当地经济和促进工人就业，却引发一系列管理和文化层面的摩擦。该片从不同视角出发，给了每一方同等的机会

去表达自己的观点，冲突的内核是人性，大量同期声用来展示东西文化、不同种族、工会和管理层以及资本和工人的冲突。当信息通过当事人的声音传递出来时，就不仅传递显在的语言信息，同时也牵带出许多潜在信息。

第二节　如何选择同期声

同期声可以结构主题、现象和事件，但并非所有的同期声都具有上述功能，因此需要进行筛选。

一　选择被访者的客观叙述

被访者的客观叙述是指被访者基本不带自己的主观观点、情绪和对事件的判断，只是如实地陈述事实。一般来说，电视记者为了展现信息的真实性，会如实采用这些客观叙述的信息，比如政府发言人的陈述、权威人士对情况的介绍、当事人对事件的还原等。当然，这种叙述的客观性是相对的，因为从被访者口中说出来的信息本身多少都会带有主观性，更别提被访者有时会在陈述时掺杂个人的主观意图。

二　选择典型、扼要、生动、具有个性的同期声

同期声是体现电视新闻报道现场感的重要因素，强调这一点，绝不意味着只是用同期声体现现场感，运用同期声还应该突出其有效信息量——反映当事人的个性特点，体现事件的性质，或是提供确凿的证据。运用同期声不在量，而在质。一方面我们不能忽视同期声，另一方面又要善于挑选同期声。要善于引用典型、扼要、生动、有个性的同期声，为新闻报道提供一个“新闻眼”。也就是说，记者要善于从被访者众多的语言中精选出最能反映事件特点与本质的同期声，从而根据所采访和拍摄的事件的冲突、矛盾以及兴趣点，推动新闻的发展。请看案例 6－2。

案例 6－2　上海垃圾分类一年后

来源：中央广播电视总台《新闻调查》栏目

时间：2020 年 8 月 22 日

了解完整内容请扫码

序号	画面	声音	分析
1	华悦家园垃圾桶旁小区居民与志愿者因为垃圾分类而产生冲突。	**【同期声】** （现场争吵声）	以冲突作为报道的开篇，强有力地吸引了受众注意，为受众营造较为强烈的现场感，具有接近性，同时以特殊反映一般，为后续报道中华悦家园垃圾分类管理的难点埋下伏笔。
2	采访华悦家园志愿者的画面。	**【同期声】** **华悦家园志愿者：** 都是这种小青年蛮多的，我们这都是租房子的。他们有时候都不分类。他放在那个黑的袋子里，你都看不见里面到底有湿的还是有干的。有时候我们看到就叫你马上把它分了，有的人很好马上就分了，有的人他不理你就走掉了。	承接开篇呈现的冲突，以志愿者这一微观切口将华悦家园垃圾分类中的现状具体化、事例化，点明住户的不配合是垃圾分类管理的难点之一。
3	华悦家园现场环境的空镜。	**【解说词】** 华悦家园是虹梅街道最大的生活社区，仅一期就有3 002户，因其交通便利、紧邻漕河泾高新技术开发区，也围绕着不少的创业园区，深受周边上班的年轻人喜爱。	以宏观的视角交代华悦家园的背景，即住户组成结构的特点。旁白侧重于表达的凝练，而对书记的采访侧重于信息的现场感、真实性与具体化。
4	采访华悦家园居委会书记王丽风的画面（见图6-1）。	**【同期声】** **华悦家园居委会书记 王丽风：** 我们小区的人口非常多，有1万多人，实际我们小区的户籍人口是不多的，大概3 000人，但是我们租户多，我们60%以上是出租户，出租又是以合租的为主。我们过年前做的门禁卡，现在人基本上都换了。	
5	华悦家园的垃圾投放点示意图。	**【解说词】** 华悦家园有住宅楼28栋，目前有四处垃圾投放点。我们在上班高峰期，专门在其中两个点放置了摄像头，试图记录大家投扔垃圾的真实情况。	以地图的形式对于垃圾投放点的设置进行说明，显得形象而又具体。
6	居民投放垃圾的实况。	**【同期声】** （志愿者监督居民投放垃圾的现场声）	信息的表达呈现真实性与现场感。
7	居民投放垃圾的实况。	**【解说词】** 在我们两个镜头的记录下，华悦家园早高峰投放垃圾的一个半小时内，在两个垃圾站点共有45起违规投放垃圾，这些不按规定投扔垃圾的几乎全部是年轻人。	旁白对于居民投放垃圾的实况记录进行总结，通过抽样（时间段与投放地点）调查的方式，以部分反映整体，便于对受众的统筹把握。

序号	画面	声音	分析
8	志愿者与保洁员处理垃圾的画面。	**【解说词】** 2019 年 7 月 1 日，在刚开始实施垃圾分类之初，华悦家园每天共有 300 个垃圾桶轮流运转，28 位保洁员不停清运，还有 64 位志愿者早晚两次，每天 6 小时轮流在垃圾桶边值守，才勉强保障了前端垃圾的纯净度。	以具体的数据表明华悦家园垃圾分类的工作量与难度之大，使得报道更具客观性。
9	采访徐汇区虹梅街道党工委书记蒲亚鹏的画面。	**【同期声】** **徐汇区虹梅街道党工委书记 蒲亚鹏：**华悦是一个非常特殊的小区，它的出租比例非常高，你采用定时定点，对这样大量的小区来讲会带来很多管理的，等于说难题，而且给居民带来很大的不便，所以我们就不要求在这样的小区也实行定时定点，我们也不能刻舟求剑地去一定要追求这样一个形式，最终还是要保证居民的生活便利性，不能因为垃圾分类一件事影响了我们这里居住的上万人的日常生活，这一点也是我们要把握的。	在宏观的视角下，以街道党工委书记的角度对于华悦家园的垃圾分类管理进行系统性的总结，并指出在对待这样一个特殊小区的过程中需要灵活变通的经验以及贯彻始终的原则，体现出报道的专业性与权威性。
10	惠工新村居民投放垃圾的画面。	**【同期声】** （居民投放垃圾时的现场声） **【解说词】** 这里早晨的垃圾箱旁边，则呈现着另外一番景象。	选取同华悦家园垃圾分类情况截然不同的惠工新村作为第二个考察地点，并用现场画面直观地将惠工新村井然有序的垃圾投放情况呈现出来，同华悦家园形成对比。
11	惠工新村环境的空镜以及居民投扔垃圾的画面。	**【解说词】** 惠工新村只有 184 户，是虹梅街道户数最少的一个小型社区，其中 80%是老年人。这个不大的小区共有 3 层高小楼 28 栋。这是小区内仅有的一处垃圾投放点，每天早晚两次定时开放，即便大雨天，大家也能准时准点有序地投扔垃圾。	以宏观的视角点明惠工新村的特殊性所在，为受众交代了背景。
12	惠工新村居民接受采访的画面（见图6-2）。	**【同期声】** **记者：**我看您那个可回收的一次性饭盒还是洗过拿出来的。 **惠工新村居民：**就是，你要干净一点，要不然污染了，对吧。我洗过的，冲一下。到现在我们那个垃圾分类，我们小区居民学得可好了，跟着大家一起学呗。 **记者：**您那个饭盒洗，那不是很多人会觉得太麻烦了嘛？ **惠工新村居民：**麻烦是麻烦，但是我们觉得这个对全人类、对地球有好处的事情，再麻烦我们也应该做。	以个人对于垃圾分类规则的遵守映射出整个小区在垃圾分类工作方面的积极成效，并以小事（洗饭盒）为切口，具有接近性与真实感。

序号	画面	声音	分析
13	惠工新村居民接受采访的画面。	**【同期声】** **惠工新村居民：**开始有些人嫌麻烦，因为刚刚开始心里肯定不适应，什么垃圾都放在一个塑料袋里。如果扔在这里我们有志愿者不允许他这样，他就拿着垃圾跑到外面扔了，后来慢慢地现在你看不见人家扔外面了，大家都很自觉了现在。	通过对惠工新村过去垃圾分类情况的描述，与如今的情况形成鲜明对比，在时间维度上显示出变化的特征，也为下文叙述惠工新村在垃圾分类方面所采取的措施做了铺垫。
14	航天新苑居民垃圾投扔的画面。	**【同期声】** （居民投扔垃圾的现场声） **【解说词】** 航天新苑是一个有着550户居民的中型社区，是2017年上海垃圾分类的第二批试点小区，因为垃圾分类开展得早，小区的垃圾箱房空间较大，在小区居民的共同努力下，虹梅街道专门在干净整洁的垃圾箱房中为可回收物搭建了一个放置架。	航天新苑作为实地考察的第三个选址，凭借其“垃圾箱房空间大”这一特征，显示出区别于另外两个考察地点的特殊性，增加了考察样本选择的广度，丰富了报道的内容与层次。
15	航天新苑保洁员细化垃圾分类的画面。	**【同期声】** **航天新苑保洁员：**这东西黑色的另外分，这东西白色的。	从细节性的具体事例着手，见微知著，形象地反映出航天新苑在垃圾分类工作方面的细致。
16	采访徐汇区虹梅街道党工委书记蒲亚鹏的画面以及航天新苑细化垃圾分类的现场画面。	**【同期声】** **徐汇区虹梅街道党工委书记　蒲亚鹏：**越分得清楚，它的资源价值越高。那么分到什么样为止呢？我们有一个边际成本和边际收益。我们只是试点，因为我不能保证我一个小区分了，会造成多么好的经济价值或者社会效益。但是分类情况这样一个实施之后，非常非常有意义。	再次以党工委书记为主体，以宏观的视角解读垃圾分类细化的意义，以专业、权威的口吻对受众进行科普，便于受众理解接受。
17	华悦家园环境和物业委员会议的现场画面。	**【同期声】** （与会人员讨论的现场声） **【解说词】** 这已经是过去一年来，虹梅街道绿容所所长吴文伟第三次在华悦家园就增设垃圾箱房问题召集会议。上海垃圾分类执行已经有一年时间，但小区住户对垃圾箱房的选址依旧存有争议。	将报道的场景从垃圾分类的现场转至管理人员的商讨现场，既增强了受众的新鲜感，又从“台前”与“幕后”这两个维度丰富了报道的内容与层次，属于进一步的信息挖掘。

序号	画面	声音	分析
18	采访华悦家园居民杨大爷的画面及其挪动垃圾桶的监控画面。	**【同期声】** **华悦家园居民 杨大爷：**当时一个点放在这里，放在这里我就跟居委会发火了，我说我要把你这个垃圾桶扔掉。真的被我扔掉了，我做的事情我也不赖账。他们有监控探头，是我扔的，我不赖账。 **记者：**您觉得放哪里合适呢？ **华悦家园居民 杨大爷：**这是他的事情不是我的事情。	报道中"曲折"情节的设置增强了可看性，负面信息的传递也使得新闻事件更为立体、真实。
19	采访华悦家园居民杨大爷的画面。	**【同期声】** **华悦家园居民 杨大爷：**后来这里就搬掉了嘛。有道理的话会搬吗？ **记者：**您觉得它没道理，所以它搬走了。 **华悦家园居民 杨大爷：**肯定的嘛。首先一点他们人没有管好。因为我家住在三楼，我女儿回来比较晚。她晚上回来晚，早晨起来得也晚。我就跟居委会书记说，干活的人嘴巴不要说话，喉咙粗得不得了，把我女儿吵醒了。半夜三更"淘金"，那种可乐瓶子噪声很大，我又去找书记说了，书记说我没办法。	面对矛盾双方，记者选择站在中立的立场上，采取平等的态度，倾听反对者杨大爷的诉求，通过采访的方式挖掘反对意见背后的原因，增强报道的深度。
20	采访华悦家园居民杨大爷的画面。	**【同期声】** **华悦家园居民 杨大爷：**不是我规定的，上海市规定的，垃圾（投扔）要定时定点。我们24个小时好扔垃圾的，说出来是个笑话。	基于居民的亲身体验点明华悦家园在垃圾分类管理方面存在的问题，因其接近性而更具说服力。
21	《上海市生活垃圾管理条例》部分内容展示画面以及惠工新村的环境空镜。	**【解说词】** 杨大爷指出"生活垃圾定时定点分类投放"，这是明确写进《上海市生活垃圾管理条例》的。《条例》中的这条规定是当年上海市第一批垃圾分类试点小区探索出来的经验。而和华悦家园同在一个街道的惠工新村就是第一批试点小区。	将华悦家园以及惠工新村通过《上海市生活垃圾管理条例》串联起来，增强了报道在逻辑方面的连贯性与通顺度。
22	儿童在垃圾箱房前的空地上玩耍的画面以及垃圾箱房外安置的摄像头画面。	**【解说词】** 在面积不大的惠工新村，这块空地便成了小区内非常宝贵的公共空间。每天垃圾箱房一关门，老人和孩子便聚拢在此。能有这样的转变，除了当年搭建垃圾箱房采取"定时定点"投扔垃圾之外，还有一个重要的举措便是在垃圾箱房外安置了监控。	通过生活化的镜头语言表现垃圾箱房前的空地从堆满垃圾到干净整洁的转变，强化了报道的接近性和真实性。

<table>
<tr><th>序号</th><th>画面</th><th>声音</th><th>分析</th></tr>
<tr><td>23</td><td>采访上海霏霖公益陆讳的画面。</td><td>【同期声】
记者：监控是用来干吗的呢？
上海霏霖公益 陆讳：主要就是拍摄一下，到底是哪位居民扔的。
【同期声】
当年惠工新村创建了“红黑榜”，将监控捕捉到违规投扔垃圾的截屏在小区进行公示。
上海霏霖公益 陆讳：（红黑榜）居民养成习惯后，改成了小的，以前是对面整面墙都是红黑榜。但是小区居民就 184 户，那肯定有这种熟人效应，基本上也知道是谁，所以也起到一种比较有效的威慑作用。</td><td rowspan="2">通过惠工新村探寻行之有效的垃圾分类管理办法的过程，以其利用熟人效应的经验为例，化抽象的规律为具体的案例，充实了报道的内容。</td></tr>
<tr><td>24</td><td>惠工新村的环境空镜。</td><td>【解说词】
始建于上世纪 90 年代的惠工新村是当年上海一老缝纫机厂的家属院。即便 20 多年过去了，如今 184 户中依然有三分之二以上的住户是彼此相熟的老同事。当初经过大半年的反复尝试，在这样一个小型的熟人社会，最终采取垃圾箱房“定时定点”投放，外加安装摄像头和“红黑榜”的监管模式，才取得初步成效。惠工新村的这套模式取得成功后，很快整个上海开始推广试行。</td></tr>
<tr><td>25</td><td>采访上海市绿化和市容管理局生活垃圾管理处副处长齐玉梅的画面。</td><td>【同期声】
上海市绿化和市容管理局生活垃圾管理处副处长 齐玉梅：在小区里面具体的实施环节，它是按照一小区一方案。就是我们要遵循绝大或者大多数这个业主的同意，才能够把这个定时定点推行下去。我们在垃圾分类过程中，定点要坚持、定时要灵活、撤桶要鼓励、破袋要引导。按照这个原则，既要去坚持，也要去调整。引导大家分，方便大家分，这是我们在源头要做到的。</td><td>在谈及“垃圾分类管理方法在整个上海开始推广试行”这一宏观问题时，采访对象定为上海市绿化和市容管理局生活垃圾管理处副处长，其职位的高度同问题的广度相匹配，因而采访内容便显得更具专业性与说服力。</td></tr>
<tr><td>26</td><td>华悦家园的环境空镜。</td><td>【同期声】
华悦家园建成于 2014 年，建房时开发商没有在小区内预留足够的空间搭建垃圾箱房，这也是华悦家园至今无法执行“定时定点”的难点之一。</td><td>在宏观政策普遍推行的大背景后，由整体定位至局部，承接华悦家园面临的困境，并点明其无法实施“定时定点”政策的根源所在，回答了前文遗留的问题，前后呼应，使得报道的架构更为严谨。</td></tr>
</table>

序号	画面	声音	分析
27	航拍的空镜。	**【解说词】** 垃圾分类实施一年来，上海的很多老旧社区都面临着华悦家园同样的问题。要想在本就有限的空间搭建垃圾箱房，不仅要考虑小区容积率等现实问题，还需要规划、建设、绿容、执法等多个部门逐一审批。	由华悦家园这一个例延伸至全上海的泛例，完成报道视角的切换。
28	采访徐汇区城市管理行政执法局虹梅街道中队长唐志华的画面。	**【同期声】** **徐汇区城市管理行政执法局虹梅街道中队长 唐志华：**这个条例出来就像一个针尖一样，刺破了原有的一个格局，但是后面的东西没有整体跟进上来。按照我们现在相关的一些规定，像它这个算一个构筑物。如果你没有相关部门的批准的话，那就是一个违法建筑。 **记者：**那怎么办呢？ **徐汇区城市管理行政执法局虹梅街道中队长 唐志华：**首先它是个公益性的，而且它确实是用于满足生活垃圾分类的需要。那么我们还是对这种新生事物采取一种开放和包容的态度，所以暂时不能作为一般的违法建筑来进行立案查处。这是我们现在遇到的一个矛盾，但是我们也希望边做边改。	城管部门作为上海市垃圾分类前端的执法主体，其与《条例》的实施有着直接而密切的联系，而选取城管部门作为阐述《条例》实施过程中矛盾与问题的主体，便显得更为贴切、更具说服力。
29	华悦家园物业接到住户投诉的画面。	**【同期声】** （物业工作人员处理住户投诉的现场声）	新场景的开启意味着新问题的产生，这充实了报道的内容，有利于激发受众的兴趣。
30	华悦家园物业工作人员上门劝阻不按规定投扔垃圾的居民，但被拒之门外的画面。	**【同期声】** （物业工作人员与居民的对话，物业工作人员对于现场补充说明的现场声）	以物业工作人员为第一视角进行体验式的跟进采访，以现场的真实情况（如居民抗拒的态度、堆放在楼道的垃圾等）切实反映垃圾分类过程中的难点。
31	上海市人民政府新闻发布会的现场画面。	**【同期声】** **上海市绿化和市容管理局局长 邓建平：**今年上半年垃圾分类实效测评结果显示，居民区分类达标率从《条例》施行前的15%，提高到了90%以上，单位分类的达标率达到90%，大多数的居民已经养成了自觉分类的习惯。	在新闻发布会这一严肃场景中，通过上海市绿化和市容管理局局长这一官方主体显示上海在垃圾分类方面取得的成效，体现了信息的权威性与可信性。

序号	画面	声音	分析
32	惠工新村居民会议现场的画面。	**【同期声】** **主讲人：**我们惠工新村从2016年10月份开始垃圾分类首个试点以后，一直是定时定点实行的，实行到现在已经快三年了。现在还是要改变一下我们的生活方式，是不是来一个全天候的开放？ （与会人议论的现场声） **主讲人：**如果大家的意愿都是要全天候开放的话，我们可以做一个试点。	首先，居民会议作为报道中的新场景，有利于缓解受众的疲劳，增强受众的兴奋度；其次，居民会议以“居民”为主体的特征赋予报道接近性；最后，惠工新村作为垃圾分类工作基础良好与完善的小区，仍在进一步探求变革，对于这一事实的报道丰富了整体报道的层次，拓宽了其深度。

图6-1　华悦家园居委会书记王丽风接受采访的画面

图6-2　惠工新村居民接受采访的画面

【点评】（1）从报道对象中发掘戏剧冲突和人性因素，并以具体的、贴近受众生活的方式呈现。此种实践要求从业者摆脱对受众匿名的大众化想象，将新闻与活生生的日常生活特别是人们的道德实践建立关联。这个新闻案例中的现场记者按照时间顺序向观众讲述其在现场的感受，通过解说词深化现场内容，把记者亲自看到、听到、接触到的感受传达给观众，进而与画面信息形成互补，共同建构一个多维立体的现场。同时，记者在现场选择典型画面的过程中也进行着思考，在现场捕捉信息含量最大、最有内涵张力的画面形象，在稍纵即逝的视觉流程中截取最有说服力的精彩瞬间。

(2)"外地人"叙事的同期声似乎造成了一种刻板印象（stereotype）。"刻板印象"最早由李普曼1922年引入新闻领域，是一种简化和类型化的认知方式。从认知理论的角度出发，刻板印象可被定义为一种涉及知觉者的关于某类人群或事件的知识、观念与预期的认知结构，或者说是把某个社会群体或某类事件与一系列品质及行为特征进行连接的抽象知识结构。在现代社会，传媒在刻板印象形成过程中扮演着重要角色。刻板印象能提高知觉、推理和决策的速度与效率，适应新闻话语对时效性的追求。作为从业者，最可怕的是在采访过程中受到自己头脑中刻板印象的影响，而忽略了事实。另外，利用刻板印象进行传播是比较容易的。难的是如何为受众提供更丰富的内容/事实，甚至是超越他们固有认知的内容/事实，并能让他们接受。

(3) 新闻作品能够更多地构建对话语态，不仅仅简单地描述热点现象或者进行所谓正确的价值判断，而且要探索和提供观察热点的视角，受众在逐渐习惯新媒体使用的过程中，更愿意参与互动。垃圾分类话题所形成的对话语态，形成不同阶层、角度甚至是观点的互动，在形式上能够做到与受众互动更密切，在意义上能够完成对多元世界的阐释，这些都会给作品创作在态度上加分。但要注意的是不要过分利用戏剧性冲突，毕竟主题是严肃报道，与戏剧化新闻设计是有冲突的。此外，如果没有精心设计的采访与引导，新闻节目中只是为呈现同期声而加同期声的问题也会时有出现，很多不同的同期声由于缺少具有个性的信息而重复性较强。

第三节 同期声结构技巧

一 客观叙述与主观叙述

被访者的主观叙述是指当事人在叙述事件时牵带出对事件性质的判断以及个性化的叙述，这样的叙述能够引出更多的信息，从而具有较强的吸引力。

在一般情况下，人物述说类同期声作为新闻事件中有声语言的主观部分进行展现，比如当事人的想法、观点、感受、情感。这种同期声由于是个性化的信息呈现，才被记者直接展现在节目中，否则的话就可以用解说词来代替（换言之，解说词承担着客观叙述功能）。我们只有认识到同期声的主观叙述和客观叙述的区别，才能更好地提出采访问题。

需要进一步阐明的是，记者在采访前就要明确：这段采访是为了获得事件的背景信息，还是为了获得生动的同期声引用语？如果只是为了获得事件的背景信息，那么有被访者的客观叙述和介绍就足够了，但如果是为了获得有个性的同期声引用语，就必须精心地采访和引导。

二 同期声与解说词

被访者有声语言是一种直接引用，而解说词则是一种转述与代述。一般来说，解说词起着概述的作用，而同期声则抓取事件当下的细节和现场信息，两者呈现信息互补关系。我们在使用被访者同期声的时候，要特别注意同期声与当事人的非语言符号的配合，共同营造一个丰富的信息场。什么时候用同期声，什么时候用解说词，主要的一个判断标准是：同期声以及当事人的非语言符号是否只能用电视的形象信息来传达，而用解说词是否有损于现场的综合信息。

三 同期音响与解说词

对于不用特别传达具体信息的被访者同期声和同期音响而言，原则上，我们应该保留这些同期声信息，并配以解说词，从而既有信息量又为报道创造现场感。但是在实际创作中，很多电视新闻报道粗暴地抹掉这些同期声，使新闻报道声画“两张皮”，这样的处理方式忽视了电视媒介的信息表达特性，需要在实践中予以修正。

四 同期声与主观音乐音响

主观音乐音响是表达创作者情绪的一种手段，在新闻报道中，应该谨慎使用。如果处理不当，将会损害新闻报道的客观性与真实性，落入先入为主的表达误区。在主题报道、宣传报道、灾难事件报道中，这样的问题比较突出：为了煽情，不恰当地加入带有主观情绪的音乐音响，极大妨碍了受众对事件与报道人物的理解。

主观音乐音响能不能在新闻报道中使用？在何处使用？如何利用现场的同期声隐晦地表现创作者的主观感受，这是考验电视记者运用电视媒介手段传达信息的前提。在这个前提下，如果还要提升情感与情绪，则可以适当加入音乐音响。因此应用主观音乐音响的原则是，先有事实信息传达、建立在同期声基础上的情感表达，才能有音乐音响的加入。

将同期声视为结构性的存在，实质上就是利用同期声创造空间感。有时仅有同期声而无现场画面反而为观众提供了更大的联想与想象的空间。缺失现场画面的镜头固然遗憾，但是作为记者来说，通过积极的思考可以将这种不利因素转为有利因素，通过声音素材来为事件营造更独特的氛围。比如同期声故事《河南兰考：为了一份殷重的嘱托》，在同期声中利用回忆追溯的声音表述方式对那个艰苦岁月加以描述，弥补了现场画面不足的缺陷，同时也让受众更能沉浸其中感受独特的氛围，为事件整体的连贯性提供了串联。换言之，同期声结构的存在，也就是使它成为贯穿节目始终的叙事性的提示和情绪渲染的载体。

案例 6－3 同期声故事《河南兰考：为了一份殷重的嘱托》

来源：河南广播电视台《河南新闻联播》栏目

时间：2017 年 4 月 3 日

了解完整内容请扫码

序号	画面	声音	分析
1	《河南新闻联播》演播室节目现场。	**【演播室导语】** **主持人：**党的十八大以来，河南兰考被确定为习近平总书记党的群众路线教育实践活动联系点。2014 年，习近平总书记两次亲临兰考，叮嘱兰考的党员干部要像焦裕禄那样到群众中去，想办法让农民的钱袋子尽快鼓起来。面对总书记的嘱托，兰考立下了“三年脱贫、七年小康”的军令状。3 月 27 号，河南省政府宣布，经国务院扶贫开发领导小组评估，兰考县正式在全国脱贫摘帽。	主持人的开场白介绍了事件的前因后果，让观众有了大致了解，方便引出下文。
2	翟世栋与来接替他驻村的干部交接工作。	**【解说词】** 日前，在兰考县孟寨乡憨庙村，翟世栋卸下了扶贫工作队长的重担，向前来接替他驻村的干部交接工作。	先将观众带入现场，选择扶贫工作的代表性人物翟世栋，从细节来展现兰考县扶贫工作有所突破。
3	翟世栋与来接替他驻村的干部交接工作（见图 6－3）。	**【同期声】** **憨庙村驻村扶贫工作队队长 翟世栋：**咱憨庙村现在还有 4 户的收入不是很稳定，有 2 户有慢性病，咱大家多关注一下。	
4	翟世栋与来接替他驻村的干部交接工作。翟世栋工作画面。	**【解说词】** 大到产业发展，小到家长里短，老翟如数家珍。而就在一年前，憨庙村还有 30 多户人家迟迟没有脱贫，让当时的老翟非常着急。	表现了翟世栋认真的工作态度，未脱贫人家从 30 多户到 4 户，前后数字的对比生动展现了扶贫工作的进展。

序号	画面	声音	分析
5	2016 年 4 月视频画面，翟世栋与村民对话。	**【同期声】** **憨庙村驻村扶贫工作队队长 翟世栋：**两年脱不了贫，作为一名党员我愧对党，愧对领导对我的信任。	
6	兰考县扶贫干部工作画面。 兰考县徐场村村民制作乐器工作画面。	**【解说词】** 作为焦裕禄精神的发源地，肩负着总书记的殷重嘱托，兰考县提出：干部作风是否过硬，脱贫攻坚是试金石。从 2014 年建档立卡到现在脱贫摘帽，全县派驻在 115 个贫困村的 345 名一线扶贫队员，因村因户精准施策，让每个村都有了自己的特色产业。 徐场村是兰考县远近闻名的乐器村，全村有一多半的人口从事着和乐器相关的工作。在驻村扶贫干部的帮助下，很多人从世代种地的农民变成了乐器厂老板，还吸纳大量贫困户务工。	兰考县各级干部为脱贫攻坚出力，展现积极向上的共产党人形象，引出焦裕禄精神。 从乐器村为下文的泡桐树做铺垫，层层递进。
7	乐器厂老板徐会波介绍泡桐。	**【同期声】** **乐器厂老板 徐会波：**这是泡桐，做琴的音色各方面都好，现在都是个宝贝。	
8	兰考县泡桐树种植画面。 焦裕禄亲手种下的泡桐树。 习近平总书记创作的《念奴娇·追思焦裕禄》石刻。	**【解说词】** 徐会波说，这里的乐器产业发展得这么好，是得益于焦裕禄当年为了防风固沙，带领群众在兰考种下的泡桐树。这棵焦裕禄在 1963 年亲手种下的泡桐树，如今依然屹立于兰考县城的东北方，老百姓都称它为“焦桐”。习近平总书记在他创作的《念奴娇·追思焦裕禄》中也提到过这棵焦桐——“百姓谁不爱好官？把泪焦桐成雨”。	
9	2014 年 3 月 18 日习近平总书记考察兰考资料。	**【同期声】** **习近平总书记：**焦裕禄精神仍然是我们现在需要弘扬、需要秉承的一种精神，因为它体现了共产党人的精神，体现了我们党的宗旨。	引入习近平总书记的讲话，增加了新闻的厚度和高度。

序号	画面	声音	分析
10	兰考县推进脱贫攻坚工作的画面(见图6-4)。 动画演示兰考县“三位一体”金融扶贫新模式。	**【解说词】** 两年多来，兰考全县干部以总书记的教导要求自己，以焦裕禄精神勉励自己，按照省委、省政府的安排部署，打响全县的脱贫攻坚战。对兰考县来说，因地制宜找准产业仅仅是脱贫的第一步，如何用有限的扶贫资金撬动社会资本，激活产业发展，是兰考县脱贫攻坚的又一亮点。 2016年，兰考县推出了“三位一体”金融扶贫新模式：从全县扶贫资金里拿出3 000万元成立风险补偿金，银行按风险补偿金的10倍发放贷款额度，有了县财政的担保，原来无法贷款的贫困户就可以拿到创业的启动金。	生动展现兰考县为脱贫攻坚所做的一系列举措。 兰考县成功脱贫是以实际行动告慰焦裕禄同志，在新时期发扬光大焦裕禄精神。
11	采访仪封乡耿庄村村民申东波。	**【同期声】** **仪封乡耿庄村村民 申东波：**出于我自己有感而写，金融扶贫来帮俺，三位一体给贷款，蔬菜大棚无风险，扶贫扶智不扶懒。	形象表达兰考县的金融扶贫给百姓带来的好处，质朴的话语也能让观众更好地理解。
12	兰考县企业发展。 动画演示兰考县脱贫工作取得成就。	**【解说词】** 兰考也在借助资本市场的力量，推进兰考数十家本地企业上市，以获得脱贫攻坚的持续推动力。经过两年多努力，兰考县的贫困人口已经由2014年的7.7万人迅速减少到去年底只有3 127人，贫困发生率由2014年的11.8%降至今年的1.27%，从而正式脱贫摘帽，完成了总书记三年前所做的殷重嘱托。	在以习近平同志为核心的党中央的脱贫决心影响下以及兰考各级干部和群众的共同努力下，兰考的脱贫梦想变成现实。 动画生动表达脱贫工作取得的成就，数字对比能让观众有更直观的认识。

图6-3 翟世栋与来接替他驻村的干部交接工作

图 6－4　兰考县积极推进脱贫攻坚工作

【点评】 同期声传达的信息不断推动叙事的进程，形成相对完整的系统，这些同期声可以分为三个段落：交接工作—回顾扶贫—展望发展和未来。

五　亲临现场的历史见证人进行事件回溯

亲临现场的人物是电视采访重要的资源，作为历史见证人，他们站在电视镜头之下，过去的事件被加以追溯。在《长征：那些人那些事》专题纪录片中，通过对江西省大余县刘士华的采访，为观众呈现了陈毅留守苏区坚持进行三年艰苦卓绝的游击战争的历史，以及游击队员在刘士华母亲周兰嫂和其他村民多次帮助下死里逃生的故事。他们在镜头下充满细节的回忆，让观众充分了解了那个年代红军战士坚韧不拔的品质以及那个年代的整体面貌。

（一）同期声引入回忆重现现场

电视的优势在于能够表现正在发生的事情，而对于那些已经发生的事情，电视采访就显得吃力。但在实际工作中，电视记者往往需要寻访过去的事情，包括讲述人物传记或历史内容。记者通过电视手段记录回忆和寻访过去时空发生的事情叫作“逆时性采访”，这种采访缺乏现场以及处于进行时态的事件过程。为了实现对过去时空所发生事件的追溯，记者通常会利用亲临现场的人物、事件发生的具体场景、历史资料或档案等因素在现实时空的基础上对事件进行“重现”。

（二）在事件发生的具体场景中寻访历史

历史现场保留着大量的信息，只有回到现场才能更好地实现对事件的“再现”。也就是说，回到历史事件发生的现场，利用历史事件发生的具体场景进行情景式回忆。在纪录片《长征：那些人那些事》中，大到山川地貌，小到具体场景中的院落、会场、用具、照片等细节，都无不在用无声的语言为观众再现当时的情景。片中，记者杨茜与历史见证人刘士华在陈毅当年居住的小阁楼中，共同搬动当年陈毅用来前往后山避难的“逃生木梯”的情景，给观众复现了真实的革命年代。此外，与历史见证人一起踏入具体场景，也更利于他们对事件细节的回忆。

（三）利用历史资料或档案对事件进行补充

在表现历史的纪录片中，人物的口述有时会存在偏差或不足，这时，历史资料或档案可以对事件进行纠正或补充，还能丰富电视画面。新闻《“FAST之父”南仁东：22年坚持 铸就大国重器》在新闻当事人无法接受采访的情况下，运用了过去采访获取的资料素材，仍然很好地展现了人物形象和精神境界，弥补了我国的大射电望远镜项目建成使用之后主要新闻人物无法“出场”的遗憾，是重大题材另辟蹊径的报道。南仁东是中国科学院国家天文台FAST工程的总工程师兼首席科学家，可以说，没有他就没有世界最大射电望远镜。从1993年开始，他就四处寻找适合建造“大射电望远镜”的区域。在历经10多年对上百个山坳、天坑进行实地勘测后，2007年FAST项目终于获得国家批准。2011年，当地村民搬迁完毕，FAST项目正式启动建设。2016年，世界最大的球面射电望远镜在贵州省平塘县建成投用。前后20多年，南仁东把一生的心血和精力都放在了这件“大国重器”上。但在项目建成之际，南仁东却因为身体原因已经无法接受采访，因此记者从过去采访FAST项目的素材和节目中选取了南仁东各个时期具有代表性的同期声，展现这位科学家对我国科学事业的忠诚与情怀。同时，记者采访了多位与南仁东有较多接触的工作人员，勾勒出南仁东执着、严谨的品格和作风，用较短的篇幅展现了“FAST之父”的形象。这篇报道在主流媒体中第一个大胆使用了“FAST之父”这个称谓并作为标题。为此，创作者当时斟酌再三，并最终从国家天文台的官方刊物上获得求证后才确定使用。这个词恰当、独到，体现了创作者的新闻敏感和对新闻价值的精准、大胆判断。

案例6-4 《长征：那些人那些事》专题纪录片

来源：江西广播电视台

时间：2016年10月14日

序号	画面	声音	分析
1	片头画面记者出镜（见图6-5）。	**【解说词】** **杨茜**：观众朋友您好，欢迎收看《社会传真》纪念红军长征胜利80周年特别节目——《长征：那些人那些事》。“天将晓，队员醒来早。露侵衣被夏犹寒，树间唧唧鸣知了，满身沾野草。天将午，饥肠响如鼓。……囊中存米清可数，野菜和水煮……”陈毅的一篇《赣南游击词》，生动形象地记录了当年红军战士的游击生活。1934年10月中央红军主力长征之后，留守在苏区坚持斗争的红军进行了三年艰苦卓绝的游击战争。在赣粤边界那1 000多个日日夜夜的游击生活，是对25 000里征程最执着的坚守。	开篇记者运用陈毅的词，带领观众回忆那个时代的艰苦岁月。

序号	画面	声音	分析
2	长征影像回忆。大余县河洞乡长岭村自然风光。 记者来到大余县采访池江镇兰溪村村民刘士华，画面转向采访刘士华。	**【解说词】** 刘慧兰，大余县河洞乡长岭村的农民。1935 年 4 月，中央红军主力长征之后留守在中央苏区的红军在他家的老宅里召开了一次具有转折意义的会议。 **【同期声】** **刘慧兰：**70 多个人在这里开会，开了半个月。我家里就天天做饭给他们吃。 **【同期声】** 1934 年春至 1935 年秋 20 多个师共 20 余万人兵力陆续向中央苏区进攻。红军和游击队在阵地防御作战中损失很大。长岭会议的召开成为赣粤边游击区由正规战争转入游击战争的转折点。 **大余县委党史办副主任 朱常：**南方三年游击战，它其实就是一个坚守。为什么它会坚守？第一个，和中共中央失去联系。所以只有坚守你才能得到后面的指示。而且坚守要靠老百姓，你才坚守得了。所以就把红军游击队里的这些干部、战士都分散到老百姓那里去做群众工作。 **【同期声】** 当地群众对红军并不了解，革命斗争一切都要重来，但很快朴实的村民们就热心地为游击队员们提供帮助。直到现在在大余县池江镇兰溪村，周兰嫂帮陈毅治腿的故事仍然家喻户晓。周兰嫂的儿子，已经 82 岁的刘士华还清晰地记得当年妈妈给他讲过的游击队的故事。 **大余县池江镇兰溪村村民 刘士华：**1935 年，他到这里以后腿（疾）就复发了，复发就下不来这里。我妈妈就搞了药来，到山上去给他敷，给他洗。洗好了以后，能走了他就下到这里来，你去看看那座桥。 **记者：**这上面就可以直接通到后山，这个要三个人的力量才抬得动。在陈毅养伤的房间的后门，有这样一块木板，如果有危险可以把这块木板直接架到下面的后山上，可以进行隐蔽。所以可以想见当年的游击战是多么艰苦，危机四伏。 **【同期声】** 三年游击战中，恶劣的环境下，游击队员在当地百姓的帮助下，屡次死里逃生。 **大余县池江镇兰溪村村民 刘士华：**在上面，国民党来了，游击队走不了，走不了就上楼。里面好多稻草，我妈妈就在这里煮饭吃，我的嫂子，她也就十几岁，妈妈拧她她就哭起来，上面游击队就好透气。 **【同期声】** 在三年的游击战中，大部分苏区被占领、被截断，分散的游击队，在孤立奋斗的状态下…… **大余县池江镇兰溪村村民 刘士华：**所以陈毅就讲，在井冈山，如果国民党打我，我就会打他，在这里就是躲开来。有枪没有子弹。那个棚子就是天晴晒太阳，下雨就“下”雨。	记者亲自前往实地，通过独特的视角为观众呈现那个逝去的岁月的具体场景。在长征的亲历者与见证者都已渐渐逝去的今天，记者寻找到了新的拍摄角度与感人的故事线索去采访当时的事件，通过回忆与寻访的方式加以呈现。

图 6-5 记者体验陈毅当年用过的“逃生木梯”

【点评】本片采访细腻，观察角度别致，在冷静的叙事中积蓄着厚重的情感，以小见大，以点带面，以小故事折射时代大背景，刻画出了战争年代革命老区人民的无私与奉献。难能可贵的是，在长征的亲历者与见证者都已渐渐逝去的今天，寻找到了新的拍摄角度与感人的故事线索。

【思考与练习题】

1. 结构同期声有何技巧？
2. 如何处理同期声与解说词之间的关系？
3. 现场同期声怎样体现观众参与意识？
4. 同期声会造成新的刻板印象吗？
5. 怎样让同期声融入个性化的情绪与思考？

【推荐阅读文献】

1. 曾祥敏．电视采访：融合报道中的人、故事与视角 [M]. 3 版. 北京：中国传媒大学出版社，2018.

2. 朱羽君．论电视纪实：上 [J]. 电视研究，1994 (2).

3. 朱羽君．论电视纪实：下 [J]. 电视研究，1994 (3).

4. 冷冶夫．纪实艺术：从真实到真实感的流变：21 世纪对“真实”的再认识 [J]. 当代电视，2009 (4).

5. 张群力．从电视纪实沿革中声画关系的嬗变看节目形态构成 [J]. 中国广播电视学刊，2013 (12).

6. 涂凌波，崔啸行．个人故事与国家叙事：中国电视纪实节目的“双重呈现” [J]. 中国记者，2018 (8).

第七章

灾难事件现场报道

【本章学习要点】

1. 灾难事件现场报道通用原则
2. 灾难事件现场信息类型
3. 灾难事件现场报道准备
4. 灾难事件报道现场采访注意要点

灾难事件报道历来是媒体现场报道的焦点。

媒体人所从事的采访活动，是要通过报道事实给公众以思考，从而推动社会的进步。国家对灾难叙事的主导是通过对灾难的仪式化建构完成的，而媒体现场报道是仪式化建构最有力和最方便的表现形式。灾难发生的地点以及灾难发生之前与之后的时间可以被视为一个场域，它不仅为国家及其组织提供特定的话语空间，而且还可以成为政治资源为国家及其组织所使用。在媒体对灾难的仪式化建构中，媒体通过追忆惨状的发生和缅怀受难者，以及对奋不顾身的英雄气质的歌颂，唤起受众的凝聚力和团结感，这种情感的共享有助于强化政治、文化或者社会认同。

无论是自然界的激烈运动还是人类活动的突然崩溃，离开了对人的广泛而深刻的影响，都不能称为“灾难”。也就是说，灾难是一个与人紧密绑定的概念。人们首先经验到的并不是“灾难”，而是切身性的“苦难”。这些“苦难”由于成为社群中每个个体都切身承受的问题，因此必将成为这一社群乃至和这一社群有关的其他社群的“公共话题”。由于灾难事件的特殊性决定了记者在掌握信息上的先天不足，因此，这类采访和报道充满着变数和新闻冲突。尽管如此，只有现场报道才能用最快的时间将新闻信息真实准确地传递给受众。灾难事件以冲突性、突发性、刺激性等特点吸引着受众的目光。人们对灾难事件的关注在很大程度上促成了《唐山大地震》的畅销。作为该书作者著名作家钱钢的老师，徐怀中在该书 1986 年版的序言中写道："在这里，大自然的景观和人的心灵世界的景观叠加映照，宏观的泼墨和微观的工笔交融一体，畸形年代的畸形思维和严肃科学的严肃命题对立而统一，逼真地画出了一幅属于唐山也属于人类的'七二八'劫难日'全息摄影'图。"下面我们一起看一下，在灾难现场，记者应该如何进行报道呢？

第一节　灾难事件现场信息类型

在快速变化的灾难事件中，当第一手资料匮乏而需要迅速采集时，记者需要记住两个原则：一是告诉受众你知道的，二是告诉受众你不知道的。灾难事件现场信息丰富，具体而言，可以分为以下几种。

（1）基本信息：有关灾难的基本事实，如发生了什么，怎么发生的，涉及哪些人，以及具体的地点、时间、死伤情况等。

（2）扩展信息：对基本信息的延伸、更新，如财务损失等其他数据统计，事件时间线索，图像或地图展现的灾难过程、营救行动、营救成效，下一步计划，灾难发生的初步原因等。

（3）环境信息：从大自然的背景审视灾难，如地点或地理位置特点对营救的影响，灾难发生时间、季节、天气对营救的影响等。

（4）历史信息：从历史背景审视灾难，如灾难在这一地区发生的频率，第一次还是多次，是否有同类灾难，它们之间是否有联系等。

（5）调查信息：探寻灾难发生的原因，如除自然原因外有无其他原因，什么事、什么人应该负怎么样的责任，当地居民情况，当地政府、社区、医院的措施，与灾难发生的相关统计数据（比如飞机或火车的具体制造商、型号等）等。

（6）未来信息：灾难的影响和人们做的改变或补救，如灾难产生什么影响，重建工作包括什么，灾难是否引发其他问题，经历灾难的人有什么变化等。

（7）视角信息：不同人眼中所见到的灾难，受害者、幸存者及其家属的情感或想法，如救援人员做了什么、将要做什么，政府正在做什么、态度立场如何，志愿者及机构、旁观者的想法、情感怎样等。

（8）人文信息：灾难中关于人性的故事，如是否有英雄行为，是否有可耻行为，是否有感人故事等。

（9）科普信息：比如如何科学地认识灾难，有什么科学知识需要普及，个人如何从科学角度应对灾难、减少伤害等。

案例 7－1　聚力直击“利奇马”全程全息大型直播

来源：宁聚新闻客户端

时间：2019 年 8 月 8 日

宁聚传媒从 2019 年 8 月 8 日开始持续 50 个小时展开“聚力直击‘利奇马’全程全息大型直播”报道（见图 7－1），自采、转载、滚动报道防御台风的相关新闻近 300 条。在“利奇马”台风登陆前后，公司外宣中心向央视大量传送宁波市有关渔船回港避风、排查安全隐患、人员转移安置、加大救援保障等信息。央视《新闻联播》《新闻直播间》《朝闻天下》《第一时间》《中国财经报道》《东方时空》等多档新闻栏目发稿 20 多篇，央视记者直播 4 场。8 月 8 日—10 日三天时间，公司累计向浙江卫视推送反映宁波众志成城抗击超强台风的报道 120 多篇，播出单条组合 20 多条次（不含重复播出）。

图 7－1　直播视频截图

序号	画面	声音	分析
1	宁聚直播间。	**宁聚直播间现场主持人（男）：**各位正在收看我们宁聚 App 的现场直播的网友朋友，大家晚上好。现在您看到的是宁聚 App 特别推出的“聚力直击‘利奇马’全程全息大型直播”的节目。我是潘军。 **宁聚直播间现场主持人（女）：**我是莎莎。8 月 9 号上午，我市召开防御第九号超强台风“利奇马”工作会议。（浙江）省委副书记、（宁波）市委书记郑栅洁在会上强调，各级各部门要坚决贯彻迅速落实省委、省政府部署要求，严阵以待、严防死守，努力把台风造成的损失降到最低限度……	宁聚通过现场主持人、外景记者以及现场直播环节帮助受众了解事件的发展。

序号	画面	声音	分析
		郑栅洁指出，今年第九号超强台风“利奇马”将正面袭击我市，各级各部门要高度重视，严阵以待，把防御台风工作作为当前压倒一切的头等大事。迅速落实工作责任，进入实战状态，保持清醒的头脑和紧张的节奏，把困难考虑得更多一些，把工作做得更细致一些，确保实现不死人、少伤人、少损失的目标。郑栅洁强调，各级各部门要突出重点，统筹兼顾，严格按照防御台风工作…… **宁聚直播间现场主持人（男）**：欢迎回来。我们陆续为大家准备宁波新闻频道播出的最新资讯。接下来我们联系现场记者。	
2	外景记者来到赵家文化大礼堂展开最新报道。	**外景记者**：好的主持人，刚才我们一路跟着这样的面包车来到我们的赵家文化大礼堂现场，目前已经有100多人进入文化大礼堂当中。在我们左边的桌子上还有矿泉水，我们里头的位置坐满了这些外来务工人员，这些务工人员今天晚上在这里躲避台风。在我身边的这位男士是赵家经济合作社的村长。今天晚上会有180多人，这些人会来到我们的这个赵家经济合作社。村长也是第一时间发动大家集结所有的力量，把这个文化（大）礼堂变成一个避灾安置点。整个村庄进行了防御台风工作，也肯定是有一些物资上手的。您第一想法是采购什么东西呢？ **村长**：也想过晚上有些人肚子饿，有些人胃不好，得买矿泉水。 **外景记者**：在现场，根据我们刚才的了解，里面还有空调，但是电视机是坏的。今天为了让大家能够度过一个舒服的晚上，也采取了很多措施，电视机修好了，（大家）开始落座休息了。大家铺上席子啊，带上自己的铺盖。	通过记者的亲身经历，让受众更能感受此情此景，感受众志成城抗击台风的决心和信心。
3	外景记者来到宁海多地村庄协助排查危房和疏散人员，并采访村民。	**宁聚直播间现场主持人（男）**：其实随着“利奇马”的步步紧逼，不光是风大，而且现在雨量也越来越大了！根据最新的消息，今天8点到17点，浙江东部和北部出现了大雨或者是暴雨。浙江沿海岛屿最大阵风12级……继续来关注一下一周资讯，来自宁波市文化广电旅游局的消息。受到第九号台风“利奇马”的影响，我市各旅游景点启动了相关的措施。那么目前是这样的，我市已经关闭了所有旅游景区的项目，撤离转移所有人员，加强应急值班。另外，宁波市全域旅游综合保险服务项目救援队是24小时类型的，同时，做好了应急救援的准备。 **外景记者**：宁海多地村庄的村民需要及时转移，我想这个时候最忙碌的应该就是那些联村干部了。我这是在宁海县强蛟镇峡山社区，这边一共由6个自然村组成。我了解了一下，现在还留在村里的，差不多有3 000人。而且这个村又靠近海边，所以说这边的压力是非常大的。今天我们将跟随联村干部一起对这边的老旧危房进行检查，同时劝导人员进行彻底疏散。	通过这种有序的场景切换，从不同角度来展现台风期间的各地实况。确切的数字显示，体现了报道的精准性。 通过采访村民，从不同的角度来展现大家共同抗击台风的决心，也能让受众对事件背后有更多的思考和认识。

序号	画面	声音	分析
		外景记者： 这边看上去好像是上面都比较陈旧了是吧？上面那个横杆，如果台风一吹就很容易往下掉，掉下来的话很危险。走的话那他们小心一点啊！啥？这些瓦片、玻璃掉下来非常危险。但这也是今天我们要检查的一个重点。 **村民：** 我们村民家里电线坏了，马上给我们修好，叫我们搬到哪里就哪里。刮台风好几天前就来通知了，有村里的干部和镇里的干部，我们心里很感动。	
4	镜头切换至宁波新闻频道主持人。 宁聚现场直播间关注最新的路况信息。 记者来到宁波火车站进行采访。	**宁波新闻频道主持人：** 今天中午，三座在象山境内的跨海大桥全线封闭，守在一线的民警一路护送一位血透病人过桥…… **宁聚直播间现场主持人（男）：** 好的，欢迎各位来继续关注我们的直播。 **宁聚直播间现场主持人（女）：** 我们仍然来关注几个最新的出行信息，来了解一下高速方面的消息。因为台风影响，杭州湾跨海大桥宁波段全线进口已经关闭了。另外，在甬台温高速（公路），因为台风影响，宁波段沿线…… **外景记者：** 主持人、观众朋友们，大家好。我们宁波火车站属于一个比较大的交通枢纽，受到台风“利奇马”的影响，目前已经停开了 59 趟列车。那么现在我们来看看火车站候车大厅的人流情况。现在整个候车大厅人流并不是非常大。而且整个候车大厅似乎有一条明显的界线，就是靠近北广场的这一侧几乎没有候车的乘客，靠近南广场有很多乘客。受到这次台风的影响，（列车）基本上都停运了。安检口现在已经基本上没有什么人在安检了，因为这些旅客可能是今天最后一波从宁波站出发的旅客。 **外景记者：** 那现在退票的情况怎么样啊？可以通过哪些渠道来退票？ **火车站工作人员：** 可以去 12306 网站，也可以到车站窗口去退票。如果你是在 12306 网站上购的票，可以通过 12306。已经取了纸质车票的，可以去车站窗口退票。 **外景记者：** 现在退票窗口有加派人手吗？ **火车站工作人员：** 我们今天已经加派了人手。明天也有人值班。 **外景记者：** 旅客可能遇到一些出行的麻烦，那我们有没有提供帮助或者组织志愿者？ **火车站工作人员：** 我们这边都有的，也包括引导、解释的。 **外景记者：** 谢谢你！因为台风马上就要到了，火车站和飞机场都会根据天气的变化来实时调整航班和火车的车次，所以也请乘客在出行前提前了解这些班次的停开或者延误的情况。嗯，我这边的情况就是这样的。	

序号	画面	声音	分析
5	宁聚直播间现场。	**宁聚直播间现场主持人（女）**：我们刚刚收到了一条来自水利局的消息，全市平均的降雨量达到56毫米。其中降雨量最大的象山县是88毫米，宁海县是84毫米，全市32座大中型水库蓄水量为8.49亿立方米……说不定会断水断电，但是这些东西都是防患于未然，应该会起到很好的作用。另外，我们还要时刻检查电路、炉火、煤气等设施是否安全。现在是暑假期间，宁波的各大托管机构基本上已经采取了关闭的状态。另外，我还是要提醒大家，仍然是老生常谈，这个双休日尽量还是不要外出了。如果说有特别重要的事情要紧急外出，千万不要在临时的建筑物、广告牌还有铁塔、大树这样危险的地方去避风避雨。如果开车的话最好是将车开到地下停车场或者隐蔽的地方去。如果这个时候还住在帐篷里，那真的是特别特别不明智，赶紧把帐篷收起来，收拾包袱回家吧。 另外，我们如果在露天集体活动或者室内大型集会，应该及时取消，并做好人员的疏散工作。不要到台风经过的地区旅游或者是到海边游泳，更不要乘船出海。另外还要告诉大家，如果台风眼并没有经过当地，当地逐渐从偏北风变成了偏南风，而且风雨渐渐变小，气压逐渐上升，云也渐渐消散，天气转好，这表示台风正在远离。刚刚我们也提到了台风眼这样的一个概念，可能很多市民朋友会问到底什么是台风眼？其实卫星云图上中间的位置就是台风眼了。 很多朋友在我们节目中听到这个消息，看到本次的超强台风叫作“利奇马”，这个名字是怎么来的，为什么叫这个而不是叫别的名字呢？我觉得很多市民朋友可能还不太熟悉怎么样对台风取名，“利奇马”一名是由越南提供的，其实它的本义是一种水果。 台风的名字里边还含有很多学问，（命名方式是由）1997年11月25号到12月1号世界气象组织台风委员会（开会）决定的。西北太平洋和南海的热带气旋采用具有亚洲风格的名字来命名，从2000年1月1号开始使用……我们中国提供了哪些名字？我们跟大家科普一下，比如说我们前几天听到的，例如“海神”“风神”“杜鹃”“电母”“木兰”“海棠”等这些名字都是由中国提供的。现在，我不知道“利奇马”登陆以后会有怎么样的变化，所以说我们要严阵以待、众志成城来做好准备了。	
6	台风现场画面。 宁波火车站当时情况。	**外景记者**：我们也要提醒正在收看我们节目的网友朋友们，您的亲戚当中（如果有人）还滞留在一些不太安全的区域，赶紧提醒他去安全的地方，千万不要忽视、不要麻痹大意。 **宁聚直播间现场主持人（女）**：接下来请关注一组最新的路况信息，目前的宁波支队辖区高速除了杭甬线…… **外景记者**：好的，我现在是在宁波火车站的候车大厅。我们来看一下现在的客流情况。我们先来看看这边的安检情况，我现在所待的（地方）是南广场的安检口。我们可以看到，还是有不少旅客前来的，但相比平时已经少了很多了。那我们来问一下安检人员的工作情况。	

序号	画面	声音	分析
		外景记者：您好，您是这边的安检人员吗？您觉得今天来坐车的人多不多？ **安检人员：**肯定多啊。坐火车的肯定有很多人的。 **外景记者：**您今天安检工作多长时间？ **安检人员：**已经工作了十几个小时了，我们今天早上五点半就开始上班。 **外景记者：**我们能看到安检人员的工作其实很辛苦的，从早上五点半就开始工作了，正在检票的是发往安徽亳州的车。 **宁聚直播间现场主持人（男）：**刚才信号不好中断了。我们再次联系蹲守在各个部门的记者和一些一线的工作人员，了解现在台风的一些情况以及我们防汛防灾的一些情况。 **外景记者：**我们现在来到的是一个服务站。嗯，我们来问一下。您好，今天确实有点忙，多趟列车停运，再加上还有列车晚点，你们现在做什么呢？ **服务台人员：**我们服务台主要是做好列车停运的解释工作。有些列车晚点的话也尽量做好解释工作。 **宁聚直播间现场主持人（女）：**我们继续来关注前线的信息。咱们目前已经做好了准备工作，包括山塘水库的加固和巡防。另外是农业产业，接下来还是来看一下我们记者从前方发回的报道。	
7	农户赶在台风过境前给大棚加固。 画面转至宁聚直播间现场。	**外景记者：**一起来看看现场的情况。我们收到最新的消息，这个风力达到了 17 级，破坏力还是蛮强的。幸好没有在宁波登陆。 **宁聚直播间现场主持人（女）：**其实就台风来说，每年的七八月份是台风形成比较频繁的时候。其中得以北太平洋西部以及中国南海地区生成的台风最频繁最强劲，平均每年大约能够生成 24 个。7、8、9 这三个月份最频繁，这三个月当中 8 月份又是最频繁的。所以说，每年这三个月也是台风的高发期。除此以外，世界气象组织把台风划分为六个等级，经专业测试台风中心附近平均风力可以达到 12 到 13 级的热带风暴……接下来我们了解一下目前最新的路况。	
8	宁聚直播间现场。 台风天民警和记者将孤寡老人安全护送回家。 记者与老人用方言进行沟通。	**宁聚直播间现场主持人（男）：**另外，我们的直播还在继续。我们的记者还在现场给我们发来报道。 **外景记者：**各位观众，现在我所在的这个位置是西门街道派出所的车上。我们现在要和西门街道派出所的民警一起去江北区的文教派出所。原因是文教派出所在不久之前发现了一个在江边迷路的老人，这位迷路的老人到底是谁呢？我们发现他其实是这个西门街道的一位孤寡老人。现在就请周所简单跟我们讲一下目前的情况。 **民警：**大概七点左右吧，我们发现一个走丢的老人。在他身上发现一张身份证，这是一个非常有用的线索。	

序号	画面	声音	分析
		外景记者： 现在顺利地接上了老人，我们要回老人所居住的街道。好的，我们安全来到了西门街道的钱东社区。那我们也希望这个老人可以安全地度过这个台风天。好了，我这里的情况就是这样。	
9	宁聚直播间现场。象山现场情况。	**宁聚直播间现场主持人（男）：** 欢迎回来，接下来把镜头给宁波新闻频道。 **宁波石浦高速连接线新桥段片区负责人 董雪初：** 各个村的人员转移安置和防务工作昨天就开始了…… **外景记者：** 今天取消了将近一半的进出港航班。受台风影响，截至今天下午三点，宁波机场共取消航班 104 个架次，包括 61 个进港航班和 43 个出港航班，目前宁波机场已经启动大面积航班延误预警。根据二级响应，机场方面提醒，由于特殊天气航班变动通常会比较频繁，明天预计影响会更大，旅客出行前一定要确认自己航班的信息，第一时间和航空公司或者原售票点进行联系…… **宁聚直播间现场主持人（女）：** 欢迎回来，现在播报一下最新的路况信息……	
10	新码头成渔船避风港。	**外景记者：** 这个雨是一阵一阵的，把我推着往前走。但是，我们可以非常清楚地看到我身边的这些船舶被稳稳地固定住了。目前这里总共停靠了大约 2 700 艘各类船舶。象山石浦港可以防御 12 级的台风。但是，这次的台风来势汹汹，风力是超过 12 级的，而这个避风港可以防御 16 级台风……好的主持人，我这边的情况就是这样。	

第二节　灾难事件现场报道准备

一　选择报道的“核心点”

出镜记者或主持人要依据大量背景材料筛选出事件的核心点，构建一个信息群，先从背景信息中发掘报道点，再结合事态发展选择合适契机完成现场报道。

散落在当事人、目击者、知情人、新闻现场的信息点，在新闻报道主题的统领下，以集合体的形式呈现，由信息点构成的“信息群”为了解新闻事实提供便利，信息点通过不同组合来解释发生了什么和为何会发生。出镜记者在组合信息点时，需要还原现场，传递信息与体验。主持人作为信息传播链条中的一环，存在着客观价值和主观意义：主持人既是信息的整合传播者，又是信息流的引导者。从这一方面来看，全媒体时代的到来不仅会为主持人提供更大的传播空间，还会让主持人的“舆论领袖”价值无限放大。[1]

例如，报道突发火灾时要注意以下核心点：

- 核心灾难现场是怎样的？
- 描述救援人员到达，要有各种声音呈现。
- 描述具体救援行动。
- 受灾的人在灾难中如何逃生？最好有声音呈现。
- 被救出的人是什么情况？
- 其他临近地方的人是什么状态？
- 救援人员和警察等是什么情况？
- 救护车等是什么情况？
- 人员如何被送上救护车？
- 灾难已经被暂时控制住了吗？
- 大概分析火灾发生原因。

二 呈现现场的关键场景

现场直播并不等同于突发事件本身，而是在事件发展当中截取某一个时段，将其用电视新闻的方式集中呈现出来。因此，每一次现场直播都必须遵循和满足新闻价值的要求，而不能像“网红”直播一样毫无章法。因为事件本身在发展过程中具有不确定性和未知性，所以如何选取片段进行直播极为关键。比如在游船倾覆事故现场，将直播点选择在救援船舶出发的码头，旁边还是新闻发布会场所，需要走动的半径范围小。这样的选择，非常有利于记者在直播时间内综合介绍多个场景信息，增加了新闻信息量。

三 及时互动答疑解惑

案例 7-2 直击“7·5”泰国普吉游船倾覆事故现场 救援仍在进行

当地时间 2018 年 7 月 5 日 17 时 45 分许，两艘载有中国游客的游船在泰国普吉岛附近海域突遇特大暴风雨发生倾覆事故。据泰国军方搜救人员提供的消息，截至 7 日中午，普吉游船倾覆事故已造成至少 38 人遇难。此次事故中，有 37 人来自浙江海宁，其中 18 人失踪，2 名阿里巴巴员工及其家属已不幸遇难，海洋二所和公羊队等救援力量随泰国军队的一艘舰船目前还在事故附近海域进行搜救（见图 7-2）。浙

---

① 徐庆元．全媒体演播室中新闻主持人的功能定位与转变［J］．声屏世界，2015（1）．

视频记者与浙视频直播团队抵达普吉岛后2个小时内，在后方导播、编辑等人员的支持下发起了第一场长达6个小时的视频延时直播和图文视频滚动播出。出镜记者与后方编辑配合，实时更新播报最新消息；摄像师与后方导播配合，通过4G多链路聚合无线传输设备实时回传视频素材，供视频编辑拆条制作成短视频。

直播记者：刚才在当地时间6点05分，《钱江晚报》的记者给我们发来了最新的消息，来自广州打捞局的潜水员借助泰方的设备进行下潜。前20分钟的时间中，他们非常细致地去搜索沉船中的每一个角落。通过显示器的画面可以看到，潜水员一边搜索一边前进，从倾侧的船身一路摸索到船的另一侧，与底泥交联的地方，船上的队长突然在监视器中发现了一双失踪者的脚，于是马上通知了水下的队员来进行搜索。看来前方的两名队员到目前为止的工作是有收获的，还有两名潜水员即将开展新一轮的工作。在用绳子将这一名遇难者的脚部捆扎完毕以后，由于遇难者遗体被压在船下，所以目前还没有把遗体运上水面。

图7-2　救援行动画面

移动直播超过30分钟，不仅考验设备续航能力，也考验网民的耐心。如果直播时间过长，画面或解说不够吸引人，就容易导致用户流失。直播记者通过及时转移直播地点、及时接入采访对象等方式，增加场景变化，充分展现关键场景的新闻信息。

技巧一：直播时及时转场，增强新鲜感和悬念性。

直播记者：现在我们经过了大概三十到四十分钟的车程，目前是抵达了本地据说是医疗条件最好的一家公立医院，叫作瓦其拉医院。在我的身后，这家看上去不大的医院目前收容的受伤者和遇难者却是最多的，同时也有很多家属已经赶来了这个医院。

技巧二：直播时遇人寻求采访，增强现场感。

移动直播与电视直播的区别之一是，采访对象是否提早安排等候出镜。移动直播时，遇见人临时邀请对方接受采访，具有不可预见性，也凸显了现场感，体现“正在进行时”的报道特点（见图 7-3）。

直播记者：我们看现场有没有人能接受我们的采访。Can you speak Chinese?

工作人员：会说一点普通话。

直播记者：现场这个地方的一个主要功能是什么呢？来跟我们介绍一下它里面有哪些人员在。

工作人员：是我们普吉府的单位，政府单位在直播。每一段都直播了，今天的六点也有直播，（以提供）进（一）步的消息。

直播记者：我看到现场除了有一些像志愿者的人，还有我们的医疗队员。目前我们还是在等待出去救援的船只回来，可能上面会有一些遇难者，或者要等待进行一些救援的人。他们现在在这边的人员储备怎么样？

工作人员：就是要等待遇难者（遗体），还有一部分没有找到，听说就剩有十来个。这些（遗体）找到了这边就没有什么了。

作为全网都在关注的新闻事件，网友有很多未知信息，家属也有很多渴望知情的信息。直播作品的出现，逐步解答了网友和家属的疑问。直播记者作为采访报道者，同时也是信息组织者，与后方编辑配合默契。直播记者打开手机看网友的留言或提问、打网络视频电话问在救援船舶上的同行记者、传送救援现场的视频画面，再从码头转场到医院展现一路见闻，对天气与环境、救援进度、人员参与情况等众多信息进行及时传播。

图 7-3 记者正在采访现场的工作人员

技巧三：直播时与他人视频通话，增加信息量。

在后方编辑无法保障服务时，直播记者临时发起网络视频通话（见图 7-4），既增加了不可预见的情况吸引网友观看，又增加了信息量。

直播记者： 我们在这个比较安静的地方与我们前方的记者连线一下，看一下最新的进展。我试一下拨打电话，我也不确定那边的信号是否通畅。陈老师，您能听见吗？

同行记者： 我们现在乘坐一艘小艇回去。

直播记者： 现在小艇上大概有多少人，有没有将遇难者（遗体）带回来？

同行记者： 没有没有，现在尸体还在船底下。

图 7－4　记者联系前方记者

技巧四：直播时与后方编辑沟通，回应网友提问。

记者现场查阅网友的留言或提问，有针对性地通过现场回应网友疑虑，或者与后方编辑合作，引导互动交流。

直播记者： 看到有一位叫作“新家居梦想”的网友说，“我爸爸有一个朋友也在其中”。希望所有在我们直播间当中关注这场直播的人来共同为我们的同胞祈福。“紫萱仙女”说：“船是什么时候沉的？”是在当地时间 7 月 5 日下午的 5 点 45 分。

技巧五：直播时及时分发图片或短视频，引流导流。

网络直播正在进行时，要求网友时刻观看是很难做到的，同时也有新的网友进入直播间。如何照顾网友的观看感受，需要适当增强重要信息的“二次传播”（见图 7－5）。

图 7－5　稍早前直播画面

直播过程中，每间隔10分钟适当作小结或说明直播内容，照顾刚进直播间的网友。对重要片段、场景，通过拍摄图片、视频或者后方编辑摘录、“拆条”的方式，快速在多个平台进行分发，吸引媒体转载和网友转发。

资料来源：中国新闻奖媒体融合奖项一等奖作品展示：《直击7·5泰国普吉游船倾覆事故现场 救援仍在进行》[EB/OL].（2019-12-19)[2024-07-22]. http://www.zgjx.cn/2019-12/19/c_138642670.htm.

第三节 出镜记者灾难事件报道注意要点

在灾难事件中，现场记者和主持人具有“亲历者”“传播者”“发现者”“还原者”四种身份，且这四种身份对于记者和主持人提出了四个方面的要求。“亲历者”需要记者和主持人必须亲临现场；“传播者”要求记者和主持人将现场的状况如实传递给受众；“发现者”要求记者和主持人发现现场的细节和事件背后的隐藏因素；“还原者”要求记者和主持人生动地“还原现场”，让受众身临其境。在这四种身份的要求之下，出镜记者和主持人必须注意以下要点：

（1）当记者和主持人通过渠道获取信息并核实后，应在第一时间赶赴现场，并在赶赴现场的途中利用各种渠道收集资料，随时关注事件的进展，在最短的时间内形成对于灾难事件的认知，了解事件的来龙去脉。特别是在全媒体时代，记者和主持人有了更多的渠道去了解现场状况，因此，记者和主持人应加强对于全媒体的运用。

（2）现场的记者和主持人是社会事件的目击者，记者和主持人可以第一人称视角对事件作出报道，多角度、细节化地展示现场的实况，传递自己在现场的身心体验，充分展现新闻报道的现场感。

（3）关于灾难事件的报道应包括表层信息和深层信息两种。所谓表层信息，指事件可见层面的种种信息，如地点、时间、环境、现场状况、伤亡人数等；所谓深层信息，指隐藏在可见层面之下，需要记者和主持人去摸索、调查的种种信息，如事件的背景、原因、走向等。记者和主持人在全面获取和传递表层信息之后，更应该挖掘深层信息，探求事件的内在肌理，体现报道的深度。

（4）许多灾难事件具有危险性，如战争冲突、政治动乱等。记者和主持人在危险的环境中，要掌握避险与自救的技巧，以人身安全为第一位。

（5）战争冲突、政治动乱等社会事件具有复杂性，牵涉到复杂的国际政治关系。因此，记者和主持人需要具备国际政治视野，对于政治局势有着清醒客观的了解，在面对敏感问题时作出正确判断，尤其不可危及自身国家的利益。

（6）灾难事件尤其是大规模的突发性社会事件对于公众的影响是极大的，突发性社会事件本身的负面性注定了其对于公众的影响也多是消极的，极易激起公众的负面情绪。因此，对于舆情的管控成为应对突发性社会事件的重要工作，新闻媒体在这一工作中有着十分重要的地位和责任。如何与政府的舆情管控相适应，在不违反新闻真实性的同时，遵循政府的舆情策略，是新闻媒体需要面对的挑战。在现场报道中，记者和主持人的引导非常重要。记者和主持人必须把握新闻报道的尺度，面对敏感问题谨慎措辞、审慎用语，避免造成社会恐慌和舆情动荡，引导受众的情绪、舆论朝正向发展。

（7）记者和主持人面对被采访者的不同情况，可适当地选用不同的提问技巧。如面对愿意接受采访的目击者，可采取正面提问。面对不愿谈或不善谈的被采访者，可采取迂回式提问从侧面引入话题，或采取设问式、激发式提问激起被采访者的交谈意愿。与此同时，记者和主持人应拉近与被采访者的心理距离，获取被采访者的信任，消除其紧张感与戒备心，以收获良好的采访效果。[①]

案例 7－3 记者蒋林就天津港“8·12”爆炸事故与《新闻 1＋1》栏目连线

来源：中央电视台《新闻 1＋1》栏目

时间：2015 年 8 月 14 日

白岩松：我觉得首先要关注你的位置，现在离爆炸点也就是核心的这个地方有多远？你的报道现场。

蒋林：我在今天离爆炸现场最近的时候，直线距离不超过一公里，透过天津海关的大楼，我在爬到这个楼 15 层的时候可以非常清晰地看到，就像刚才通过无人机看到的这个画面。今天下午，其实有一度我站在这个窗口也会觉得很刺痛，而且蒸腾起来的这种浓烟，我们在大楼的 15 层其实也可以闻到。

我现在所处的这个位置，今天下午有了一次向外的撤离，其实这是因为今天的风向有了一个小小的变化，从面向我们这个海关大楼完全右侧的方向调整到了海关大楼的左侧，其实可能只是修正了这一点小小的角度，但是对于周边不少救援抢险工作，包括我们现场报道人员来说，可能又有了新的威胁。所以今天下午大概 4 点钟的时候，我到达现在这个位置，距离核心现场是 1.3 公里，并不遥远。

白岩松：蒋林我要打断你一下，因为其实我并不希望此时此刻，你离得那么近，1.3 公里已经足够近了。我也注意到你在准备期间，就没有戴口罩，现在连线也没有戴上，是否接到相关信息，比如说空气是安全的？是否存在有害物质，你们去采访时得到提醒了吗？

---

① 稂宁．试论突发事件出镜记者提问技巧［J］．佳木斯职业学院学报，2018（1）．

蒋林：那我就把我今天下午的这个感受做一个梳理。在到达核心现场，也就是说最近距离大概隔一公里这个位置上，因为当时的风向是和我们身边擦肩而过的，所以其实浓烟是从我身旁大概50米的地方过去的，这个时候是闻不到现场有任何的爆炸或者燃烧之后的味道，但是当我爬到海关大楼上的时候，风向发生了变化，能够非常清晰地闻到，而且直到现在其实还会觉得自己的鼻腔或者说自己说话的时候嗓子会有一点小小的刺激性，因为这毕竟是一个堆放化学品的仓库。

而我现在所站的这个区域，其实是和现在的风向呈一个平衡的状态，风朝我们现在所说的可能偏向于渤海那个位置继续吹，我们跟它有一公里的距离，其实就是我们跟烟相隔的距离。

今天下午6点钟的时候，我得到了一个消息，就是北京军区防化团在相隔500米的范围之内没有检测出氰化物，但是这个消息其实停在了今天晚上的6点钟，我们其实也希望能随时更新这样一个空气检测的信息。他们派出了很多的流动检测车，变成一个环状去围绕现在仍然在燃烧的区域检测，但是现在现场仍然在开一个会商会，所以没能拿到最新的消息，目前距离这个平行的风向，我是闻不到任何气味的。

【点评】 记者蒋林有“现场报道的教科书”之称，他关于现场的报道有条不紊、逻辑清晰、准确有力、理性客观，许多重大突发事故的现场都有他的身影。在对天津港“8·12”爆炸事故的报道中，蒋林第一时间赶到现场。面对如此重大的突发事故，蒋林的反应迅捷而冷静，选择的出镜地点非常准确，恰好能够对现场的状况有总体上的概览。蒋林以清晰的语言报道了现场的实况，以精准的数据准确有力地呈现出现场的原貌，并就观众关心的空气污染问题做了集中的回复（见图7-6）。

图7-6　蒋林在天津港“8·12”爆炸事故现场报道画面

一线者说

蒋林：现场报道的“王者”

因思路清晰，表达精准，善于通过观察挖掘细节，蒋林被网友称作央视“连线哥”。面对“名气”，他显得极淡定，他说：“如果是一夜爆红，我短时间内可能会迷失自己而忘乎所以，但因为做主持人时就有一定知名度，对这种虚无缥缈的东西，我已经有很强免疫力了。”现在的他更希望观众记住他的报道作品，或者记住报道中讲过的某些话。“但如果这仅有的一点知名度能够帮助我更好地和别人交流，获取报道信息，那它就变得有价值了。”

在报道“四川凉山木里森林火灾”过程中，蒋林准备采访国家林业局南方航空护林总站相关负责人了解灭火救援情况，本来是需要走流程核实记者信息的，因为对接人看过蒋林的报道，沟通工作立马变得顺畅了。“这可能算是‘名气’给我的帮助，但更多的时候我不觉得自己更有名了，找我签名的人更多是因为我早前在成都台主持节目。”蒋林已经跟很多主持人合作过，他认为白岩松是最有新闻嗅觉的，“跟他连线一定不是你想说什么他就听什么，永远是他要什么你说什么。他的问题，一不小心你就会掉进去，但这也是一个非常优秀的主持人现场具备的能力，那就是，必须具有一定的追问事实而生的侵犯性”。

在天津港“8·12”爆炸事故报道的连线过程中，白岩松突然观察到画面背景中出现了火光，想要了解发生了什么。在白岩松与嘉宾在演播室交流的10分钟左右时间里，蒋林火速赶往信息点，去了解这是爆炸式的灭火手段还是新的燃点引起的。“现场所有人都在忙，谁也没有义务回答你的复杂问题，我也没有时间一一求证，因此果断采取排除法，直接询问他们刚才有没有采用爆炸式的方式灭火，快速得到了否定的答复。”由于不知疲倦地穿梭在各个重大灾难现场，蒋林成为很多人眼中的“灾难记者”，但他对这个标签不太认同，因为给他留下深刻印象的报道经历，不乏令人欢欣鼓舞、开心不已的。更为重要的是，在这个过程中，他完成了一次又一次自我挑战与升级，实现了职业转型的初衷。

“直播连线的最大乐趣和挑战都在于它的不完美，永远都会有遗憾。即便观众觉得内容挺好的，但自己没准忘了说准备得更好的内容。”蒋林更在乎自己想要表达的东西有没有充分体现。而在工作现场，他时刻谨记自己是去采访的，而不是去“给人添麻烦”的。此前在国家电网某重大工程海拔3 000多米的施工现场，蒋林用近5个小时爬上了700米之上矗立在悬崖边的一座电力塔架。或许可以找人借助工具把他弄上去，但他坚持自己爬了上去。登顶后，当抬头看到远处的雪山与冰川时，他觉得自己可以做到以前觉得做不到的事情。

观看蒋林对天津港“8·12”爆炸事故的完整报道视频请扫码

资料来源：杨余．从地方台主持人到央视一线记者，蒋林的人生就像在做一道又一道的难题[EB/OL].(2019-06-01)[2024-07-22]. https://www.sohu.com/a/318023516_613537.

案例 7-4 “非典”疫情期间记者王志的采访

“非典”疫情期间，王志赶赴现场，实地走访医院，采访了钟南山医生。早在2003年1月21日，钟南山等专家对20多个病例进行了会诊和抢救，次日起草了一份《关于中山市不明原因肺炎调查报告》，第一次将这种病命名为“非典型性肺炎”。王志问：“你考虑过个人传染的风险吗?”钟答：“我知道它有强烈的传染性，……但我相信自己，我想身体好的人，不会个个都得病的。”王志又问：“你可以相信自己的身体，但是你也应该相信自己的年龄。”钟答：“我也想过，但是想得不太多，占据我头脑比较多的还是找到这个未知数。”王志问：“当你听说你的同事倒下去，甚至病死，你的心里感受如何?”钟答：“这是一场没有硝烟的战争。……（我们）不会因为怕传染就不做了。”王志又问：“你有没有一个控制传染或有效治疗的时间表?”钟答：“作为一个临床大夫，我想寻找出比较有效的治疗方法，我相信时间不会太长。”①

【点评】 在本案例中，面对“非典”疫情造成的社会恐慌，王志深入现场，走访医院，为公众呈现了“非典”疫情的真实面目，消除了民众的猜疑。他对钟南山的采访，问题精准，步步深入，塑造了一个为人民鞠躬尽瘁死而后已的“抗非”形象，有效地提升了公众战胜疫情的信心。

观看王志采访钟南山的完整视频请扫码

此外，对于现代传播媒体而言，“人文主义关怀”正日益成为不可或缺的基本传播素质。人文主义关怀的核心内容是肯定人性的价值、意义和人的主体性，包括对人的生存状况和历史境遇的关注以及对人的尊严、价值和人类解放与自由的追求。因此，人文主义关怀也被誉为人类苦难的“温柔抚摸者”。灾难事件由于突发性和破坏性，以及不能预料的严重后果，受到社会各方面的广泛关注，成为社会舆论的焦点。人类出于生存本能的需要和猎奇心理，非常关注与死亡密切相关的灾难事件。因此，灾难事件报道往往是现代新闻媒体的重要传播内容。

对于灾难事件的报道应充分考虑灾难带给公众的沮丧情绪，将人文主义关怀融入报道，使公众不仅关注灾难事件本身，更关注灾难事件中人的命运；应弘扬灾难事件中体现出的人性美，从而使人类社会能够逐渐从灾难事件中得到恢复。同时，对于灾难事件的采访也要充分考虑到灾难受害人的情绪。媒体狂轰滥炸式地采访灾难受害人时，其实也是在一次又一次地戳其心窝、揭其伤疤。比如，一个记者就曾反复问牺牲

---

① 尹均生．中外名记者及其新闻风格［M］．武汉：武汉理工大学出版社，2010.

的消防员的队友："看到他牺牲你自责吗?""你想救他吗?"这些举动引起了网友的强烈反感。这类几近反智的提问，不仅会让被访者一遍又一遍地回忆痛苦细节，给其造成"二次伤害"，还会直接影响媒体公信力，抹黑媒体形象。

案例 7－5 关于自然灾害报道的几则案例

a. 2008 年 5 月 9 日，为报道奥运圣火传递，张泉灵还在西藏海拔 5 200 米的珠穆朗玛峰大本营做"生活耀珠峰"直播。5 月 12 日，刚回拉萨不久，她得知四川汶川发生强烈大地震。张泉灵知道需要自己冲锋陷阵的时候到了。5 月 13 日，张泉灵挤上了震后拉萨飞往成都的第一班飞机，抵达成都的当天下午，又马不停蹄地坐车 3 个小时抵达北川。这次灾区之行，一去就是 10 天。①

b. 汶川地震后，一位医生说，看到记者在现场采访羌族女民警蒋敏，并发问："你在照顾这些灾区的孩子时，会不会想到自己的孩子?"他注意到蒋敏轻轻皱了眉头，喘了口气，才缓缓地说：'会的，一切都会想起。'"他马上意识到这位可敬的女民警支撑不住了，急得对着电视直喊。果然，几分钟后，这位同时失去父母、孩子等十几位亲人的女民警晕倒了……②

c. 汶川地震后，记者问过一个孩子："六一节想要什么礼物吗?"孩子回答说："她想要看见全校的同学。"当时我们的记者没有及时意识到话的意思，追问了一句"为什么呢"，顿时，孩子泪如雨下，告诉记者，一个同学被倒塌的房子压成重伤，被送去郑州治疗了，孩子的情绪彻底失控了，一行几个大男人安慰了她很久。记者的一句看似平常的问题，却得到了一个失控的结果，这是因为记者对采访对象的心理没有准确地把握，导致采访的失败。③

d. 2008 年 5 月 18 日中央电视台《爱的奉献》赈灾义演中有这样一个场景：主持人带上来 3 个北川中学的孩子，他们是地震中的幸存者。主持人让孩子们回忆当时的情景，其中一个女学生泣不成声，台下的观众为之动容。④

e. 在汶川地震后的全国性救灾活动中，我们的传媒记者迅速跟进，奔波于救灾一线，表现了顽强的职业精神，创造了近年来最好的传播效果。尤其是四川电视台的记者，在采访中显现出良好的职业道德素养。例如，当被采访者感到疲惫时，记者马上收回话筒，向观众解释："他太累了，我们让他休息吧。"对于失去亲人的当事人的采访，通常由记者出面叙述他们有哪些亲人不幸遇难，不强求人家自己再揭心

① 高贵武．出镜报道与新闻主持［M］．2 版．北京：中国传媒大学出版社，2021：120．
② 马小英．灾害报道中记者的"感同身受"［J］．中国广播，2008（11）．
③ 裘建民，宋元．灾害报道中节制采访是记者的美德［J］．视听纵横，2012（4）．
④ 同②．

灵的伤疤。[①]

f. 另外我们的记者在灾区还碰到了一件事情，一个从重灾区来的老大娘，非要找浙江的媒体。我们简单地了解了一下，老大娘的儿子、亲家，所有的家人全部在地震中遇难，只有她和儿媳妇生还，两人只身来到县城，好在得到一个浙江援助队员的帮助才渡过难关。她想找记者帮忙，请浙江的媒体来宣传。几经辗转，我们找到了好心人，老大娘显得情绪十分激动。以前有同行觉得，这种情绪的爆发是观众最想看而不经常看见的，记录这些可以作为一定的收视卖点。甚至，记者可以继续激发和引导被采访者，将这种情绪扩大、加深。但是，我们的记者当时的处置方法是，简单地进行答谢，尽量避免老大娘对地震进行回忆。这段采访由画外音的方式进行叙述，可能这样的镜头不够“刺激”。但是作为一名记者，作为一名有职业操守的记者，当你真正经历过那些灾难的时候，你就会发现，新闻永远是以人为本的，人永远高于任何“刺激”的镜头。[②]

【点评】在案例 a 中，张泉灵在获知地震的消息后，不顾艰难和劳累，在第一时间赶赴地震灾区现场，体现了一位出镜记者的灵敏反应，以及一个新闻从业者的责任与担当。

在案例 b、c、d 中，记者和主持人因为缺乏对被采访者的感同身受，以至于让被采访者陷入无法抑制的悲痛和激动情绪之中。这些也许可以激起观众的同情，但对于被采访者无疑会造成心理上的二次伤害。这种采访无疑是残酷的，其所激起的观众的同情亦是廉价的。特别是对于经历灾难后的儿童而言，迫使其回忆灾难时的场景会让其幼小的心灵遭受更多的压力和打击，甚至会留下心灵创伤。采访者的提问也许只是出于无心，但在无意中却造成了对被采访者的伤害。因此，采访者在面对遭受巨大灾难后的被采访者时，必须增强同情心，学会换位思考，时刻具备感同身受的能力。

与案例 b、c、d 相比，案例 e、f 中的记者无疑做得更好，他们充分考虑到了被采访者的感受，甚至为了不激发被采访者的悲痛情绪而放弃了新闻效果，体现了可贵的人文主义关怀。美国职业记者协会（SPJ）的《职业伦理规范》曾强调：“对那些可能因为新闻报道而受到负面影响的人表示同情，尤其面对孩子和没有经验的消息来源或采访对象时，要特别小心。当采访受到悲伤事件影响的人或使用其图片时，记者要有同情心，要谨慎使用图片。要认识到采访和报道可能会对采访对象或公众造成伤害和引发不安，自以为是地追逐新闻是不可取的。”[③] 在自然灾害的报道中，新闻伦理道德应该是优先于新闻活动本身的。新闻本身的价值虽然可贵，但新闻的核心是人，人文主义关怀是新闻的基本品质。

---

① 裘建民，宋元. 灾害报道中节制采访是记者的美德［J］. 视听纵横，2012（4）.
② 同①.
③ 周石其，黄芳. 论媒体在灾难报道中的人文关怀［J］. 中国出版，2010（20）.

一线者说

快速、深入、独立思考：突发灾难现场报道的突破与延伸

天津港“8·12”特别重大火灾爆炸事故的惨烈令世界震惊，如何通过及时、准确的一手报道，第一时间回应社会关切，特别是与不断衍生出的谣言“赛跑”，已经成为当前主流媒体记者攻坚的重点和着力突破的关键。记者历经11日天津港爆炸一线蹲点，对突发性灾难报道有了更深的理解与思考。

前后方联动让准确报道跑出时效性

突发事件报道中，传统媒体的时效难以与新媒体特别是社交平台匹敌。新媒体平台中除记者团队的报道外，还集纳了网友现场的所见所闻，尽管迅速，但真实性往往有所不足。在这种背景下，传统媒体前方与后方互动的“保真”优势逐渐显现出来。

天津港爆炸发生在2015年8月12日晚11时30分左右。当晚11时40分，还在北京参与专家调研的我接到了第一个朋友的爆料电话：“开发区这边发生爆炸了，跟地震一样，烟雾升起来几十米高，像蘑菇云。”听到朋友在电话中颤抖的声音，我第一感觉是：这绝非一般性的火灾、爆炸，很可能是造成重大伤亡的突发事故。

我在新华社天津分社负责滨海新区日常报道，在当地建立了广泛的人脉。鉴于事情重大，在搜索微信朋友圈、微博，确认有重大突发事件发生后，我又进一步联络在滨海新区工作、生活的多位朋友，进一步弄清了事实及部分细节，并迅速抢发报道。在13日0时54分，新华社对此事的首条报道《天津滨海新区深夜发生剧烈爆炸 烟尘高达数十米》正式播发。报道不但明确了爆炸的事实，而且相较新媒体平台的片段式与揣测式报道，对爆炸发生的时间（晚11时30分左右）、地点（滨海新区开发区周边）、现场描述（爆炸火光冲天，引发的烟尘高达数十米）、人员伤亡情况（有伤员被送往附近的医院）等，从事后回顾看均较为准确，在主流媒体中率先发出了准确报道的声音。

随着事态的严重性不断升级，在天津的负责文字、摄影、视频等工作的多位同事连夜分多路赶往现场，并于13日凌晨1时左右陆续到达爆炸事发地点。为进一步提高报道时效性，同时彻底释放前方报道记者的写稿压力，我和同在北京的天津分社副总编辑刘元旭紧急在宾馆碰头，组成后方报道小组，通过电话、微信群等多种手段，整理来自前方的鲜活报道素材并快速成稿刊发。

根据前方反馈的信息，我在凌晨1时左右联系到距离事发地点较近的泰达医院院长陆芸。电话那头的她急匆匆地说，她正在赶往医院途中，而且“全院投入200多名医护人员参与伤员紧急救治，伤者多为玻璃、碎石扎伤，部分伤者伤势较为严重”，“暂时没有收治死亡病例”。我一面紧急将这些重要信息结合现场了解到的情况撰写成稿件刊发，同时又将泰达医院可能收治有大量伤员的信息传递回前方。泰达医院在接下来的十多天里不但成为爆炸伤者救援的前沿阵地，也成为记者采访源源不断的素材源泉。

由于现场写稿条件有限，前方同事将采访的内容转而以口述的方式传入微信群里，这在当晚报道中被证明是最快捷有效的方式。当地政府官员、爆炸周边居民、医院伤者、亲历事件的货车司机等大量的一手鲜活素

材源源不断以口述语音的方式传进来。我则在后方快速整理成文字，并且分类组合成稿。《居民描述惊魂一刻：爆炸冲击如地震 现场涌起"蘑菇云"》《天津滨海新区爆炸抢险现场有两名消防官兵失联》等现场权威报道源源不断地发出，有力地抢占了舆论阵地。

资料来源：毛振华．快速、深入、独立思考：突发灾难现场报道的突破与延伸：天津港"8·12"火灾爆炸核心区报道亲历［J］．中国记者，2015（9）．

延伸阅读

采访"4名儿童被埋"，多名记者被打！ 当地书记回应

据红星新闻报道，今日（2020年4月21日）下午，4名儿童在原阳县朱柳园村一陵园下葬，经家属同意后，多名媒体记者前往采访。

在该陵园门口，记者被十余名不明身份人员阻拦。随后，记者询问以上人员具体身份、询问为何拦阻，但未获回应。

现场一名女性声称："没有政府的允许，不能进去采访。你们为个采访，值得吗？"

记者多次要求对方告知拦阻理由，但一直未被告知。随后，多名上述不明身份人员对红星新闻记者进行推搡、殴打。记者使用手机进行拍摄时，手机被抢、衣服被撕烂、眼镜被踩毁。

与此同时，《新京报》记者被推搡、阻挡并反扣手臂、掐脖子，无人机被干扰。上游新闻记者在拍摄时，亦被多人强行控制，手机被抢走。

之后，记者报警。

河南新乡市委书记：彻查

4月21日晚10时，河南新乡市委书记张国伟就新闻记者在原阳县被殴打、抢走手机事件回应上游新闻记者，将彻查此事，并向记者道歉，送还手机。

新乡市委书记张国伟接受上游新闻记者采访时说，我在山西考察，我听宣传部部长报告了。我已经责成他们抓紧时间，第一个是调查处理此事。第二个是原阳（县委、县政府）已经和记者联系上了，一定要向记者道歉，不管什么原因，不管什么人，都不该发生这个事情。再一个是叫他们抓紧时间，送还手机。一定彻查，万一有人触犯了法律，依法办事。

资料来源：王春，王剑强，牛泰．采访"4名儿童被埋"，多名记者被打！当地书记回应［EB/OL］．(2020-04-21)[2024-07-22]．https：//mp. weixin. qq. com/s? __biz=MTk1MjIwODAwMQ==&mid=2650856057&idx=2&sn=d181a3ce9cc25019f7ab26d279b2d051&chksm=4797d99770e050818f89d44fdc6c70c06017d32e5cce845bd56097f4941603164b0cf3052c4a&scene=27.

【思考与练习题】

1．记者来到灾难事件现场需要做哪些准备？

2．灾难事件现场报道有哪些通用原则？

3. 全班按 3～5 人分小组，每组选择一个典型灾难事件报道视频，分析、点评其报道技巧并向全班汇报。

4. 灾难事件现场报道模拟练习：收听观看灾难新闻采访，练习识别摘要的切入点，在不损害原意的基础上把句子缩短，让句子因为简短有力而增强传播效果。

5. 在 40 秒内录制一个灾难事件报道主题引述，尽可能多地包括各种信息，如记者所处的地点、发生的事件、你所看到的场景以及更大的画面。要特别注意记者在采访中如何安抚受访者、如何引出信息及如何推动采访进行并顾及受访者情绪。

【推荐阅读文献】

1. 李希光，孙静惟，王晶．新闻采访写作教程［M］．北京：清华大学出版社，2011.

2. 宋晓阳．出镜记者现场报道指南［M］．北京：中国广播电视出版社，2008.

3. 舒克，拉森，塔尔西奥．电视现场制作与报道：第 5 版［M］．雷蔚真，主译．北京：中国人民大学出版社，2013.

4. REARDON N，FLYNN T. 镜头前：如何报道、主持、采访［M］．成倍，张东岳，译．北京：人民邮电出版社，2015.

5. 张法．全球化时代的灾难与美学新类型的寻求［J］．社会科学研究，2011（2）.

6. 肖力．在比较视野下的国家、灾难与秩序［J］．现代哲学，2010（4）.

7. 连新民．聚焦现场直播与现场报道：突发事件的集中呈现［J］．新闻研究导刊，2018（2）.

8. 郭磊．从新西兰恐袭案报道看一线记者融媒体意识能力建设［J］．中国记者，2019（4）.

第八章

现场出镜与连线采访

【本章学习要点】

1. 出镜记者的定义
2. 连线采访的定义
3. 现场出镜和连线采访的应用

现场报道是一种声画合一的信息形态，在节目中穿插使用，既可以统领报道结构，又可以改变叙事形态。具体来说，现场出镜段落与解说词加画面段落、现场采访段落等共同构成错落有致的节目叙事形态。因此，记者在现场出镜前不仅要考虑线索、主题、角度以及熟悉采访对象，还要考虑现场报道在整个节目中的功能，要在现场报道前就构思好段落结构，设计好语言叙述模式，以便与其他信息形态形成系统性的整体结构。而现场连线本质上就是扩大信息传播的对话场。

第一节 现场出镜

一 出镜记者的定义

电视新闻现场的主角是出镜记者。出镜记者是在新闻现场、在镜头中从事信息传达、人物采访、事件评论的电视记者和新闻节目主持人（新闻主播）的总称。① 电视记者应具有较强的现场报道能力，记者的现场报道在直播中担负着重要的使命。

新闻节目主持人（新闻主播）作为信息传播链条中的一环，存在着客观价值和主

① 宋晓阳．出镜记者现场报道指南［M］．北京：中国广播电视出版社，2008：30.

观意义。如前所述，新闻节目主持人既是信息的整合传播者，又是信息流的引导者。从这一方面来看，全媒体时代的到来不仅会为主持人提供更大的传播空间，还会让主持人的“舆论领袖”价值被无限放大。①

出镜记者的现场报道既可以交代新闻背景，也可以按照事情的逻辑联系进行跳跃式报道；既可以在新闻现场作为新闻的开头或结尾，也可以揭示画面背后的内容。

二　适应从电视直播到手机直播的转变

相较于电视直播，手机直播的时长成倍增加。借助手机等移动设备，长时间的移动直播能够完整覆盖新闻现场，更有利于捕捉新闻细节、贴近新闻本真面貌。以日常生活中普遍使用的手机作为传播媒介，在一定程度上弱化了传受双方的角色仪式感，而以更为平等、更具交流性的语态进行传播。如何快速、有效地抓住手机用户的眼球，实现信息共享、实时互动是移动直播报道首要考虑的命题。面对新媒体传播样态，作为直播全能角色的出镜记者必须在继承传统电视新闻现场报道核心能力的基础上，寻求新样态的表达方式，提升自身报道水平，实现优质、高效的移动直播报道。关于突发事件新闻直播，小屏直播和大屏直播的呈现方式目前基本类似。

一线者说

白岩松——新闻节目主持人的直播技巧

讲直播必须先讲这个核心力量。第一层核心力量是作为一个传媒人的核心力量。第二层核心力量更加切题，即直播的核心力量。直播，往往意味着新闻正在发生。你如果没有迅速提炼正在发生的新闻的核心事实，那做什么直播呢？文字是一个重要的基础，语言表达和采访同样如此。我们现在要求一个记者或者主播一专多能，过去我们说播音员是播音员，主持人是主持人，您没发现现在它们的界限是模糊的吗？

进入 24 小时播出，比如新闻频道，我们的主播在播这个大时段的时候经常要连线，连线就要提问，就要采访。这个阶段有的时候要有适当的评论，有的时候还要有嘉宾，有的时候也要分析和访谈。主播，我认为就是主持人加播音员，那这就需要训练。而直播所特有的核心力量，排第一位的是心理素质。直播中对新闻业务的要求不高，我反而认为要低于日常对新闻业务的要求。直播的过程中，一旦心理素质过关，业务就不是问题。在直播的过程中，要消除心理紧张可减少对稿件和语言的过分依赖，增加道具等可依托的东西。比如说，我要是拿一个道具讲，我给大家讲这个杯子和这里的水，一般不容易出现问题，因为它很具体，东西在这，我就可以围绕着它说。但是没有这个东

① 徐庆元．全媒体演播室中新闻主持人的功能定位与转变 [J]. 声屏世界，2015 (1).

西，你让我空空地讲一个杯子和水就容易出问题。因此道具等可依托的东西越多，就越容易消除心理紧张，这都是解决心理问题的方法。

在直播的过程中也会碰到很多所谓的“事故”，如果主持人有经验就会用说破的方式去说，从而化解“事故”不留痕迹。我在直播中也经常遇到这种失误。有一次，我正在直播，一个导播小女孩过来给我送稿子，竟然是从摄像机前过去的。我接过稿子，说直播的一大好处就是随时可以等到最新的新闻，看刚才我们的导播都已经忘了摄像机，急切地把这个稿子送到我手里，让我们一起看看又发生了什么新闻——印尼发生特大海啸！由于我把它说破了，就没有人会觉得这是问题。

直播难看还是好看取决于几个方面，内容为王是第一位的，接下来是节奏合适。重视内容和把控节奏也是直播的第二个核心力量。时间意味着轻重缓急和新闻事实的核心内容的排序。你给我的时间短，我就要把核心事实提前说了。你给我的时间长，我就要有一个布局。你给我的时间更长，我还要跟你协商中间插片子或者加其他东西，我要解决节奏问题。我们很多的直播为什么很难看？因为它的背后对时间的把控有问题，没有经过训练。是不是时间越多越好？NO，越多，就意味着你要开始思考节奏这些问题，还要思考短片的配置问题，是不是要有访谈对象的问题，另外还要考虑跟家里有几个回合连线的问题……

直播的第三个核心力量是对细节和感性的重视。我在早期做新闻直播的时候，经常指挥导播，为什么？我们现在很多新闻频道不好看，就在于一切可控可预知。我们的新闻频道居然没有大量的现场！我喜欢的模式是：各位观众朋友，我现在是在湖北的仙桃；各位观众朋友，我现在是在新疆的红山口；各位观众朋友，我现在是在西藏的那曲；各位观众朋友，我现在是在刚刚通车的港珠澳大桥……到处是现场。我们要有善于出现在和最快出现在现场的能力，另外收视率有的时候不是由精细可控促成的，而是由毛边感的不可控促成的。在中国干新闻有一点是全世界谁都比不了的：中国极其不缺选题，到处是现场，是鲜活的生活和现场。涉及交通，涉及环保，涉及文明，涉及变化，太多了！但是我们做得很少。

香港回归的现场直播，我需要找一个标志性的地方，我就在交界地区四处溜达溜达，哎，我走到了河中间，突然发现有一条铁片，我回来就问武警那是什么？他说是管理线。我说管理线是干吗的呢？他说那个铁片的那边是香港，这边是咱们内地。当时我说，明天我直播地点就在这儿！你看我用脚比画，我说这边是香港，然后这边是咱们内地，明天第一辆车的第一个车轮越过管理线，便是历史性的时刻。指挥中心马上决定，明天在这儿直播。结果你看第一辆三菱越野车，晚上 9 点越过管理线的那一瞬间成了历史性的时刻，其收视率仅次于国旗升起的那一刻。也就是说，在整个香港回归的现场直播中，那个阶段的收视率居然排在第二位。那就是因为它符合电视传播规律。你用嘴说多少遍都很难（表达清楚）。但是前面有铺垫了，我之前就介绍了这有一条管理线，一会儿车走过这儿，就是历史性时刻到来的标志。到现在为止，2017 年回归 20 年，那个镜头还是无数次重放。

细节才是直播当中的重要因素，你必须用感性的方式表达。直播只是个手段，最后人们归根到底还是要关注直播什么。新闻不死，新闻人就不死，而跟互联网或电视没有生死存亡的直接关系，真正与我们的生死存亡有关的是你的核心能力。

资料来源：白岩松．三大伪命题、四个核心能力，白岩松解惑“传统媒体人的出路”[EB/OL].（2018－12－12）[2023－10－10]. https：//baijiahao. baidu. com/s? id＝1620514791092142939. 原文有改动。

第二节 连线采访

一 连线采访的定义及优势

连线采访是通过电话或视频连线采访现场记者或各方专家的采访报道方式，它实际上是扩大了的谈话交流场。连线采访是电视媒体充分发挥其技术优势和媒介特性而出现的新的报道方式和节目形态，尤其是在电视新闻直播报道中，它具有多方面的优势。

第一，连线采访能够第一时间向观众传达现场信息，强化了新闻发生的地域感和现场感，拉近了观众与新闻事件的距离。

第二，通过多方连线专家与评论员，收集不同的评论和背景材料，对突发事件形成立体、多层次的解读。因此，连线采访也是媒体为拓展新闻资源而采取的惠而不费的方式。这种方式突破地域限制，便于获得多方信源和观点。比如湖北广播电视台《长江新闻号》突破地域限制，连线新华社、外交部等的专家，展开评论，从而“坐拥长江，纵论天下”，以“强观点，精秘闻”获得差异化竞争特色。

第三，连线采访打破了一个人静态主持的模式，通过主演播室、分演播室以及现场记者的互动，拓展、延伸了演播室的空间，充分发挥了远程人际交流的特点，形成实时的人际交流场，使新闻采访报道变得更加生动活泼。

正如中央电视台《时空连线》的栏目宣传语所言：“连线可以无限远，速度可以无限快，背景可以无限深。”这再一次回到了电视“television”（远处的图像）的本质。

从 20 世纪 90 年代开始，西方主流电视新闻媒体就把连线采访作为重要的采访报道方式。中国电视媒体在 21 世纪初积极实践连线报道，比如中央电视台的《时空连线》节目。在“5・12”汶川大地震报道中，中国电视媒体也大量采用连线直播采访报道的形式。这一采访报道方式使电视媒介的优势得到更好的凸显，成为电视新闻媒体竞争的重点。随着互联网技术和网络移动直播的发展，连线互动越来越频繁。

从传播媒介技术角度划分，连线采访可以分为电话连线采访和视频连线采访。一般来说，电话连线比较便利，但是需要创建前方记者、固定嘉宾及评论员的图像资料库，以便连线采访时增强画面的可视性及权威性。

视频连线需要更复杂的技术条件。从西方电视媒体的经验来看，需要设立不同区域的演播室和访谈现场，针对不同区域的主持人、记者以及固定的专家或评论员进行连线采访（见图 8－1）。

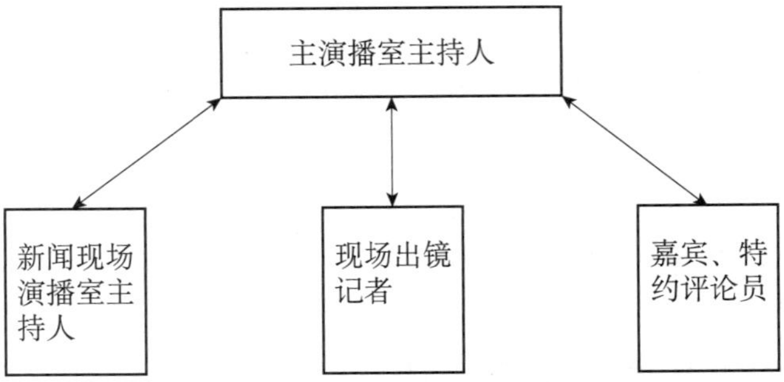

图 8－1　视频连线采访主要人员构成

连线采访很多时候又称为连线报道。连线报道可分为广播连线报道和电视连线报道两种形式。关于电视连线报道，比较有代表性的定义如下：

电视连线报道是以主演播室为中心，单线、复线或放射线状与其他分演播室主持人或外景地记者相互串联，共同来完成信息传输的一种报道方式。

电视连线报道是通过电话、微波、光纤、卫星、网络等传输技术手段，在同一时间不同空间里，由新闻主持人与现场主持人或出镜记者或采访对象共同参与的对接报道。

电视连线报道中，记者不一定出图像，其可以通过电话、海事卫星等进行音频连线，也可以通过卫星、互联网、3G/4G/5G 直播技术进行视频连线。其中出镜记者在新闻现场所进行的连线报道，可等同于现场报道。但有时新闻现场已经消失，记者在新闻事件发生地点也会进行连线，回顾先前发生的新闻事件，这时的连线报道就不能称之为现场报道，只能称之为来自事发地点的连线报道。连线报道中出镜记者与主持人是实时交流的状态，而现场报道则不一定。

连线报道还可分为引入式连线报道和交谈式连线报道。引入式连线是指主持人负责对出镜内容做简单介绍，引出出镜记者，通常主持人与记者只在开始和结尾处有互动，有时甚至完全没有互动，连线内容全部掌握在记者一方。假连线往往出现在引入式连线中。假连线是指出镜记者提前录制好出镜内容，模拟真连线的情况，主持人在节目播出时声称这是实时连线。真连线是指主持人通过直播手段与记者进行实时连线。交谈式连线是指主持人与出镜记者通过一问一答的方式共同推进连线内容。

二　连线采访的发展

随着电视传播技术的发展，单个现场报道逐渐向多点连线直播转变。多点连线直播，是指在报道手段上有新的突破，包含的元素有事件现场、多路记者、后方演播室（总主持人、嘉宾、专家等）、背景资料（文字、镜头资料、专题、人物采访等）、节目包装（总片头、小片头、宣传片等），形成全方位追踪事件的立体报道方式。这种报道方式克服了单个现场报道的先天不足，呈现多重优势，实现了电视表达的创新。其新闻报道者从信息的抢发者变为信息的综合者。单个现场报道中，时效是第一要素，抢发信息为第一要务。现场要素纷繁复杂、稍纵即逝，很难一一捕捉到位。多点连线直播则可以从容应对变化的事件，选取最有新闻价值和典型意义的事实，确定不同的角度，快速整合新闻信息，从而有效传递给观众。

借助多屏、大屏的展示，主持人对异地现场记者或新闻当事人的采访更为灵活便利。主持人在演播室连线采访身处不同地方的现场记者，通过主持人高屋建瓴的信息掌控以及现场记者的细节提供，充分发挥电视媒介的优势，使演播室真正成为一个信息集散与发布的主控室，共同为观众传达新闻事件的全方位信息。

当代电视传播技术的发展也为新闻事件的角度拓展提供了便利的技术手段，电视媒体为一个新闻事件提供现场、背景等多角度的新闻信息，相当于是在同一时间内经过整合的包裹式新闻。击毙本·拉登一周年后，美国全国广播公司（NBC）《晚间新闻》栏目就奥巴马总统秘密访问阿富汗进行现场连线报道。NBC 驻白宫记者查克·托德（Chuck Todd）提供奥巴马总统访问阿富汗的背景、“空军一号”专机降落喀布尔的过程及奥巴马与阿富汗总统卡尔扎伊签订战略协议和撤军等信息，另一位驻阿富汗的记者阿蒂亚·阿巴维（Atia Abawi）则在喀布尔前方提供了当地的反应。而纽约演播室的安全分析师迈克尔·莱特（Michael Leiter）对击毙本·拉登的细节及美国反恐政策、背景做了分析。多视频的专家采访近似于新闻谈话节目，不同专家提供多角度的评论。

随着互联网技术的发展，利用网络视频的方式进行异地连线成为连线采访报道、收集舆论的新方式。比如卡塔尔半岛电视台（Al Jazeera）的《视频流访谈》（The Steam）栏目利用 Google Plus、Skype 等网络视频技术连线不同地点的嘉宾。这种连线采访报道因为网络的普及而趋于平民化，电视连线采访由此进入视频连线采访的阶段。

三 连线人叙事时空

当今信息技术快速发展产生的媒介融合化、信息全球化背景，诱发“尺缩钟慢”的现实体验，时空出现了折叠与延展。利用新兴融媒体技术实现超视距时空的同步建构，流动的空间（space of flows）由此形成空间上的“在场感”。时空转换维度发生在从“实”到“虚”，再到“实”的转变过程中，时空超越抑或是时空折叠经由移动技术赋能得以实现，连线人作为叙事主体，以虚存方式等待新媒体技术的唤起。

现场时空作为新闻事实的原初环境，是新闻传播过程的重要逻辑起点。新闻采访作为人类社会实践活动的重要组成部分，其基点源于“第一时间”和“第一现场”

的时空认知，因此采访现场时空是新闻“第一时间”和“第一现场”广延与持续的开端。事件本身的叙事强调采访现场的叙事与解说，这种现场叙事与解说是对新闻采访现场时空的一种转述，强调“此时此地”的有效性，连线人叙事时空与现场采访时空倾向于“一体同构”。时间的实时性、空间的现场感是一体同构传播价值的核心要素。

在新闻现场的直播报道中，现场本质上作为一种时空环境，包括了作为主体的采访者在时空环境中的实践活动以及通过时空实践所体现出来的社会关系。新闻文本的逆向回溯与重构，其间隔着的不仅包括新闻文本本身，还有透过新闻文本生产者的个体价值倾向等，是经过多重意义附加后的再造时空。

案例 8－1　海水稻熟了

来源：山东广播电视台

时间：2017 年 9 月 28 日

了解完整内容请扫码

序号	画面	声音	分析
1	青岛李沧区基地的青岛海水稻研究发展中心的水稻田。	**记者**：观众朋友大家好，我现在是在青岛李沧白泥地的青岛海水稻研究发展中心。大家可能只听到我的声音，没看到我的人。现在呢？是不是就能看到我在哪儿了？	**要点**：如何提升出镜价值 通过直接跟观众打招呼并介绍自己的位置，记者立即吸引了观众的注意。这种直接的沟通方式使观众感觉被个人关注和纳入报道，从而提升了记者的吸引力。 记者通过说明观众可能的视听体验（只能听到声音，看不到人），引导他们重新聚焦于自己的位置，这样的叙述增强了现场的真实感，并增强了观众的好奇心。 提问“现在呢？是不是就能看到我在哪儿了？”是一种有效的叙述技巧，它激发了观众的参与感，使他们感觉自己是事件的一部分，这种互动性显著提升了出镜价值。
2	记者站在高度和自己身高相当的水稻旁边。	**记者**：我刚刚是从一片巨人稻的试验田里面走出来的。	**要点**：突出出镜记者与事件现场的联系 通过描述在特定区域（“巨人稻”）的移动，记者增加了报道的动态性和紧迫感。这种动作的描述使得报道更生动，加深了观众对现场环境的感知。 提到“十年前”的区域，不仅明确了地点的历史背景，还增加了报道的深度，使观众能更好地理解现场的重要性和特殊性。

序号	画面	声音	分析
3	记者站在水稻田和实验基地前面。	**记者：**可以说这个研发中心就像一个水稻的博物馆，像是一个巨大的露天实验室。	**要点：**现场出镜谈感受、谈发现、谈细节 通过将研发中心比作“水稻的博物馆”和“巨大的露天实验室”，记者增强了描述的生动性和形象性。这种比喻不仅使信息更易于理解，也丰富了观众的想象力。 描述中融入自己的感受和发现，使报道更具个性和观点的表达，这样的个性化叙述增强了记者与观众之间的情感联系。
4	记者展示作为对照组的普通水稻田。	**记者：**您现在看到我右手边的这些，这片地其实并不是海水稻，这里种植着一些淡水稻。	**要点：**利用环境和物件 通过指向具体的物件（田地和淡水稻）和解释其重要性，记者有效地使用了现场的视觉元素来增强报道的信息量和视觉吸引力。 解释这片地的淡水稻有何区别，不仅提供了具体的环境信息，还教授了关于农业实践的知识，增加了报道的教育性。
5	记者站在成熟的稻田中，与开着收割机的农民交谈。	**记者：**今天我们要进行机械化的作业。大哥，您准备好了吗？好，我数三、二、一，咱们开收。	**要点：**现场连线报道结尾 通过互动式的提问和倒数，记者创造了一种期待感，并让观众感到紧张兴奋。这种方式不仅增加了观众的参与感，也为报道带来了动感和活力。 使用倒数和启动机械化作业的瞬间作为现场连线报道的结尾，有效地总结了活动，同时也为观众提供了一个明确的结束点，增强了报道的完整性和流畅性。
6	记者站在试验田中，用手向观众示意试验田的范围。	**记者：**你看这块还有那个位置立牌子的地方。	**要点：**突出出镜记者与事件现场的联系 记者通过指出现场的具体物件（立的牌子），加强了观众对场景的视觉理解和空间感知。这样的描述帮助观众在心理上更好地定位现场环境。 通过明确指示观众注意特定的地点，记者增强了自身与事件现场的联系，使报道更具现场感，让观众感觉仿佛自己也在现场一样。
7	记者站在试验田中，描述实验材料的种植面积。	**记者：**我明白您的意思了，就是说他们每一个实验材料种植的面积都非常小，就这么一小块。	**要点：**利用环境和物件 记者通过详细描述实验材料的种植面积和布局，有效地利用了现场的环境和物件帮助观众理解科研活动的规模和方法，还增加了报道的教育价值和翔实度。
8	记者站在试验田中，用手向观众示意试验田排布的规律。	**记者：**农民在稻田里收割的时候，会从地的一头到另一头很整齐地收一溜。那为什么会是这个样子呢？	**要点：**现场出镜谈感受、谈发现、谈细节 记者通过提问，引导观众思考收割过程中观察到的细节。这种方式不仅表达了自己的好奇和思考，使报道更具人文关怀和深度，也激发了观众的好奇心和探究欲，增加了观众的参与感和情感共鸣。

序号	画面	声音	分析
9	记者（见图 8－2）和农业专家在试验田中收割实验水稻。	**记者：** 收割还在进行当中，已经快要接近尾声了。	**要点：** 现场连线报道结尾 记者通过指出收割进展和即将结束的状态，为现场连线报道提供了清晰的结尾。这种阶段性的总结帮助观众了解事件的当前进展，增强了报道的条理性。 通过提到即将结束的收割活动，记者引起了观众对接下来报道内容的期待，维持了观众的关注并预示了后续报道的内容。
10	联合收割机在稻田中进行水稻收割。	**记者：** 大家都知道我们这批海水稻是种在盐碱地上的。对于“盐碱地”这个词，种地的朋友那是再熟悉不过了。即便是没有种过地的朋友，对于这个词应该也不陌生。因为大家印象中这个盐碱地基本上就可以和寸草不生画等号了，除非是生命力非常顽强的杂草。所以说，能够在这样的土地上种出水稻来，绝对可以说是奇迹。	**要点：** 现场出镜谈感受、谈发现、谈细节 通过明确指出海水稻种植于盐碱地的情况，记者为观众提供了关键的背景信息，有助于观众理解海水稻的特殊种植要求和科研挑战。这种信息的提供不仅增强了报道的教育价值，也帮助观众更好地理解海水稻项目的环境适应性和科研目的。 描述海水稻种植在特殊土壤条件下的细节，增加了报道的信息量和深度。这不仅使报道更全面，也凸显了记者对科研项目细节的理解和呈现能力，从而提升了报道的专业性和观众的学习体验。
11	记者站在联合收割机收割过的稻田边。	**记者：** 谢谢文欣给我们的介绍，大家看到我现在换了一个位置。我现在来到了我们收割机曾经走过的路。	**要点：** 现场连线报道结尾 通过感谢信息源并提示位置的改变，记者为这部分报道提供了清晰的结尾和过渡。这种结尾方式不仅总结了前述内容，还为观众提示了报道的下一步，维持了观众的关注和报道的连贯性。
12	记者站在收割过的稻田中，旁边的联合收割机还在工作。	**记者：** 消失了 30 多年的金口大米要回来了，稻花香里说丰年的景象又要回来了。	**要点：** 如何提升出镜价值 记者通过使用情绪化的语言和引用具有情感色彩的诗词，如“稻花香里说丰年”，来增加叙述的诗意和吸引力。这种语言使用方式不仅吸引了观众的注意，还激发了他们对话题的情感共鸣。 提到“消失了 30 多年的金口大米要回来了”，记者链接了过去的历史和未来的希望，这种历史与未来的结合增强了报道的深度和意义，从而提升了出镜价值。

序号	画面	声音	分析
13	记者用右手示意旁边的收割机正在工作。	**记者：** 你看在我旁边，我们的收割机正在热火朝天地忙活着。	**要点：** 突出出镜记者与事件现场的联系 通过指出正在忙碌的收割机，记者加强了与现场活动的直接联系，展示了农机作业的活力和重要性。这种直接的现场描绘帮助观众感受到现场的紧迫性和重要性。 提到身边的活动，记者强调了报道的实时性，使观众能够即时了解和感受到现场的动态，增加了报道的吸引力和可信度。
14	记者把手搭在采访对象肩上，将其引入画面。	**记者：** 金大叔也来到了我们现场。	**要点：** 利用环境和物件 通过提及并介绍场景中的人物“金大叔”的到场，记者不仅展示了现场环境的多样性和包容性，增加了报道的全面性和人文深度，还帮助观众在人物故事中找到共鸣，使报道更具吸引力和情感影响力。
15	记者采访在稻田旁边观看的另一位观众。	**记者：** 那您看这块土地就是从好到坏再到好，您其实一直都在看着，是吧？	**要点：** 现场出镜谈感受、谈发现、谈细节 通过询问一位长者关于土地变化的感受，记者不仅传达了土地的历史变迁，还深化了报道的情感层次，使观众能够更加深刻地理解事件的影响和重要性。 此类提问增强了报道的互动性和探究性，鼓励观众思考和感受报道主题，从而加强了信息的传递和影响力。
16	记者将碾好的稻米放在手中展示。	**记者：** 现在我们看这些珍贵的稻米都已经碾好了，无论从颜色还是光泽度上看上去都特别诱人。	**要点：** 现场连线报道结尾 通过具体描述稻米的外观特征和记者的主观感受，记者为现场连线报道提供了一个丰富的视觉和感官结尾。这不仅增加了报道的形象性，还通过强调稻米的诱人外观激发了观众对稻米的味道的期待，有效地使用结尾来过渡报道的不同部分，能够保持观众的关注。
17	记者与同行的三人一起站在桌子前，桌面上是准备用来煮饭的电饭煲。	**记者：** 刚才我听到叶博士说了，说我们这个海水稻肯定是不会咸的。叶博士你说的准不准确，那得让实践出真知。	**要点：** 如何提升出镜价值 记者通过引用科学家叶博士的话，增加了报道的权威性。这种引用不仅增强了信息的可信度，也提升了记者自身的专业形象。 通过宣布即将进行的品尝活动，记者创建了观众的期待和参与感。这种直接的互动增强了报道的吸引力，同时使观众感觉更接近事件本身。
18	记者与同行的三人一起站在桌子前，桌面上是准备用来煮饭的电饭煲。	**记者：** 我们现场就要尝一下到底什么味道，马上给大家揭晓。	**要点：** 突出出镜记者与事件现场的联系 记者通过声明即将在现场进行品尝，并将结果实时揭晓给观众，直接展示了其对事件的亲身参与和报道的实时性。这种直接参与不仅展示了记者与事件的紧密联系，也传递了活动的即时性和悬念，增加了报道的紧迫感和吸引力。

序号	画面	声音	分析
19	记者示意同事将准备好的碗拿到手中。	**记者：**我们准备了两个碗，我的同事小璨今天就来做我的助理了。	**要点：**利用环境和物件 记者通过提及具体的物件——两个碗，实体化了报道的环境，使观众可以更直观地感受到现场的设置。这种具体的物件使用不仅使报道更生动，也帮助观众在心理上更接近现场，提升了报道的互动性和视觉效果。 描述准备的具体细节向观众展示了现场的实际情况，增加了报道的透明度和真实感。
20	记者询问正在品尝米饭的大爷对于米饭的看法。	**记者：**怎么样……你觉得这是海水稻？	**要点：**现场出镜谈感受、谈发现、谈细节 记者通过向品尝者提问其对海水稻的感觉，直接引入了观众的参与和互动。这种提问方式不仅使报道更加动态化，而且激发了观众的好奇心，提升了整个报道的参与感。 通过询问观众对海水稻的判断，记者使观众成为评价过程的一部分，这种策略增强了观众对报道内容的个人连接和记忆，也展示了记者对观众见解的重视，加强了报道的观众导向性。
21	无人机航拍从较低高度展示海水稻试验田。	**记者：**我们在这边今天一共是收割了四个地块的实验材料。	**要点：**如何提升出镜价值 记者通过具体说明当日工作范围和完成的任务（收割了四个地块的实验材料），展示了其对事件详细背景的深入了解。这种明确的信息提供不仅增强了报道的专业性，也增强了观众对记者的信任。
22	记者站在水稻试验田前面展示稻田。	**记者：**刚才我一直就在强调，其实现在还不能把它叫作水稻品种，只能叫作水稻实验材料。	**要点：**突出出镜记者与事件现场的联系 记者通过持续强调水稻当前仍为实验材料，而非正式品种，突出了科研工作的发展性和未完成性。这种持续的强调增强了报道的实时性和准确性，同时说明记者与科研进程紧密相连，也显示了记者对科研分类和审批过程的深入理解，进一步增强了自身与事件现场的联系，提升了报道的信息质量和教育价值。
23	展示试验田和水稻研究实验基地的空镜。	**记者：**那我们还要再稍微等待一下，等数据出来的时候，我们再向大家报告，现在把时间暂时交还给演播室。	**要点：**现场连线报道结尾 通过告知观众数据尚未完全准备好，并承诺将来继续报告，记者不仅总结了当前的报道状态，也有效地为这部分现场连线报道设定了未来的期待。通过声明“现在把时间暂时交还给演播室”，记者平滑地将现场连线报道过渡回演播室或其他节目部分，这种过渡方式保持了节目的流畅性和结构性。
24	记者站在画面左侧，用手示意并且将采访对象带入画面。	**记者：**好，刘爽你看到我笑了，是因为虽然我现在还不知道这个数据到底代表着什么，意味着什么，但是我知道这个数据终于出来了。	**要点：**如何提升出镜价值 记者通过展示自己的情绪和对即将公布的数据的期待，增加了个人魅力和出镜吸引力。这种真实的情感表达可以使观众感受到记者对科研活动的个人投入和兴奋，从而增强与事件的情感连接。 记者通过强调数据的重要性，即便其具体含义还未完全明确，展示了对正在进行的科研活动的重视。这种专注于科研结果的态度展示了记者的专业性，提升了其报道的权威性。

序号	画面	声音	分析
25	记者与在场观众以及专家一起出现在画面中央。	**记者**：现在我们的所有观众朋友，包括我们远在长沙的袁老其实也都非常期待这个数据。	**要点**：突出出镜记者与事件现场的联系 通过提及远程专家和现场观众的共同期待，记者强化了自己作为连接科研团队和广大观众的桥梁的角色。这不仅展示了报道的广泛影响力，不仅限于现场观众，也触及更广泛的受众，还强调了报道在连接不同地点观众方面的中心作用。
26	记者站在画面左侧，画面右侧是采访对象测产组组长。	**记者**：请我们测产组的组长刘世平来给我们宣布。	**要点**：利用环境和物件 通过引入测产组组长这一角色，介绍关键人物即将进行的活动，记者利用了现场的关键人物来增强报道的紧迫感和重要性。即将揭晓的重要数据由关键人物宣布，增加了事件的重要性和观众的期待。

图 8－2　记者在现场体验收割海水稻

【点评】(1) 题材重大，意义深远。2017 年 9 月 28 日，袁隆平院士领衔研发的首批海水稻在青岛开镰收割。经测产，最高亩产达到了历史性的 620.95 千克，这意味着我国在海水稻研发领域取得了重大突破，对我国粮食战略安全具有重要意义。习近平总书记在 2018 年新年贺词中，为“海水稻进行测产”等科技创新和重大工程建设喝彩。(2) 直播手段丰富，探索技术创新。山东广播电视台齐鲁频道以“海水稻熟了”为主题对海水稻的收割和测产进行电视直播，并同步进行了网络直播。本场直播在济南设总演播室，在青岛白泥地与即墨金口设分现场，并和远在长沙的袁隆平院士进行了独家连线。各现场之间首次采用了多方实时交互视频直播技术，让直播更加顺畅；直播过程中还大量接入无人机航拍实时画面、使用平衡车等设备，为观众呈现了更新鲜、更有科技感的视觉体验。(3) 表现形式生动，语态平实自然。演播室引入道具、动漫演示科普短片、收割现场煮饭验证等手段，对海水稻进行了生动形象的介绍。主持人、记者、专家等角色定位准确，表达朴实、相得益彰；策划精巧，层次明晰。(4) 多媒体融合，扩大传播效果。本场直播除电视直播外，还在新华社、央视新闻、新浪直播、腾讯直播等网络平台进行了同步直播，24 小时内全网播放量达到2 589.2 万。除视频传播外，频道微博和微信平台矩阵也进行了丰富的图文信息发布，取得了良好的科普和传播效果。

案例 8－2　科技创新“最后一公里”如何走?

来源：山东广播电视台

时间：2017 年 12 月 31 日

了解完整内容请扫码

序号	画面	声音	分析
1	演播室节目现场，融媒体“中央厨房”虚拟图示（见图 8－3、图8－4)。	**【演播室导语】** **主持人：**12 月 14 号，山东理工大学毕玉遂教授拿到了他梦寐以求的发明专利证书。毕教授是一位化学家，经过艰辛探索，研究出了无氯氟聚氨酯化学发泡剂。正是因为这项发明，他也被媒体称为最有可能拯救大气臭氧层的人。这到底是一项什么样的技术，背后又有哪些不为人知的故事呢?	2017 年，山东理工大学一项颠覆性科技成果卖出了 5 亿元“天价”，这是科技成果历经曲折突破“最后一公里”的典型案例。记者从小角度切入，深入调查“天价”转让费背后不为人知的故事。
2	山东理工大学校貌。	**【解说词】** 记者来到山东理工大学化学化工学院，在这座不起眼的实验楼里，见到了毕玉遂教授。	并没有将事件的前因后果作一个简单的介绍，而是先将观众带入事件的发生环境。
3	在山东理工大学化学化工学院实验楼，采访山东理工大学教授毕玉遂，拍摄发明专利证书。	**【同期声】** **山东理工大学教授 毕玉遂：**这个证书拿到以后，我们多年研究的成果以法律的形式、以专利的形式被确认，被保护起来，我们的心也放下了。	展现证书对毕玉遂教授团队的意义重大，也让人好奇为何这个证书有这么大的价值。

序号	画面	声音	分析
4	聚氨酯应用于家具、家电、建筑节能等产业。	**【解说词】** 说起聚氨酯发泡剂，大部分人对这“化学味”十足的词汇没有概念，但是离开它，现代生活将大打折扣。聚氨酯是当今最重要的六大合成材料之一，广泛应用于家具、家电、汽车、高铁、航空、建筑节能等产业。	解释说明“聚氨酯”，让大家对它有一个大概的了解。
5	山东理工大学教授毕玉遂给团队研究人员进行讲解。	**【同期声】** **山东理工大学教授 毕玉遂：**看这两个泡沫，这个比较小，高度也不行，它的流动性可能有问题，所以再适当地调整一下它的配方。	展现毕玉遂和他的团队为研究不断进行试验。
6	企业使用发泡剂生产画面，新型发泡剂的化学反应画面。	**【解说词】** 我国是世界上最大的聚氨酯生产国。可是，制造聚氨酯材料的核心技术——发泡剂技术一直被欧美国家垄断，国内企业需要向国外支付大笔专利费。更重要的是传统发泡剂会产生氟利昂等氯氟烃物质，严重破坏臭氧层，导致全球变暖。	通过描述我国聚氨酯生产的现状、传统发泡剂存在的危害侧面说明毕玉遂的成果意义重大。
7	采访新型发泡剂研究团队成员毕戈华。	**【同期声】** **新型发泡剂研究团队成员 毕戈华：**一个氟利昂分子可以破坏十几万个臭氧分子，而且氟利昂在大气当中的保存期非常长，可以超过一百年。	从专业角度说明氟利昂分子对臭氧层的危害性。
8	发泡剂使用画面，工厂原料桶画面。	**【解说词】** 按照联合国1987年制定的《蒙特利尔破坏臭氧层物质管制议定书》，2030年以前，世界范围内将完全禁止使用氯氟烃物质。各国都在努力寻找替代品，然而几十年过去了，都没有取得实质性突破。	交代各国在取代氯氟烃物质的科学探索上多年来没有取得实质性突破，更凸显毕玉遂的成果的重要性。
9	采访中国塑协聚氨酯制品专委会秘书长刘卫东。	**【同期声】** **中国塑协聚氨酯制品专委会秘书长 刘卫东：**环境问题无国界，对所有人都是有影响的，加速淘汰（的目的）就是尽快恢复臭氧层，（使其）达到正常值。	说明环境保护的重要性，将专家引入事件，推动报道的发展。
10	工厂企业运作画面，化学方法生产聚氨酯泡沫画面。	**【解说词】** 传统聚氨酯发泡采用的是物理技术，而山东理工大学毕玉遂团队经过7年艰苦攻关，用化学方法生产聚氨酯泡沫，不产生氯氟元素。	开始介绍毕玉遂团队研制出来的无氯氟聚氨酯化学发泡剂。
11	采访国家知识产权局专利局化学发明审查部副处长唐少华。	**【同期声】** **国家知识产权局专利局化学发明审查部副处长 唐少华：**它是一项重大的发明。	从第三人的专业角度来说明这项发明意义重大。

序号	画面	声音	分析
12	聚氨酯泡沫形成画面。采访山东理工大学原副校长王学真。	**【同期声】** **山东理工大学原副校长 王学真：** 据我们估算，每年可减排近 20 亿吨当量的二氧化碳，环境效益巨大。这是一个真正的中国发明、中国制造、中国方案。	从第三人的专业角度来说明这项发明意义重大。
13	演播室节目现场，融媒体“中央厨房”虚拟图示。	**【演播室】** **主持人：** 聚氨酯面世 80 年来，欧美先后研发出四代物理发泡剂，但是含有氟氯元素破坏臭氧层这一问题始终没有圆满解决。2003 年，毕玉遂教授把攻关目标锁定在了新型发泡剂的研究上。他和团队“七年磨一剑”，实现重大突破；然而，让人无论如何也没有想到的是，科研成果走出实验室卡在了“最后一公里”。这是为什么呢？	为下文深刻剖析科技创新“最后一公里”难走的原因做铺垫。
14	山东理工大学校园内学生走动。	**【解说词】** 多少年后，山东理工大学党委书记吕传毅还记得毕玉遂实验成功时的兴奋。	说明毕玉遂对这项成果的重视。
15	采访山东理工大学党委书记吕传毅。	**【同期声】** **山东理工大学党委书记 吕传毅：** 他把我叫住了，他说校长，我跟你说一件事。看着很激动，他说他做的那个东西，结果出来了，这个东西将来能获诺贝尔奖的。	
16	聚氨酯泡沫行业第二阶段 HCFCs 淘汰行业计划启动会暨替代技术研讨会现场。毕玉遂与研究团队进行讨论。	**【解说词】** 诺贝尔奖只是美好梦想，最现实的是尽快完成成果转化。毕玉遂找到多家企业，可现实给他浇了一盆冷水。由于害怕技术泄露，毕玉遂不敢轻易向外披露技术细节，十几年没有发表一篇相关的论文，向企业推介时也只是用代码来解释。	现实状况让毕玉遂的成果问世面临困难。
17	采访中国贸促会专利商标事务所专利代理人宁家成。毕玉遂与研究团队进行讨论。	**【同期声】** **中国贸促会专利商标事务所专利代理人宁家成：** 但是从企业来说，不知道它是什么东西，就不可能拿出钱来，实际上没有下家接手。	解释企业不接手的原因。

序号	画面	声音	分析
18	实验楼里的走动画面。	**【解说词】** 在这过程中，偏偏有人动起歪脑筋。	讲述保护科研成果中的坎坷事件，说明这项成果问世的不容易。
19	山东理工大学教授毕玉遂向记者谈及实验室门被撬事件。	**【同期声】** **山东理工大学教授 毕玉遂：**这个锁被撬了，所以当时我第一反应就是，坏了，肯定被盗了。好的电脑一大堆他没偷，就偷了我们这些旧计算机（硬盘），总共18台计算机。	
20	在实验楼办公室，毕玉遂和研究团队的走动画面。	**【解说词】** 幸好发泡剂的核心技术方案没有储存在电脑里，毕玉遂逃过了一劫。怎么保护自己的科研成果，这成了他的心病。	害怕成果提前被曝光，又怕成果无法问世，毕教授很是发愁。
21	采访山东理工大学原副校长王学真。毕玉遂坐在办公桌前发愁画面。	**【同期声】** **山东理工大学原副校长 王学真：**害怕泄密，又不能说出核心的技术，也看不到一点产业化的希望。毕教授心急如焚，一筹莫展。	
22	演播室节目现场，融媒体“中央厨房”虚拟图示。	**【演播室】** **主持人：**如何保护倾尽心血换来的科研成果，打通“最后一公里”，毕玉遂想到了申请专利保护。可是，申请专利就要全面公开技术方案，万一有一点疏漏，团队多年的努力就会功亏一篑。就这样3年过去了，毕玉遂束手无策，只能向山东理工大学领导求助。	主持人口播与特效大屏相结合，生动形象。 为实现成果的转化毕玉遂想到申请专利保护的方法，引出下文实现成果转化之路。
23	聚氨酯化学发泡剂生产新技术开发项目科技成果鉴定会照片。研究团队进行实验画面。	**【解说词】** 记者在山东理工大学宣传部看到了这组照片。2013年2月，在学校的推动下，山东省科技厅在北京专门对这一成果组织了技术鉴定会，三位院士给予了充分肯定。接下来，学校启动了专利申请工作。可是在申请了两件简单的外围专利之后，工作就停了下来。	原以为顺利的专利申请工作又受到了阻碍。 报道展现了事件的一波三折。
24	采访国家知识产权局专利局化学发明审查部副处长唐少华。	**【同期声】** **国家知识产权局专利局化学发明审查部副处长 唐少华：**（外围专利）给人家留了漏洞，当他的专利公开以后，不能约束，管不了别人侵权，打官司还不一定能赢。	解释专利申请工作停下来的原因。

序号	画面	声音	分析
25	校方进行讨论。毕玉遂与研究团队探讨。	**【解说词】** 科技成果专利保护过程中，中介机构的专业性至关重要。然而，校方几乎找不到一家既懂知识产权保护，同时又能明白发泡剂技术的专利服务机构。如果工作不专业、保护不得力，只要泄露“无氯氟”“化学法”等几个关键词，国外同行就会反向研究，迅速破译这项技术。	记者以敏锐的观察力挖掘山东理工大学一项科技成果5亿元天价转让背后不为人知的故事。
26	采访中国贸促会专利商标事务所专利代理人宁家成。	**【同期声】** **中国贸促会专利商标事务所专利代理人宁家成：**他们是有专利保护的意识，但是至于如何更好地保护，促进成果的转化，他们并没有一个很好的规划与思路。	毕玉遂团队在促进成果转化中没有明确的规划与思路。
27	新型发泡剂实验画面。 采访中国贸促会专利商标事务所化工处副处长唐伟杰。	**【同期声】** **中国贸促会专利商标事务所化工处副处长 唐伟杰：**转化不了成果，无论对他个人还是对他的事业，都会形成不可持续发展的一道屏障。	说明成果转化不了对毕玉遂教授的影响。
28	在会议讨论现场，专家调研。环境公约履约技术中心画面。	**【解说词】** 此后，学校和毕玉遂团队多次向科技主管部门寻求帮助，科技部、环保部等多次安排专家到学校调研。虽然专家来了不少，由于技术保密，又缺少论文支撑，专家们的意见无法达成一致。	说明“最后一公里”的突破实属困难。
29	采访中国塑协聚氨酯制品专委会秘书长刘卫东。	**【同期声】** **中国塑协聚氨酯制品专委会秘书长 刘卫东：**你在实验室里研发的成果，你认为是颠覆性的，是不合适的，你没有推广怎么就知道是颠覆性的呢？	新型发泡剂成为业内所说的“非共识”研究，得不到认可。
30	毕玉遂在图书馆。	**【解说词】** 新型发泡剂成了业内所说的“非共识”研究。在一次次希望和失望中，两年又过去了。	
31	采访山东大学科学技术研究院副院长黄波。	**【同期声】** **山东大学科学技术研究院副院长 黄波：**国内来看，对这一块，对颠覆式、非共识的这种技术或者是项目，总体来讲，支持的力度和渠道并不是太有优势。	将话题渐渐带入主题，层层递进，有理有据，说明国内对颠覆式技术的支持力度和渠道不占优势。

序号	画面	声音	分析
32	采访中国专利保护协会副会长、秘书长马维野。	**【同期声】** **中国专利保护协会副会长、秘书长　马维野：**评价的制度、评价的标准不和谐、不科学、不合理，我们往往以个人的主观意志来决定对这个项目认可或不认可，这是不对的。	揭示国内现有的针对科技成果的机制体制不够完善。
33	演播室节目现场，融媒体“中央厨房”虚拟图示。	**【演播室】** **主持人：**到2015年底，新型发泡剂还是没有一点走出实验室的迹象。研究团队为此心力交瘁，学校也束手无策，政府有关科技管理部门也因为项目处在“非共识”状态难以准确认定。而这个时候，国外同行正加紧了对化学发泡剂的反向研究。毕玉遂的新型发泡剂已经到了生死成败的紧急关头。这“最后一公里”困局到底该如何突破呢？	讲述新型发泡剂到了生死成败的紧要关头，将报道推向高潮。
34	新型发泡剂形成过程。	**【解说词】** 明明知道新型发泡剂将来一定是一棵参天大树，毕玉遂当时却只能守口如瓶，胆战心惊地呵护着这棵科技的幼苗。	展现毕玉遂的现实困境。将新型发泡剂比作科技的幼苗，形象生动，使评论变得不生硬死板。
35	采访山东理工大学科技处副处长葛文庆。	**【同期声】** **山东理工大学科技处副处长　葛文庆：**知识产权的保护确实有些问题，老师哪有精力去做这种事情？	从第三人的角度看在促进科技成果转化过程中的不容易。
36	毕玉遂进行实验。采访中国贸促会专利商标事务所化工处副处长唐伟杰。	**【同期声】** **中国贸促会专利商标事务所化工处副处长　唐伟杰：**（如果）有其他的创造者或研发者研发出同样的技术或者更好的技术，这个技术本身就会烂在自己手里面。	
37	屠呦呦获诺贝尔奖资料画面。青蒿素研究资料画面。	**【解说词】** 2015年，因发现青蒿素，中国女药学家屠呦呦获得诺贝尔奖。人们感到无比的兴奋，然而，在这一喜讯背后，还有一个不为人知的知识产权保护缺憾。1981年10月，青蒿素基本技术和研究情况以专题报告会的形式“和盘托出”，“中国神药”错失了专利保护的机会。这不得不说是那个时代的遗憾，毕竟，现在不是那个时代了。	举一个成果错失专利保护机会的鲜明例子，乃时代的遗憾。

序号	画面	声音	分析
38	采访山东理工大学党委书记吕传毅。	**【同期声】** **山东理工大学党委书记 吕传毅**：推起来是有些阻力不顺利，不顺利就得想大招。	进展无望的过程中，时任山东理工大学副校长的王学真为事情的转机做出了巨大贡献。
39	山东理工大学原副校长王学真写信给国务院。	**【解说词】** 2016 年初，时任山东理工大学副校长的王学真给国务院写了一封信，就“无氯氟聚氨酯发泡剂”的有关情况作了详细说明。	
40	采访山东理工大学原副校长王学真。	**【同期声】** **山东理工大学原副校长 王学真**：这也许是我一生中所做的最有意义的一件事情。	
41	国家知识产权局调研组来到山东理工大学，专门针对新型发泡剂的知识产权服务团队的工作画面。	**【解说词】** 事情出现重大转机。2016 年 4 月，国家知识产权局调研组来到山东理工大学，建议强化专利布局，扩大保护主题，从全球范围内着眼，让科研成果获得最大保护。专门针对新型发泡剂成立的知识产权服务团队迅速投入工作，高效完成了 4 件国内核心发明专利和 1 项国际专利的主体撰写。	推进成果转化出现重大转机，成立专门针对新型发泡剂的知识产权服务团队，打破“最后一公里”的胜利就在前方。
42	采访中国贸促会专利商标事务所专利代理人宁家成。	**【同期声】** **中国贸促会专利商标事务所专利代理人宁家成**：作为技术人员来说，都是一些具体的实验，实际上相当于遗散的点。专利保护对保护点是没有意义的，因为别人很容易就绕开你。这样的话，我们要把它画成一个圈，这个圈就是要做到让他的技术发明能够多落到这个圈里头。	针对新型发泡剂成立的知识产权服务团队能够更有效地为技术发明的专利保护服务。
43	团队人员给毕玉遂看发明专利证书，淄博补天新材料技术有限公司获得专利独占许可使用权。	**【解说词】** 此前申请的外围专利证书只有薄薄几页，这次仅 4 件核心专利文本就超过 200 页。有了专利护航，今年 4 月 10 日，淄博补天新材料技术有限公司以 5 亿元人民币的价格，获得无氯氟聚氨酯化学发泡剂 20 年除美国、加拿大市场以外的专利独占许可使用权。原本只打算卖三四千万元，正是有了完善的专利保护，现在卖了 5 亿元，这大大超出毕玉遂团队的预期。	这项在 2017 年赢得价值 5 亿元的专利使用权而走完“最后一公里”的重大成果，却耗费了整整 7 年的时间。 该电视新闻评论体现出了冷静与理性，揭示出隐藏在这一现象背后不容回避的问题。

序号	画面	声音	分析
44	山东理工大学教授毕玉遂在科技部专题调研会上发言。	**【同期声】** **山东理工大学教授 毕玉遂：**在我有生之年，必定让全球所有有机泡沫材料中的发泡剂换成中国制造。	以毕玉遂教授的愿望结束短片，意味深长地凸显毕教授对自己成果的信心。
45	演播室节目现场。 主持人现场连线。	**【演播室】** **主持人：**到这里，这场马拉松长跑总算是看到了终点，毕玉遂终于可以长舒一口气。不过，新型发泡剂的成功保护只是个个案。现在还有多少科研工作者仍在黑暗中摸索前行呢？“最后一公里”困局如何突破？今天我们请到了两位评论员，一位是山东大学经济研究院副院长、泰山学者特聘专家黄凯南教授，还有我们的新闻评论员小新。那首先咱们一块来听一听小新的观点。你好小新，看了毕教授的经历之后，你有什么看法呢？	该片题材重大，切中要害，立论观点鲜明，叙述简练到位，评论有理有据，用事实说话，画面表达极致，充分使用融媒体“中央厨房”虚拟图示、现场连线等手段，实现了电视评论的创新表达。
46	主持人连线新闻评论员小新。	**【同期声】** **新闻评论员 小新：**好的主持人，虽然毕教授经历了 7 年的波折，但是我还是感觉到是两个字，这两个字叫“幸运”。大家可以想想看，毕教授是幸运的，而这种新型发泡剂也是幸运的。7 年时间里没有被对手赶超，也没有被同行破译，这难道不够幸运吗？但跟幸运相关的还有两个字，就是“偶然”。毕教授的成果被成功保护起来，这完全是一个偶然事件。那下一个同样级别的发明出来了，我们怎么办？还要等 7 年吗？还要靠给上级领导写信吗？所以，我们的知识产权保护要坚持问题导向、抓紧完善各项措施，再包括政策，一定要给我们的科研成果穿上“防弹衣”之后再推向市场。所以我们说，你不光要提高专利保护意识，同时还要有真正懂得保护的相关方法。	“毕教授的成果被成功保护起来，完全是一个偶然事件”，因为这是在 7 年推广无望的情况下，相关领导给国务院写信才最终幸运地得到解决。
47	演播室节目现场，主持人进行现场连线。	**【演播室】** **主持人：**保护方法的确至关重要，那黄教授在知识产权的保护、降低成果转化的时间成本和交易风险方面，您有什么好的建议呢？	对嘉宾的回答进行总结，进入深层次的谈话内容。

序号	画面	声音	分析
48	主持人连线山东大学经济研究院副院长黄凯南。	**【同期声】** **山东大学经济研究院副院长 黄凯南：**实际上我们国家已经有了共识、有了制度、有了丰富的实践。特别是最近五年，激励科技创新的体制机制改革全面提速。《促进科技成果转化法》完成了修订，创新奖励不低于科技成果转化净收入的50%，可以大大提高科技人员的获得感；成果自主转让、许可或者作价投资的权力也都下放给大学和科研院所。这些都是很好的制度设计，最关键的是制度进一步地创新和落地。科技主管部门的服务、管理水平和效率能不能进一步提升？学校、科研机构是不是从心里真正愿意接受市场的检验？知识产权保护、专利导航服务等都要在实践中不断完善和提高。所以，一定要用持续不断的制度创新，来推动科技创新、保护科技创新、激励科技创新。	从专家的权威视角，分析探讨了以体制机制创新推进科技成果转化的途径和办法，指出只有“用持续不断的制度创新，来推动科技创新、保护科技创新、激励科技创新”，才有可能加快建设创新型国家，深化科技体制改革，建立以企业为主体、市场为导向、产学研深度融合的技术创新体系。
49	演播室节目现场，融媒体“中央厨房”虚拟图示。	**【演播室】** **主持人：**好，感谢二位的评论。如果说科研人员用汗水在实验室里培育的都是一颗颗创新的种子，成果转化的“最后一公里”，就是把它种到市场的土壤里，让它发芽生长、开花结果。我们科研院所、高校、科技主管部门都应该成为育苗师，成为园丁，不但要施肥、浇水，更要防病、防虫。党的十九大报告中提出，要加快建设创新型国家，深化科技体制改革，建立以企业为主体、市场为导向、产学研深度融合的技术创新体系。一花独放不是春天，我们期待的是科技创新的春天里姹紫嫣红、百花齐放。	主持人的结语用形象的表述让大家理解科技成果转化的过程，有亮点，有点题，提升了整个报道的层次。 点评是主持人知识积累的升华，精彩的点评既能使节目丰富多彩，也能揭示和深化节目的主题，起到画龙点睛的作用。

图 8-3 演播室运用融媒体“中央厨房”

图 8-4　演播室利用现场连线虚拟图示

【思考】上面这个案例是如何利用连线引入信息源进行问题讨论，构建多元信息场不断深入探讨解决问题的？

第三节 现场出镜与连线采访的应用

一 现场出镜在新闻节目中的应用

记者现场出镜是向观众传达事发时“我在场”的信息，明确与报道现场的紧密关系，突出记者在现场观察、报道上的权威性。记者在现场出镜时要展示“此时此地”，并力争通过其他场面或方式展现现场多层次信息，尽量突出自身与事件、现场的关系。

现场报道中，记者要迅速融入现场。面对静态现场环境，记者要以自我陈述为主；而如果人数众多，则要以现场为支点，使现场采访形成一个流动的过程。

比如以问题开始，接着随机采访现场人物，这样就有一个很好的互动。其中，要尽量做到以下几点：

（1）通过设计把不具有动态感的现场有效调动起来，比如可以从远处走向镜头。

（2）选择典型现场环境，思考环境对新闻价值的提升作用。

（3）通过类比让事件形象化。

（4）让信息条理化、秩序化。

（5）注意背景信息。

（6）注意记者情绪。

（7）提升可视化呈现。

出镜记者对新闻空间要进行有效使用。空间转移报道是动态现场报道中最常用的一种。出镜记者通过转换不同的现场空间，将不同场景的新闻空间信息有机结合，在报道主题统领下，或依据前因后果的逻辑顺序，或依据事件发生发展的时间顺序，对新闻空间进行合理安排。其中，以下几点尤其需要注意：

（1）根据新闻空间来组织架构，采用先描述后评价的模式。

（2）对新闻现场的实物进行有效利用。

（3）对报道场景进行多点设置与事前踩点。

（4）边走边说，注意对观众注意力的分配。

现场出镜报道在整个节目中可以发挥以下作用：

（1）现场出镜报道作为节目开端，引领观众迅速进入现场，以最新的事态切入事件信息，这是出镜报道的常规形态。

（2）现场出镜报道作为结尾点题、升华或叙述事态未来走向。

（3）现场出镜报道作为段落转换，在节目中起廓清层次、过渡、转场的作用，体现了记者的编辑意识。

（4）现场出镜报道能改变节目的叙述形态，增强现场感。

（5）现场出镜报道的横向链接点是相关事件的信息整合与分析。

（6）现场出镜报道的纵向链接点是对事件自身信息的深度挖掘。

案例 8－3　美国超市在上海，为何被挤爆？

来源：中央广播电视总台《新闻 1＋1》栏目

时间：2019 年 8 月 30 日

了解完整内容请扫码

序号	画面	声音	分析
1	《新闻 1＋1》节目导语画面。	**【节目导语】** 上午刚开业，下午就得暂停营业，美国超市“开市客”在上海开业首日被挤爆。据了解，昨天仅两个小时的客流量就超过 10 000 人，每位消费者的平均花费超过 1 000 元。1 498 元一瓶的茅台，919 元一瓶的五粮液，比官方指导零售价还低的价格，“开市客”靠什么生存？“Costco（开市客）会员费的收入其实是大于净利润的，本身商品不赚钱甚至可能贴钱，这样来进行销售。”《新闻 1＋1》今日关注美国超市在上海为何被挤爆。	节目的导语通过精准的数字对比突出“开市客”超市的价格优势，同时一系列的连续发问引发了观众的好奇心，以此拉开了节目的序幕。
2	《新闻 1＋1》直播厅现场。	**【演播室】** **白岩松：**您好，观众朋友，欢迎收看正在直播的《新闻 1＋1》。从本周二开始，在上海一家新开的美国超市，就持续地吸引着媒体以及国人关注的目光。原因就一个字——火。有多火呢？这么说吧，开业的第一天也就是周二，由于太火了，人流量太大了，出于安全的考虑，没开几个小时就被迫暂停营业。	

序号	画面	声音	分析
	超市外部场景以及超市内部消费者排队办理超市会员卡画面。	**【演播室】** **白岩松：**那么现在情况如何呢？我们首先来看第一张照片（展示照片 1），这张照片是今天我们的记者在这家超市外头拍到的。由于从第二天开始就实行了限流政策，每天只许 2 000 人进这家超市，所以你看这就是今天排队的一个场景，要排多长时间呢？仅仅是进这家超市就需要排一个小时。 我们再来看这是在干吗呢？（展示照片 2）这是在办这个超市的会员卡。请注意啊，从今年 4 月份到现在，这个会员卡已经办了 13 万张。13 万张要付出的代价是什么呢？一年的会费是 299 元。这么去想吧，仅仅这 13 万张会员卡交的第一年会费，这就多少钱啊？还没卖东西，就有了相当一大笔的收入。	
	现场出镜记者的采访画面。	**【演播室】** **白岩松：**这个超市的火爆绝不仅仅是因为它是来自美国的超市。而在互联网购物已经成为普遍现象的情况下，实体店为何如此反弹？仅仅是价格便宜或者一种促销行为？这里给我们的启示是什么？中国消费的潜力还有多大？消费的痛点在哪里？等等一切的问号，今天咱们一起关注。 **【解说词】** 今天在上海“开市客”的门口，虽然依旧排起了长龙，但是和前几天开业时的火爆程度相比已经是井然有序了很多。 **【同期声】** **央视记者 魏然：**您看这里购物车是大尺寸，商品是大包装，就像这位顾客购买的一车东西一样，所有人几乎都是满载而归。那排队更是商场最常见的事了，就在我身后他们排着长长的队伍，他们要买一只烤鸡，平均等待的时间是 20 分钟。 **【解说词】** 时间回到三天前，8 月 27 号，线上的社交媒体被一家中文名叫“开市客”的美国超市刷屏，线下被上海人民买买买的热情一度堵瘫痪了这家超市周边的交通系统。据媒体报道，为了进入超市消费，停车排队时间超过 3 个小时。门口排队入场的队伍长达数百米，想进场购物起码要排队半个小时。火爆程度以至于让这家美国零售巨头在开业半天就不得不接受相关部门的建议暂停营业。 **【同期声】** **央视记者 张歆：**这里是美国最大的连锁会员制超市“开市客”落户中国大陆的第一家店。昨天正式开业后，中国消费者强劲的消费力让这家零售巨头大为惊讶。据了解，昨天仅两个小时的客流量就超过 10 000 人，每位消费者的平均花费超过 1 000 元。	作为主持人的白岩松进行节目的串联和引导以及提问，帮助观众从不同维度了解事件本身。同时作为评论员的白岩松直接对新闻做出评论，推动报道的进一步展开。

<table>
<tr><th>序号</th><th>画面</th><th>声音</th><th>分析</th></tr>
<tr><td rowspan="2"></td><td>超市现场画面。</td><td>【解说词】
那么究竟是什么原因让“开市客”火爆到上午开业下午就暂停营业呢？1 498 元的茅台、919 元的五粮液、79.9 元一公斤的德式猪肘、37.9 元一只的烤鸡，这些都是顾客抢购的商品。分析认为少库存量、大包装、快周转也是“开市客”的竞争优势。数据显示，“开市客”每年的商品种类约有 4 000 个，而大多数超市则高达 30 000 个。“开市客”的商品价格几乎被压缩到贴近成本。财报显示过去三年间其商品毛利率仅为 11%左右。在首次暂停营业后，很快“开市客”的官网就发布了一则《就开市客开业首日提前暂停营业以及卖场购物的一些说明》：“一直以来，Costco（开市客）都致力于为会员提供安全和舒适的购物体验。因此，我们决定于 8 月 28 日（周三）起，将卖场内购物人数控制在 2 000 人以内。”但即便如此，第二天超市门口依然排着长长的队伍。据安保人员透露，更有甚者凌晨两点就来排队。</td><td rowspan="2">主持人评论引导、出镜记者现场报道以及解说词的分析补充再现“开市客”开业当天的火爆程度，帮助观众了解事件的进展，以及引发观众的思考。</td></tr>
<tr><td>现场消费者采访画面。
网络二手平台代购信息列表画面。</td><td>【同期声】
消费者：因为知道美国的“开市客”比较便宜，还是比其他超市要便宜一点。
【解说词】
距离太远、排队太多、现在还限流，是否有其他选择能购买到“开市客”上海店里的东西？有，可以找代购。开业仅一天，二手平台闲鱼上已经有几十条“开市客”代购信息。据“开市客”的工作人员介绍，截至今天这里的会员已经超过 10 万人，打破了“开市客”全球单体店会员新纪录。而中国大陆首家店的火爆，同时也助推了“开市客”的股价逆势上涨。
周二美股开盘，在标普指数下跌的情况下，“开市客”逆势上涨 5%，昨夜再度上涨 0.72%，两日累计涨幅为 7.47%，同期道琼斯指数累计涨幅仅为 1.59%，同时“开市客”总市值两天增加了 71 亿美元。
【演播室】
白岩松：接下来马上连线山东财经大学校长赵忠秀。
白岩松：赵校长您好。
赵忠秀：岩松好。
白岩松：您看，我们先来借助一些数字以及网友的意见来向您提问。第一个咱们先看价格，比如说夏普 45 寸的电视，“开市客”卖 1 755.9 元，某电商平台比它还贵，售价 1 899 元。一箱可口可乐“开市客”里卖 44.9 块钱，电商是 48 元。您看，开业的第一天如此火爆，价格便宜是否是最重要的因素，还是价格便宜背后透露出其他一些模式的吸引力？</td></tr>
</table>

序号	画面	声音	分析
3	视频连线山东财经大学校长赵忠秀，画面转至网友评论。	**赵忠秀：**“开市客”一开业这么火爆像脉冲一样，是由几个因素促成的。第一，它是上海的第一家店，上海是一个国际大都市，这种商业模式接受度很高，而且有一种新鲜感在里面。第二，利润率控制是它一贯的做法，比较低，甚至比电商还要低，就更加吸引了顾客。再加上几个关键商，例如茅台这种具有很好广告效应的。很多人冲着这个就过来了，所以呢开业第一天具有很好的广告效应。 **白岩松：**没错，赵校长，接下来咱们看看网友的态度，蛮有意思的。“如果美国‘开市客’开到你所在的城市你会去吗?”“会”占35.7%，“不会”占43.2%，“看看再说”占21.1%。选“不会”的很多是因为现在中美正在打贸易战呢，他在情感上不太接受。“如果您选择去，那么什么吸引您?”“价格”占32.2%，“品质”占接近30%，“会员制”才占1.9%，“可以退货等特色服务”占36.3%。“如果选择不去，买会员卡才能去”，32%不接受。“家附近超市很好，没必要凑热闹”占68%。 最好玩的是留言。您看啊！赵校长。“在这个节骨眼上不会去，美国正和我们打贸易战呢，以后和好了会去。”第二个：“中国允许它开门，我就愿意去消费。‘开市客’的意义不仅仅是让美国人看到中国市场的强大，更重要的是它将冲击中国的零售业，逼迫零售商让利，使广大消费者受益。”第三个：“我一个小老百姓，踏实工作也爱国，对于这个超市，我只想说同样的东西便宜的话，我会去买，才毕业没房没车，能节约一点是一点。”然后第四个：“既然国家已经允许‘开市客’超市营业，说明人家合法合规；其次，多消费促进经济增长；然后，超市越多越好，有竞争才有创新，才能提高品质；最后，这样的超市越多越好，对消费者好的、有利的我都支持!” **白岩松：**您怎么看待这种多元的消费者心态，尤其在中美贸易战的背景下? **赵忠秀：**现在的消费者消费的原因真是错综复杂。有的是依据消费者的一个直觉、一个消费习惯（来消费）。有的也把这个上升到消费者的爱国情怀，当然了，虽然有贸易冲突、贸易战，但是商业还是归商业，这个总归还是要恢复它的本来面目。所以在短期内会需要一些适应性。从长期来看，我们在贸易战中也说保护所有在华的合法企业，这一点是非常明确的。 **白岩松：**恰恰在贸易战的背景下（开业）是中国开放的一种标志，赵校长您从一个经济学专家的角度来说，透过这样一个火爆的超市，您观察到的是什么？是中国消费的巨大潜力，还是消费升级的空间，还是什么?	通过与相关专家的视频连线，让观众对“开市客”火爆的现象有了更清晰的认知。

<table>
<tr><th>序号</th><th>画面</th><th>声音</th><th>分析</th></tr>
<tr><td></td><td></td><td>赵忠秀：一是中国消费潜力是非常大的，因为中国现在是世界上最大的消费市场，已经超过美国了。另外，消费者的选择是趋于理性的。第一是价格，此外还有品质，这两者是相结合的。大家追求的是这样一种高质量的生活，那么品质、价格都是要考虑的。当然“开市客”它本身经营得非常精确。也就是说，它不搞什么都有，它精准到大众大量消费的（产品），而且能够把成本控制得非常低。所以它吸引了大部分的消费者。
白岩松：嗯，好，一会儿有问题的时候再继续向您请教，您给我们解答。接下来继续关注这家火爆的超市，以及背后所发出的某些信息。</td><td>第三视角的呈现，将摆事实与讲道理结合起来为报道中的评论观点提供论据。同时通过网友的不同意见，传递给观众多方观点。</td></tr>
<tr><td rowspan="3">4</td><td>《新闻 1＋1》直播厅现场。</td><td>【解说词】
尽管“开市客”开业首日就人流爆棚，但是它能否持续引发中国消费者的购物热潮成为舆论关注的焦点。事实上，对于一些生活在美国的普通消费者，在对待“开市客”的态度上与其他的超市并没有太大的区别。</td><td rowspan="3">通过这种线上连线直播的形式，加入多方言论加深了报道本身的纵深感，让观众对“开市客”火爆事件背后有了更多的认识和思考。</td></tr>
<tr><td>《新闻 1＋1》直播厅现场电话连线采访美国“开市客”的消费者。</td><td>【同期声】
丹女士：大概一周（去）一次。一方面是离我家比较近，里面东西也挺多的；另一方面它有些东西挺便宜的。这些“开市客”周末人会多一些，平时的话人也不算少，但是分时间段。上午的话可能人少一点，总体感觉可能比其他超市人要稍微多一点。但是就像我说的，没有火爆到那个拥挤排队的程度，那是没有的。
王先生：“开市客”还提供加油服务。这样去了可以顺便加油，它也有食品可以在那儿试吃，就是你可以选择免费吃。所以说基本上去一趟，可以买一周的食品和各种果蔬，这样就把所有东西都准备好了，所以非常方便。在美国生活可以说去一次超市能解决很多问题，这样特别省时间。</td></tr>
<tr><td>画面转至美国“开市客”超市现场。</td><td>【解说词】
除了便宜和省时，“开市客”背后独特的会员制商业模式也成为大家议论的话题。如何培养消费者购买会员的消费习惯、如何管控本土的供应链都是摆在“开市客”面前的现实问题。据了解，早在 1996 年山姆会员店就已经把付费会员制模式带入中国，同时期的还有麦德龙、普尔斯马特等。但是由于水土不服，它们的发展并不是一帆风顺：一方面中国的市场和消费能力还无法满足这种商业模式；另一方面传统零售商的优势依然很大。为了适应中国市场，“开市客”在退货政策上也做了相应的调整，在“开市客”的中美官方网站上，记者看到有关烟酒和轮胎政策方面略有不同，但是两个网站均表示在“开市客”卖场所购买的任意商品一般均可享受全额退款政策。（也有例外）若法律无特殊规定，以下类别商品不享受全额退款政策……</td></tr>
</table>

序号	画面	声音	分析
	电话连线采访美国“开市客”消费者。	**【同期声】** **王先生：**因为“开市客”是会员制，比如说扫地机器人，它可一年内随便退货。甚至有时候你用了半年，如果觉得不合适也是可以退货的。我们家退货的次数并不多，比如说曾经退过个吸尘器，觉得不是很好用，退货没有碰到过任何问题。有时候在退设备的时候对方会要你的发票，如果你没有发票的话就比较难办，但是它也会给你退，只不过说我不能退给你钱，我给你退成券，你下次来“开市客”可以拿这个券来花。	
	“开市客”开业当天情况。	**【解说词】** 近日美国 CNBC 新闻网就报道称，亚马逊、家乐福等外国零售企业在中国业务受挫之际，“开市客”或许能够满足中国市场的新需求，当然消费者在开业期间的兴奋也并不意味着未来“开市客”一定能成功。但无论“开市客”未来发展如何，对于企业本身来讲，面对开放的中国它正在抓住这一机遇。	
	插播欧洲零售商学院院长贝恩德·哈利尔发言画面。	**【同期声】** **贝恩德·哈利尔：**对于外国企业来说，要么现在抓住机遇，要么就迟了。在市场营销方面有句话说，要么第一，要么死去。如果现在不来中国，他们就该卖掉企业，因为进入中国市场太晚了。	
5	第二次视频连线山东财经大学校长赵忠秀。	**【演播室】** **白岩松：**好，接下来继续连线山东财经大学的校长赵忠秀。赵校长，您看现在我们几乎所有人都觉得，互联网购物已经成为一个现实，而且是巨大的趋势。反而是这种实体店，大家总觉得也就（适合）开餐馆吧，但是这回这个超市反而给了反向的一种解读，您怎么看待这个问题？它给我们的启示，给很多实体店的启示是什么？ **赵忠秀：**虽然电子商务在网上很火，但是购物永远有一个体验的过程，也是一个社会活动的过程。所以将来这两者会平衡的，人们在亲自挑选的过程中已经感受到这样一种消费体验，或者他能获得这样一种满足感。这个过程和网上购物是不一样的，（网上购物）接了一个包，打开，最基本的这样一个消费功能还是有差别的。人们要这样一个体验。我们看到在欧洲很多国家的（实体）市场仍然很好，并没有完全被网上购物、电子商务所冲垮。（购物）要的是一个综合的环境，包括我们讲的提供这样那样的服务，这要做一个精准的测算，永远说的是“买的没有卖的精”。 **白岩松：**没错，这儿我就特想问您一个问题，你看它用会员制，咱们国内几乎没有几个实体店是用会员制方法的。但是它的会员制，由于你交了一年的年费，产生了一种黏合的作用，让你特别忠诚，因为你买的越多，你反而赚回来的越多，您怎么看待我们为什么没有人去借鉴这样的一种模式？	这里采取了边叙事边评论的方式，并且在叙述部分加入了一些背景材料，将解释和评论有机结合，更有利于还原事件本身。

序号	画面	声音	分析
		赵忠秀：这个实际上有一个消费者的接受过程。这个会员制是什么呢？它相当于两段收费。我先收你一段费，你不论买多买少，这一年这个费用是恒定的。然后在这个基础上你买的越多，那么你赚的越多。它摊薄的利润可能会大一点，但是这个会员费已经涵盖了基本运营成本。所以它的这个会员价格也是经过精心计算的。 早些年一些有会员制但在中国没有走下去（的企业），我印象特别深的，像普尔斯马特，就是因为当时（消费者）觉得我为什么要交两笔钱呢？为什么我不能一笔一买，我付钱拿走，下次再说？所以实际上消费者（对此）有一个适应的过程。我们知道，20 年前的消费者和今天的消费者不一样，当时大家不一定能够接受这样一些新鲜事物。就像我们现在的“90 后”“00 后”，他们就可能对这方面更容易接受，所以这就得精准地满足消费者的这个需要，满足消费者这样一种心理的需求。	
	美国山姆店中国区总裁安文德画面。	**【演播室】** **白岩松：**好，接下来我们继续关注这样一个超市，以及所引发的我们的思考。 **【解说词】** 除“开市客”外，美国会员制超市巨头山姆会员店今年 6 月在上海青浦区开设了其位于上海的第二家门店。 **【同期声】** **美国山姆会员店中国区总裁 安文德：**我们在中国市场取得了强劲的增长，会员数量增加到 260 万，销售额也取得了两位数增长。所以我们计划在上海增设 6 家店，到 2023 年，我们计划在中国开设的店达到 40 家。 **【解说词】** 开启注资增资的美国企业不仅把目光锁定上海，也不仅局限在零售业，本周苏州高新区的美资企业滨特尔公司正在为新招聘的 116 名员工进行入职培训。	
	滨特尔公司全球首席运营官卡尔·弗里克曼画面。	**【同期声】** **滨特尔公司全球首席运营官 卡尔·弗里克曼：**我们预期中国市场还会有持续的增长，我们将相应在人员和生产能力方面进行投资，我们刚从芝加哥引进了一条生产线，正在我们旁边的大楼里安装。这是我们根据市场增长的需求持续投资的一个很好例子。	
	美国明尼苏达州的滨特尔公司在中国投资的工厂画面。 滨特尔公司全球首席企业发展官约翰·杰库画面。	**【解说词】** 来自美国明尼苏达州的滨特尔公司，是一家专门做水处理的企业，来中国投资设厂已经 18 年，去年销售额超过 1 亿美元。虽然受美国加征关税影响，但却依然动摇不了企业在华增资的决心。 **【同期声】** **滨特尔公司全球首席企业发展官 约翰·杰库：**我们的一些数据表明，我们对中国的投资每年的增长速度在 15% 至 20%，这是世界其他地区的两到三倍。今年我们额外投资了 600 万美元，在销售和市场方面。	

序号	画面	声音	分析
	特斯拉联合创始人兼首席执行官埃隆·马斯克画面。	**【解说词】** 对于许多美国公司来说，处于经济转型升级期的中国极其庞大的消费市场是未来能够实现财富增长的地方，这使中国成了众多美国公司青睐的长期投资场所。 昨天正在上海举行的“2019世界人工智能大会”开幕式上，特斯拉联合创始人马斯克从正在建设的特斯拉上海工厂看到了中国速度带来的未来。 **【同期声】** **特斯拉联合创始人兼首席执行官 埃隆·马斯克：**我很激动来到上海，看到上海的超级工厂。我认为特斯拉中国团队做得非常棒，做得非常令人震撼，我很惊喜取得重大进步。全世界有目共睹，在中国取得巨大进展，这非常令人印象深刻，我向大家致敬，你们太棒了！我之前没有看到过如此快速的发展，如此惊喜，如此棒，我认为中国的未来令人瞩目。	
6	最后再次视频连线山东财经大学校长赵忠秀。	**【演播室】** **白岩松：**未来，其实现在上海这种趋势就体现得比较明显。接下来继续连线山东财经大学的校长赵忠秀。 **白岩松：**赵校长，您也听到了特朗普说，当然他的话有时候就是一听，在中国投资的美国企业都应该回到美国。透过“开市客”如此火爆，你觉得美国企业打死也不会回去吧。 **赵忠秀：**是的，你想，这个做企业的谁会跟市场过不去呢？谁会跟挣钱过不去呢？那么特朗普想的是让他的生产性企业离开中国，我不让这个生产机会、就业机会留在中国，（而是让它）回到美国，这是他一厢情愿。投资者，公司的经营者，他们会做出理性的判断。因为中国是世界上最大的市场，中国也有世界上最完整的生产体系、最好的工人，怎么能离开中国呢？离开中国就没有未来了。 **白岩松：**没错，哎，赵校长，另外一点，回到咱们自身，是否透过“开市客”的开业……当然刚开始开业的火爆不意味着它将来长久火爆。因为也要跟踪中国消费者这样一种变化，但是拿今天来说的话，透过它是否也感觉到我们消费升级的痛点和巨大的潜力所在？ **赵忠秀：**是的，我们中国的商业形态和业态不断变化，你要适应消费者的这种需要。并且这个盈利能力来自你的创新，你的这种叠加的服务。不能说一招鲜吃遍天，这个时代已经过去了。所以要利用各种各样好的优势才能做好。因为现在消费者也愿意不断尝试新鲜的世界，如果说一成不变，很多的店都是开不下去的。但是有些老字号，它的品质能够得到保证，并且它能够带来一种特殊的文化体验。这样的体验反而是（让企业）长青的。 **白岩松：**也就是说，其实我们的很多实体店也不只是开餐馆这一条路，也有创新的巨大空间。好，非常感谢赵校长带给我们的解析。的确，就像刚刚说的，这几天的火爆不意味着将来它会火爆。但是这几天的火爆留给我们的思考和启示却是足够多的。	

【点评】上面的案例以主持人为中心实现了对信息的多层次采集、信息点的具象化处理、有价值细节的筛选，以及结尾点题。

二 连线采访在民生新闻直播中的应用

以现场直播的形式反映此时此刻中国某地正在发生的现实事件与生活场景，可以推动中国的电视现场直播走向“日常化”。直播，强调的就是一种当下现场。民生新闻直播是一种大众视角的新闻模式。它是指从广大民众的需求出发，用他们喜闻乐见的形式来播报和评说新闻。这种新闻模式的价值取向即民生情怀、民生视角、民生态度。民生新闻的宗旨是强调平等，即民生新闻栏目与观众之间是平等的关系，但平等显然不是简单的我关注你、我报道你，而应该具有一种“对话”的关系形态。民生态度，是媒介机构作为一个整体，在新闻价值观和社会价值观的基础上建立起来的对民生问题的评价和行为倾向。民生新闻栏目如何与观众之间形成一种互动关系，可以从栏目现有的特点出发，挖掘其优势所在，实现其与观众特有的“对话”关系。民生新闻直播体现为一种价值观、情感和意向交流＋直播的综合体。由于民生新闻的宗旨是强调一种“对话”的关系形态，因此要想很好地体现民生新闻栏目与观众特有的“对话”关系，传统的“1＋1”的直播模式效果固然不错，但是建立一种开放式的直播形态能够取得更理想的效果，其中连线采访发挥了重要作用。

一是在开放式的直播过程中，可以将正在发生的事件随时切入节目。起初由于传输条件的制约，无法直接切入电视画面，主要是通过主持人现场口播和主持人与现场记者的电话连线这样的广播式的初级方式来实现正在发生的事件与直播同步，但对新闻来说，信息的时效比信息的完整更重要。后来有了卫星直播车（SNG），技术上的制约得以解除，现场发生的事情得以同步传输和同步报道，使新闻实现了真正意义上的现场直播。二是热线电话的方式实现了主持人在直播过程中与观众的直接交流。安排固定的时段，开通热线电话，处理观众的消费投诉、困难求助以及其他诉求，和观众形成“零距离”的交流。通过与事件同步、与观众交流以及对时效和互动的强化，使零距离直播效应最大化。同时，增加了现场调查的环节，就市民关心的各类问题通过声讯电话进行实时的现场调查，在更大的层面上就公众关心的问题进行探讨，倾听公众的声音，了解民意，以求通过多元化的表达实现市民对公共生活的积极参与，从而改变了电视的单向传播。

目前的民生新闻直播在实际情况下部分缺乏现场感。直播不仅是技术平台，更是新闻时效性的体现。但有些民生新闻直播仅仅是主持人的串联直播，并不能与新闻的时效性画等号，充其量只能算作有限的封闭直播，这样的直播意义非常有限。为了避免这个问题，不少民生新闻直播做出了有益的尝试。有很多民生新闻直播通常在傍晚和夜间时段开启，而其中的大多数新闻都是白天或者前期拍摄录制好的，毕竟一档长达 60 分钟以上的新闻栏目完全依靠实时连线是不现实的，也不能实现对全天新闻的梳理和整合。这样做的积极意义在于，虽然画面本身是对“直播”概念的一种弱化，但体现出媒体对新闻真实的尊重、对受众的尊重，这更是栏目态度的一种表达。同时，也没有忽略对直播作用的发挥，毕竟直播在很大程度上意味着不确定性，而这恰恰是观众对未知新闻事件发展进程的期待和兴趣所在。

大众传播时代正在向着公共传播时代演进和跃升，公共传播时代的新闻产制方式将不同于大众传播时代，公共传播时代的媒体角色也将不同于大众传播时代。唐绪军指出，面对大环境的转换，全球媒体都在寻觅新的生存方式，探索如何在公共传播时代重新定位自己的角色。建设性新闻正是在这样的时代背景下应运而生的一股发展潮流。世界文明多种多样，美美与共，和而不同，建设性新闻的实践能够为人类命运共同体的构建贡献媒体的力量。

案例 8－4　问政型民生新闻直播

宁波市抓落实专项办和宁波广电集团共同举办的大型电视问政节目《民生问政服务问效》第三季采取了在新闻综合频道直播的方式，各区县（市）电视台一套同步转播，新媒体“NBTV 新闻中心”微信公众号、宁聚 App、甬派 App 也同步直播。通过电视直播＋新媒体直播＋电视重播，全媒体联动形成了立体传播模式，进一步打响了电视问政栏目的品牌影响力。在演播室＋卫星连线模式的基础上，一方面，在演播室内做加法。播报和串联新闻由一个主持人增加为两个主持人。主持人人数变化的深层次原因在于，观众真正需要的是“交流”。一个主持人的形式传递的是主持人和观众在交流，观众因此产生一种参与感。在此基础上添加新的“参与”形态，即两位主持人的交流和讨论，这样对于观众而言就不仅仅是一种“聆听”的体验，还增加了一种“参与讨论”的愿望，从而吸引大量观众打电话、发短信给节目组参与讨论。另一方面，进行“走进来”和“走出去”的交流。“走进来”是指让观众走进演播室，可以增加观众提供信息的曝光率。“走进来”鼓励观众自己拍摄和提供素材。节目在进行“现场连线”时，除了传统的电话连线方式，还可以利用 QQ 视频、微信视频等方式与观众连线，最大限度放大观众的参与感，同时也增强电视媒体的画面感，更加符合电视媒体的表现形式。“走出去”就是以现实生活中的问题为导向，在现场推动解决问题。节目聚焦宁波营商环境以及交通管理中长期存在、群众反映强烈的突出问题，展开问政问效，剖析深层原因，推动相关问题有效解决。围绕市委、市政府中心工作，以问题为导向，聚焦群众办事体验、小区环境整治等主题进行问政问效，推动了一大批热点、难点、痛点问题的解决，倒逼相关部门党员干部树立以人民为中心的发展理念，切实推进作风建设，不断优化服务意识，尽快提升服务效能。围绕记者前期暗访曝光出来的问题，主持人、评论员和由媒体代表、高校教师组成的观察员，一一展开问政问效。对于节目中所涉及的问题，市委督查室、市政府督查室将跟踪督办，市级媒体也将持续跟踪报道。

【思考与练习题】

1. 根据一个报刊新闻，在 40 秒内录制一个主题引述，尽可能多地包括各种信息，如记者所处的地点、发生的事件、你所看到的场景以及更大的画面。

2. 收听观看电视新闻采访，练习识别摘要的切入点，在不损害原意的基础上把句子缩短，让句子简短有力。

3. 在直播的连线采访中，记者应当把握哪些技巧与方法？

4. 练习口头复述一个事件，注意把握开头、结尾及叙述脉络。

【推荐阅读文献】

1. REARDON N，FLYNN T. 镜头前：如何报道、主持、采访［M］. 成倍，张东岳，译. 北京：人民邮电出版社，2015.

2. 李希光，孙静惟，王晶. 新闻采访写作教程［M］. 北京：清华大学出版社，2011.

3. 宋晓阳. 出镜记者现场报道指南［M］. 北京：中国广播电视出版社，2008.

第九章

访谈与提问

【本章学习要点】

1. 访谈是人际传播过程
2. 人物专访的类型及提问技巧
3. 特殊的提问方式
4. 高端访谈节目的特点和作用

访谈是一种相对静态的信息交流过程，但是是经过精心准备的，因此深度、广度都应该远远超过随机采访。对访谈的问题设计、言语方式、信息层次的讨论是本章的重点。访谈的目的是什么？为什么选择这位采访对象？是信息采访还是个性采访？是思想交流还是挖掘故事？带着这些问题让我们一起学习这一章。

第一节 访谈：人际传播过程

一 访谈中的双方

访谈作为人际传播，与其尤为相关的五个因素值得关注：

1. 相似性

当采访者与受访者拥有共同的文化规范、价值观、环境影响、教育背景、经验、性格特征、态度和期望时，他们的关系就会有所强化。相似性使得访谈双方能够互相理解，形成共同点，并适应彼此的需要、认知、愿望和习惯。

2. 内含/融入

当双方都积极参与访谈时，当他们都积极诉说和倾听对方时，关系就得到了加强。

参与越积极，就越会欣喜地发现似乎要找到关系并期待着未来的访谈。没有多少人喜欢“只听不说”，更没人愿意听别人“训话”式的讲话。

3. 亲密

当双方彼此喜欢并互相尊重，有深厚的友谊时，关系就加强了。当双方建立起“我们”的关系而不是“你和我”的关系时，理想状态的亲密关系就建立起来了。

4. 控制

当双方都力求寻找控制而不是试图支配另一方时，关系就得到了加强。控制在访谈中也许会造成问题，因为其往往与有组织的或社会性的统治集团或权力链相关。

5. 信任

访谈双方需要彼此信任，而且认为对方是诚实、真诚、可依靠、可信赖和安全的。信任在点对点的传播中有助于建立亲密关系，因为访谈及其结果会直接、迅速地影响人。

案例 9-1　新东方教育集团创始人俞敏洪朗读《一堆散乱的砖头》

来源：中央广播电视总台《朗读者》栏目

时间：2018 年 7 月 21 日

了解完整内容请扫码

董卿：你看我手边放着一本名字叫《在痛苦的世界中尽力而为》。

俞敏洪（见图 9-1）：我觉得其实人来到这个世界上不是为享受的，如何才能让你比较正常地或者是更加快乐地度过一生，就变成了我们的一个主题。

董卿：尽力而为是面对痛苦的一种态度。你最早意识到这个世界对你来讲是痛苦的是什么时候？

俞敏洪：小时候就有。小时候我父母经常吵架，甚至有的时候我放学背着书包回家都会害怕，因为怕一推门父母刚好在打架。

董卿：你有兄弟姐妹吗？

俞敏洪：我有一姐姐，其实我小时候还有一哥，我哥四岁的时候去世的。

董卿：所以你妈妈是不是会把更多的希望寄托在你身上？

俞敏洪：我母亲一直认为我未来应该当个先生，因为乡村的特点是对老师极其尊敬的。我母亲就在我小时候，四岁开始，她一定会给我买书。

董卿：那你妈妈打过你吗？

俞敏洪：大概我五六岁的时候，我母亲好不容易攒了一点钱给我买了一双凉鞋，我穿着这双凉鞋就在全村小孩子中间炫耀。炫耀了一圈以后，小朋友们就说我们去水边玩吧，我把鞋脱在河边下去游泳了，起来以后就忘了那双鞋。我回到家以后，母亲说鞋呢？我突然想起来，赶快跑过去，结果发现没有了。这一次我被我母亲痛打了一顿，一根竹竿都打断了。一般我母亲都是不打我的，只要她眼一瞪，我立刻该干什么就干什么。你想，到了我三十多岁接近四十岁的时候，我母亲来到新东方，在我身边发脾气，我还能跪下来求她。对，直到我后来在中国有点名气了，我母亲才跟我说，我的小名叫老虎，说老虎啊，你现在也算个名人了，以后妈妈说你的时候你就不用跪着了，就坐在我边上听我说吧。

董卿：后来你能够考上大学，也是因为她坚定地要求你这样去做是吗？

俞敏洪：其实不是，上大学一直是我的向往。在农村待一辈子的这种恐惧感对我来说极其强烈。第一年没考上，第二年没考上，我跟我母亲说我要考第三年的时候，我母亲说可以。10月份的时候我们那个县办了一个高考补习班，我想去那个高考补习班，完了我母亲就跑到城里去了，去了三天，也不知道她怎么着就找到了高考补习班的那个老师。那天晚上我母亲回来的时候刚好下着大雷雨。我母亲从城里走到家的时候，在那个泥地里摔了四五次。所以她一推门进来，浑身就是一个泥人。那一刻我就知道，我没有别的选择了。最后我能考上北大，缘起就是那个晚上。

董卿：那天之后你有改变吗？

俞敏洪：基本上就进入了一种拼命状态，真的是每天早上六点起，晚上十二点打着手电在被窝里看书。我当时的目标就是考上我们地区师范学院，因为农村孩子能考到地区师范（学院）就了不起了。结果高考分数一出来，我发现我超过了北大的录取分数线，我当时想了半天都没敢填。后来我老师把笔抓过来，说你不敢填我给你填，他就帮我把"北京大学"四个字给填上去了。

董卿：这四个字还不是你写的？

俞敏洪：对，不是我写的。收到北大的通知书有种叫范进中举的感觉。我母亲当时这么说的，你到了北京以后，还不知道能不能回来呢，那么远，所以尽管你现在没有女朋友，连婚礼也一起给你办了。杀两头猪，完了全村人在我们家流水席吃了三天，就你能想象（的）那种场景。

董卿：所有人都会认为，跨进名校之后一定是一个幸福的开始，但是对于你来讲似乎并不是这样，你又感受到了新的痛苦。

俞敏洪：对，我是农村来的，比如说文艺才华和体育才华，那我是完全没有的。我唯一会的体育（项目）就是游泳，所以第一次老师上游泳课，我就"扑通"跳下去，一个来回以后，这个老师指着我大笑说他从来没有见过一个人狗刨还刨这么快的，完了最后我就崩溃掉了。老师的一句玩笑话，你会把它看作在所有同学面前的一种侮辱，因为你没有那个自信。第二个是进北大的时候，我连普通话都不会说，英语的口语那就更加一塌糊涂。

董卿：你的英语成绩不是考得很好吗？

俞敏洪：那个不管用，我口语、听力基本上等于零的水平。到了北大发现自己什么书都没读过。我记得我进宿舍的第二天，我宿舍的一个同学躺在床上读一本书叫作《第三帝国的兴亡》，完了我就用我们家乡话问他，我说在大学还要读这种书啊，他就把眼睛从书上转过来，白了我一眼，根本就没理我，这一眼到今天为止还留在我的心中。

董卿：那你做些什么才能改变自己的困境呢?

俞敏洪：那我只有一个办法，就是拼命学，我成绩要比你们好，这样的话你们就不会看不起我。当然这个思想是无比错误的，到最后直接导致大一大二我的成绩没有到全班最好的水平，但是把身体给奋斗坏了。大三刚开学的时候，我就吐血了，最后一查是传染性肺结核，在医院里待了整整一年。在医院里这一年我想通了两件事情：第一个是跟人比没有任何意义，因为你都要把命比掉了；第二，进步都是关于你自己的事情，所以你只要保持自己的生命在进步，付出足够的努力，至于说别人是比你好还是比你差，关你屁事。所以我在医院一年真的是读了二三百本我喜欢的书。

董卿：当你对自己有了信心之后，你会觉得整个世界都发生了变化。

俞敏洪：一个人从自卑到自信是一个绝对的一百八十度的改变，就是让你变成了另外一个人。我讲一个小笑话，当时《中国合伙人》拍完以后，我觉得陈可辛把我那个形象描写得太窝囊了，完了我大学同学跟我说，老俞，你在大学的时候不光窝囊，你还挺猥琐的呢。

董卿：但是听说你对你的大学同学都挺好的。

俞敏洪：就是我要讨好他们嘛，比如说打水扫地，我干得最多。尽管我其实没什么钱，但是我会把自己的饭钱省下来请同学吃饭。但是北大的学生他们欣赏的是一个人身上的才华和才气，像我这样的没有才华但是其实特别善良又对女生特别好的人，没有任何女生看得上我的。

董卿：你们班上当时多少个女生?

俞敏洪：班上当时二十五个女生左右。

董卿：一个都没看上你?

俞敏洪：我是看上了几个的，但是我是真的没写过一封情书。我知道我给任何一个女生写任何一封情书，到最后的结果都是比较悲惨的。是吧！但是也好，让我多读了好几百本书。我们那些谈恋爱谈得最热闹的同学，到今天都没什么出息。

董卿：你现在的痛苦又来自什么地方呢?

俞敏洪：更加多的痛苦是来自内心的追求。比如说曾经，大概在三四年前，我就问过自己一个问题：这辈子如果只让你做一件事情，你想干什么？问到最后我给自己找了一个答案，至少这个答案到今天还存在，就是全力以赴用自己的资源、学识、智慧、能力、人脉等等你所拥有的，来帮助年轻人成长和发展。

图 9-1 董卿对话俞敏洪

【点评】董卿的访谈属于故事型访谈，她在访谈中虽然发话不多，但是非常善于倾听，注意接收信息、赋予含义、记住要点等环节，而且很好地推进了话题的深入。该访谈利用了预想外的话题展开、惊奇反应等对话方式和技巧。

二 访谈中的角色转换

1. 引导性方式

当访谈者选择引导性方式时，其目的在于为访谈建立起关系并有意识地控制速度、氛围、形式和访谈的流程，问题的回答也是简洁、直接的。典型的引导性访谈包括信息供给、信息搜集（问卷调查或选民调查）、招募雇员，以及劝服式访谈（尤其是推销）。其优点是容易学、花的时间少、易于控制和复制，其缺点是缺乏弹性、会降低动机效果、回应深度受限、提问范围受限。

2. 非引导性方式

当访谈者选择非引导性方式时，受访者对主题、回答的长度和形式就有了足够的控制能力。问题是开放式的、中立的，以便给受访者最大的空间和自由来回答。典型的非引导性访谈包括信息供给（记者提供的信息、口述历史、调查）、信息咨询、言行评价及问题解决。其优点是更能调动受访者情绪、允许有较大的弹性和适应性、鼓励问探索性问题、允许受访者自愿提供信息，其缺点是费时、要求采访者有敏锐的心理透视能力和感性思维、容易失控、易产生冗余信息。

3. 两种方式的结合

访谈者把引导性方式和非引导性方式结合起来通常是最有效的。例如，招聘者在面试开始几分钟内使用非引导性方式使求职者放松，然后用引导性方式提供有关组织及职位的信息并回答求职者的问题。访谈者必须有足够的弹性决定什么时候用什么方法是合适的，什么时候该转向另一种方法，什么时候又该把两者结合起来。

案例 9-2 专访任正非：时下的华为是否到了最危险的时候？

来源：中央广播电视总台《面对面》栏目
时间：2019 年 1 月 20 日

了解完整内容请扫码

根据公开报道的资料统计，从 1987 年华为创办到 2019 年，任正非接受媒体采访总共不超过 10 次。然而在 2019 年 1 月 15 日到 17 日的三天时间里，他却一改常态，与国内外数十家媒体记者见了面，更是在 2019 年 1 月 17 日下午接受了央视《面对面》的专访。这是他首次接受国内电视媒体的专访。

对于为什么面对媒体，任正非笑言：被公共关系部门“逼”的。

【被“逼”接受采访 华为没有外界想象得那么艰难】

董倩：非常感谢您把这个机会给了我们，但是我仍然非常好奇，您以前为什么不在电视上露面？

任正非：我没有想明白为啥不露面，不上也没有问题。我觉得文字穿透力更强一些，我自己写文件。

董倩：为什么这段时间您会这么频繁接受中外媒体的采访？

任正非：我是被公共关系部门逼的，因为他们说现在处在一个危机转换阶段，我一定要让客户理解我们，让 18 万员工理解我们，团结起来奋斗，度过这个困难的时期。他们说还是你讲话有权威，那我就讲话了。

董倩：外界有人说现在华为可能是从有公司以来最艰难、最危急的时候？

任正非：不是，我们今年至少增长 20%，每一个部门都跃跃欲试，我还叫他们把计划报低一点，不然上头奖金就压你们的了。

【孟晚舟事件：儿女最重要是翅膀要硬 要自由去飞翔】

关于孟晚舟事件，任正非表示，首先感谢党和国家对一个中国公民权利的保护，相信这件事会通过法律解决。他并没有特别担心，并且经常会和孟晚舟在电话里说说笑笑。任正非透露，当时他和孟晚舟本来是计划去阿根廷开同一个会议，因为孟晚舟是会议的主要主持者，她比任正非提前两天前往。不承想，当地时间 2018 年 12 月 1 日，孟晚舟在加拿大转机时，被当地警方扣留。2018 年 12 月 11 日，加拿大法院作出裁决，批准了孟晚舟的保释申请。当晚，走出法庭的孟晚舟发朋友圈表示：我以华为为傲，我以祖国为傲！配图是一张“芭蕾脚”的华为广告图，上面写着“伟大的背后都是苦难”。对于这张广告图，任正非曾在达沃斯论坛的演讲上说：我们除了比别人少喝咖啡，多干点儿活，不比别人有什么长处。就是因为我们起步太晚，成长的年限太短，积累的东西太少，我们得比别人多吃苦一点。所以我们有一只是穿着芭蕾舞鞋的脚，一只是很烂的脚。我觉得这就是华为的人，痛并快乐着。华为就是那么一只烂脚，它解释了我们如何走向世界。

任正非：每个人都有一个小家庭，都会以小家庭为中心，我们不像农村大家在一个大锅里面吃饭。

董倩：因为工作的原因，大家有小家庭的原因，长期见不到面这是正常的，但是因为这种意外您会不会特别惦记她？

任正非：她比我的小女儿还好一点，我的小女儿放学回国到我们家住一晚，第二天就飞走了。大女儿还好一点，还能看一看我。我觉得儿女最重要是他们翅膀要硬，他们要自由去飞翔。

董倩：但是她毕竟遇到这么一件事？

任正非：这个事还是要通过法律来解决，我们是有信心能够解决的。

【比较华为和苹果手机 一种特殊的胶水让华为手机低温下也可以照相】

在采访前，任正非主动让工作人员找到董倩，说希望更多讲讲基础教育和基础研究。任正非介绍：华为至少有七百多个数学家、八百多个物理学家、一百二十多个化学家，还有六千多位从事基础研究的专家，以及六万多名工程师，共同构建了华为的研发系统。在谈到基础研究的重要性时，任正非拿华为和苹果两种手机举例，说华为手机即使在低温下也能照相，这正是基础研究得到的成果。

任正非：比如我们和苹果手机的差距是什么？苹果在寒冷地带就照不了相，我们在寒冷地带能照相。这是我们科学家发明的一种胶水，这种胶水在低温下不凝固，因为镜头是用胶水粘起来的，所以我们在低温下就可以照相。其实这都是基础科学带来的，基础科学的突破需要非常长的时间积累。

【华为现在的问题是机构臃肿 人浮于事】

1987 年，44 岁的任正非从零开始创办华为，选择了高科技含量的“电信”。时至今日，华为已成为世界领先的信息与通信基础设施和智能终端提供商，致力于把数字世界带入每个人、每个家庭、每个组织，构建万物互联的智能世界。但是，在采访中，任正非并不回避华为公司内部的问题。

他坦言，华为现在最大的问题不是来自外部，而是内部的机构臃肿，人浮于事。

董倩：在您心目中，华为发展到今天是不是一个理想的状态？

任正非：华为现在出的问题就是机构臃肿，人浮于事，整个管理层级太多，我们正在改革。我们在五年左右组织改革上能获得成功的话，我们还是有战斗力的。

董倩：未来的华为公司应当是什么样的？

任正非：应该是比较精干的，不像现在那么臃肿，管理层级那么复杂，这么多PPT，这么多会议，这么多无效的劳动。

【回应传闻 我主动拒绝了“改革先锋”荣誉称号】

2018 年是中国改革开放 40 年，100 位“改革先锋”获得党中央和国务院的表彰，出乎很多人预料的是，一直秉持艰苦奋斗精神并创造出华为发展奇迹的任正非并未进入受表彰人员名单。有报道说，这是任正非婉拒的结果。在采访中，记者也当面向任正非进行了求证。

董倩：因为在改革开放 40 年的纪念大会上，有 100 名改革开放的先锋中央在表彰，说没有您的原因，是您主动向深圳市委、市政府申请，别加上我，真的假的？

任正非：是，真的。我想集中精力搞搞华为，华为已经够复杂了。我觉得我的精力要放到自己内部，如果参加社会活动就要消耗精力。第二个你叫我开会坐这个板凳上，坐两个小时我坐不住，我溜号，不光彩。

董倩：您做什么事时能坐得住？

任正非：我做公司工作的时候能坐得住。

【点评】董倩的访谈属于倾听型访谈，识别观点与事实、提炼主旨、识别材料、进行预言与展开追问，利用经验分析观点并就疑点发问。

三 反馈

反馈是比其他任何计划都要好的形式和有目的的传播，更迅速、更具有说服力。反馈是通过观察和聆听来完成的。观察访谈期间所有发生和未发生的事情，包括访谈的语气、座位的安排、双方的接近程度等等，尤其要观察眼神交流的变化以及双方的姿势、专注程度、声音和体态的变化。

在访谈中有四种聆听的方法：为理解而听、为移情而听、为进行评价而听、为解决问题而听。每种方法都用来扮演一个特定的角色，即在访谈中发出信息、接收信息、处理信息时发挥作用的角色；任何一种方法的运用都会主导整个访谈或其中的一部分。①

1. 为理解而听

为理解而听是接收信息、理解信息和尽可能精确记忆信息的一种方法。使用这个方法的目的是集中注意力提问、回答或反应，以便理解相关内容并保持客观，而不是严厉地审查或做出判断。

- 在再次提问之前，要仔细聆听别人的回答。
- 要保持耐心，尤其是当受访者回答的信息看上去与问题毫不相关或很无趣时。
- 要尽量倾听内容和想法，不管这些东西理解起来有多么困难。

① 斯图尔特，凯什，龙耘．访谈的艺术：第 10 版［M］．上海：复旦大学出版社，2007：40．

- 通过记笔记来精确地保留信息，同时也表明你在认真听对方讲话。
- 通过小心地斟酌提问来澄清并证实信息。

2. **为移情而听**

移情也是一种基本的聆听方法。使用这个方法要求人必须真正关心、理解对方，与对方互动，尽力把自己放到对方所处的情形中，去理解和感受对方的经历和情感。移情式聆听是一种整体的回应：给对方以信任、安全感，向对方表达关心、表示无条件的尊重与关注。移情不是表达同情。同情是为某人感到难过，而移情是从另一个人的角度考虑问题。移情时要注意：

- 表明你仍在倾听并且很感兴趣。
- 不要打断对方。
- 不要表现出防御心理。
- 对于对方强烈的情感流露不要感到不舒适。
- 不到别无选择的时候，不要轻易做判断。
- 听的同时，眼神要流露出肯定和顺应之意。
- 做出反应时要机智老练并且表露出对对方的理解。

3. **为进行评价而听**

为进行评价而听（也称批评式聆听），是判断你所听到的和所观察到的东西的一种方法。批评式聆听伴随着理解和移情，因为直到你理解了对方及其讯息所包含的语言要素和非语言要素时，你才会做出判断。

- 在判断前，仔细听清相关的提问或回答。
- 对语言信息和非语言信息都要给予密切关注。
- 听清内容（推理、证据和要点）。
- 如果有不确定的地方，要询问并澄清。
- 要积极投入，避免采取守势。
- 在访谈进程中始终保持判断的状态。

4. **为解决问题而听**

约翰·斯图尔特发展了他称为“对话式聆听”的第四种聆听类型。他认为，对话式聆听关注的是我们，而不是单个的我或你，并相信对解决问题而言，集体的力量要大于个人。当目标是共同解决问题，而不是为另一方解决问题时，对话式聆听就成为解决这类问题的最合适的方法。在对话式聆听中，要注意以下几点：

- 保持谦虚的态度。
- 相信另一方会对问题的解决做出贡献。
- 提问和回答时都应该保持结局的开放。
- 关注访谈中的交流，而不是揣摩心思。
- 关注现在而不是过去或未来。

- 鼓励双方平等地交换意见。
- 解读对方的回应和想法。

第二节 人物专访

在当今媒介发达的时代，人们对于新闻的需求不再仅仅停留在“被告知”的层次，而是希望有更多的机会，以更加直观的方式接近与新闻相关的人士。当新闻事件发生时，人们想知道新闻当事人的处境、所思所想；当政策、法规颁布时，人们想知道制定者经历了怎样的制定过程、前后经历了怎样的调整与整合；当一个官员走马上任时，人们想知道这个官员的性格特征如何、以往的政绩如何、未来的施政思路怎样等。人物专访正是为了满足公众获知新闻相关人物深度信息的需求。

人物专访兼有人物访问记、人物特写和人物通讯的性质，是把三者合为一体的报道形式。其特点在一个“专”字，重点在一个“访”字，既强调新闻性、政治性，又强调可读性、可听性。

电视人物专访节目因其直观、现场感强的特点，在展现人物形象、性格特征、现场气氛、情景等方面具有平面媒体不具备的优势。[①] 另外，由于电视人物专访节目对受访者的语言表达能力、采访者提问的节奏、悬念的设置、现象与人物细节描写提出了更高的要求，因此如何甄选出电视观众普遍欢迎的公众人物，如何发掘人物的背景事件和内心世界，如何与专访对象全身心地互动，对电视人物专访节目是不小的挑战。

一 人物专访的类型

人物专访按照主题可分为三大类。

（一）观点采访

观点采访就是记者向采访对象提出某种实质性问题，由对方表明态度，阐述自己或者自己所代表机构的观点、立场、态度和主张。一般情况下，观点采访大多是对知名人士的采访。比如《杨澜访谈录》有一期杨澜采访英国首相托尼·布莱尔的节目《我看中国 20 年》，就属于观点采访。在这次采访中，杨澜主要围绕中英关系、香港问题、中国改革开放与中国内政等问题向布莱尔提问，布莱尔给出自己的观点和看法。

（二）事件采访

事件采访就是记者访问新闻当事人或其他相关者，向受众呈现事件发生的经过、

---

① 陈景收．浅谈电视人物专访节目操作规律［J］．新闻世界，2012（9）．

原因、影响和新闻当事人的心理状态等。比如，张泉灵采访北京奥运圣火登顶珠峰活动总指挥李致新。

（三）个性采访

个性采访注重人情味，力求揭示一个人的个性来反映其本来面目，包括个人兴趣、个人生活、个人处事风格等。比如《面对面》节目中，王志采访沙祖康来展示沙祖康的办事风格和个人性格。

二 专访人物的遴选

人物专访节目的采访对象选择决定节目的风格，采访对象的价值决定观众的收看兴趣，所以选择有新闻价值的采访对象至关重要。[①] 选择采访对象，首先要遵循节目对对象选择的规限要求，符合节目的整体风格和价值取向；其次，节目所选择的对象要具有较高的新闻价值，能够在同时期引起观众的共鸣，具有广泛的观众认知度，这样才能引起观众的好奇心，去带着问题看节目；最后，节目所选择的对象应具备电视表演的立体性，比如个人形象、语言表达能力、思辨能力等，能够较好地配合主持人把信息和情感明确地传达给荧幕前的观众。比如朱军主持的《艺术人生》的采访对象都是深受观众喜爱、深耕文艺领域多年的艺术家，语言表达和情感传达能力卓越。

三 人物专访的提问技巧

人物专访为新闻采访和节目制作中比较常见的内容，通过主持人与采访对象的深入沟通，从而深层次地了解一个行业或是一个新闻事件的信息。在人物专访中，无论是前期的准备工作还是提问与沟通环节，都考验着主持人的职业素质和工作技能，尤其是在提问的过程中，通过科学运用一定的提问技巧，可以更加直接地切入主题，传达丰富的信息。

（一）做好充足的采访准备工作

主持人通过合理利用提问技巧，可以丰富人物专访内容。人物专访提问技巧的运用，首先要积极做好充足的采访准备工作，全面了解采访对象的信息，做到知己知彼才能更好地应对各种突发事件以及更加灵活地应对采访对象的态度变化。具体可以通过全面搜集采访对象的生活和工作经历、性格特点以及喜好等，再根据采访对象的特点，采取针对性的采访手段和提问技巧。不仅如此，主持人也要根据人物专访的主要信息列明提纲，从而避免人物专访的问答脱节。只有做好充足的采访准备工作，才能为人物专访的提问提供支持。

---

① 张思鸣．谈电视人物专访的关键环节把控［J］．电视指南，2017（6）．

（二）营造轻松的提问环境，关注采访对象的情绪变化

主持人的提问和采访技巧着重体现于针对不同的主题和人物特点，营造轻松的提问环境。首先，主持人要根据采访内容的不同，采取不同的采访技巧，针对新闻类的人物专访要直接切入主题，直接表达所要提出的问题，而对于人物经历等的采访，就需要循序渐进，关注采访对象的情绪以及心理活动的变化，运用言语幽默的采访方式营造轻松的人物专访环境，从而帮助主持人与采访对象建立良好的心理沟通桥梁。除此之外，也要学会倾听，了解和掌握采访对象所要表达的情感，这在一定程度上是对采访对象的尊重，是现阶段主持人专业化职业素养的重要体现。①

人物专访其实是人与人之间的交流，强调情感沟通的过程，访谈的效果将受到采访者与采访对象之间融洽程度的影响，其中情感是十分重要的因素，也是吸引观众的不二法门。

《6 微米的距离——小强对话姚玉峰》之所以能取得成功，很大程度上是由于注重情感的把控：一是透过先进人物找寻纯粹的情感。二是确立了“以患者为中心”，作为节目的情感铺垫。三是善于发现细节，并把情感寄托在细节里面。四是主持人和采访对象达到心灵的契合，用情感引导的方式使节目更有温度。

案例 9－3　6 微米的距离——小强对话姚玉峰

来源：浙江广播电视集团《小强大视野》栏目

时间：2017 年 6 月 29 日

了解完整内容请扫码

序号	画面	声音	分析
1	医院中人们排队看病，医生接诊。 姚玉峰给患者看病（见图 9－2）。	（音乐） **【解说词】** 每天，当阳光还没有洒进窗台的时候，挂号台的光亮已经开始安抚每颗不安的心，每个上下左右的手势，都是对一双眼睛、一个命运的考验。其中有很多人从全国各地赶来，为的就是能拿到眼科主任姚玉峰的专家号，让姚主任看一看眼睛，对这些患者而言，又有了和黑暗博弈的底气。	传统的新闻访谈开场就是主持人说新闻导语，介绍主角。在该节目中，节目开场主持人并没有出现，而是从医院看病焦虑的痛点讲起，在情感的铺垫中自然引出主角。

① 刘冬颖．人物专访中的提问技巧分析［J］．传媒论坛，2018（2）．

序号	画面	声音	分析
2	采访患者家属、患者。	**【同期声】** **患者家属：**很厉害，他看病很快，一看就准。 **患者家属：**挂到号了，心情肯定好很多了，就像找到救星一样。 **患者：**我一见到姚主任，一下子拉近了（距离）。姚主任对病人的和蔼可亲，起码能让我高兴起来。	患者及患者家属对姚玉峰真诚的评价。
3	采访姚玉峰（见图 9-3）。	**【同期声】** **小强：**这么多年，您面对了多少病人，您还记得吗？ **邵逸夫医院眼科主任 姚玉峰：**不大记得了，因为我没有办法一个一个去统计，我只能是大致地估计。像去年我一个人主刀做了 1 200 多台手术，因为我是 1984 年毕业以后从医的，1984 年到现在应该是 33 年，3 万多人经我手复明，这个不会错的。 **小强：**他们的这种反应是什么样的？ **邵逸夫医院眼科主任 姚玉峰：**一个生命体，他又重新燃起了希望，而且他又拥有了保有他希望的能力，这个大概对于我来说是最欣慰的。	通过提问自然过渡到患者的话题。这样的开场设计，一是避免常规的新闻访谈主持人开场主观性因素介入，引起观众的疏离感。二是由看病的痛点、患者的期待讲起，勾连起患者和姚玉峰之间的丰沛感情，成为一种情感的铺垫。三是巧妙地显化了“为医者，要把病人装心里”的主题，使得这一主题以波浪式推进。
4	姚玉峰做手术的工具。 采访姚玉峰。	**【同期声】** **邵逸夫医院眼科主任 姚玉峰：**这两把取名“姚氏镊”的是打结用的。对眼科医生来说，对一个（治疗）角膜病（的）医生来说，那是左右手要一样灵活，左右手、左右脚都要一样灵活。 **小强：**您的左手也可以吗？ **邵逸夫医院眼科主任 姚玉峰：**可以。 **小强：**这个是有意训练的吗？ **邵逸夫医院眼科主任 姚玉峰：**这个确实是有意训练的。在早年刚刚当眼科医生的时候，意识到左手也很重要，（就）用左手有意识地写一些字。长年累月以后，左右手切换也就很自然了。	对这个细节的发现有价值，不是为描写而描写，细节不是孤立存在的，它一定是具有画面感，有主角的情感寄托其中的，要为后文服务，更要为中心服务。“姚氏镊”突出姚玉峰的首创精神，锻炼左手拿镊子表现他对医术的高要求和对医学的热爱，连生活中都不忘练习。
5	小强和姚玉峰在医院里走动。	**【同期声】** **小强：**（手术）排得满满的。所以今天我们对您的采访时间是精确到几点几分，（时间到了）一定要离开。 **邵逸夫医院眼科主任 姚玉峰：**对，否则全乱套了。最近几天身体有点吃不消了，最近几乎每天晚上都（忙）到三点左右，有点吃不消。像昨天，我是做到第六台手术的时候，周老师他们叫我去开会，前面这一台的话，他们打麻醉的间隙我就觉得很累，我就坐在这里，本来坐一会儿就过去，结果一坐就睡着了。……作为一个医生来说的话，希望面对每个生命时自己都处于顶峰状态。	由于医生工作繁忙，该节目拍摄的原则是“陪伴静观式”采访。在这样耐心的陪伴下，姚医生也放松了，不会因为采访地点固定而影响接下来的工作。“陪伴静观式”采访不是拿起话筒指向对方强行介入，而是像医生一样拿着听诊器静静地放在对方的胸口，捕捉心底的声音。主持人的问话也不是照本宣科，而是浸入式的朋友唠嗑。

序号	画面	声音	分析
6	采访姚玉峰。	**【同期声】** **小强：**您的女儿是学什么专业的？ **邵逸夫医院眼科主任 姚玉峰：**她现在是学社会心理学。 **小强：**为什么没让她学医学呢？ **邵逸夫医院眼科主任 姚玉峰：**（不）学医学是她自己的选择，我突然给你戳到软肋了。说起家人我有很多歉疚。	以情动情把控现场，对于电视新闻访谈节目的成功是至关重要的。埋藏于心的父爱，不经意间流露的真情，在一个新闻访谈节目中难能可贵，也是最有温度的，让观众认识了一位有血有肉的医学神人。

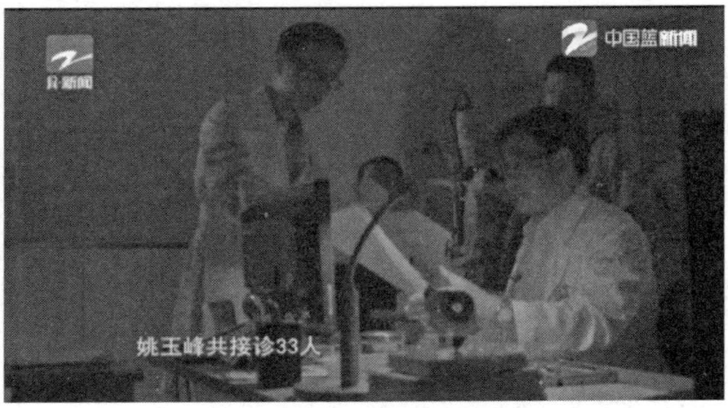

图 9-2 姚玉峰的接诊工作

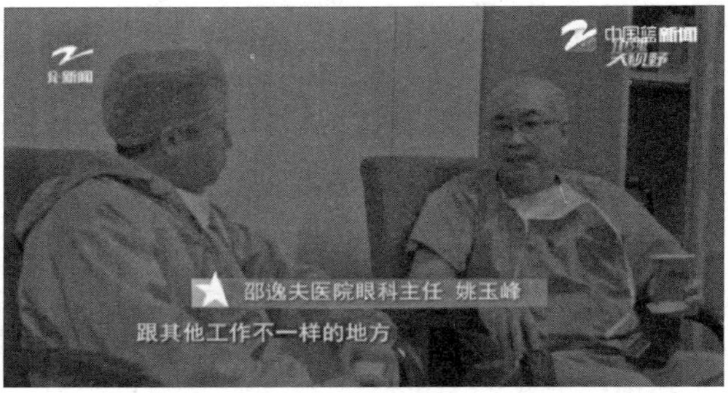

图 9-3 工作间隙姚玉峰接受《小强大视野》的采访

（三）根据采访情景科学引导采访对象

主持人在实际采访的过程中会面对各种类型的采访对象，而采访对象往往不具备专业的应对技能和采访经验。在这样的情况下，主持人就要根据不同的采访情景科学引导采访对象，以此为基础进行提问。

首先，主持人要积极根据采访内容的进度引导采访对象跟随自己的思路进行解答。其次，主持人通过对采访对象的了解，根据采访对象的喜好，提出采访对象感兴趣的话题。这不仅可以更好地完成专访任务，同时也可以营造自由、轻松的采访氛围。

2016 年 10 月 21 日，习近平总书记在纪念红军长征胜利 80 周年大会上深情讲述了“半条被子”的故事。湖州市广播电视台及时抓住这个新闻点，对这个故事进行挖掘，找到了32年前徒步重走长征路第一人，湖州籍高级记者、《经济日报》原常务副总编罗开富，并对他进行了专访。通过展现罗开富的所见所闻所感所思，生动地讲述了什么是长征精神，新时期如何传承长征精神。这一作品凸显了唯一性和独特性，体现了深远的时代意义和现实主题。

节目组将访谈的地点安排在了湖州红军长征追踪馆，该馆讲述了红军与罗开富的特殊经历，在这里，罗开富有情结、有感悟。此外，编导将80年前红军的故事，32年前罗开富重走长征路的经历，当天他向家乡捐赠了3件红军用过的实物，嘱托家乡人民牢记长征精神等这几个不同的时间点及信息放在了同一轴线上，在时空交错中体现了历史、情感的流动，在思绪跨越中体现了时代传承的意义。整场访谈不是单一的对话和讲述，而是场内场外有沟通、有碰撞，有寻访、有感悟，有悬念、有高潮，布局巧妙，结构丰满。

记者历时40天，分赴北京、四川阿坝、江西赣州等地进行前期的沟通及采访，积累了700多分钟的素材。访谈从当天的新闻事件切入，主持人围绕“弘扬长征精神，不忘共产党人初心”这条主线，听罗开富讲述，与罗开富对话，用十多个鲜活的故事剖析了“初心”的内涵，诠释了“前行”的意义，结构紧凑，制作精良，高潮迭起，生动感人。

案例9-4 不忘初心 砥砺前行——访徒步重走长征路第一人罗开富

来源：湖州市广播电视台《关注》栏目

时间：2016年12月31日

了解完整内容请扫码

序号	画面	声音	分析
1	红军长征追踪馆现场，主持人出镜。	**【同期声】** **主持人 李晓红：**这是一个特别的地方，它记录了一个人一生中特别的368天，这段历史也许之前只存在于电影电视和我们读过的课本里，但是来到这里，你会通过这个人的眼睛看到80年前的368天。	主持人将观众带到现场，体味现场的情景，感受人物的特殊性。
2	动画介绍罗开富（见图9-4）。	**【解说词】** 他就是罗开富，他是继红军长征之后，我国唯一完全按照长征原路、同样用时368个日夜走完两万五千里的人。	生动展现人物形象，引入人物。

序号	画面	声音	分析
3	红军长征追踪馆内，主持人出镜介绍。	**【同期声】** **主持人 李晓红：**这一路他也留下很多遗憾，木盆、火钳和烤火盆是25年前一位老人临终前托家人转交给他的。	以3件珍贵的实物为切入点，逐步展开故事。
4	动画回忆红军当年途经沙洲村。被子、报纸上刊登的文章。女红军曾经用过的3件实物。	**【解说词】** 82年前，红军在途经湖南汝城县沙洲村时，3名女红军借宿徐解秀家中后，将自己仅有的一床被子剪下一半留给老人。32年前，罗开富在重走长征路时，老人叮嘱他帮助寻找3位女红军。临终前，徐解秀老人交代家人一定要把女红军曾经用过的3件实物交到罗开富手中。	介绍3件实物背后"半条被子"事件的始末。
5	习近平总书记在纪念红军长征胜利80周年大会上讲话。	**【同期声】** **习近平总书记：**老人说，什么是共产党？共产党就是自己有一条被子，也要剪下半条给老百姓的人。	习近平总书记对"半条被子"故事所展现的精神的重视。
6	红军长征追踪馆内，主持人出镜。 罗开富将3件珍藏品存放于红军长征追踪馆。	**【同期声】** **主持人 李晓红：**而没能为等了一辈子的徐解秀老人送上一床完整的棉被也成了他此生的遗憾。今天他把这三件珍藏了25年的宝贝存放在了这里——南浔红军长征追踪馆。	为后面的访谈做好铺垫。
7	主持人采访罗开富（见图9-5）。	**【同期声】** **主持人 李晓红：** 1. 罗老您好，早上把火钳、木盆和烤火盆这三样红军曾经用过的珍贵的物品……您为什么今天非要亲自从北京一直护送到我们湖州呢？ 2. 是不是当习近平总书记说到这半条被子故事的时候，您马上也感觉重新穿越回了30年前？ 3. 1984年10月16号，您决定重走这条长征路。当时是决定按照原路、原时间节点来到达红军长征的每一个节点的，为什么就是要一模一样呢？（或者说）这个时间地点一模一样，为什么要这样安排呢？ 4. 您在出发前一定预想过重走这条长征路肯定很困难、很艰苦。走上这条长征路之后，跟您原先预想的是一样的吗？ 5. 脚上起泡了？ 6. 这个时候该怎么办呢？ 7. 然后继续赶路吗？	从近期事件出发，在较短时间内使受访者产生亲切感，为成功采访做好准备。 从引入罗开富重走长征路的故事起，访谈内容环环相扣，引导罗开富回忆当年重走长征路的艰辛，在与罗开富的具体谈话中展现细节，让人们更好地理解和体会长征精神。访谈过程并不是单一的表述，有沟通也有感悟。

序号	画面	声音	分析
		8. 在这条长征路上，肯定会遇到各种各样的困难。比如您刚刚说的，脚烂了，起泡了，浑身不舒服了，在自己身体很虚弱的情况下还要徒步，还要按这个原时间节点去每天抢进度，很多人可能会认为，您这样做太死板了吧！ 9. 一路走过来还是有很多人，包括当地的老百姓来帮助您，还有可能您也不是一个人在战斗，走完红军整个长征路也不是一个人战斗就能达成的。 10. 在您的记忆当中，这 2 800 多个向导当中，一路走过这条长征路，谁给您留下了非常深刻的印象呢？ 11. 所以是为了陪你重走长征路，他推迟了结婚，是吗？ 12. 一路走来，像丹泊这样身兼数职的陪同人员给您不遗余力的帮助，那当年红军能够得到咱们老百姓的支持和帮助，是不是也跟红军处处为老百姓着想有关系的？ 13. 红军把自己身上穿的唯一的棉袄给了老乡？ 14. 对于我们现在的很多年轻人来说，可能他们觉得长征精神好像跟这个时代不是这么相符了。但是从您这么一路走过来的经历，您觉得我们这代人或者我们下一代人怎么来更好地继承长征精神呢？	选择当年罗开富重走长征路中认识的有代表性和有意义的人物，让重走长征路的故事更加充实和丰满，也使情感得到渲染。 军民鱼水情深，罗开富在重走长征路的过程中也感受到心系群众、依靠群众的重要性。 引发观众思考新时期如何传承长征精神，赋予长征精神新的意义。

图 9-4　罗开富重走长征路照片

图 9－5　主持人李晓红与罗开富对话

【点评】 对于人物专访，记者或主持人不仅要具备专业化的职业素养，同时也要具备一定的提问技巧，以此帮助人物采访的顺利开展。同时，良好的提问技巧也会进一步丰富人物专访的内容，提升人物专访的节目传播效果。

第三节 几种特殊的提问方式

提问是一门学问，要在采访时做好提问，记者或主持人需注意以下几点：

首先，在采访前问话时不要让对方紧张，要尽量说服对方跟你聊天。

其次，列出的问题应该与采访目的相关、与报道主题相关，是公众所关心的。根据这个标准判断问题是不是值得问，删除无用、无意义的问题。根据采访内容和性质，对问题按照一定的逻辑顺序排列。如果采访时间长，就准备预热问题，让采访对象进入状态；如果采访时间短，就开门见山，先说重要问题。如果问题的回答需要采访对象克服心理障碍，就把敏感问题放后面，这样采访对象可以在产生信任后再考虑回答。

最后，问题顺序可以是从一般到具体，比如先提出概括性问题，然后从回答中找到线索进行追问，逐步具体深入。如果是人物采访，需要从一个话题转换到另一个话题，尽量找到谈话中的过渡，或者自己搭桥过渡。此外问题不要太复杂，在表达上不能太空泛。还需要预测回答可能出现的特殊情况。尽量提中立问题，不带偏见。

一 逆向提问

逆向提问是指提问不沿着采访对象的回答方向走，对采访对象的回答提出质疑，从而从不同角度印证谈话、抓住事物的本质。这是记者或主持人与采访对象之间的一种碰撞与交锋。

案例 9-5 专访奥运冠军潘展乐

来源：中央广播电视总台《面对面》栏目
时间：2024 年 8 月 11 日

了解完整内容请扫码

巴黎奥运会期间，央视《面对面》栏目推出一系列运动员专访，负责访谈的记者董倩以其专业的提问与交流让专访展现出了运动员在现实问题面前的挣扎、为国家荣誉做出的努力以及自身追求更高目标的韧性。其中部分专访内容多次登上微博热搜如专访奥运冠军潘展乐（见图 9-6），实现了内容口碑与流量讨论度的双赢。

图 9-6 《面对面》栏目专访潘展乐

董倩： 接受采访已经接受得麻木了是吧？

潘展乐： 对，一天五个呢。就是前天的时候。

董倩： 你的世界是不是变了？

潘展乐： 感觉到了，接下来想一个人出去都不行了。就包括现在我来这儿采访，我们酒店楼下就蹲着很多人要签名。

董倩： 你开心吗？

潘展乐： 我肯定不开心，因为其实我还是我自己，并没有网传的那么优秀。就是这种成绩都是一步一步训练而得来的。像他们在我差的时候不来找我，现在来找，就感觉会很别扭。而且人出名了以后就是这点不好，太多人围着了。我希望还是低调一点、清静一点，我宁愿这次成绩没有那么优秀，我接下来能够继续安心地努力训练。

董倩： 你怕不怕你的纪录会被别人一次一次地冲击掉？

潘展乐： 不怕。因为我就是把别人（的）纪录一步一步破到现在了，所以肯定会有人打破我的纪录。我要做的就是在我还在役这段期间让纪录保持得更长久。

董倩： 中国老话不是说“打江山容易坐江山难”？（纪录）被别人打破的时候，你心里设想一下，不会舒服吧？

潘展乐： 肯定，正常人都不会舒服。但是首先还是恭喜吧，有人能打破我的纪录。得有个人领路，然后大家才能从这个框框里面冲出来，就像我现在达到了这个成绩，我未来突破得更高更远，后面也会有人，不只是我们国家的，也有可能是美国、英国、澳大利亚或者说其他国家的人站出来去突破这些。自从我出来以后，王浩宇就比我晚了大概半年，他比我小一整岁，比我晚半年时间突破了48 秒。

董倩： 所以对运动员来说，把不可能变成可能——

潘展乐： 就是运动员该做的事。

【点评】 采访奥运冠军，记者不仅要具备一定的体育领域知识，还要在有深度但难懂的严肃性问题与通俗而更有流量的娱乐性问题之间进行权衡，更要在较短的时间内与运动员进行有效沟通，回应公众关切的问题。面对频繁接受各种采访已经非常疲惫的奥运冠军，记者董倩用逆向提问挖掘运动员的多样面向，用普通人拉家常的话题消解采访对象对于重复性问题的排斥。

二 讲故事型提问

记者或主持人借助讲故事型提问，能够呈现访谈对象的际遇，并感知对方的精神世界。例如纪录片《三和大神》中，随波逐流、心灵的孤独、城市的冷漠、人的颓唐等这些既是镜头下最真实的画面，也是访谈对象言谈所表达的境遇，能够直达心灵。

宋：到深圳的感受是人轻松了，但是肚子挨饿了。真的，感觉整个人都轻松了，就是特别无聊，每天特别无聊。回不去，真是回不去了，不归路啊，不归路。

记者：你的梦想呢？

宋：梦想……以前……，现在都没了。没梦想了，现在没有什么梦想。

记者：没幻想过做点什么改变命运的事吗？

宋：以前……想过，现在搞不了，现在太遥远了，这些东西真的太遥远了，现在太不现实了。

记者：你才 27 岁，还年轻啊，往后还有几十年，这几十年你都打算这样混下去啊？

宋：前几年我不也是年轻，你看现在还是一样，一无所有。现在这样都习惯了，真的是习惯了。

记者：那你有没有想过老了怎么办呢？

宋：老了……老了就……死了就死了呗。真的没办法了，现在没有梦想了，现在是绝望。

三人哄笑。

三 归因型提问

在访谈中，访谈对象很多观点和想法可能隐藏在表面叙述中，记者或主持人要善于梳理、总结，应该做一个提炼者，可以借助归因型提问引导观众理解访谈的实质。

案例 9-6 病死猪田间乱丢知道吗……《问政山东》现场局长被 8 连问后语无伦次

来源：山东广播电视台

时间：2019 年 4 月 6 日

了解完整内容请扫码

“您知道吗？”“您是怎么管理的呢？”直播现场，主持人 8 问主管干部。

主持人 李莎：临沂农业农村局的负责同志在吗？刚在短片中所提到的村民拨打过 12345 这个事您知道吗？

临沂市农业农村局负责人（以下简称“负责人”）：对于这个问题，我们将认真地进行调查处理，下线以后，我们将马上派出工作组进行调查处理。举一反三。

主持人 李莎：就这个事儿您了解吗？

负责人：这个事儿我们应该了解。

主持人 李莎：是今天刚了解的，还是之前（村民）打 12345 的时候就知道？

负责人：下线以后，我们及时跟我们的畜牧部门一块进行调查处理。

主持人 李莎：好，那我想问您，这位负责同志。在咱们这里大片的死猪堆在这儿，这种现象您之前知道吗？

负责人：对这个问题非常痛心，我们…………

主持人 李莎（打断）：您知道吗？

负责人：这个问题应该知道。

主持人 李莎：应该知道。

负责人：对。

主持人 李莎：之前您知道是吗？您是怎么管理的呢？

负责人：我们第一认真审核、认真检讨，第二抓紧派出工作组，对存在的问题分析原因，会同当地部门彻底整改。

主持人 李莎：就是当时我们接到电话之后，其实也没有第一时间赶到现场是吗？

负责人：（沉默）

主持人 李莎：这个问题其实您并不是太了解，今天刚了解是吗？

负责人：是的。

【点评】《病死猪田间乱丢知道吗……〈问政山东〉现场局长被 8 连问后语无伦次》这条短视频，是山东广播电视台媒体融合的一个案例。作品实现了大屏内容向小屏的传播转移，反过来短视频在小屏端的火爆也进一步提升了大屏端电视节目的影响力，实现了传播效益最大化和大小屏的良性互动。除此之外，创作团队对“脚力”“眼力”“脑力”和“笔力”的把握到位，也是作品出彩的原因。

（1）脚力：三天三夜蹲守让报道接地气。腿上有泥土、心中有真情。为了拍摄到无害化处理厂内部的不规范操作，记者蹲守了三天三夜，终于在有车外出，大门打开的极短时间内拍摄到了处理厂里违规操作的现场。

（2）眼力：抓到“问得准，答得偏”这一细节，让报道有视野。当问政现场出现“问得准，答得偏”这一戏剧化场面时，编辑迅速捕捉到了这个细节，通过对这部分内容的碎片化创作，从而放大问政的效果。

（3）脑力：承载脑力思考，让报道有网感、有内涵。“问得准，答得偏”这一现场，表面上反映的是环保问题，深层次是作风问题。用花字和背景音乐增加作品的网感，对关键信息“次数”的提炼增加了受众的期待感。

（4）笔力：追求全面而不片面，让报道传得开。碎片化不代表片面化，在短视频最后增加了当地认真整改的内容。这样既通过“辣味现场”清“政风”，又通过“立说立改”鼓励“敢担当”。

四 观点型提问

记者或主持人在有限的时间里借助观点型提问，创造出流动的意义空间，在流动的意义空间里推进叙事进程。

2016 年，由著名作家许知远担纲主持的《十三邀》在腾讯视频网站播出，立即引起广泛的关注与争议。与传统的人物访谈栏目对于客观、公正的追求不同，《十三邀》将“偏见”作为节目的主要特色与卖点，节目宣称每个人都是带着成见来看世界的。如果你不带着成见，那么你对世界根本没有看待方式。同时，节目的录制地点不拘一格，或在酒店，或在茶室，或者就在公园的露天场所。主持人许知远对种种文化现象、社会问题有独立思考，并且在节目中毫不遮掩自己的看法或“偏见”，而且从自身的思考出发，常常借助观点型提问与采访对象进行激烈的思想交锋。在第一季对俞飞鸿的访谈中，他直言俞主演的《小丈夫》“庸俗”，并且在与陈嘉映的对话中坦言自己“自我太多”。[①]

第四节 高端访谈节目

随着我国的国力不断提升，对外开放进一步深化，人们的眼界开阔了，精神层次提高了，对于外在世界的求知欲望也日益强烈。在这种社会背景下，高端访谈节目应运而生，它以主持人与嘉宾一对一的对话为主要形式，有时在节目中穿插相关的视频短片，以介绍人物和事件背景，辅助观众对访谈节目内容的理解。[②]

一 高端访谈节目的特点

（一）节目嘉宾的精英化

与普通的访谈节目嘉宾类型多样，如娱乐明星、普通民众都能作为节目的邀请对象不同，高端访谈节目更加关注嘉宾的权威性和影响力，嘉宾往往是来自政治、经济、科技、文化、社会等不同领域的佼佼者，拥有较高的社会地位，因此对于社会发展能起到一定的推动作用。

---

① 龚菊．探析《十三邀》的“偏见式”访谈节目特征［J］．新闻研究导刊，2018（4）．

② 赵忠义．高端访谈节目如何提升亲和力探索［J］．新闻传播，2018（13）．

案例 9－7　慎海雄专访俄罗斯总统普京

来源：中央广播电视总台《焦点访谈》栏目
时间：2018 年 6 月 6 日

了解完整内容请扫码

序号	画面	声音	分析
1	《焦点访谈》演播室节目现场。	**【演播室导语】** **主持人 侯丰：**当地时间 2018 年 5 月 31 日晚，俄罗斯联邦总统普京在莫斯科克里姆林宫，接受了中国中央广播电视总台台长慎海雄的独家专访。普京讲述了他对习近平主席的印象，展望了中俄关系以及上合组织扩员后的前景。	导语简要概括新闻内容，浓缩新闻事实，吸引观众进一步深入了解。
2	中央广播电视总台台长慎海雄在莫斯科克里姆林宫采访俄罗斯总统普京（见图 9－7、图 9－8）。	**【同期声】** **中央广播电视总台台长 慎海雄：**尊敬的普京总统，感谢您接受中国中央广播电视总台的专访。	
3	普京就职典礼。	**【解说词】** 当地时间 5 月 7 号中午，俄罗斯新一届总统的就职典礼在克里姆林宫举行。普京正式就任总统。这是他自 2000 年、2004 年以及 2012 年担任总统后的第四个总统任期，为期 6 年。	回顾事件，让观众对访谈内容有事先的了解。
4	中央广播电视总台台长慎海雄在莫斯科克里姆林宫采访俄罗斯总统普京。	**【同期声】** **中央广播电视总台台长 慎海雄：**您第四次就职演说的感觉，和前几次有什么不同？	引入话题，先让采访对象从自身感受出发来谈，从而营造采访的轻松氛围。
5	俄罗斯总统普京在莫斯科发表 2018 年度国情咨文。	**【解说词】** 2018 年 3 月 1 号，当时仍处在总统第三任期内的普京向议会上下两院发表国情咨文。这份长达两个多小时的国情咨文也被外界认为是普京谋求第四任期的竞选纲领。在国情咨文中，普京呼吁俄罗斯国民勇于行动和承担责任，共同创造梦想中的俄罗斯。	由解说画面引入下文的访谈，使访谈内容不单调。

序号	画面	声音	分析
6	中央广播电视总台台长慎海雄在莫斯科克里姆林宫采访俄罗斯总统普京。	**【同期声】** **中央广播电视总台台长 慎海雄：**从今年的国情咨文开始，您在不同场合讲述过您的“俄罗斯梦想”，而中国人民也正奋力实现习近平主席提出的“中国梦”。“俄罗斯梦想”与“中国梦”之间有何异曲同工之处？	巧妙地将“俄罗斯梦想”与“中国梦”联系在一起，使话题更有意义和吸引力。
7	中国国家主席习近平和俄罗斯总统普京会晤。 普京向习近平授予“圣安德烈”勋章。	**【解说词】** 近年来，在中国国家主席习近平和普京的引领推动下，中俄关系处于历史最好时期。5 年来，习近平和普京会晤了 20 多次。仅在 2017 年，两个人的见面就达到 5 次。2017 年 7 月 4 号，普京向到访的习近平授予了俄罗斯国家最高奖章“圣安德烈”勋章。	解说画面配合访谈问题，利用画面叙述事实。用数字表示习近平主席和普京总统见面次数之多，表现中俄关系的友好。
8	中央广播电视总台台长慎海雄在莫斯科克里姆林宫采访俄罗斯总统普京。	**【同期声】** **中央广播电视总台台长 慎海雄：**过去一年里，您与中国领导人会晤的次数最多，您和习近平主席会见了 5 次。中国民众对于您授予习近平主席俄罗斯国家最高勋章印象深刻。能不能请您谈一下您对习主席的印象？	
9	青岛城市风光。	**【解说词】** 2018 年 6 月 8 号至 10 号，习近平和普京将再次见面。	
10	中央广播电视总台台长慎海雄在莫斯科克里姆林宫采访俄罗斯总统普京。	**【同期声】** **中央广播电视总台台长 慎海雄：**再过几天，您将前往中国青岛出席上合峰会，并对中国进行国事访问。在上合组织扩员的情况下，您觉得如何让上合更具“行动力”？	采访问题由点到面，先前准备工作充足。
11	上海城市风光。 城市建设发展、古丝绸之路画面。	**【解说词】** 今年恰逢习近平主席提出共建“一带一路”倡议 5 周年。上合组织成员国、观察员国和对话伙伴国，大都是古丝绸之路沿线国家，共享丝路历史记忆。因此，上合组织与“一带一路”怎么有效对接，必将成为本次上合组织青岛峰会的重点。	揭示上合组织与“一带一路”之间的联系，顺势引入后面的问题。
12	中央广播电视总台台长慎海雄在莫斯科克里姆林宫采访俄罗斯总统普京。	**【同期声】** **中央广播电视总台台长 慎海雄：**今年是“一带一路”倡议提出的第五年，习近平主席曾说，提出“一带一路”倡议，就是要践行人类命运共同体理念。您怎么理解人类命运共同体这一关乎全球福祉的理念？	

序号	画面	声音	分析
13	美国总统特朗普上台。 美国城市画面。	**【解说词】** 2017 年美国总统特朗普上台以来，对俄掀起连番“制裁风暴”。西方制裁使俄罗斯实现自身发展与突破的外部环境越来越严峻。	美国实行“制裁风暴”对俄罗斯的发展影响巨大。
14	中央广播电视总台台长慎海雄在莫斯科克里姆林宫采访俄罗斯总统普京。 朝鲜城市画面。	**【同期声】** **中央广播电视总台台长 慎海雄：**尽管平等对话与合作是很多人的愿望，但您也面临着一个棘手的问题，那就是西方国家对俄罗斯的经济制裁，以及其他方面的一些压力。您认为俄罗斯同西方国家的关系走向下一步会如何？ 今年以来，在一些国际热点地区，比如朝鲜半岛和叙利亚，虽然局势还不是太明朗，但已经出现了一些积极的变化。在解决国际争端方面，俄罗斯希望担任什么样的角色？中俄两个大国之间有什么样的合作空间？	采访过程中并没有刻板地提问，而是在讨论俄罗斯目前面临的国际状况中自然且有针对性地抛出问题。
15	中央广播电视总台台长慎海雄在莫斯科克里姆林宫采访俄罗斯总统普京。	**【同期声】** **中央广播电视总台台长 慎海雄：**非常感谢您接受我们的专访，祝您在新的任期内成功精彩，祝您中国之行顺利，祝俄罗斯世界杯取得圆满成功。	祝福全面到位，为采访画上一个圆满的句号。
16	《焦点访谈》演播室节目现场。	**【演播室结束语】** **主持人 侯丰：**2016 年，普京总统到杭州参加 G20 峰会时，带了一箱俄罗斯的冰激凌给习近平主席做礼物，结果在中国带火了俄罗斯冰激凌。普京总统透露，这次来中国，还会送一些小礼物给习主席，不过他不希望提前公布。那就让我们期待这份心意吧。	留下悬念，让观众充满好奇心。

图 9-7　慎海雄在莫斯科克里姆林宫专访普京

图 9-8 普京接受采访

（二）访谈内容的深度性

高端访谈节目摒弃了普通谈话节目中家长里短、娱乐八卦等休闲内容，以问题的思想高度和针对性为主要特色，侧重于对当代社会发展形势的分析以及某个领域的深入探讨。高端访谈节目通过呈现嘉宾对问题的全方位阐释，能够开阔观众的思维，从而引导观众在观看节目的过程中进行更加深入的思考。

案例 9-8 水均益专访伊朗外长扎里夫

来源：中央广播电视总台《环球视线》栏目

时间：2019 年 8 月 28 日

了解完整内容请扫码

在结束了短暂的巴黎之行后，伊朗外长扎里夫 8 月 27 日在北京钓鱼台国宾馆接受了央视记者水均益的专访。8 月 28 日，新闻频道《环球视线》节目播出专访视频。

画面	声音	分析
水均益采访伊朗外长扎里夫（见图 9-9、图 9-10）。	**【同期声】** **央视记者 水均益：** 1. 外长先生您好，非常感谢您拨冗在北京接受我们的采访。非常感谢。首先，我想先从您最近的日程聊起。我们知道，就在 24 小时前，您突访法国七国集团峰会的举办地，您能否讲讲其中的经过？ 2. 您当时是从巴黎回到国内的吗？ 3. 所以说您在比亚里茨只停留了四个小时？	以近期热点事件为切入点，了解突访法国的缘由和经过。事先前期资料准备细致具体，比较充足。进一步深化问题讨论，提出美国是否会对伊朗考虑退出伊核协议造成影响。

画面	声音	分析
	4. 自从您离开法国后，我们听说在七国集团峰会期间，特朗普总统提到他已经准备好同伊朗总统鲁哈尼会面。而鲁哈尼也表示，如有可能，愿意同美方接触。所以就此有任何实质进展吗？ 5. 所以我的理解是，如果欧洲国家在伊核协议问题上没有任何进展，并且如果美国没有采取任何行动，没有采取任何积极的行动，伊朗会考虑进一步退出该协议吗？ 6. 外长先生，您最近的一次法国七国集团峰会之行可以说还是局面僵持，您认为我们所处何种阶段，您怎样预计未来的走向，您对此乐观吗？ 7. 我们来谈谈中伊关系吧。刚刚也讲到，我们有着非常好的战略关系，伊朗如何评价我们的双边关系？未来又会是怎样的？ 8. 说到“一带一路”倡议，伊朗认为这样的倡议可以为我们两国和其他参与国家带来什么？ 9. 外长先生，在一个多月后，我们将庆祝中华人民共和国成立70周年。70年间，中国发展迅猛，尤其是过去40年的发展成果获得了全世界的认可，可以说是创造了奇迹。您，或者说伊朗，如何看待中国70年来的成就？ 10. 谢谢您，外长先生。此外，我们一直都会记得，这70年的发展来之不易，我们遇到过难题，也历经起伏。比如香港最近的局势，您如何看待香港的局势？ 11. 外长先生，如果可以，我还想请您再回答一个问题。您如何看待您所在地区，即中东地区的局势，尤其是叙利亚的局势？我们是否即将迎来该地区内战、暴力和战争的终结？	从近期事件出发，探讨伊朗目前所面临状况。 追溯中国和伊朗关系的历史，由此引入话题。 在访谈过程中敏感地抓住重要话题点进行采访。 话题转入中华人民共和国成立70周年，谈论中国发展。 谈论热点话题，香港局势动荡给香港的经济和秩序造成巨大的破坏。 总体采访风格沉稳，有深度有内涵。记者善于采用多种方式打开局面，吸引采访对象的注意，灵活、自如地引导采访对象回答问题。

图9-9　在北京钓鱼台国宾馆对扎里夫进行专访的央视记者水均益

图 9-10 扎里夫接受采访

（三）节目受众的高知化

由于嘉宾的精英化和内容的深度，高端访谈节目的访谈内容往往要具备一定文化知识水平的人才能理解，因此其受众也一直囿于社会上的高端人群，节目的社会普及性不高。

然而，随着新媒体的蓬勃发展，也出现了既叫好又叫座的新兴网络访谈节目，如《十三邀》。《十三邀》邀请的嘉宾一般为文化领域的知名人物，他们对于世界都有着独特的思考。通过主持人和嘉宾之间观点的交锋，节目为我们呈现出了文化名人不为人知的一面和他们对于世界的独特思考，给观众带来了新奇而又富有冲击和启发的观看感受。

事实上，新媒体所催生的变革并不止于《十三邀》一类的新兴网络访谈节目，传统电视类人物访谈节目亦有所变化。《小崔会客》不仅通过微博与广大网友形成互动，还在对各省高级别领导进行访谈时，通过与优酷网的合作，邀请优酷拍客去各省市拍摄短片，采集公众的原始声音与问题，通过现场播放视频短片的形式对访谈对象展开提问，充分推动了观众与嘉宾之间的互动。在新媒体迅速发展的今天，人物专访类记者或主持人需要紧跟时代的潮流，努力探索访谈的不同形式，以适应时代发展的需要。

二 高端访谈节目的作用

在社会飞速发展、新鲜事物不断出现的今天，人们容易在光怪陆离的社会现象中逐渐迷茫，甚至迷失自己，因此只有在更多优秀人才的引领和示范下，我们的社会才会更加健康向上。目前，我国正处于社会转型的关键时期，在对外开放程度不断加深、人们眼界越来越开阔的今天，保证舆论的正确，确保人们思想的健康，从而维护良好的社会风气是一切发展的基础性工作，有意识地发挥大众媒体和优秀节目的舆论引导作用，对于我国的经济发展和社会主义精神文明建设具有重要的意义。

高端访谈节目恰恰满足了这种社会发展需要，其在制作和播出过程中表现出了很强的积极性和正面性，观众在观看节目的过程中或者了解到嘉宾的人生奋斗历程，从而受到勤奋努力、吃苦耐劳精神的感染；或者通过主持人与嘉宾之间的问答，了解更多的社会发展知识，从而不断拓展自身的知识面，丰富人生阅历；或者直观感受到嘉宾的个人魅力，从而对自身综合素养的提高起到有效的鞭策作用。另外，在媒体过度娱乐化的今天，高端访谈节目的出现和发展也将人们的注意力从家长里短、娱乐八卦等休闲内容引导到更加严肃的问题上。

【思考与练习题】

1. 提问前需要做哪些准备工作？

2. 选择一期《新闻 1+1》，分析提问方式，思考怎样才能让提问达到预期的效果。

3. 学习研究专业电视采访记者的作品，比如奥普拉·温弗瑞（Oprah Winfrey）、白岩松。特别注意他们如何在采访中让采访对象放松，以引出有价值的信息及推动采访进程。

4. 提问练习：全班分为多个小组，根据下面材料中的情景充当记者和采访对象分别进行提问和回答。

材料 1：继云南小学生引发争议后又有两名小学生研究喝茶抗癌获奖

近日，继昆明六年级学生发表结直肠癌相关研究获全国奖项后，武汉又有两名小学生研究茶多酚抗肿瘤获奖。爆料称，两人为华中科技大学附属小学三年级和五年级的学生，她们主要探索茶多酚主要成分 EGCG 的抗肿瘤效果。网友称这些实验中提取裸鼠的肝脏肿瘤，要求逻辑性强且严谨，质疑小学生无法达到这一水平。就此事，武汉科协于 7 月 16 日回应媒体表示已获悉并介入调查。

材料 2：16 岁女孩“日均作三百首词牌两千首诗”，其父：没夸大宣传

16 岁女孩日均能写 300 首词牌、2 000 首诗、15 000 字小说，还在两年间出版了三本书。小小年纪已是一家杂志社“记者”和新闻网站区域运营中心的负责人。她还辗转多地进行演讲，聚光灯下，举手投足间显示出了不同于这个年龄段孩子的老成。近日，女孩岑某诺种种超乎常人的能力经过网络传播引发了网友热议。有网友上传了刊载有岑某诺诗歌、文章的印刷品。扉页信息显示，岑某诺是浙江慈溪人，已出版《中国青少年经典诗词集》《雷霆战警》《岑某诺诗词 666 首》等书。同时，岑某诺还有着“记者”和多个“品牌创始人”的头衔。

要求：课前进行相应文献研究，了解“神童”话题，并选取一个现场报道角度列出要采访的五个人，为每个采访对象设计五个问题。

5. 根据下面所列选题确定报道角度及采访对象，采访三个相关的人，并说明为什么对他们进行采访。

（1）全球新冠疫情。

（2）《乘风破浪的姐姐》。

（3）北京接受无车家庭申请指标。

6. 全班同学以“我的某某经历”为题目互相进行采访。

【推荐阅读文献】

1. 赵雪．电视访谈节目语篇研究［M］．北京：中国戏剧出版社，2006.

2. 朱羽君，雷蔚真．电视采访学［M］．北京：中国人民大学出版社，1999.

3. 李希光，孙静惟，王晶．新闻采访写作教程［M］．北京：清华大学出版社，2011.

4. 陈力丹．传播学是什么［M］．北京：北京大学出版社，2007.

5. 朱羽君，殷乐．大众话语空间：电视谈话节目：电视节目形态研究之二［J］．现代传播（北京广播学院学报），2001（2）.

6. 施拉姆．大众传播媒介与社会发展［M］．金燕宁，蒋千红，朱剑红，译．北京：华夏出版社，1990.

7. 王怡红．人与人的相遇：人际传播论［M］．北京：人民出版社，2003.

8. 斯图尔特，凯什，龙耘．访谈的艺术：第10版［M］．上海：复旦大学出版社，2007.

9. 熊征宇．主持传播能力与人际传播能力辨析［J］．中国广播电视学刊，2011（1）.

第十章

出镜记者及主持人形象

【本章学习要点】

1. 出镜记者及主持人形象的界定
2. 出镜记者及主持人外在形象的塑造
3. 出镜记者及主持人内在形象的塑造

大众传播学家施拉姆指出，最好的传播就是人际交流。

第一节 出镜记者及主持人形象的界定

电视是拟人际传播媒介，采用“直接交谈”（direct address）的方式与观众对话。电视通过各种技术实现屏幕内外的信息交流、情感共享，不仅可以使身处现场的观众实现心理交流，还可以让电视屏幕前的观众获得“在场”的心理感受，产生参与的愿望。① 出镜报道最大的特点就是将电视拟人际传播的特点发挥到极致，因而出镜记者及主持人在媒介竞争中所扮演的角色越来越重要。他们是所在媒体的“门面”，从某种意义上可以这么说，拥有成功的出镜记者及主持人就等于拥有了吸引受众的利器。

出镜记者及主持人在新闻现场进行报道，代表的不仅是个人，还有所在的媒体，他们在场就是媒体在场。由于出镜记者及主持人工作的特殊性以及角色的公众性，国内外业界和学界对其形象的研究格外用心。

① 林奇．电视新闻视听心理研究［M］．北京：中国传媒大学出版社，2014.

一 国内关于出镜记者及主持人形象的研究

国内众多专家学者基于各自的认知理解，从多种视角对出镜记者及主持人的形象进行探索、提出思考，极大地丰富了相关领域的研究。

蒋育秀在《主持人形象塑造艺术》一书中指出，按照《辞海》的定义，“形象”一是指形状、相貌；二是指文学艺术区别于科学的一种反映现实的特殊手段，即根据现实生活各种现象加以选择、综合所创造出来的具有一定思想内容和审美意义的具体生动的图画。社会生活和自然现象都是文艺作品的描写对象，其中社会生活是主要描写对象。因此，文艺作品中的形象主要是指人物形象，其次也包括社会的、自然的环境和景物。[①] 作者主要从形象设计的角度阐述了主持人的形象塑造，认为形象直接来源于人们观察一个人时留下的最初印象，这种印象由于是人的第一感受，所以往往不那么可靠，可能会产生一些甚至颇大的误差。为了弥补这些误差，人们会在紧接着的再次观察中完善对于人物整体的多方面感官感受，从而得出新的判断，产生新的印象。这些印象可以由诸多方面构成，这些方面都需要进行精心的设计，出镜记者及主持人更是如此。为了能够在受众心中留下较好的印象，必须通过正确的形象设计，一次又一次地修正自己在受众心中留下的最初印象，达到预期的效果，从而对节目和媒体的形象形成积极作用。作者将主持人形象的特点概括为两重性、复杂性、多维性、稳定性、相对性。

他认为主持人的形象是自身表现与公众印象两方面作用的结果，这是主客观两重性的体现。

主持人形象不同于一般的个人形象或组织形象，它是集节目主持人的个人形象、节目形象以及主持人所代表的大众传媒的组织形象于一身的形象组合体，具有复杂性。

主持人在话筒前、镜头前代表集体进行创作，离开话筒和镜头他又恢复成一个以个人身份出现的普通人，这种多维性需要主持人具备良好的适应能力。

为了符合节目形象和满足受众群体的需求，主持人必须通过加固自身外貌仪表、声音特色、言谈举止等方面的稳定性来完成形象的塑造。

主持人形象因个人、合作群体、节目内容以及传播技术和社会习惯的发展而变化，又具有相对性。

主持人形象是对由主持人内在修养、思想观念、专业素养、个性心理特点等决定的外在容貌和表现的总体印象和评价。主持人不同于播音员，中国传媒大学教授赵玉明指出，电视节目主持人就是在电视节目中出场为观众主持各种节目的人。主持人不是表演者，也有别于稿件的播报者。主持人是以他自己的身份、自己的语言借助屏幕

---

① 蒋育秀．主持人形象塑造艺术［M］．北京：中国广播电视出版社，2003．

面向观众直接进行传播活动。赵玉明的说法代表着国内一个普遍的观点，即主持人不是表演者，也有别于传统大众眼中所谓的“播音员”，是以他自己的形象、对节目的理解和角度直接面对听众或观众的人。因此从小范围来讲，“电视节目主持人形象”包括外在形象和内在形象，其中外在形象可以理解成相貌、声音、体态、表情等，内在形象可以理解成气质、德行、修养等。从大范围来讲，“电视节目主持人形象”又不仅仅代表个人形象，还包括节目形象、媒介形象和社会形象。主持人形象不同于一般的个人形象或组织形象，而是集节目主持人的个人形象、节目形象以及主持人所代表的大众传媒的组织形象三层形象于一身的复杂的形象组合体。

二 国外关于出镜记者及主持人形象的研究

西方对电视节目主持人的研究要比我国早很多。20 世纪 40 年代后期，美、英等国电视节目发展进入繁荣期，也正是从这一时期开始，西方学术界和主持界开始了对主持人形象的探索和研究。美国哥伦比亚广播公司的制片人率先明确了主持人的称谓，他们认为主持人是节目里的关键人物。美国著名新闻顾问艾尔·普里莫曾指出，如果把一档新闻节目获得成功的所有构成因素都考虑进去，那么主持人是重中之重。

同时，还有人提出，主持人的外在形象从属于电视节目，对电视节目的传播起到至关重要的作用，应该与电视节目的风格相匹配。除把主持人的外在形象作为影响电视节目传播效果的重要因素外，也有西方学者认为，在主持人对电视节目的传播活动中，外在形象只是其中一个表面的因素，而在传播活动中需要的形象，才真正具有实际的意义。对于这个观点，美国著名新闻人戈登·曼宁认为，绝大多数主持人是通过展示报道技巧而不是靠化妆来得到观众信任的。同时，美国著名电视节目主持人芭芭拉·沃尔特斯（见图 10－1）也曾说过：“有些人认为女性可以吸引观众，尤其是漂亮的女性，可我长得不怎么美，也不怎么漂亮。我，不是一个演员，人们相信我，是因为我开诚布公地向观众报道消息。”基于这个观点，社会学家欧文·戈夫曼提出了印象管理理论，这个理论的提出，对主持人形象塑造的研究产生了重要影响，也使更多对节目主持的研究转向了形象塑造角度，把电视节目主持人形象塑造设计与电视节目传播效果结合了起来。

图 10－1 美国著名电视节目主持人芭芭拉·沃尔特斯

三 出镜记者及主持人形象的理解

纵观以上国内外的研究成果，丰富了出镜记者及主持人形象的内涵，给出镜记者及主持人形象塑造的研究奠定了基础。结合前人研究及当下实际，对于出镜记者及主持人的形象可以做如下理解：出镜记者及主持人的形象是其自身及其所代表的栏目和媒体在空间上的一种存在形式，同时也是出镜记者及主持人自己精神状态的一种表述，并且作用于受众的感官。出镜记者及主持人的形象是作为一种整体的呈现，不仅代表个人形象，也代表了一个栏目的形象和其所在媒体的形象。因此出镜记者及主持人的形象塑造应该站在整体的高度，从宏观到微观，每一个细节都至关重要。

（一）出镜记者及主持人形象的场域

1. 从个人形象到媒体形象

在出镜记者及主持人的形象问题上要明确：不能把出镜记者及主持人形象仅仅理解为他们的个人形象，出镜记者及主持人是一档栏目的一个环节或者说是一个重要的组成部分，一档栏目作为一个整体，同时又是一个媒体的组成部分。出镜记者及主持人的个人形象会影响到栏目和媒体的形象，同时栏目和媒体的形象也在很大程度上影响着出镜记者及主持人的形象。同样的栏目中，不同的出镜记者及主持人会给受众留下不同的印象，同样的出镜记者及主持人出现在不同的栏目或媒体中也会产生不同的效果。比如，白岩松在新闻节目里的沉稳严谨、西装革履的形象与在客串体育节目时个性洒脱、休闲便服的形象，展示出他的不同侧面。

2. 从外在形象到内在形象

出镜记者及主持人形象不能仅仅理解为外在形象，否则会导致在对出镜记者及主持人进行形象塑造时，仅仅局限在他们的美容、美发、服饰等外包装上。出镜记者及主持人所起到作用是传递信息，如何让受众因为出镜记者及主持人的存在而更快、更好、更深入、更直接地知晓新闻、理解新闻，这才是最为重要的。在传递信息的过程中，出镜记者及主持人的可信度以及与受众的亲近感是最为重要的，而这种可信度和亲近感不仅要从外在形象上体现，更应该致力于从对出镜记者及主持人个性气质的培养上获取。外在形象和风格形象两者不可偏废其一，尤其是不能忽略出镜记者及主持人个性气质的塑造。很大一部分外在形象并不出众的出镜记者及主持人得到受众的认可与好评是因为体现了真实、客观和权威。外在形象和内在形象要两手抓，两手都要硬，出镜记者及主持人个人形象才能从整体上得到提升。

3. 从“传者中心论”到“受众中心论”

在大众传播学中，受众是信息的接收者。出镜记者及主持人作为新闻代言人，充当的是信息的传者。出镜记者及主持人的形象塑造与受众的认知有着密切关系。随着传播理念由“传者中心论”到“受众中心论”的转变，受众的地位越来越高。受众的认同也就是对传播效果的肯定。因此，出镜记者及主持人形象的塑造要以获得受众的认同为目的。

在栏目风格类型相对固定的情况下，出镜记者及主持人形象因受众认知过程的变化而不断改进和完善。出镜记者及主持人栏目及其形象最终是要展现在广大受众面前的，受众作为信息接收的终端，可以说是出镜记者及主持人形象最终的评判者和检验者，作为出镜记者及主持人形象的主体则不可避免地要受到受众的影响。作为个体的受众千差万别，但作为整体的受众是具有共性的，把握受众心理学、美学常识，掌握个人品牌塑造的规律，对塑造成功的出镜记者及主持人形象也是非常必要的。

（二）出镜记者及主持人形象塑造的原则

1. 分类原则

根据出镜记者及主持人所在的栏目、频道和媒体的不同，受众年龄、阶层、受教育程度等因素的不同，对出镜记者及主持人形象的类型进行分类，从而有利于满足不同受众的需要，也有助于实现传播效果的最优化。

2. 结合原则

这一原则主要指外在形象与内在形象相结合，栏目形象和出镜记者（主持人）形象相结合，个人形象与社会形象相结合。主持人是栏目的形象代表，他的个性风格具有人格化、个性化的特点，但绝不能离开栏目的总体设计而随意张扬。主持人的个性是对栏目的个性及传播对象的认识和遵从，脱离栏目的特点、不符合社会主流价值判断、孤芳自赏的“个性化”无法被受众承认和接纳。

3. 职业原则

出镜记者及主持人的年龄、相貌、气质、人格、学识以及思维方式和表达方式是千差万别的，这些都构成了其各自的个人形象。但作为一个群体，他们又应该符合相对统一的职业要求，也就有了出镜记者及主持人职业形象的共性。

职业形象与个人形象既是统一的，又是有区别的。这两者的统一是：个人形象必然反映在职业活动上；职业形象必然反映出个人特点。这两者的区别是：个人形象是一个多侧面综合而成的整体；职业形象是个人形象的突出部分。

4. 品牌原则

美国管理学者汤姆·彼得斯有一句被广为引用的话：“21 世纪的工作生存法则就是建立个人品牌。”他认为，不只是企业、产品需要建立品牌，个人也需要建立品牌。个人品牌是指个人拥有的外在形象和内在涵养所传递的独特、鲜明、确定、易被感知的信息集合体。倘若你缺乏品牌意识，你的表现就会为铺天盖地的信息所淹没，难以在受众中建立知名度，更别提美誉度和忠诚度；而当你建立起个人品牌时，受众往往会“爱屋及乌”，因为认可你的实力，进而关注你所做的现场报道。具体来看，出镜记者及主持人的个人品牌有以下功能：

（1）识别功能。品牌是区分标志，你的品牌只属于你自己，真实反映你和你所相信的东西，如董卿和奥普拉是不同的两个品牌。

（2）信号浓缩功能。品牌是速记符号，更是有效沟通的代码。在受众的内心，你的品牌形象（包括言行举止）都存在于他人的头脑中，形成一种快速记忆的符号，通过这种符号，人们可以产生联想以及做出反应。比如提到蒋林，人们就会想到堪称经典的突发事件报道、清秀的外表、富有逻辑的思维、流畅的表达。

（3）安全功能。品牌是对品质的一种承诺、保证和契约。品牌是品质以及信赖和忠诚的永久指南，并能给予那些在做信息选择决策时的受众更多的信心。比如，白岩松是严谨、独特、沉稳、值得优先关注的媒体记者代表，安德森·库珀是冷静客观、对突发事件报道经验丰富的CNN记者兼主持人。在一些多家媒体争抢的重大新闻出现之际，人们总是倾向于选择有品牌知名度的媒体和出镜记者所做的现场报道。

（4）价值功能。品牌是自身形象的象征，可以积累无形资产。当你在新闻报道中的表现符合甚至超出受众预期时，你就在受众心中增加了品牌印象分，同时受众还会主动和其他人谈论你的报道内容，进而从“消费者”成为“传播者”，帮助你圈到成倍的粉丝。随着你的文化产品消费者和传播者与日俱增，你个人品牌的影响力和美誉度不断提升，也积累起了可观的无形资产。

案例 10-1　安德森·库珀：从战地记者到CNN著名新闻主持人

这个世界并不安宁，每天都有新闻发生。有这样一群人，他们带着摄像机、话筒和笔上阵，奔赴世界各地，见证着各种灾难与冲突，将新闻报道展露在世人面前，震荡着看似“风平浪静”的日常生活。安德森·库珀就是这群人之一。

安德森·库珀（见图10-2），1989年毕业于耶鲁大学政治学专业，曾在河内大学学习越南语。大学毕业后，他凭借一台租借的摄影机和一张假的新闻许可证，在东南亚国家进行拍摄，回到美国后，拍摄内容被美国媒体采用。半年后，他又去了闹饥荒的索马里，回国后即成为ABC新闻台的通讯记者。

安德森·库珀作为一名记者，他身上那种坚韧、勤奋的品质是不可或缺的。2001年12月加入美国有线新闻网（CNN），他便不停地活跃在各个大事件的现场：印度洋海啸、地震、黎巴嫩贝鲁特的雪松革命、墨西哥石油泄漏、教皇约翰·保罗二世的死亡、查尔斯王子和卡米拉的皇家婚礼等。在他的传记《边缘信使：一部讲述战争、灾难和幸存的回忆录》中，他写道：我做了15年记者，报道过世界上最恶劣的一些事件，在索马里、卢旺达、波斯尼亚和伊拉克。我见证过的死亡不计其数，我目睹过的仇恨与恐惧甚至难以一一铭记……这个世界有太多的边缘，一不小心便会坠落下去。

2003年9月3日，他开始主持以他名字命名的节目《安德森·库珀360°》（见图10-3），该节目占据着CNN频道黄金时段，是一档突破传统、涵盖范围广泛的新闻节目。它超越新闻标题本身，就发生在世界各个角落的新闻故事向电视观众进行深层次、多角度、全方位的报道，并与观众进行即时互动。

在传统新闻节目中，固有的播报模式就是主持人对新闻内容的播报，或由两位主持人对新闻内容进行串联。主持人在播报过程中并不会展现出自身的特色，这种播报方式却被安德森·库珀改变了，他敢于表达自己的观点。有这样一个例子，库珀曾采访一位女参议员，当女议员开始褒扬政客时，库珀打断她："你说的这些我从没听说过，我只见到遍地尸首。这里到处都是悲伤、愤怒、绝望的人群，老鼠在街头啃咬尸体，孕妇在路旁生产，没人想听到政客间的互相赞美与鼓掌，你不觉得这会引起更大的愤怒吗?"

库珀的优势在于，他不仅在新闻直播中保持敏锐的视角和客观中立的谨慎态度，而且不失感情色彩，但在现场新闻连线这一环节的时候则展露了自己幽默睿智的个性。在一期节目中，当谈到美国人用一种夸张的方式演唱时，库珀和连线主持人都不由自主地掩住了耳朵以表示声音尖锐刺耳难以承受，随后才开始播报其他新闻。他对于人际交往方面恰当的拿捏以及其特有的个人魅力，着实为节目增色不少。

电视新闻的现场直播报道当时最常采用的方式，就是主持人或者出镜记者面向镜头，以新闻事件的现场为背景展开报道。直播报道中新闻事件的发展进程远不能满足观众的信息接收需求，因此传播效果欠佳。在《安德森·库珀 360°》中，这种传统的现场报道方式发生了改变。节目主要从现场连线入手。新闻事件的背景信息由节目组提前做好的短片来展现出镜记者或主持人对现场所能得到的信息进行归纳总结，主持人也就是库珀则就这些收集到的信息与出镜记者或者第三方专家在直播的状态下展开讨论。这种改变发展了荧幕外、荧幕中、荧幕后的三方人际交流，从而新闻直播的人际交流往复也就此诞生。

在一次报道芝加哥警察暴行的新闻中，直接音频资料缺乏，只有一些芝加哥当地民众拍摄的简短的影像资料。为了继续新闻节目的全方位深度报道，库珀在节目中大量使用了现场连线的方式，引入许多音像影像资料，其中包括对于政府相关人员和直接管理人以及有关方面的资深法律顾问和专家学者的采访，在这样你来我往的交流中充分展现了人际交流的互动性，让人人都有现场感和参与感，直接交流成为节目的核心，新闻信息的传播效果就在这样的人际沟通中大大提升。

安德森·库珀不仅是一个记者、一个电视主持人，更是一个说故事的人，一个拥有故事的人。他多次获得艾美奖、全国标题新闻奖，是美国年薪最高的新闻主持人之一。

《安德森·库珀 360°》节目和他本人也是 CNN 着力打造的品牌栏目和品牌主持人，除了 CNN 自家的渠道，还通过网络媒体、自媒体甚至纽约时报广场广告等进行推广，因为他值得像明星一样被推销：新闻播报风格既非死板的老派，也不像脱口秀节目那样不着边际，而是新锐个性；他的长相也很有特色，一头银发、眼睛狭长、英气的脸上刻着两道悲天悯人的眉宇。在 CNN 专为库珀开的博客里，有 20 来岁的网友留言："我很高兴 CNN 把年轻观众当回事。"

图 10－2 2005 年 1 月库珀在斯里兰卡的卡姆布鲁加姆瓦附近的沙滩上采访两个小僧侣

图 10－3 新闻节目《安德森·库珀 360°》

资料来源：库珀．边缘信使：一部讲述战争、灾难和幸存的回忆录［M］．李淑娟，金蕊，译．武汉：长江文艺出版社，2007．

延伸阅读

如何打造你的个人品牌

想要打造个人品牌，首先，找到适合你的优势定位。优势，就是你的能力、潜力和资源；位置，就是你想要影响的人群，以及影响他们的程度。好的定位有两个特点：一是清晰明确，二是有辨识度。

其次，打造内涵丰富的优秀形象。彼得·德鲁克在其著作中指出，现在个人专长的寿命比企业的寿命长，如何将自己的能力和风格形成一个特色，具备不可替代的价值，是建立个人品牌的关键。

最后，持续的品牌积累。被动地说，持续的品牌积累是为了防御，但从更积极的角度看，品牌积累是为了“蓄势”。它能让你积攒足够的能量，做好准备，以便遇到千载难逢的机会时，抓得住，跟得上，成就你的个人品牌大业。怎样做到持续的个人品牌积累？你需要在选定的定位领域和渠道里，做这么三件事：

（1）持续地输出内容。

（2）持续地学习积累。

（3）去掉那些对你的个人定位造成冲突或干扰的信息，不要展示它们。

怎样持续地输出？同样教你三招，你可以试试看：

一是敢于发表意见与承担责任。

二是通过日常的积累，形成一套自己的完整的世界观和方法论。

三是重复上述动作。

可口可乐公司老板曾经说过，如果一大早醒来，可口可乐公司被大火烧了个干净，但仅凭“可口可乐”四个字，一切马上可以重新开始，这就是品牌的力量。而在它诞生后的 130 年，每秒钟在全球卖出 2 万瓶。但它也不敢懈怠，到今天还在不断做着品牌推广、品牌文化。巨大品牌力量的背后，是持之以恒的品牌建设和积累。个人品牌也应该如此。

资料来源：徐浩然．个人品牌：学会自我经营的生存法则［M］．北京：机械工业出版社，2008．部分内容出自“得到”App 文章《有效打造你的个人品牌》。

第二节 出镜记者及主持人外在形象塑造

现场和电视机前的受众首先是通过出镜记者及主持人所展示的外在形象来认识和评价他本人和他所报道的内容，并做出是否听下去的决定。在这一过程中，外在形象甚至可以直接关系到最终的传播效果。2005 年 3 月 20 日北京奥林匹克中心举办的音乐风云榜颁奖盛典上，为了吸引观众收看，某娱乐节目派出大批记者分别在重要“关口”进行现场报道。各地的机场、盛典举办地成为这些出镜记者报道的重点。在首都机场，一位前来接机的记者在做报道时，语无伦次的语言、邋遢不洁的服装、蓬散杂乱的发型，实在让人无法接受。①

从根本上看，出镜记者及主持人的外在形象是其内在形象的外化。杨澜曾说，没有人有义务透过你邋遢的外表去发现你优秀的内在。要正确理解内在形象与外在形象的关系，除了内在形象的锻造外，还应当重视外在形象的塑造。

一 仪表

“爱美之心，人皆有之”，良好的外在条件对人具有不可阻挡的吸引力。对于出镜记者及主持人来讲，也是一样。人们打开电视机时，总是期望看到令人赏心悦目的形象。从这一点上说，要成为一个受人喜欢的出镜记者及主持人首先便应该在外部条件上具有吸引力。

（一）妆容

化妆是一门视觉艺术，大有学问。出镜记者及主持人化妆的重点是根据节目性质、

① 宋晓阳．出镜记者现场报道指南［M］．北京：中国广播电视出版社，2008．

内容、背景灯光的局限、个人容貌条件和气质、所选择的服装与发型的色彩与款式综合确定的，忽略了任一方面，整体的造型效果就受到影响，达不到塑造和谐美好形象的效果。

从美学的角度而言，如果色彩选择得当，创作出令人赏心悦目作品的概率就大大提升，如果色彩运用不当，绘出的图画可能就显得有失和谐。化妆与色彩的关系同样密不可分。化妆就是通过颜色与技法把人的容貌进行美化与重新塑造。

1. 真实可信

化妆的最高境界是“有妆似无妆”，要懂得形、色、韵有机结合的原理，了解和把握观众的审美心理，恰到好处地化妆，突出脸部最美的细节。电视台化妆师在做化妆造型时，并不把紧跟潮流放在首要位置，而是根据节目形态及化妆对象的个性和外形条件来进行化妆造型。化妆的首要标准是追求真实和符合角色（见图 10－4、图 10－5）。如果一个人现场出镜形象和演播室出镜形象或者台上形象和台下形象相差过大，甚至判若两人，就会让观众产生疑问，到底哪个是他真实的样子？因而留下了不真实的印象。出镜记者的妆容以做减法为上，淡妆修饰，对个人形象中不足的部位略加修饰，塑造出干练的形象。

图 10－4　央视新闻主持人鲁健在演播室的造型

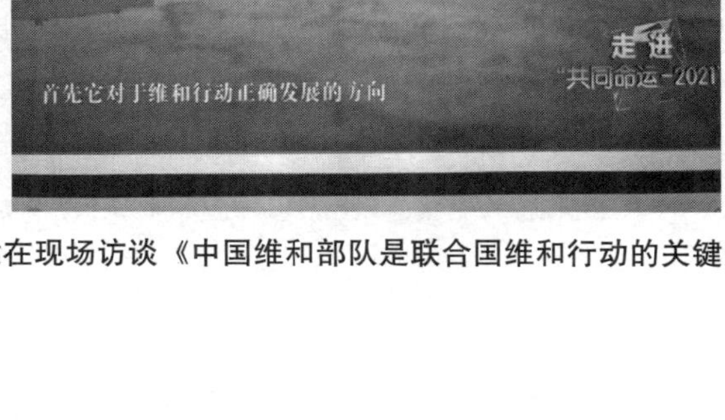

图 10－5　鲁健在现场访谈《中国维和部队是联合国维和行动的关键力量》中的造型

出镜记者及主持人在电视上需要让皮肤摆脱油光，因为在镜头的放大作用下油光锃亮的面孔会变得更加可怕。可行的方法是不用带有珠光的彩妆，身边备有定妆粉以供面部出油时及时补妆。女性用遮瑕膏，一定要注意与周围皮肤的融合与过渡，经常会犯的错误是：下眼睑遮瑕太白，使得主持人看起来像只浣熊。而在腮红颜色上，有时候太红了。男性在演播室出镜，要用粉底改善面部暗沉情况。如果出外景，用的粉底颜色要尽可能贴近自身肤色。男性不要涂腮红，可以涂眉毛，如果眉毛不够浓密的话。

如果用高清摄像机拍摄新闻，你的化妆造型就必须改变了，因为镜头前你的面部会（比标准清晰度）更加清楚，过分化妆会变得不自然。化妆手法要更加精巧，让你的脸看起来更加自然。如果你还是用过去那种强光下的"化妆"手法，妆容看起来就会太浓了。如果你面部有瑕疵，高清画面真是个问题，可以用遮瑕膏盖住瑕疵，然后逐渐与其他地方融合过渡，但是要注意，不要使你的瑕疵吸引更多的注意力。①

2. 符合节目定位

新闻类节目中，主持人的妆容要端庄大方，发型要简洁利落，展现真实可信的精神面貌，这样才能和新闻类节目的权威性、真实性、严肃性相一致，增强节目的公信力。当然，也要根据不同的场合进行合理恰当的变化。如逢节假日，妆容可以更靓丽，以传递祥和喜庆的信息。如逢灾难、国难，妆容宜更为朴素和庄严，传递悲恸、哀伤的感情。综艺类节目中，主持人的妆容相对新闻类节目主持人来讲发挥空间更大，可以更多地凸显个人风格和特质。可以妆容靓丽，引领时代潮流，诠释时尚的内在含义；可以妆容精致，体现特定场合的特定文化和风格；可以妆容夸张，体现各地节目的风采和特色；等等。生活类节目中，主持人的妆容应该清新自然，既体现生活气息又不失时尚风采，配合节目要义形成说服力。

（二）表情

你的大脑就像是一台超级计算机，可以从身边人的脸上搜集数以万计的微妙数据，你的潜意识不断地组织和综合分析这些数据。面部表情可以传递一个人所要表达的感情，人们通过面部而表现出来的神态往往是他们内心世界的真实写照。面部表情，主要的如微笑、眼神，是人类语言中最微妙也最真实的"晴雨表"。以微笑这一表情为例，微笑是一种令人愉悦的表情。在主持节目的过程中，主持人通过微笑可以让观众产生愉快的心情。微笑可以将主持人的声音美化，它可以和有声语言配合，形成一种视听双方面的享受。

出镜记者及主持人在主持节目的过程中，通过面部五官的综合运用展现出来的表情伴随着大量的信息内容，完整地将其所要表达的深层意思表达出来，使观众感受到节目的真实性、生动性，传递出主持人内心世界的真实感受。

---

① REARDON N，FLYNN T. 镜头前：如何报道、主持、采访［M］. 成倍，张东岳，译. 北京：人民邮电出版社，2015.

与现实状态不同的是，电视是一个放大镜，将镜头前的一切放大。小幅度的面部表情和动作，在电视上都会被放大。要避免抬头纹、皱眉、挑眉、频繁眨眼等表情，要用眼睛去微笑，著名脱口秀主持人奥普拉·温弗瑞的魅力就是发自内心的阳光般的笑容（见图 10-6）。

大多数情况下，出镜记者及主持人的脸部正视镜头，如果想要显瘦，可以稍做倾斜。你的眼睛正对着镜头，就仿佛是和观众“面对面”地交流。

图 10-6 美国著名主持人奥普拉·温弗瑞和她的招牌微笑

延伸阅读

由衷的微笑——杜兴微笑

微笑，但必须发自内心。由衷的微笑也被称为“杜兴微笑”，“杜兴微笑”是以纪念法国神经病学家杜兴·德·布伦（Guillaume-Benjamin-Amand Duchenne de Boulogne）而命名的。他对相貌如何产生面部表情感兴趣，并认为那与人的灵魂有直接关系。同时，他作为达尔文的发言人，很大程度上影响了达尔文的著作——《人类与动物在情感表达上的异同》。

19 世纪，杜兴在治疗一个因为肌营养不良导致面部表情丧失的病人时，发现用电刺激面部的相关肌肉收缩能够产生特定的表情。比如刺激眼角与颧骨附近的肌肉运动组合，便使病人产生了微笑的表情，此后这被称作“杜兴微笑”。

再后来的研究表明，“杜兴微笑”——包括颧骨和眼周部分肌肉形成的微笑才是真正的微笑。当一个人发自内心地微笑时，眼角周围的肌肉收缩，产生“乌鸦脚”似的皱纹；而假笑只牵动颧骨附近的肌肉，使嘴角向上翘。

二 体态

1960 年美国总统大选，肯尼迪和尼克松展开了最后角逐，当时所有的电视和广播都在直播这次大选。结果十分富有戏剧性：辩论前，尼克松获胜被普遍看好；辩论后，肯尼迪却取得了最终胜利。有意思的是，在广播上听辩论的选民普遍认为尼克松的表现更好，而多数看电视直播的人却把票投给了肯尼迪。

从电视上看，肯尼迪表情自然，眼神坚定，身体看起来放松，没有太多小动作，辩论时头还微微仰起。而尼克松总是满头大汗，辩论时，还总是紧紧抓着椅子，眨眼频率很高，显得紧张和不自信，怎么看都比不上自信、有活力的肯尼迪。

更糟糕的是，这些不自信的体态语言通过电视直播被夸张放大了。尼克松竞选失败后表示，自己在竞选中花了太多功夫准备内容，却几乎没顾及外表和身体传递的信号。

体态语言，也可称为“行为语言”。同样出现在镜头前的出镜记者及主持人要想准确地表情达意，仅仅依靠口头语言是不够的，还必须借助另一种辅助性语言——坐姿、手势、举止等体态语言和道具。比如，你的手部会展示你的开放度，你的腿部会暴露你的情绪。成功的出镜记者及主持人不仅需要观众理解他的有声语言，还要让观众体味他的无声语言，并让观众能在不同的场合下正确理解这种信号，领悟到一些难以言传的微妙情感。

出镜记者及主持人的体态语言是指要用肢体动作和肢体姿态来进行情感的表达、思想的交流和信息的传递，是一种非语言类的符号。比如，挺拔的坐姿可以表现出良好的职业素养，端正的站姿可以体现出强烈的自信心，优雅的走姿可以将主持人深厚的文化教养体现出来。相反，不够端庄的体态语言也会将主持人的劣势暴露出来。除此之外，身体其他部位的姿态也可以传递信息，比如胳膊、肩膀、腰部等等。

出镜记者及主持人仪态的具体指南如下：

（1）坐到椅子一半多一点点的位置，上身挺直，但肌肉放松。不要跷二郎腿，更不能抖腿。抖腿，在你看来是放松或者思考，但是在别人看来会传递紧张、焦虑、不耐烦的情绪。实践表明，我们在坐姿正确、心态平和放松的时候就不容易抖腿。

（2）站立时，收腹开肩站直。肩膀放平，向后展开；后颈和腰部微用力，保持后颈挺直和腰部微收状态；腿要适度绷直，不要紧张但是要保持挺直，手臂在身体两侧自然地惯性摆动。这个身体动作是识别一个人是否自信、开朗、有实力的关键指标。此外，要注意避免禁忌站姿。禁忌站姿通常指的是在某些文化、场合中或特定环境下不适宜或被认为不礼貌的站立姿势。这些站姿可能会因为文化差异、社会习俗或个人品味而异，但以下是一些普遍认为不恰当的站姿：

第一，倚靠或斜靠。在正式场合，倚靠墙壁、桌子或家具站立可能被视为懒散或缺乏礼貌。

第二，双手交叉在胸前。这种姿势在某些文化中可能被视为防御性或敌对的态度，尤其是在与他人交谈时。

第三，双手插进口袋。站立时双手插在口袋中可能给人一种不认真、不感兴趣或不尊重的印象。

第四，身体歪斜。站立时身体明显歪向一侧，可能给人一种不专业或不认真的感觉。

第五，过于放松的姿势。如双腿分开过宽、弯腰驼背等，这些姿势可能在正式场合中显得不雅或不尊重。

第六，交叉腿站立。在某些文化中，交叉腿站立可能被认为是不恰当的，尤其是在穿着短裙或短裤时。

第七，站立时不停晃动。站立时不停地晃动身体或一条腿，可能会给人一种不耐烦或紧张的感觉。

在不同的社交场合，了解并遵守相关的礼仪规范是非常重要的。正确的站姿不仅能够展现个人的专业形象，还能够体现出对他人的尊重和礼貌。在不确定的情况下，保持自然、端正的站姿通常是最保险的选择。

（3）走动时，步伐节奏与语言节奏要协调，保持一定的节奏感，要抬头挺胸，就像有一根绳子向上拉着你一样，全身放松而又不松懈。

马云的讲话非常有感染力。其实，他个子不高，也很瘦，但是为什么看上去那么有权威感呢？答案就在手上。他经常使用手势，让人看起来很有气场。手势语也是主持人体态语言的一个重要组成部分，它自觉或不自觉地配合表情、目光和有声语言吸引观众，令主持人的表达更生动、更到位。新闻评论节目出镜记者及主持人的手势语不宜过多，幅度不宜过大，否则过多的肢体语言容易给受众以“不稳重”之感，影响观众的信任感；综艺节目的出镜记者及主持人手势语则要舒展，不宜过于死板，不宜小里小气；少儿节目的出镜记者及主持人手势语要生动传神、热情活泼；气象节目的出镜记者及主持人需要利用手势语做指引的，要注意手势指向的准确性和手掌的舒展。手势语的运用特别强调场合和对象，过多、过于复杂的手势都是应该注意避免的。

手势语的基本规律如下：

第一，手部动作的基本原则是“出手大方”。意思是你要么不出手，要么就做好。只要你伸出手，就应该确保除大拇指外的四指是并拢的，这样整体姿态比较放松、不刻意。

第二，可以多练习手心向上和手心相对的手势，同时尽力避免手心向下和握拳伸指的手势。手心向上通常表示友好；手心相对，就是两手心相对，与肩同宽，这个姿势常被用来表达对时间和态度的确认。手心向下，是一个有明显的命令感、强势感和权威性的动作。频繁用这种动作，会给观众带来过大压力。握拳伸指，就是握住拳头伸出食指。这个动作意味着“立刻照做，不然你试试看”。这种手势最易引发观众反感。假如你实在想用握拳伸指的手势，那就试着去改良一下。可以在握拳后，将原本伸直的食指弯曲，顶住大拇指指尖，做出一个字母“O”状的手势（见图 10－7）。这个手势不仅不会影响你的权威，还会让你看起来亲切、温和。

图 10－7　马云在公众场合演讲时采用了字母“O”状的手势

延伸阅读

了解和调整身体模式

大脑的伟大秘诀是连接心灵和身体，并使两者彼此产生双向影响。如果我们被惊吓，身体将会自动使我们呼吸急促，腹部收紧。如果我们收紧腹部呼吸，肩膀下压，并且运动面部肌肉表现出一种害怕的表情，我们也会因此产生恐惧感。

另外，如果你的动作和呼吸表现出自信、热情以及决心，大脑将会将那些动作与相应的情绪联系起来，将会乖乖地提供与之相对应的化学反应。试着站起来，抬抬头，露出灿烂笑容，将双臂伸向空中。

当你了解了身体模式，你可以试着进行调整。你一旦知道了自己饱含快乐、自信、慷慨的情感应当如何通过移动、呼吸、站立以及微笑获得，就能通过改变自己身体、呼吸和脸部的模式创造出需要的情感。如果你将要进入高危情境，或将要踏上舞台，尝试下列方式，它们是能够持续刺激大脑产生积极情感反应的生理触动器。

（1）姿势。抬头挺胸，就像有一根绳子向上拉着你一样。

（2）呼吸。做长长的、缓慢的深呼吸，让腹腔里充满空气。

（3）面部。找个理由，让自己面带微笑。

（4）走动。在房间里走一走，你感到自信、强大以及大方的时候是怎么走路的，现在就怎么走。

（5）手势。当你想分享一些事情的时候，你是如何运用自己的双臂和双手的，现在就怎么做。做出与你想要产生的情感相联系的动作，就如敞开胸膛、张开双臂一样简单。例如，为了感受到快乐、自信、胜利，举起你的双手，让双手高过你的头，让灿烂的笑容呈现在你脸上。

资料来源：迈尔斯，尼克斯．高效演讲：斯坦福备受欢迎的沟通课［M］．马林梅，译．长春：吉林出版集团有限责任公司，2013.

三 服饰

出镜记者及主持人合理运用服饰对自己的外在形象进行恰当的修饰，既可以使受众对出镜记者及主持人有良好的直观感受，体现出出镜记者及主持人的敬业态度和对受众的尊重，同时也可以强化节目的传播效果。正如美国著名女主持人芭芭拉·沃尔特斯在她的经典畅销书《怎样与任何人谈好任何事》中所写的："仪表是别人对你的印象中很重要的部分，但也许是你的打扮方式有问题……你的穿着是一块广告牌，告诉那些富有洞察力的人你对自己有何感受。那些特别温柔的女人喜欢穿杏黄色的雪纺绸，那些性格冲动的女人则穿着狂野不羁，身披一袭修女的衣袍，边上缀着叮当作响、闪闪发光的金属片。"[①] 所以，服饰是主持人外在形象的重要组成部分，直接参与视觉形

① 李敬一．节目主持概论［M］．武汉：华中科技大学出版社，2004：78.

象的塑造，是一种传递信息、交流思想、塑造形象和有所暗示的无声语言。

一般来说，出镜记者及主持人选择服饰时考虑的因素主要是节目的类型和内容的要求、观众的审美期待、主持人自我意识的表达这三个方面。也就是说，主持人要将“我适合穿什么”与“观众喜欢我穿什么”以及“节目需要我穿什么”有机结合起来。主持人的服饰是一个与节目高度契合的统一整体，主持人虽然以个体的身份在节目中出现，但是却在整体意义上代表这个节目的观念和表达。

节目类型决定了节目的表现风格，同时也决定了主持人的服饰风格。芭芭拉·沃尔特斯曾说：“我所有的服饰都表明我是一位记者。”主持人的服饰要符合自己的年龄、性别，还要符合自己的职业身份。一般来说，新闻类节目的主持人着装应端庄、大方、平和，以正装为主，色彩多以稳重的中性色为主，但也要考虑背景和主持人的肤色特点，避免过多的装饰、夸张、花哨、怪诞，材质方面多采用厚薄适宜的全毛混纺面料为主，着重面料的塑形功能，这样的服饰造型有助于增加可信度。访谈类节目的主持人要从服饰上拉近与观众的距离，不能过于拘谨、严肃，以营造轻松、自由的谈话气氛，体现真实的理念。不同节目的不同服饰风格，表现在具体的服饰的造型、色彩、装饰要素上也有不同的特点。杨澜离开央视后，创办了自己的节目《杨澜访谈录》，树立起了典雅知性的形象（见图 10－8）。她特别抵触那些只顾夸张而不求档次的服饰，喜欢设计得体、细节精巧的经典服饰。简洁（clean）、专业（professional）、时尚（stylish）是她挑选衣服的三大原则，但最重要的是保持自己的风格。[①]

图 10－8　典雅知性是杨澜一贯的着装风格

① 黄幼民，张卓．主持人形象塑造［M］．武汉：华中科技大学出版社，2006．

国际上通行的着装 TPO 原则是非常适用于出镜记者及主持人的。T 就是时间（time），P 是指地点（place），O 代表对象（object）。也就是说，在选择服饰时，要努力使自己的着装与时间、地点和目的协调一致。例如在浙江省“两会”期间，浙江卫视的出镜记者及主持人适时地穿上了正装（见图 10－9），与会场氛围及参会者着装融为一体。再如，宁波广电集团的多媒体新闻中心为出镜记者专门配备了冲锋衣（见图 10－10），以便台风等突发事件来袭时出镜记者能穿着这款适应场合较多的“万能服装”第一时间赶赴现场。

图 10－9　“两会”期间浙江卫视记者杨川源做连线报道

图 10－10　宁波广电集团《看看看》栏目记者张馨予在“莫兰蒂”台风期间深入社区采访报道

以下是出镜记者及主持人的着装大忌，应引起我们的注意：

（1）过分暴露的装束：包括超短裙、超短裤、低胸装、露脐装、吊带背心等。

（2）卡通 T 恤：即便你是新入职的出镜记者，也不应再穿卡通 T 恤。

（3）豹纹：包括类似动物条纹的上衣或者裤子。豹纹本身是很难驾驭的一种花纹，跟媒体人需要的理性背道而驰，建议不要轻易尝试。

（4）皮草：职场里更流行的大衣是呢子大衣、羊绒大衣而绝对不是皮草。

（5）破洞牛仔裤：普通牛仔裤可以在非正式的工作场合穿着，但是破洞牛仔裤还是不要在任何工作场合穿着。

（6）避免穿着细格子、细条纹或人字形条纹的服装，特别是有强烈对比颜色的服装。这种对比图案在摄影机中会产生喧宾夺主的微光。

（7）避免使用高度反光面料，以及在移动中产生摩擦噪声。

（8）避免“消失在背景中”的情况，要穿着颜色能与环境区分开来的服装。

四　气质

“气质”是人的相对稳定的个性特点，是高级神经活动在人的行动上的表现。气质不是装出来的，也是无法装出来的，人的一举一动、细枝末节都体现着这一个性特点。[①] 出

① 碧泠，陈枫．主持人是怎样炼成的［M］．北京：北京工业大学出版社，2005．

镜记者及主持人的气质是相对稳定地与节目内容相匹配的个性形象。主持人的气质由语言符号和表情、目光、体态、举止等非语言符号构成。在主持节目的过程中，受众往往通过主持人的眼神或细节就能判断出主持人的气质。主持人的气质是自然状态下的真实流露，任何虚假的做作行为都易令受众反感。

因此，出镜记者及主持人的气质是其个性的识别标志之一，具有相对稳定性这一特点，是在长期配合节目、适应节目的过程中形成的，一旦形成就不会频繁多变。频繁多变的主持人气质会让受众摸不清主持人的真实气质，给受众带来“演戏”的错觉，不利于节目的打造和经营。

所有出镜记者及主持人都极度关注他们的外在形象，其中自然而然展现出气质的并没有那么多，董卿是其中的一个。她出身于书香门第，广泛阅读了中外名著。我们时常可以看到节目中董卿引经据典，出口成章。随着以《中国诗词大会》《见字如面》为代表的文化类节目成为时下社会文化热点，央视又于 2017 年推出了以谈话为主的文化类节目《朗读者》。《朗读者》对于主持人的文化素养、知识范畴与个人气质有很高的要求，而董卿知性大气的个人气质（见图 10－11）与专业化的教育背景很好地贴合了这一节目。《朗读者》（第一季）第一期的主题是“遇见”，在“札记”中，董卿说：“世间一切都是遇见。就像冷遇见暖，就有了雨；春遇见冬，有了岁月；天遇见地，有了永恒；人遇见人，有了生命。那么，《朗读者》遇见了你们，又会怎样呢?”文字通俗简单，但是却保持了诗一样的格式与韵致，为后续节目奠定了基调。2018 年董卿携《朗读者》（第二季）强势回归，她亲和不做作、大气不矫情、机智不俗套的主持风格让观众再次全方位领略了专业化程度极高的综艺类节目主持人的人格魅力和品牌气质形象，赢得了众多观众的喜爱和认可，也造就了《朗读者》这一节目的成功。

图 10－11　《朗读者》节目中董卿的气质知性大气

第三节 出镜记者及主持人内在形象塑造

出镜记者及主持人形象的外化必须有内容的支撑，就是说出镜记者及主持人形象的外化是建立在其想要表达和表现的内容的基础上的。

一 知识素养

媒体的话题涉及人文、社会、自然、经济等各个方面，没有一定的文化知识，出镜记者及主持人就不能将节目引向深入，所做的节目也就难以拥有较强的生命力，因此出镜记者及主持人必须具有深厚的文化积淀和知识素养。

出镜记者及主持人的知识素养，主要是指节目的出镜记者及主持人要理解和把握媒体所具有的舆论影响能力、自己所处节目的报道风格以及自己所主持的节目内容与事件背景。出镜记者及主持人是媒体事件参与的传播者，所以更要懂得媒介导向意识的重要性。

因此，一方面，作为一名合格的出镜记者及主持人，必须具备强烈的社会责任感和较高的政治水平、思想修养、政策观念、新闻敏感度。能否将之作用于整个主持创作活动，决定主持创作的成败。

另一方面，出镜记者及主持人要根据自己所主持节目的需要在原有知识结构的基础上建构新的、合理的知识体系，通过丰富和掌握知识来支撑自己所主持的节目，以克服由于知识面窄而出现缺乏说服力的情况。对于出镜记者及主持人而言，至少应该深入掌握自身节目可能涉及的基本知识，在这个基础上才能在其节目中左右逢源，面对可能出现的问题时应对自如。

主持人董卿曾说过她每次做节目的时候，不论什么时间，不论到什么地方，她都会携带一本字典，以便碰到拿不准的字时可以随时查阅。主持人白岩松也曾经在一篇文章中写道："忙一段之后肯定就盲了，而且这种身不由己是无法控制的，非常可怕。"这是白岩松在做主持人两三年后，有了这种被"掏空"的感觉，觉得自己的文化根基都快要被抽掉了。所以说出镜记者及主持人最容易忽视的就是对文化的吸收和对知识的不断更新。

出镜记者及主持人在一定程度上是媒体文化产品的缔造者，是具有主体意识的文化角色，所以当其带着自己的文化积淀和文化理解出现在媒体上时，会更容易为受众所接受。可见，出镜记者及主持人要不断丰富自己的知识储备，有条件的可以"定期回炉"，不断更新自己的知识，不断从各种书籍、各项实践、各个领域中汲取营养。高水平的出镜记者及主持人的有声语言表达应具有丰富而又深厚的文化内涵，带给受众更高层次的文化享受。出镜记者及主持人在工作中应该精心做好功课以尽量达到赏心悦目的传播效果。

一线者说

书读久了，总会信点儿什么

我的人生走到今天，是成千上万本书的共同作用……它带你打开世界，带你走出狭窄的空间。它与你的情绪产生共鸣，陪伴你度过一段时光，让你品味出无用为大用的乐趣。它带你面对内心，面对人性，面对生命。它还可以提供智慧、抚慰和解决之道，在你行走艰难时，为无门之处开门，让无光之处有光。

我对我的学生会格外强调，学习，相当重要的一点是去喜欢你不喜欢的，适应你不适应的，也就是打开自己，试着体会和接纳那些不同的声音……包容，是阅读的另一种乐趣，没有包容就没有拓展。

好的书籍会不断教给你，怎么积极乐观去面对这样一个实则消极的过程。

就像我，做一个主持人，在别人眼里，已经相当了不得了，但还是无奈的时候更多。如果没有阅读，你会走到死路的尽头。而在书中，你会试着读到跟你有着同样经历的人，在那个死路尽头记录下来的所思所想，帮你打开一扇新的门，让你有力量背负着痛苦继续行走。走得久了，回头看那段历程，看到自己在进步，社会在进步，又感到很快乐，而且心安理得。

资料来源：白岩松．白说［M］．武汉：长江文艺出版社，2015.

二 语言表达

作为出镜记者及节目主持人，具有较好的口语表达能力既是其基本条件，也是其凸显魅力的主要手段。毫无疑问，一个长相悦目、声音动听但口齿不清、说话木讷的人无论如何是不会成为优秀的出镜记者及主持人的。在这个意义上，较好的语言表达能力对于出镜记者及主持人而言极其重要。中央电视台主持人白岩松认为一个木讷的、有才华的思想者不一定能成为一个好的主持人，因为他进不了这个门槛。①

（一）语音能力

当前，我国出镜记者及主持人专业水平呈现多极化现象，特别是在地方台的电视新闻直播出镜报道中问题较多，语音面貌的问题主要如下：普通话不标准、吐字归音不全；部分地区出镜记者及主持人用方言发音，如华南地区的港台腔和儿化音不标准等。

出镜记者及主持人承担着表现节目内容的责任与义务，普通话达到标准是出镜记者及主持人的基本职业要求之一。用字正腔圆的标准普通话进行现场报道，能使受众对该新闻的接受度更高。标准普通话的基本要素主要包括：声母韵母发音正确，声调

① 俞虹．节目主持人通论［M］．杭州：浙江大学出版社，1996.

调值标准，吐字清晰；停连、重音和节奏正确适当；语流音变掌握准确，表达熟练。

出镜记者及主持人若不能用标准普通话准确无误地传递新闻信息，那便是工作的失误。掌握标准普通话，先要掌握汉语拼音声母、韵母和声调的标准发音，再连字成词、连词成句，这是一个循序渐进的练习过程。

延伸阅读

怎样让你的声音更有魅力

第一步，练就胸腹联合呼吸法。来，你坐直了，把腰立起来，先把自己的呼吸调匀，呼吸无声，闻花香，吸气，两肩放松，胸部放松，喉部放松，气息下沉，小腹微收，丹田用力，两肋打开。常练习“u”音，不仅可以找到气沉肺部的感觉，也能够很好地找到力沉丹田的感觉。

第二步，用好你的声音，选择你最舒服的音区来发声，不要太高、太飘，也不要太过低沉，中音区是最舒服、最令人信服的音区。有一个口诀，叫作“情取其高、声取其中、气取其深”。

第三步是更高一点的要求，就是要让你的声音起伏跌宕有变化，可以利用的技巧是通过声音的轻重、高低、快慢、停连、虚实等来产生变化。而如何变化，需要服从于情感，情感是君王，气息是统帅，声音是士兵。

当人们紧张时，胸部和喉咙会收紧，这样会阻碍气流。当你呼吸的时候，有意识地放松胸部和喉部，这样你不必大喊大叫就会发出容易被人听见的圆润、浑厚的声音。

讲话时你不必提高音量，只是需要更加大方，专注于吸入更多的空气，然后随着你的发声将它释放出去。大方的反面就是吝啬，即屏住你的呼吸，就好像要保证自己的想法不外露一样。你呼吸急促会导致听众变得紧张。完全释放你的呼吸，它会将你的思想一并带出。

科学用声音的“武功秘籍”是气息下沉、喉部放松，不僵不挤、声音贯通，字音轻弹、如珠如流，气随情动、声随情走。

（二）语言能力

融媒体的发展使受众能够更迅速地接收到新闻事件的发展情况，同时传播速度的加快也对出镜记者及主持人现场处理信息的能力和语言应对能力提出了更高的要求。无论出镜记者及主持人形象外化传播的手段如何丰富，语言符号在口语表达中的运用始终没有被取代，在这种稳固的地位中可以发现“用嘴说话”理应成为出镜记者及主持人的看家本领。

（1）流畅性与节奏。流畅性是指出镜记者及主持人在报道过程中避免出现过量停顿、过多插入语气词或跑题的现象。出镜记者及主持人需要专业化的语速和简练流畅清晰的表达来报道新闻事件，注意语气词的使用频率，让受众获取最基本的新闻事件信息。在许多突发新闻事件发生后，出镜记者及主持人在进行报道时由于控场能力不够，语言表达缺乏条理，“这个”“那么”等口头语频繁出现，表达的语言不流畅，磕磕巴巴，以至于受众不能清晰有效地获取报道的内容，严重影响了传播效果。要想保证报道的流畅性，出镜记者及主持人在现场报道中要做到“口语化”，用大众都能接受的“口语”将新闻事件表述出来。在中外众多成功的名主持人中，越是有名、越是在受众中影响大的主持人，其口语表达能力往往越强。受众在对主持人的评价上，或是在解释他们为何喜欢某个主持人的时候，主持人的语言表达能力或“语智”也是一个非常重要的方面。此外，出镜记者及主持人可以针对现场报道中常见的过程性解说、场景性解说、即兴趣味性解说、一镜到底解说、数据新闻解说等进行分类，对时间轴、空间轴进行梳理，并对信息层级进行分级，梳理出信息要点，确立解读路径，明确意图，然后在报道过程中将这些小内容串联成整篇报道，加强新闻事件表达的流畅性。

一线者说

新闻现场的N种描述模式

在对新闻现场的静态描述中，可以采取的描述方式，如从左到右、从上到下、从大到小，以标准性建筑为主，或是根据报道意图选择先后顺序。

对于新闻现场的动态描述，可以采用同一地点、不同时间点的前后对比。比如，地震现场的连线报道，可以从现场帐篷搭建的进展、病人的集中和疏散、医务人员和设施的前后对比中进行流畅表达。

过程性解读的策略：

在现场，对过程性新闻事件报道可以根据信息要点展开：要做什么—如何操作—遇到什么困难—如何解决—最终结果。

微直播表达策略：

（1）交代基本要素：时间、地点。

（2）拍摄前观察现场，确定主体信息、次要信息，对信息进行归类。

（3）对信息分层级，将现场实物的信息从“面子”说到“里子”。

（4）设计出基本的信息走向和脉络。

（5）设计出前后信息点之间的连接词。

（6）设计肢体语言。

（7）注意画面中方位语的运用。

（8）突出新闻细节，忌讳做地毯式、抹布式的解说。

（2）逻辑性。逻辑性的缺失使有些出镜记者及主持人的表达前言不搭后语，正在述说一个情节，又想到表述另一个情节，显得急促且没有条理。因此，作为出镜记者及主持人要通过思维练习做到叙事表达更有条理、更加清晰、更富逻辑。然而逻辑性训练并不是简单的思维训练，可以在前期训练中从新闻采访和写作入手，逐步培养逻辑性，最终达到完整描述新闻事件的目标，保证新闻事件的条理性。

延伸阅读

数据新闻的解读路径

第一步看全——对表层信息的介绍，包括图表名称、颜色区别、数字内容。

第二步发现——对关键信息的提炼，包括发现数据的变化、质变的曲线、数据背后的意义。

第三步落点——用问题意识最终提出落点，包括勾连新闻事件，巧用新闻事件，给出思考方向，最终把数据和身边的实例结合起来。

（3）谨防言论失误。出镜记者及主持人是信息的传播者，是媒体意志的体现者。出镜记者及主持人的言论一定程度上是对受众、媒体和社会三者诉求的满足。主持人在主持过程当中由于突发事件引发言论失误从而导致舆论危机的现象并不少见，无论是业务不扎实导致言论失误、报道中使用言论缺乏真实性、个人情感宣泄不当导致语言失位还是对社会事件的评论态度有偏倚，社会大众对主持人言论失误造成舆论危机的事件可以说是毫不陌生，很多言论失误由单纯一个主持人言论扩展为公共事件，媒体形象受到威胁，影响逐步扩大以致影响媒体的吸引力、权威性与美誉度等。因此出镜记者及主持人应该防范言论失误，塑造良好形象。作为媒介文化的体现者，出镜记者及主持人应不断提高对媒介的认知，了解各种媒介形态、传播规律、功能作用、受众特点等，以明确自身的形象定位；同时作为信息传播者，要站在正确而全面的立场和视角上，尽可能及时地将真相告知公众，廓清谣言，做好舆论引导。要在健康的行为规范和道德自律的约束下，为大众提供一种价值观念与审美情趣的标准。

延伸阅读

利用“TQLR”提升听说的精确度

加拿大科学研究会总结出一种科学的听辨方法，受到普遍推崇。该方法英文缩写为“TQLR”，可译为“调频-提问-聆听-复现”。

（1）调频（turn）。这是借用无线电“调频”的术语，说明注意指向的调节。意思是要求听者在听话时将思维“调”向对方表达的话题，并唤起脑子里“库存”的与话题有关的回忆，排除有碍听知的一切干扰因素。

（2）提问（question）。从一开始听就要在头脑里形成疑问，如“他为什么要说”“他的核心意思是什么”“他说的话有没有根据”“他还将说些什么”等等。

（3）聆听（listen）。这是关键的环节。要聚精会神，力求提高听话“一次听清”

的准确率，听清每个词、每句话，边听边记（暂留性记忆）边提炼和归纳，通过相关联想，预测还会说些什么。

(4) 复现 (recur)，这是“听”的终端环节，需要具备听话的组合能力和听话的品评能力。具体地说，就是要边听边回忆前面说的内容，并与眼前说的内容联系起来，通过去伪存真、由表及里的思辨推断，将之暂存于记忆“仓库”，然后继续听下去。

虽然“TOLR”的四个步骤是在连贯的合成状态下完成的，但是该听辨方法通过科学分解从所知、所记、所悟三个方面揭示了言语交流中听辨的基本规律，正确听知、听记、听悟，可以让我们听得清、记得住、理解准、反应快。

资料来源：应天常，王婷．主持人即兴口语训练［M］．2版．北京：中国传媒大学出版社，2014.

三 思维方式

思维方式是对于外在信息和内在信息的加工、处理方式，是文化的最高境界。出镜记者及主持人的思维方式往往是一个由形象思维到逻辑思维的过程，也是一个由表及里、去芜取精、去伪存真的过程。首先他们接触到的报道素材往往是直观、形象、具体化的，因此需要出镜记者及主持人积极调动形象思维能力，眼耳口并用，用眼睛努力观察，用耳朵仔细倾听，用嘴巴进行交流，并把这些有效信息贮存于大脑。继而出镜记者及主持人需要对这些感性材料进行深入思考，将这些信息由形象感知推进到对它的本质特征的理解，最终满足受众的信息需求、审美需求和知识需求等心理需求。

由形象思维过渡到逻辑思维一般有两种转换形式，一是依靠经验，二是凭借理论。前者是在实践活动的基础上，以实际经验为依据形成概念，进行判断和推理。后者是以理论为根据，运用科学的概念、原理、定律、公式等进行判断和推理。一个优秀的出镜记者及主持人应该是形象思维和逻辑思维都很强的新闻传播个体，在活跃的思维力上形成独到的新闻报道解析风格是塑造品牌主持人核心竞争力的重要构成因素。

作为出镜记者及主持人，在现场会遇到意想不到的复杂情况，这些意外往往不能靠幕后的编导来处理，而只能靠在现场的出镜记者及主持人第一时间来巧妙化解。这就要求出镜记者及主持人有灵敏的反应能力和恰如其分的智慧表达，这一切都是思维能力与思维方式的展示和体现。不同类型的节目应该采用不同的思维方式来驾驭。

比如新闻评论节目，出镜记者及主持人需要侧重提高自己的思想政治素质，加强对专业知识的学习，努力培养自己对客观事件的判断能力、思辨能力和把握能力，令观众产生足够的信任感。

案例 10－2 陈伟鸿用经济学的思维解读财经新闻

《对话》是中央电视台财经频道高端品牌谈话节目，创立于2000年，在2000年7月8日首次播出。节目自创办以来，创18年不间断纪录，有上千期节目，由数千位重量级嘉宾伴随着中国经济的发展。来过《对话》节目的牛人创造的GDP加起来占全球GDP的一半还要多，他们都是影响全球经济的重要人物，而《对话》也成为影响全球经济发展的重要力量。从“入世”到互联网风暴、金融危机、供给侧结构性改革再到党的十九大的胜利召开，《对话》记录着中国经济从追赶世界到引领世界，再到逐渐被世界追赶的全过程。

身为一名财经节目主持人，陈伟鸿（见图10－12）与商业精英们的深度对话每周至少进行一次，从创业沉浮到政府调控，丰富的个案现象从不缺失，但从一个系统的角度去分析现象背后所隐藏的本质，并具备深入分析个案的专业能力，是他心中日益生长的强烈欲望。每一个财富故事的结尾，都可以从不同的角度与层面进行总结说：商业就是这样。然而1 000个财富故事的背后，总是跟着如何创造第1 001个财富故事的疑问，商业究竟是怎样？它的宏观规律在哪里？它在社会与历史的坐标图上又有着怎样的分布？在金融危机爆发之时，2008年陈伟鸿进入长江商学院回炉深造。

图10－12 陈伟鸿（左一）与商界精英合影

在广大观众的心中，陈伟鸿就是《对话》节目的品牌形象大使。马云对陈伟鸿的评价是，十多年来，伟鸿像榨花生油一样榨出嘉宾的经历和思想，让我们获知在中国和世界上发生的种种变化。在董明珠的眼中，陈伟鸿是一位睿智、内敛的财经主持人，更是一位真诚、有深度的对话者。面对全球政商巨子，他总能拿捏自如、游刃有余。他与智者的每一次对话，都为我们打开了一扇认识世界的窗户。在欣赏别人的同时，让我们也审视自己的内心。相信他的努力能让你收获一份别样的世界认知和人生感悟。

资料来源：陈伟鸿．惊鸿一瞥：CCTV 首席财经主播陈伟鸿自述［M］．南京：江苏文艺出版社，2013.

【思考与练习题】

1．分析三位你熟悉的出镜记者，梳理归纳出他们的服装、发型、妆容特点，以及他们与节目风格、新闻场景和采访对象的着装是否和谐？试着为自己做一个主持人形象设计。

2．观察新闻节目中主持人的站姿、手势、面部表情等非语言信息表达是否恰当，看哪里起到加分作用，哪里还有欠缺。自己录制一段采访视频，观察并总结自己在非语言信息表达上如何做到自然、得体且富有表现力。

3．记录一段你最欣赏的主持人的主持词（采访词），你也录制同样的内容，比较一下，你们之间在语速、语调、节奏、清晰度、感染力等方面的差别，思考如何完善。

4．每位主持人都有自己独特的个性，塑造形象时要突出个性。思考一下：你的个性特点有哪些？如何让自己更有辨识度？

5．那些有知名度的主持人为何不一定有美誉度？思考一下：如何有意识地建立和维护个人品牌，包括社交媒体形象、公众形象等？

6．形象塑造是一个持续的过程，主持人需要根据个人发展和社会变化，不断进行自我反思和调整，对此你会采取哪些有效方法？

【推荐阅读文献】

1．蒋育秀．主持人形象塑造艺术：修订本［M］．北京：中国广播电视出版社，2011.

2．黄幼民，张卓．主持人形象塑造［M］．武汉：华中科技大学出版社，2006.

3．严俊．主持人艺术［M］．广州：华南理工大学出版社，2016.

4．肖建华．主持人审美修养［M］．武汉：华中科技大学出版社，2005.

5．廖声武．节目主持人教程［M］．2 版．北京：中国人民大学出版社，2015.

6．徐浩然，雷琛烨，郭语言．主持人语言逻辑与管理制度研究［M］．北京：中国传媒大学出版社，2009.

7．贾宁，等．播音员主持人稿件表达方法与技巧［M］．北京：中国传媒大学出版社，2013.

8．白雪．播音员主持人化妆造型［M］．北京：中国传媒大学出版社，2013.

9．敖芳，王娜．主持人化妆与形象设计［M］．武汉：华中科技大学出版社，2017.

第十一章

融合现场

【本章学习要点】

1. 融合新闻生产方式的变革
2. 融媒信息获取方式和集成方式
3. 出镜记者或主持人角色重构

本章通过学习分析判断新闻在什么平台上首发，如何利用不同的媒介特点展开有针对性的报道，获知不同终端的用户有何消费习惯和特点，同一信息以怎样的流程在不同终端发布，以及了解生产主体协同，多落地、多平台、多形态，混搭和跨界及人格化的传播方式。

第一节 融合新闻生产方式的变革

一 媒体融合传播格局

2023 年 8 月 28 日，中国互联网络信息中心（CNNIC）发布的第 52 次《中国互联网络发展状况统计报告》显示，截至 2023 年 6 月，我国网民规模为 10.79 亿，其中手机网民占比达 99.7%，互联网普及率达 76.4%，网民占人口比例超过七成。这标志着中国互联网发展进入了新的阶段。2019 年第 6 期《求是》杂志发表了习近平总书记《加快推动媒体融合发展 构建全媒体传播格局》的重要文章。文中首次提出，全媒体不断发展，出现了全程媒体、全息媒体、全员媒体、全效媒体。习近平总书记这一论述为我们认清当前复杂的传播格局指明了方向，“全媒体传播”理念应当成为我国媒体融合发展到新阶段的创新指南和行动坐标。“全媒体传播”理念体系提出后，如何理解媒体融合中“移动传播优先”呢？如何才能实现媒介的有效融合？检验媒体融合发展实效的标准是什么？

我国首个“云媒体”新闻、获第十八届中国新闻奖电视直播类一等奖的作品杭州电视台的《大雨袭杭州——抗击“罗莎”特别直播》利用卫星直播、记者自采、马路探头录像、互联网图片、电话连线、手机直播拍摄、平台互动、市民自拍等等进行“官方话语”与“民间话语”的后现代式的“拼贴”，形成了极为开放、干群参与、互动交流的全媒体融合空间，实现了电视新闻改革的重大突破。“融合新闻”是媒体融合发展时代新闻传播模式的变革，最早做出尝试的是西方国家的一些新闻媒体。在我国，跨媒介的“融合新闻”还没有充分展开，但一些传统媒介利用新媒体进行新闻传播的改革已有不少成果。甬派 App 是宁波日报报业集团于 2015 年 7 月 8 日正式上线的新闻客户端。其策划推出了包括“蓝色脉动——中华海洋文明探源”“乡村三十六计”“共富观察点”等一大批接地气、冒热气的系列新闻报道，创新打造了“时晓竹”“甬派快评”“甬派观察”“首席访谈”等一大批新媒体特色鲜明、深受用户欢迎的新闻品牌，深度践行“让宁波更美好”的理念，连续 8 年推出“清凉一座城”大型爱心公益众筹活动，创新开发“甬易办”等数字化应用场景……

目前，甬派 App 注册用户量达到 670 万，遍布全球 36 个国家和地区。2024 年 7 月 8 日甬派 11.0 版本正式上线，甬派新版本得到 AI“加持”：民生 e 点通问政平台，增加 AI 智能问答功能；新设“AI 实验室”，开发推出全新的 AI 应用；同时，甬派报道新增 AI 智能摘要，方便用户快速掌握核心内容。以 AI 赋能，从内容、界面、服务到应用迎来升级焕新，标志着开启智媒发展新时代。①

回顾早期对全媒体的讨论，观点主要集中于如何对传播者所掌控的多样化的传播工具进行布局。依照这一以传播者为中心的考察思路，需要跟随时代的演化趋势来转换对全媒体传播考察的视角。中国经济已经结束短缺经济时期，正式进入过剩经济时期，市场的重心也由以生产者为中心转向以消费者为中心；伴随着人类社会传播实践的演进，传播学研究框架的演化也已经由以传者为中心的研究框架主导转向以受众（用户）为中心的研究框架主导；对于全媒体的探讨也应该回到“以用户为中心”的研究框架。与此相关联的是“用户使用场景”这一概念。

用户使用场景通常可以分为办公室、路上和家三个空间。所谓全媒体就是能够覆盖上述三个使用场景的媒体布局结果，而一家媒体集团的媒体布局仅仅覆盖上述三个使用场景中的一个或者两个，就只能称为多媒体集团。能够有效贯通三个用户使用场景的媒介通常聚合于移动互联网平台。全媒体理念正是基于媒体融合前一阶段“移动传播优先”的指导思想发育而来的。没有移动传播优先，也就没有可能实现全媒体传播效果。习近平总书记强调，全媒体不断发展，出现了全程媒体、全息媒体、全员媒体、

---

① 甬派上线 9 周年，开启智媒发展新时代［EB/OL］．（2024－07－09）［2024－08－11］．微信公众号“宁报人家”．

全效媒体，信息无处不在、无所不及、无人不用，导致舆论生态、媒体格局、传播方式发生深刻变化，新闻舆论工作面临新的挑战。所谓全程媒体就是媒体要全面覆盖上述三个用户使用场景，成为用户永远在线的真相呈现系统，以确保用户随时切入新闻发生的第一现场；所谓全息媒体，就是对当代中国社会变动第一现场的全面呈现，以“无影灯效应”来消除新闻的反转和舆情的反复；所谓全员媒体，究其本质是对我党“全党办报”“群众办报”“开门办报”优良历史传统的继承和发扬，媒体应该服务和依靠每一位用户，并最终成为人民利益的忠实代言者；所谓全效媒体就是要遵循“线上线下同心圆”的宣传管理理念，不仅追求网络空间、新闻发布会现场的效果，更要追求传统媒体与上述两个政府公共传播信息端口秉承统一的宣传管理方案，以避免线下与线上效果目标的冲突与撕裂。① 因此，打造“四全媒体”应该成为当前中国媒体融合发展新阶段的新使命。

在这方面，一个积极的尝试是人工智能领域“媒体大脑”的出现与发展。“媒体大脑”1.0 包含以下功能（见图 11－1）：自动采集生产新闻的“2410”智能媒体生产平台；实时语音识别及自动转写的工具“采蜜”，帮助记者提高采访及新闻生产效能；从图片、视频中识别特定人物身份；监测新闻信息内容在全网约 300 万个网站及头部自媒体的传播、版权行为状况；面向未来的新闻信息传播场景的新闻分发，以及基于用户阅读偏好的新闻分发系统；为媒体机构描绘自身用户群体特征、偏好的用户画像服务；等等。以 MAGIC 短视频智能生产平台为核心的“媒体大脑”2.0 可以看作“机器的智能＋人的智能”的双赢和重生，这将开启一个全新的 AI 内容生态系统。

“媒体大脑”不是要取代记者和编辑，而是要在更高层面上，把人与物的延伸连接起来，更快、更准、更智能地获得新闻线索和新闻素材，赋能记者和编辑，帮助媒体提高生产力。②

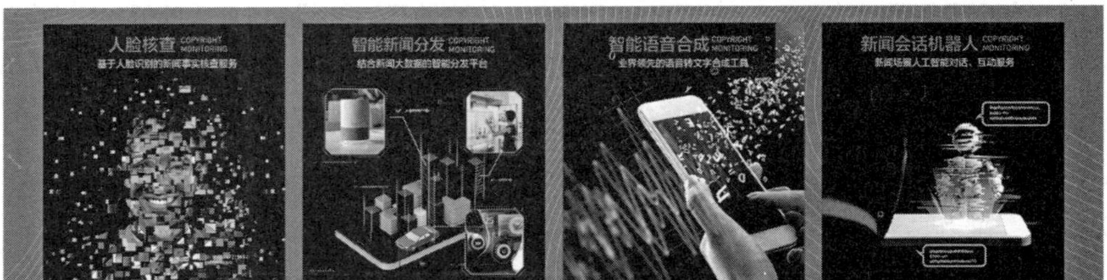

图 11－1 “媒体大脑”的部分功能

二 内容生产：表述方式多元化和大众化

所谓融合新闻，指对新闻事实的展示和呈现是一种多元交互的过程，新闻的及时

① 朱春阳．全媒体发展是媒体融合创新的行动坐标［J］．中国广播，2019（4）．

② 傅丕毅，陈毅华．MGC 机器生产内容＋AI 人工智能的化学反应：“媒体大脑”在新闻智能生产领域的迭代探索［J］．中国记者，2018（7）．

性更加突出，信息的采集、叙事和展示也呈融合态势。在这个人人都有麦克风的自媒体时代，电视新闻不再是人们判断是非曲直的唯一标准，各阶层公众通过自我赋权和相互赋权，自由地在网络上阐述观点。这种多元的意见性内容生产将对公共意见表达起到推动作用。对此，电视新闻节目既要保证专家、学者和精英人士提供专业的、科学的信息与观点，还要及时改变话语表达形式，采用更能为大众所接受的语言表述风格。同时节目在内容表达上，可以采用动漫视频、数据可视化、3D场景再现等手法形象、简洁地概括复杂事实，使电视新闻节目真正拥有吸引力和影响力。随着大数据时代的到来，新闻可视化表达成为热门话题，不仅受到新闻业界的追捧，也受到新闻学界的关注。新闻可视化表达并非原有的图像或者影像式（电影新闻纪录片、电视新闻乃至视频新闻等）表达，而是基于海量的新闻信息而形成的图形、图像、图表等视觉表达。这种视觉表达方式体现出一种新型的视觉观念与视觉思维，体现出当前媒体融合语境中图像新闻传播的最新发展。

案例 11－1 宁波舟山港年货物吞吐量全球首破 10 亿吨 连续 9 年位居世界第一

来源：宁波电视台《宁波新闻》

时间：2017 年 12 月 27 日

了解完整内容请扫码

时间	标题	体裁	作品来源	播出方式
板块名称：新闻事件＋背景解读				
3 分 34 秒	宁波舟山港年货物吞吐量全球首破 10 亿吨 连续 9 年位居世界第一	消息	本台自采	全现场报道
2 分 36 秒	两港一体化助推“10 亿吨”	背景	本台自采	口播＋动画
38 秒	专家点评：宁波舟山港将在“一带一路”航运体系中发挥示范作用	评论	本台自采	口播＋图像
1 分 50 秒	嘉宾访谈：宁波舟山港率先突破“10 亿吨”的原因及其对区域经济的影响	访谈	本台自采	口播＋图像
板块名称：深度分析				
2 分 52 秒	（解码“10 亿吨”）创新发展：科技＋服务提升口岸核心竞争力	消息	本台自采	口播＋图像
1 分 59 秒	（解码“10 亿吨”）协调发展：一体两翼多联共建世界级港口集群	消息	本台自采	图像

时间	标题	体裁	作品来源	播出方式
2分4秒	(解码“10亿吨”)绿色发展:三大环保龙头项目守护港区碧海蓝天	消息	本台自采	图像
2分2秒	(解码“10亿吨”)开放发展:海铁联运打造“一带一路”最佳结合点	消息	本台自采	图像
2分5秒	(解码“10亿吨”)共享发展:带动临港产业发展构筑港口经济圈	消息	本台自采	图像
2分1秒	微信群聊:宁波舟山港的朋友圈	新媒体	本台自采	口播+图像
板块名称:人物特写+连线报道				
1分44秒	潘国华:我为港口引航30年	特写	本台自采	口播+图像
1分50秒	特里斯坦·波尔加:我在宁波卖红酒	特写	本台自采	口播+图像
1分37秒	柴冀:我的“海淘”幸福生活	特写	本台自采	口播+图像
1分32秒	现场连线:宁波舟山港夜间作业	消息	本台自采	连线报道
56秒	结束语+片尾拉滚:宁波舟山港夜景	航拍	本台自采	口播+图像

【点评】 2017年12月27日《宁波新闻》围绕“宁波舟山港年货物吞吐量全球首破10亿吨 连续9年位居世界第一”这个新闻事件精心编排,用“背景解读”“深度分析”“人物特定”和“连线报道”等板块设计,全方位、多维度、大篇幅地呈现、解读这一重大新闻事件,它展现的主题是习近平总书记亲自推动宁波、舟山两港一体化的深谋远虑和浙江省深入贯彻“创新、协调、绿色、开放、共享”新发展理念的成功实践,题材重大,意义非凡。这期节目秉承融合创新是第一动力,在以下方面进行了尝试与探索。

(1)新形态:在节目表现形式上,采用多路外景记者出镜进行现场报道,演播室内由一位主播和多位主持人交替出场、有机衔接,通过电视场景和讲述者的不断变换,增加观众对新闻内容的“亲近感”,并保持长时间收看节目所需的“新鲜感”。

(2)新技术:在节目中,综合运用了虚拟动画、双视窗、第二演播室、高清背景大屏、无人机航拍等最新的电视技术手段,力求图文并茂、声画交融,提升节目的整体视听效果,让观众更清晰、更直观、更立体、更准确地理解新闻内容。

(3)新媒体:顺应“互联网+”和媒体融合发展的趋势,尝试把“微信群聊:宁波舟山港的朋友圈”的新媒体呈现方式搬上了电视屏幕。通过新颖、鲜活、接地气的“网络语言”,介绍宁波舟山港的合作伙伴和友好港口,体现宁波舟山港在世界航运界的地位、作用,以及港口之间交流合作、开放共赢的时代主题。同时这款新媒体产品也通过网络平台进行推送,得到了众多网友的关注、点赞和转发。

声 音

内容创新是根本

习近平总书记在2015年12月25日视察解放军报社时说:“对新闻媒体来说,内容创新、形式创新、手段创新都重要,但内容创新是根本的。”数字媒体时代,对于新闻媒体来说核心优势依然是“内容为王”。互联网等传播技术是当今媒体发展的时代背景和生存环境,对媒体的核心业务带来了新的挑战与要求。新闻媒体对此必须正视和高度重视,但这个过程中,切忌迷失方向,不能过于重视“时代背景”(各种新传播技术和手段)而忽视“行业核心优势”(专业的内容生产)。这不仅对新闻单位有重大意义,对新闻院系的人才培养也有根本性价值:要始终明确,检验新闻传播专业人才培养质量的全标准是从国家和社会用人单位看,能否适应互联网时代国家、社会和受众的需求,培养优秀的内容生产者,至于技术、营销、运营等,都是围绕优质内容生产的各项保障。

三 传播方式:交互共享建构关系网络

当前学界普遍认为,融媒体是充分利用报刊、广电、互联网等多种形式的媒介载体,充分整合发挥不同媒介的优势特色,以实现“资源通融、内容兼融、宣传互融、利益共融”的新型媒体。在“众声喧哗”的社会化媒体环境中,受众既是信息资源的接受者,也是信息资源的生产者和传播者,他们参与信息表达过程并进行互动的积极性明显提高。电视新闻节目要想继续获得广泛关注,就必须尊重人们的话语权,主动引导人们参与其中。有传统电视尝试通过移动社交互动场景构建进行融合转型,这种全新的用户与电视交互模式有助于扩大电视新闻节目的观众基础。

四 重新定位:新闻产品与用户至上

互联网时代的电视台不是以媒体属性为主,而应被视为一种专业手段,通过在新闻生产过程中融入互联网+,以新媒体为平台构建出新的生产关系。

此时电视媒体的权威性不再由体制赋予,主要依靠其内容质量和专业态度。在互联网+的生产方式下,更强调的是电视新闻节目作为全媒体视频的“产品”属性,而不是文字、图片、视频等聚合的“内容”概念。相对于传统媒体而言,新媒体最大的优势就是它与用户的紧密关系:将用户信息和用户生成内容作为重要资源,凭借产品的精准送达等优质服务产生的黏性而获利。电视新闻节目生产过程中的每一个环节都处于互联网的开放空间中,要转变以往的本位主义,以用户为中心,借助大数据绘制用户群像，有针对性地提供新闻产品。

电视媒体要将自己的角色从“喉舌”转变成为用户服务的“产品经理”，首先要关心的是受众对哪些事件和话题感兴趣，怎样呈现更能让受众理解，他们的观点是什么，如何吸引受众参与讨论等。对受众的行为、心理、话语等进行深入分析，准确把握其需求，精准推送新闻信息和观点，并引导受众积极分享和互动，才能提高电视新闻节目的到达率和传播效果，从而实现节目价值。

第二节 媒体融合对新闻工作的要求

一 新媒体：叙事结构和方式的转变

非线性故事化叙事结构能够减弱认知状态下的距离感。无论新闻文本的呈现形式如何改变，讲好故事仍然是媒体融合时代的重中之重。在内容市场趋于饱和的状态下，传统媒体从复杂的新闻事实、原始数据中筛选出最有意义的信息，并将其组成有条理、易理解和记忆的新闻叙事结构，成为缩短媒体与公众情感距离的关键。考虑到用户的接受习惯和阅读偏好，媒体融合时代的新闻报道还需要改变过往混乱的信息传播模式，以非线性的形式为观众讲述好故事。

全感官式叙事形式能够增强人际互动的代入感。通常，传统媒体在报道时多采用全知视角进行叙述，虽然很容易让人了解和把握事件的整体脉络，但封闭式的叙事系统经常会让受众产生“众多围观者的一员”的旁观者心态。在个性化凸显的传播环境下，移动场景的意义被极大地强化。在现实体验技术的支持下，受众可以主动参与新闻事件发生的全过程，从旁观者的视角中剥离出来，甚至在体验路径中得到触觉、视觉、听觉等多感官的信息反馈。H5、VR、交互体验、定位系统……传统媒体的新闻叙事正逐步转变为以大数据技术为基础、与用户建立精准交互连接的形式。可以预见的是，未来针对用户个体感官系统的叙事形式将继续被开发，从而使用户获得更加真实和丰富的场景体验。

二 数据挖掘

如果说众筹和众包是媒体部分让渡了新闻的采集和主导权力，那么数据挖掘（data mining）和聚合重组（polymerizing）则是媒体重新开发媒体融合时代的内容生产优势。数据挖掘是指从海量数据中找到有潜在价值信息的过程。在媒体融合进程中，借助数据开发进行分类筛选就变得极为重要。

三 聚合重组

聚合重组是指在短时间之内将来自多个信息源的信息进行二维甚至是三维编组，

提供最全景的新闻视角。传统的新闻报道，无论是深度报道还是系列报道，都是通过线性手段报道事实，不断接近真相，其新闻内容路径是线性的。在这个过程中，新闻工作者作为最主要的生产者，越接近真相，就越拥有话语权。之所以要进行聚合重组，是因为面对碎片化、模糊化的受众，媒体融合背景下单一媒体的报道已很难到达目标受众，必须根据不同终端载体的介质差异，将新闻内容生产进行多样化汇聚和组合，使新闻内容整体性、系统性与差异化、个性化融合共生、相辅相成甚至相得益彰。例如，在马航 MH370 航班失联之后，《华尔街日报》在自己的新媒体平台上聚合重组信息连续以“核心”“特写”“技术类”“军事类”“地缘政治类”“内政类”和“特别策划”形式来进行报道。

四 编辑部重组

对新闻编辑部的媒体融合改革，改变了传统的采编结构和流程。传统上，记者发现新闻、编辑策划选题和编辑记者稿件，但媒体融合之下的编辑部重组（news room reforming），是建立一个编辑中心（editors hub）来运作媒体融合工作的。在目前的国际主流媒体中，一种情况是单独建设媒体融合团队或者让数据公司成为编辑中心的直属具体部门，如《卫报》等。另一种情况是将媒体融合理念整体嵌入新闻的组织流程，如在英国广播公司总部，编辑部很大程度上依赖“新闻组织者”（news organizer）这一角色，其直接负责与新闻收集人、电视广播节目制作人、网络编辑和人员调动负责人联系，每日举行晨间会议，决定当天传统媒体和新媒体的报道计划日程。在中午和下午还有这样的会议来决定每项事务。而在南非最大的实体媒体之一 Die Burger，其新闻编辑部则围绕着“编辑中心”来设置，负责新闻图片、多媒体、特稿和消息的编辑相邻而坐，遇到突发重大新闻便可以快速行动。新闻媒体如何根据自身定位和编辑室原有构造进行改革，成为新闻媒体不断适应媒体融合的核心问题。

第三节 出镜记者或主持人角色重构

“媒体融合”并不意味着出镜记者或主持人要摒弃传统媒体的传播方式，而是能够以一种新的传播思维方式带动移动互联网时代的不同受众群体，利用网络平台（如微信、微博、网站等）实现传播者与受众之间的对话和互动。出镜记者或主持人在网络平台上作为传播中介传达信息、收集信息、把控舆论导向，从而提升节目的丰富性，有效吸引受众的关注，加强传播的影响力。

全媒体时代客观存在着两个舆论场：以主流媒体为渠道的官方舆论场和以互联网为渠道的民间舆论场。民间舆论场以用户生产内容（UGC）为主要形式，其观点通常要通过主流媒体的发布才能真正进入大众视野。而今，由于观众（同时也是网民）已经习惯于直接参与现场或加入交流，并且全媒体演播室的技术结构也已经满足了受众参与的需求，主持人自然就不仅仅是个新闻播报者，而且成为官方舆论场和民间舆论场的一个“交互点”。这个“交互点”的作用力越大，舆论引导的针对性和有效性就会越强。“交互点”的作用力需要通过主持人与公众舆论的联动来实现。现有的传统电视新闻节目，可以通过微博、微信等社交媒体实现直播时话题的即时互动，这一类互动目前仅表现为浅层次的话题交流。全媒体演播室则侧重于主持人与实时数据的联动。实时数据包括动态的平面、图文、视频等多媒体数据，也包括观众通过移动客户端与电视新闻节目发生关系产生的舆论走向数据流。当现场记者连线画面、新闻资料画面、现场观众微博画面、网络投票数据画面等在全媒体演播室内一一呈现时，主持人就担当起串联多个信息点的引导者角色。例如 BBC 在新闻专题直播节目中开展话题讨论，将观众的言论数据与嘉宾讨论直接投放在屏幕上进行互动，屏幕内外的各个角色利用互联网不断关联，牢牢将观众和节目黏合在一起。这种节目形式已经成为西方新闻直播节目的主流。把控多路信息流的有效联动，将成为全媒体电视新闻主持人面临的最大挑战，与此同时也将是电视新闻节目得以重生的开始。

这样，在主流媒体议程设置的前提下，通过主持人用公众喜欢的方式进行平实的表达，利用嘉宾、现场记者与受众的交互影响，以及多路信息的印证和观点碰撞，快速消解两个舆论场的“信息差”，提高舆论引导的效率和质量。

一 发现用户内容——新闻生产理念

从大众传播到个性化的分众传播，再到现在无处不在的泛众传播，传播模式不断发生变化。传统电视节目讲究精细制作，如不同机位的镜头语言、多种蒙太奇的叙事表达等。移动直播则为用户带来全新的视听体验，如无修饰的镜头语言、中近景的真实距离感、跨时空的参与感、弹幕文化建构的共域仪式等。移动直播平台的兴起，汇聚了大量的 UGC，它们的生产者从信息的接受者和解码者转化为信息的接受者和发送者、编码者和解码者、传播者的混合主体。此外，UGC 经专业团队打造，变成 PUGC 输出模式。PUGC 不断策划热点事件、打造网络红人以及 KOL（关键意见领袖），促使传播的路径依赖发生变化。

PUGC 是 professional user-generated content 的英文缩写，即“专业用户生产内容”。PUGC 结合了 UGC 与 PGC（professional generated content，专业生产内容）二者的优势，通过 PGC 生产专业化内容，更好地吸引用户，通过 UGC 维持用户庞大的基数，更好地沉淀用户。虽然当前并没有给予 PUGC 清晰的定义，但根据其特性，可将其划分为三种类型：一是主流媒体主导的有用户参与的模式；二是主流媒体与用户共同策划参与的模式；三是主流媒体平台与其他平台联手打造的有用户参与的模式。

PUGC 模式，从某种程度上来说，不仅弥补了 PGC 模式的单一和受众参与度低的问题，也在某种程度上降低和避免了 UGC 模式的不严谨性与虚假新闻的泛滥。新冠疫情期间使用 PUGC 模式生产内容的媒体，一类是各类党报党台党刊比如《人民日报》、央视、上海发布等，一类是市场化导向的媒体，比如财新、第一财经、《南方周末》等。2019 年 1 月 20 日起，澎湃新闻派出 13 名记者在 Z112 次列车上蹲点 48 小时，刊发系列报道跨越两周时间，包括火车运行全程的长时间直播、微视频、全景视频、动画、H5、数据、图片和文字报道等逾百篇。这一策划在整体呈现上确定以人为主线，覆盖硬座、硬卧、软卧所有车厢，以大量乘客的故事来讲述春运故事，同时专注其中的一节车厢，挖掘到所有上下这个车厢的旅客的故事，并制作还原性的新媒体互动产品，以统一的主题、层层递进的报道呈现好“流动的中国”。从多个层面展现大量不确定的流动式群像，由此突破了之前澎湃新闻开展的专题报道一般以单一人物或故事为主的思路。记者团队还与读者通过 PUGC 展开互动，形成了一个较为完整的报道梯度，深度聚焦铁轨上的日常“迁徙”故事，呈现新春欢乐、祥和以及团圆的种种时刻。系列报道仅在澎湃平台上的播放、阅读和互动量即超到 6 000 万，通过一个真实生动、充满活力的“流动的中国”图景，深刻地展现了新中国成立 70 周年特别是改革开放 40 年来老百姓满满的获得感，唱响了主旋律，传播了正能量。

新冠疫情期间，央视新闻与 B 站“食贫道”UP 主张俊采用 PUGC 模式联手打造关于武汉新冠疫情的新闻报道也值得称道。作为最鲜活的一线观察，在疫情这一特殊时期不仅能解决一线素材不足的问题，而且具有很高的报道价值，实现主流媒体与自媒体的优势互补。从 2020 年 1 月 27 日发布的第一篇报道《出发！共同战疫》到当年 4 月 26 日发布的《复工初体验｜跑到武汉街头去卖菜，看看挣了多少钱?》，央视新闻与“食贫道”共发布了 37 条合作视频新闻，分成“武汉观察”“复工初体验”两大主题特辑。在“复工初体验”中，自 2020 年 4 月 8 日武汉“解封”以来，针对要不要出门理发的问题，UP 主张俊化身洗头小哥体验武汉美发行业复工后的一天，报道前线第一手的新闻。这种专业平台与用户的联手合作模式中，UGC 生产者 UP 主本身具有独特的个性魅力与思考，在“体验理发小哥”的故事化主题框架下，以第一人称体验式报道的形式参与新闻事件，通过主观的视角描写细节、表达情感，并运用新媒体技术将信息原生态地传达给受众，富含沉浸感与场景感，突破了传统的讲故事方式。在这条视频新闻中，通过 UP 主张俊与理发小哥们的闲聊传递出疫情期间“义剪”小哥们默默付出的信息。记者不再是新闻事件单纯的观察者、报道者，更是新闻事件的参与者与推动者。PUGC 模式吸取了 UGC 模式的长处且避免了 UGC 模式的短处，通过 UGC 模式的个性化叙事增强了受众的代入感，借助机构媒体的把关避免了 UGC 模式的“可失控性”，此外更是将新闻事件中的故事性与情感性相融合，受众从中体验的不仅仅是新闻，还有透过新闻带来的情感抚慰。尽管央视新闻与“食贫道”联合报道新闻采用了 PUGC 模式，但是“食贫道”的 UP 主张俊本身也是央视记者，实际上与普通用户还是有区别。不过，不可否认的是，二者的联合是 PUGC 模式的成功探索。

二 UGC 新闻生产

在传统媒体积极探索 PGC 模式的同时，UGC 模式成为新闻生产模式的重要方向。UGC 的概念起源于互联网领域，即用户在互联网平台上发布自己的原创信息。UGC 新闻生产模式是受众参与的重要表现，用户所提供的浩瀚内容信息，成为取之不尽、用之不竭的新闻素材。当然无可否认，这种模式容易带来虚假新闻，甚至谣言泛滥。

2015 年 5 月，澎湃新闻推出“问吧”板块。“问吧”的定位是内容平台，专注于互动问答。用户能够向回答方提问，回答方既可以是某个新闻事件的当事人，也可以是某一行业的专家、从业者等，澎湃新闻会对这些身份进行审核认证。用户在提问和回答的过程中与其他用户或者平台本身产生互动，从而以更加积极、更加专业的姿态参与新闻传播过程。澎湃新闻通过“问吧”实现客户端的交互性功能，用户在参与提问或回答过程中也增加了自身对澎湃新闻这个平台的黏性。2018 年 7 月，澎湃新闻推出了“湃客”频道，定位是“全球创作者招募平台”。这个频道鼓励用户以个人的身份进行视频、文字、图片等内容的发布，是 UGC 模式的一次成功运用，同时又有专业人员进行审核把关，保证了内容的真实和价值。

案例 11－2 我是前快递员、写作者胡安焉，打过 19 份工是什么体验，问我吧！

来源：澎湃新闻 • 问吧

时间：2023 年 5 月 25 日

了解完整内容请扫码

我是前快递员、写作者胡安焉，打过 19 份工是什么体验，问我吧！

我是胡安焉，在过去的 20 年中，我辗转于广东、广西、云南、上海、北京等地，做过夜班拣货工人、便利店店员、保安、自行车店销售、加油站加油工等 19 份不同的工作，最后一份工作是在北京当快递员。在物流公司夜间拣货的一年，我发现因为长期熬夜以及过度劳累，人的情绪控制力会明显下降。而在北京送快递的两年，我会因分秒必争的高强度工作感到焦虑，恐惧犯错被客户投诉……我从 2009 年起开始写作，今年 4 月，我的首部非虚构作品集《我在北京送快递》由浦睿文化正式出版，我在书中诚实地记录下了这些年的工作经历。这些工作分别带给我什么样的感受？写作给我的生活带来什么变化？欢迎大家跟我聊聊。

越秀张学友 2023－05－25 • 广东 我来答 | 关注 | 举报

现在转行做作家了？

胡安焉 2023－05－25 • 四川 93 | 回复 | 举报

我不是作家，只是个写作者，从2009年开始就是了。起码到现在为止，我没有计划把写作变成自己的职业。

澎湃网友 iegcd 2023－05－25 • 上海 我来答 | 关注 | 举报

您如何看待自己做过的这些工作，在一般人看来算是比较辛苦的体力活居多？

胡安焉 2023－05－25 • 四川 35 | 回复 | 举报

其实我做过的重体力活，就只有在德邦上理货夜班的10个月。而像送快递、酒店服务员、加油工、物业保安等，只能算是轻体力活，并不十分辛苦。总的来说，我喜欢体力工作多于脑力工作。

澎湃网友 6fMFBb 2023－05－25 • 上海 我来答 | 关注 | 举报

19份工作中，理想又最接近现实条件的工作是什么？

胡安焉 2023－05－25 • 四川 31 | 回复 | 举报

我的工作经历基本是随波逐流，遇到什么做什么，并没有和理想靠近过……

澎湃网友 i26R73 2天前 • 山东 我来答 | 关注 | 举报

您怎么看待当下和未来呢？未来有什么规划吗？

胡安焉 2天前 • 四川 1 | 回复 | 举报

我觉得最近一段时期将成为我人生中比较特别的一段日子，从中我得到不少从未有过的经验、观察和感受，这些内容对我来说是陌生的。我对未来没有太多预期和规划。写作方面我要回归小说方向了，这是我接下来要做的事。

松学弟 4天前 • 广东 我来答 | 关注 | 举报

你做过这么多职业，你觉得这些经历能让你变得更好吗？

胡安焉 2天前 • 四川 | 回复 | 举报

经历提供的是一种可能性，我需要经历才能够成长，我确实因此更接近自己理想中的状态了。但经历本身只是一种催化剂，哪怕是同样的经历，也可能会使某些人变得更好，同时使另外一些人变得更糟。

了解世界的阿托品 4天前 • 陕西 我来答 | 关注 | 举报

您好，看了您的书，刚看完1/4已获益匪浅。想请问您每天是什么时候写日记的，写的时候会只记录发生的事情还是会把想法一起记录下来？然后看到您到北京工作，您在北京是有房吗？因为5 000块左右的工资感觉在北京生活压力会很大。

胡安焉 2天前 • 四川 | 回复 | 举报

我的日记只是简短记录每天发生的事情，不包含想法，而且我并不是在所有日子里都写了日记。我在北京没有房产，不过我送快递的税后收入是 7 000 元/月左右。

yue189　6 天前 • 广东　　我来答 | 关注 | 举报

在打过这么多份工之后，你如何理解工作与人的关系？这 19 份工作大部分是体力活，相信你并不非常享受，但又为何一再重复这类工作？当中有尝试过找脑力工作吗？又发生了什么事？在“漫长”的打工生涯里，你想要的是什么？又得到了什么？

胡安焉　4 天前 • 北京　　5 | 回复 | 举报

因为每个人的喜恶、观念、追求等各不相同，所以人和工作的关系，也没有一个统一的答案。仅仅就我做过的工作而言，大多仅仅是为了换取生活资料。我发现很多人都不享受工作，这不仅是发生在我身上的特殊情况。而我之所以从事我从事过的工作，主要是因为那些工作是我在能力和学历、年龄等条件限制下可以找到的较高收入的工作。“体力”和“脑力”不是我找工作时首要考虑的方面，而且简单的体力劳动更容易带给我价值认同感，何况我送快递时的收入，并不比许多“脑力”工作低。我打工主要为了经济方面的收入，我也得到了这个。

20　2023 - 05 - 24 • 新疆石河子　　我来答 | 关注 | 举报

请问书名是什么？

胡安焉　2023 - 05 - 25 • 四川　　18 | 回复 | 举报

你好，书名是《我在北京送快递》。

澎湃网友 eI7fEn　6 天前 • 湖南　　我来答 | 关注 | 举报

你好，我是一名大学生。你曾经有过这么多份工作，对于还没有步入社会的我，能有一些好的建议吗？

胡安焉　4 天前 • 北京　　1 | 回复 | 举报

我不敢给年轻人建议，没有多少人希望自己的人生像我的，尤其是对于年轻人来说，或许都还没想清楚自己想要怎样的人生，我不想在价值层面影响人。我在写作和出版中会分享我是怎样的一个人，以及我为什么会变成这样，但那不是在对外输出价值观，而是在对自己进行反思和总结。我希望尽量避免主动地输出观念。至于方法层面的建议，除非我清楚对方和我是相似的人、遭遇过和我相似的困境，否则我也不会说什么，因为对不同的人未必适用。

杨瑜椒　5 天前 • 山东　　我来答 | 关注 | 举报

您好，因为劳累导致的情绪不稳定，您是如何克服的呢？并且您是如何缓解劳累的，如何调整个人休息和紧张的工作？

胡安焉　4 天前 • 北京　　| 回复 | 举报

当时我没有克服，只能尽量引导自己，给自己做心理建设，但我本身是个情绪挥发得比较快的人，所以不会被某种情绪持续地困扰很久，但确实每天工作中碰到不同的事情，都会不受控制地产生各种各样的情绪。缓解劳累方面我也没有什么好心得，大多数时候也只是硬着头皮扛着而已，但我的作息还是比较规律的。除了有段时间我上长期的通宵夜班，睡眠问题成为我最大的困扰以外，在其余的工作经历中，我大多能够保持相对充足的睡眠。

跃出长河 5 天前 • 未知 我来答 | 关注 | 举报

请问如何看待“树挪死人挪活”这句话?

胡安焉 4 天前 • 北京 | 回复 | 举报

可能人生就是一个不断试错的过程吧，当然这句话可以有很多不同的理解。

独立思考。 2023-05-25 • 江苏 我来答 | 关注 | 举报

老师你好，在工作之余都在做些什么？是以一种什么态度生活？我是一个“00后”，快递员、工厂工人、厨师都做过，人生有时有不确定性，希望老师给一些人生建议 ，让自己不那么迷茫、焦虑。

胡安焉 5 天前 • 天津 1 | 回复 | 举报

假如每天工作十几个小时，工余时间我也做不了什么，只能找一些简单的消遣，比如看电影，而且是看那种特别没有内涵的爆米花电影。我其实没有很大的上进心，也没有很多欲望，只要自己对自己满意，并且不损害别人，这样的人生我基本都能接受。对生活和未来感到迷茫和焦虑是绝大多数都有的情况，我其实也没什么好建议可以化解这些迷茫和焦虑，因为我自己也没完全克服这些问题。但加倍认真地对待每一件事、加倍认真地对待每一个人，或许会有一些帮助。共勉。

阿白 2023-05-26 • 江西 我来答 | 关注 | 举报

有没有推荐的城市?

胡安焉 5 天前 • 天津 1 | 回复 | 举报

没有，一个人会喜欢或适合什么地方，或许只能自己去发现和寻找。

冯子温 2023-05-26 • 广东 我来答 | 关注 | 举报

工作只是一个人过活的一种保障，或者说方式方法吧！子瞻一次次被朝廷调回委以重任，而他又一次次上书要求远调，远离他无力改变的是非之地。我想我们三个都差不多，工作是次要的，能让思绪驰骋、精神游于虚无的理想之地才是终极。

胡安焉 5 天前 • 天津 1 | 回复 | 举报

谢谢你的分享，共勉！

醉欢人 2023-05-25 • 江苏 我来答 | 关注 | 举报

哈哈，体验过 19 份不同工作的作者，你好。这些貌似都是体力劳动，你没有考

虑过提升自己从事其他的一些工作吗？另外，20 年中你主要的放松方式是什么？最后，你最大的心得与感受是什么呢？谢谢！

胡安焉 5 天前 • 天津　　1 | 回复 | 举报

你好，我中专毕业后隔了一年又读了个成人夜大，就是包含了你说的目的。我在不同的工作中放松的方式也不同，总的来说有看电影、跑步、骑车等。我有一个心得：任何失去都是另外一种获得，人生的丰厚程度，并不总是受成败或得失等因素决定。

实名春涧中 2023－05－26 • 上海　　我来答 | 关注 | 举报

可不可以说某种意义上，写作消解了你的部分焦虑？关于工作，关于生活。

胡安焉 5 天前 • 天津　　1 | 回复 | 举报

你好，确实是这样的。有时候写作是我在现实层面以外的一个人生支点，因为有一件可以投入的事情而不再对现实中自己的处境和前景感到过于焦虑。

无端生事 2023－05－26 • 广东　　我来答 | 关注 | 举报

请问对于长远目标如何明确？

胡安焉 5 天前 • 天津　　| 回复 | 举报

其实我从来没有制定过长远的目标并且成功地执行，但我想或许把长远的目标分割成一个个阶段目标会更易于执行。

风竹声不断水渊遮天暗 2023－05－26 • 未知　　我来答 | 关注 | 举报

你好，请问在这么多工作中，你认为你的收入是否对得起你的劳动付出？

胡安焉 5 天前 • 天津　　| 回复 | 举报

我早年做过的一些工作，可能付出和收入不太对等。但 2013 年之后做过的工作，比如在上海的自行车店、在德邦上夜班理货分拣、在北京两家公司送快递等几份工作，我对于收入基本是满意的，确实比早年的劳动报酬提高了一些。

上帝之后是我 2023－05－25 • 北京　　我来答 | 关注 | 举报

辛苦的人生，希望这本书能改变你的命运。

胡安焉 2023－05－25 • 四川　　10 | 回复 | 举报

其实我不算过得特别辛苦，谢谢你的好意，也祝你好。

微风不懂蒲公英 2023－05－25 • 浙江　　我来答 | 关注 | 举报

是社会经验重要，还是钱重要呢？

胡安焉 2023－05－25 • 四川　　9 | 回复 | 举报

这个问题需要一个前提，是相对于什么重要？

王老吉 2017 2023－05－25 • 湖南　　我来答 | 关注 | 举报

读过大作，普通人的人生，活出了自己的精彩，赞一个！

胡安焉 2023－05－25 • 四川　　5 | 回复 | 举报

谢谢你，共勉。

陆川有许多树 2023-05-24 • 未知 我来答 | 关注 | 举报

你好，你换这么多工作是否因为其实你并不喜欢任何一份职业？这些职业，或者市面上所有工作的哪些方面是你最不喜欢的？

胡安焉 2023-05-25 • 四川 2 | 回复 | 举报

我确实对做过的一些工作不太喜欢，但频繁地更换工作，也不完全是出于喜恶的动机。比如：我结束在宾居开的小吃店，不是因为不喜欢，而是挣不到钱。我辞掉上海自行车店的工作，也不是因为不喜欢那份工作的内容，而是无力处理当时面对的人际问题。在德邦的夜间理货工作，虽然谈不上喜欢，但也不能说讨厌，后来辞职是因为个人原因需要去北京。总的来说，我特别抗拒业务方面的工作。

一条猪 kk 2023-05-25 • 上海 我来答 | 关注 | 举报

您好！为什么能坚持写这么多年，写作给你带来了什么？除了非虚构，你也写小说吗？

胡安焉 2023-05-25 • 四川 1 | 回复 | 举报

你好！看到你说我坚持写作，其中“坚持”两字令我感觉惭愧，因为我是个缺少恒心和毅力的人，经常半途而废。但是写作对我来说有点特殊，它不像其他事情，有时我用它来梳理和抒发自己的感情和想法，借以审视、深入和确立自身。因为这个缘故，我每隔一段时间就会有动笔的冲动，而不是以意志力去坚持的。写作可以令我变得丰富。事实上我是从小说进入写作的，从 2010 年开始就在文学期刊上发表过作品，而写下自己的经历（非虚构）是最近三年来的事情。

看不顺眼 2023-05-24 • 北京 我来答 | 关注 | 举报

这样的作品，生动而真实，值得期待！

胡安焉 2023-05-25 • 四川 | 回复 | 举报

谢谢你，共勉。

只此一手 2023-05-25 • 天津 我来答 | 关注 | 举报

有没有想过躺平，活得轻松一点？

胡安焉 2023-05-25 • 四川 | 回复 | 举报

其实我就是个“不求上进”的人，我是做过一些比较累的工作，但也有些年份是过得很轻松的，比如前后两段在云南下关的日子……

【点评】 问答的形式真实展示了普通人的生存状态。无论是故事讲述还是事实核查的角色让渡，机构媒体依旧保留着对“问吧”中 UGC 的把关权，用户在“问吧”中新建话题需要通过 1～3 天的审核流程。换言之，机构媒体的权利让渡是在可控范围之内，或可谓记者角色权利的有限让渡。

案例 11－3　春节返程的后备箱

2019 年春节期间，甬派 App 针对“春节返程的后备箱”向受众发出征集令。甬派 App 以“春节返程，你的后备箱塞了啥”为策划主题引发受众共鸣，受众纷纷参与到这次活动的内容分享中。征集时间从当年 2 月 8 日起至 11 日，短短几天，平台共收集了 42 条来自不同用户的优质原创内容。其中 2/3 的用户内容将主题和关键词锁定在了“爱”“父母”“留恋”上，近 1/3 的用户在分享后备箱里塞的东西的同时，也讲述了自己家庭的温暖故事。在此呈现二则：

宝宝去年 9 月份出生，今年春节是他人生的第一个新年。宝宝被抱到哪里都是欢声笑语，长辈们都很喜欢他，老爸老妈也格外疼爱他。临离别时，爸妈满脸笑容地拿出厚厚的一个大红包塞给孙子，里面还藏着孙中山时期的一个银圆，又神秘地从小房间拿出一个蓝色箱包。我仔细一看，竟然是学步车。

民间不是说，三翻六坐九爬爬吗？宝宝才四个多月呀，学步车这么早买好了。我开玩笑说，你们真是心切啊！爸妈解释说，那天逛银泰，看到这个挺好的就买下了，可以给宝宝以后用。我想，宝宝现在还什么都不懂，但是总能微微感受到来自他们的爱的。

人活一世，也许平平凡凡，平平淡淡，但是有爱的点缀，会美好幸福很多。感谢爸妈在宝宝人生的起步阶段的爱与关怀。

父亲木讷，说不出好听的话，只是一个劲地说吃了晚饭再走。经不住父亲的再三挽留，吃过晚饭才回宁波。

父亲过得很清苦，住的还是木房子，所幸身体还算硬朗。邻居给了他一小块地，平时种点蔬菜自给自足。这不，一听我们要回宁波，就把菜地里的青菜都拔来了，仅有的几颗菠菜也没幸免，说是没打农药，没浸水，很好的。又在屋里各个角落翻出了番薯，自己腌的咸菜，泡的杨梅酒。能拿来的都让我们带上了。

看着这一堆东西，里面又包含了父亲多少浓浓的爱！

春节本身作为中国传统文化特色的符号极具象征性，也容易在中国人身上产生挥之不去的情感共鸣。平日扮演着各种社会角色的人们在春节这个全民齐聚一堂的日子里，“为人儿女”形象和情感又一次被共同体察和召唤。在参与分享不论是“后备箱”还是其他任何有关佳节团圆或分离的主题时，这种参与的本质很大程度上是基于文化的自我认同的表达。因而，我们也能看到在这种众筹和内容生产的互动中，媒体在其中发挥的作用及其与受众之间的联系。我们也能在这种众筹策划的实际操作中，看到以受众为主体的内容生产的生命力，这种内容生产在很大程度上是可以反过来影响新闻内容生产的。

2019 年 3 月 20 日甬派 App 针对“养老话题”向受众发出征集令。甬派 App 以当时热播的国产电视剧《都挺好》中所涉及的“苏大强”式养老焦虑为话题，引发受众参与养老提议相关内容分享（见图 11－2）。

征集令发出后两三天内“报料”平台共收到 20 多条用户创作的内容，除此之外还有来自用户的长篇投稿。甬派 App 筛选了不同年龄阶段的用户投稿，没有经过专业记者编辑的加工，作为众筹而来的原创文章直接在平台上呈现。

各位派粉，你如何养老，或是怎样赡养家中老人的？对于“苏大强”式的养老焦虑，以及李先生式焦虑，您如何看待？

请点击甬派下端的“报料”，或点击去报料，和粉丝们一起分享，一起探讨。

如果你报料的关乎养老的想法和事实，一旦被采用并在甬派上刊发，将获得广博旗下商务文具品牌fizz和“都挺好”联名推出的伴手礼一份。

图 11－2　“甬派”App 主题策划《如何养老都挺好》中的征集令

三　主流媒体的网络直播

在融媒技术的驱动下，“关系”成为人们认知世界、做出判断和实施行动的主要依据。新闻业的变革促使新闻表达的范式需要在把握传播关系的实质上进行创新：传播主体要重视在报道中融入“关系讯息”；叙事形式要以“服务性思维”吸引受众为核心；传播渠道的拓展要以情感联结为内在逻辑。

置于新闻传播与移动传播的双重语境下，研究者对以移动端为主要发布平台的主题报道进行了系统分析，为研究主流媒体在移动优先战略下的深度融合模式提供基于编辑策划层面的探索性发现。不可忽略的是，目前大规模的网络社群是基于社会化媒体所产生的，社会化媒体天然拥有广大的网络用户。而主流媒体在媒体融合的过程中，为赢得广大网络用户的关注进行了一系列探索与尝试，比如主流媒体的网络直播。然而，无论形式如何变化，“内容为王”的本质不会改变。网络直播在选题和现场信息的开掘上仍然要下功夫，单纯靠网络直播技术的噱头已经无法引起用户的兴趣。比如“小朱配琦”直播带货，央视主持人与口红一哥的新颖组合，直播中的随机应变、妙语连珠等吸引了广大网民的关注，不仅传播效果好，而且经济效益高。对新闻直播进行有效策划，以开掘直播中的信息量，从这一点而言，网络新闻直播与传统电视新闻直播绝无二致。腾讯新闻推出新年特别节目《回家的礼物》，请来了电视新闻节目主持人李小萌做网络新闻直播，她的“小屏幕意识”都是来自大屏幕报道的多年积累，从而取得了良好的传播效果。

从网络直播的形式来看，通过借鉴传统的多点连线直播形式，现在的网络直播同样能够实现移动平台的“多点连线”直播。因此，网络新闻直播也能够与受众形成互动，受众不再是被动地看新闻，而是新闻的参与者、推进者。

案例 11－4　“小朱配琦”直播带货

著名的“央视主持人”朱广权和“口红一哥”红爆全网的李佳琦，同台直播（见图 11－3）。但是朱广权不播新闻，李佳琦也不卖口红，他们卖的是湖北企业因为新冠疫情滞销的产品，包括小龙虾、热干面、莲藕、鱼糕等等。在两位妙语连珠的“语言大咖”的助推下，滞销产品瞬间被围观网民抢空。买走了湖北的名吃和特产，留下的是疫情后重建的希望。李佳琦的“所有女生”的话术自不必说。可是人们没有想到的是，平时演播厅“正襟危坐”的央视主持人直播带货，竟然也让人大呼OMG，比如“送对象礼物要送藕，因为藕的心不会变，奇变偶（藕）不变”“佳琦用你的先知先觉，带动我的后知后觉，然后让大家买得不知不觉”。其实本身自带流量的两位“主播”，还未开播，#朱广权李佳琦直播#就已经登上了微博话题榜热搜第一名，一直到当天晚上 12 点，仍然霸占这个位置没有下降，可见其关注度之高。当然还有#朱广权模仿李佳琦#也登上了热搜榜前十。

图 11－3　“小朱配琦”现场直播卖货

【点评】（1）主播高度媒体化：该案例中，朱广权作为中央电视台新闻频道主持人具有丰富的从业经验，李佳琦作为新兴网红直播带货的代表主播也具有极高的传媒素养，二人的配合体现了直播中主播对于整体情况的把控度以及网络直播中主播明星化的特点。

（2）碎片化观看：该案例是在特定时间段内播出，不具有传统媒体节目的连续性，且观众可以根据自身情况随时切断直播，并选择合适的碎片化时间观看，体现了观看网络直播的碎片化特点。

(3) 即时互动：直播过程中，观众可以随时与主播进行互动沟通，询问直播所销售产品的具体信息，提出个性化问题，增强直播销售有效性，从而体现了即时互动性。

(4) 弹幕文化：观众在观看直播的过程中，通过弹幕向直播间传递信息，发表意见，增强对于销售产品以及该活动的了解，同时提高观众参与度，增强直播的生动性、真实性，弹幕文化成为网络直播必不可少的一部分。

网络直播不仅为人们提供了展示自身“资源”的渠道，还为社会大众提供了多元文化的交流空间。随着直播成为目前互联网的一大流量入口，它所创造的全新价值开始得到更多企业和厂商的关注和青睐。从传播角度来说，直播构建了未来消费和生活的新场景，使品牌跟用户之间的距离更近，沟通成本更低。

移动直播作为互动性与实时性极强的社交媒体平台，其优势主要体现在可以提供用户真实使用场景，增强产品体验感。此外，用户与主播之间、用户与用户之间的高频互动也可以使营销者实时接收到营销效果的反馈，及时解决用户问题，增强营销效果。通过直播将品牌、营销、用户、交易和社区等彻底打通形成一个完整的闭环。

声 音

打造全媒体时代的新型主流媒体

互联网技术引发一场“哥白尼式”的传播革命，对人类社会的影响也是全方位的，几乎没有哪一个地区和领域能够成为其影响的“飞地”和“孤岛”。它甚至颠覆了人类对于时间与空间的惯性经验和认知模式，尤其是颠覆了人类的交往定律和传播“惯习”，原先附着于人类社会硬件之上的符号、舆论、文化、价值“植被”也发生了生态级的巨变。中国作为互联网技术创新扩散的“前海”，互联网的影响尤其深广。

媒体系统是社会大系统中的重要子系统，是连接经济基础和上层建筑的神经系统，沟通上上下下、前后左右、四面八方的社会角色和组织，充当社会的黏合剂，助力公共治理，成就善政，推动社会进步。在当下中国，媒体在整个社会生态地位中处于比较重要的位置。执政党从来都把媒体作为重要的执政资源，作为治国理政的利器和意识形态管理的阀门。

打造“新型主流媒体”，必须精准把握全媒体的规律性。如果说传统媒体时代是一条内河的话，全媒体时代则是一片看不见边际的瀚海。在传统媒体时代，媒体的关联变量和关联主体是确定的、有限的，一眼望去，看得见，摸得着，捏得住；但全媒体时代，关联变量呈几何级数激增，关联主体甚多，不确定性骤然升级，认知难度大，未知远远大于已知，控制难度更大，做到系统性的优势覆盖尤其艰难。打造“新型主流媒体”，掌握全媒体时代传播主动权和影响主导权，还是要紧紧围绕“四力”即影响力、传播力、引导力、公信力多下功夫。在媒体多元化、传播主体多样化、用户需求差异化的今天，在正规军、游击队以及大量自媒体“散兵游勇”在同一时空竞争的媒体生态中，新型主流媒体若要摆脱被动局面，只有在准确把握全媒体规律的前提下，结结实实锻造“四力”，守正创新，壮大主力军，强化主场能力，拓展主战场，才能无论在实体空间还是虚拟空间，没有死角，没有飞地。

资料来源：张涛甫．打造全媒体时代的新型主流媒体［J］．中国记者，2019（3）．

延伸阅读

5G 将改变传统主流媒体

对主流媒体概念的争论，存在官方和民间、计划和市场、体制内和体制外的较大分歧。我们一直认为，在数字化、网络化的今天，以往对主流媒体的界定和争论其实都是基于传统媒体的，观点已经过时。从用户量的角度看，手机媒体才是当今真正的主流媒体。根据 2019 年巴塞罗那世界移动通信大会（MWC Barcelona 2019）发布的报告，截至 2018 年底，全球共有 51 亿人使用移动服务，占全球人口的 67%。到 2025 年，移动用户将接近 60 亿，5G 有望占全球移动连接的 15%。中国互联网信息中心（CNNIC）的统计数据显示，截至 2018 年 12 月底，中国网民规模达 8.29 亿，互联网普及率为 59.6%。手机网民规模达 8.17 亿。2019 年 3 月，工业和信息化部无线电管理局（国家无线电办公室）正式发布《中国无线电管理年度报告（2018 年）》。报告显示，2018 年我国净增移动电话用户达到 1.49 亿户，手机用户总数达到 15.7 亿户。移动电话用户普及率达到 112.2 部/百人，比上年末提高 10.2 部/百人。其中，全国已有 24 个省市的移动电话普及率超过 100 部/百人。以《人民日报》、新华社、中央电视台为代表的传统媒体时代的主流媒体，正在向手机媒体转型，继续承担起舆论引导、传播社会主流意识形态与主流价值观的责任。《人民日报》客户端于 2014 年 6 月 12 日正式上线，包括闻、评、听、问、帮、报、图、视等板块，在提供资讯服务的同时，逐步搭建起了政务平台、问政平台、公益平台和直播平台，迄今自主下载的用户已经超过 2.37 亿。《人民日报》微博粉丝总数已超过 1 亿，继续保持中国媒体第一微博的地位。《人民日报》微信公众号在近 2 800 万公众号中影响力排名第一。2014 年 6 月 11 日，新华社客户端上线，目前其总下载量已超过 2.8 亿。新华社官方微信公众号粉丝数也突破了千万大关。总之，无论是新媒体还是传统媒体，只有向手机媒体转型，才能成为 5G 时代的主流媒体。

资料来源：匡文波．5G 将彻底颠覆主流媒体的概念［J］．编辑之友，2019（7）．

【思考与练习题】

1. 如何利用 UGC、PGC 内容，使媒体的内容聚合与传统生产有效结合？

2. 在媒体互动传播的语境下，新闻报道中记者与用户互动，新闻报道逐渐活动化，你是如何理解这个问题的？

3. 随着自媒体的发展，新闻线索与新闻源越来越复杂且真假难辨，新闻的核实、查证工作越来越成为记者的重要职责。在此背景下，记者如何进行现场采访？

4. 如何利用关键意见领袖进行新闻传播？

【推荐阅读文献】

1. 李希光，孙静惟，王晶．新闻采访写作教程［M］．北京：清华大学出版社，2011.

2. 杨飞．流量池："急功近利"的流量布局、营销转化［M］．北京：中信出版集团股份有限公司，2018.

3. 孔繁任．故事化营销：让你的产品和品牌深入人心［M］．成都：四川人民出版社，2019.

4. 麦基，格雷斯．故事经济学［M］．陶曚，译．天津：天津人民出版社，2018.

5. 马中红．新媒介与青年亚文化转向［J］．文艺研究，2010（12）.

6. 郝雨，马宇涵．自媒体时代粉丝经济转型：回归经典品质［J］．出版发行研究，2019（12）.

7. 朱春阳，曾培伦．圈层下的"新网红经济"：演化路径、价值逻辑与运行风险［J］．编辑之友，2019（12）.

8. 段淳林，吕笑．"大数据＋"与 IP 内容运营及价值分享［J］．现代传播（中国传媒大学学报），2017（4）.

9. 彭兰．移动时代的节点化用户及其数据化测量［J］．暨南学报（哲学社会科学版），2016（1）.

10. 彭兰．智能时代的新内容革命［J］．国际新闻界，2018（6）.

11. 张凯．从"网红"到"网红＋"：新时期网络直播的转型与发展［J］．传媒，2017（13）.

12. 何冰洁．"直播＋"时代传统媒体的"上甘岭之战"［J］．新闻战线，2018（2）.

13. 阿洛卡．刷屏：视频时代的疯传法则［M］．侯奕茜，何语涵，译．北京：中信出版集团股份有限公司，2018.

14. 库尔德利．媒介、社会与世界：社会理论与数字媒介实践［M］．何道宽，译．上海：复旦大学出版社，2014.

15. 丹尼斯，梅里尔．媒介论争：数字时代的 20 个争议话题［M］. 王春枝，译．北京：中国人民大学出版社，2019.

16. 周庆安，黄璐．媒体融合视野下媒体内容生产：观念、方式和表现形式［J］. 南京政治学院学报，2015（4）.

17. 延森．媒介融合：网络传播、大众传播和人际传播的三重维度［M］. 刘君，译．上海：复旦大学出版社，2012.

18. 欧文，普迪．国际新闻报道：前线与时限［M］. 李玉洁，主译．北京：中国人民大学出版社，2012.

19. 李斯特，多维，吉丁斯，等．新媒体批判导论：第 2 版［M］. 吴炜华，付晓光，译．上海：复旦大学出版社，2016.

第十二章

沉浸式现场

【本章学习要点】

1. 沉浸式新闻的发展
2. 沉浸化叙事的应用
3. 微视频叙事的特点
4. 沉浸式跨屏访谈对新技术的应用

随着技术的发展，融合化的多媒体产品形态逐渐成熟，文字、图片、视频、数字可视化图表、交互图形、三维图形等信息形态共同完成新闻故事的讲述。过去主要是考虑单一的影像信息呈现，现在要思考的是不同信息形态的布局和呈现，既要有视频的时间布局，又要有文字、图片等的空间布局，从而形成融合化的信息产品。

第一节 沉浸式新闻

沉浸式新闻以虚拟现实技术为依托，是基于沉浸传播的一种互联网新闻形态，在目前的新闻生态中尚属于“试验品种”。中国的沉浸式新闻发展演进历程以 21 世纪第二个 10 年为开端，以“沉浸”和“临场”为基本特征。它通过人机交互技术应用手段，在新闻呈现方式、内容生产和接收模式上进行创新探索，为深度报道、新闻教育和媒体融合等带来新的行业发展机遇。但是，对于新技术驱动下的沉浸式新闻而言，其未来发展固然可期，然而由“具身”而来的“虚拟现实与客观现实”悖论，也制约着它的健康发展。

虚拟现实新闻又名 VR 新闻，顾名思义，即以虚拟现实技术为承载媒介制作与呈现的新闻，其既可“复现”真实场景，亦可建构想象空间，且辅以 VR 终端中的各类视觉、听觉、触觉传感系统模拟受众反应，营造出“恍若在场”的浸入效果。美国学者罗伯特·赫尔南德斯（Robert Hernandez）说，现在“虚拟现实”正在成为我们“真正”的现实。

作为新兴报道形式的沉浸式新闻可以看作 VR 新闻的前身，最早可以追溯到 20 世纪 50 年代。当时美国记者爱德华·默罗和弗雷德·弗兰德利在电视系列节目《现在请看》（See It Now）中实现了美国第一次从东海岸到西海岸的电视直播，通过这种方式加强与受众的联系。后来，这种形式的新闻报道在前 CBS 新闻主播沃尔特·克朗凯特的《有你在》（You Are There）广播和电视系列节目中出现，用于再现历史时刻。近些年来，记者开始使用虚拟现实技术特别是头戴式显示器（HMD）等设备进行新闻报道创新，营造更加逼真的现场感，探索新媒体叙事的可能性和局限性。2016 年，虚拟现实技术如狂潮般席卷了国内外各大新闻媒体，并深度渗透其内容创作、生产和分销等环节，对传统的新闻理念、运营模式、叙事模式造成巨大冲击。相较于传统媒介，VR 新闻具有“沉浸”与“在场”这两项无可比拟的优势，不仅可以轻松跨越时空边界，近乎完美地“再现”新闻现场，而且可以让受众“浸入”故事之中，任由其探索与互动，并从中配合人的感官系统制造出虚拟的“在场”效应。

虚拟现实技术使新闻报道内容更加丰富，表现形式更加多样，也使新闻传播超越了传统媒体带来的常规体验和视野。比如“新华社特约记者太空日记”系列报道从小视角切入且均以文、图、视频、网络等多种方式立体式呈现，尽可能做到生动直观，从不同层面为受众提供有效信息，是 2016 年全国媒体融合报道的标志性作品之一。

案例 12－1　“天舟一号”发射任务 VR 全景直播

获第二十八届中国新闻奖融媒直播类一等奖的作品《“天舟一号”发射任务 VR 全景直播》运用 VR 技术，记录了我国第一艘货运飞船“天舟一号”的发射过程。为了让受众更身临其境地感受到我国首单“太空快递”的运送过程和中国航天事业的发展，《中国相册》栏目组联手央视网，对“天舟一号”发射任务进行了近距离 VR 直播。受众不仅可以通过屏幕直击火箭发射瞬间尾焰直冲发射平台的震撼场景，还能身临其境，全方位观看火箭吊装、转运等环节（见图 12－1）。此次直播策划新颖，让新闻变得立体可感，使受众由被动接收转为主动获取，增强了新闻传播的互动性，为受众带来了全新的收视体验。

图 12－1 “天舟一号”发射现场

延伸阅读

《华尔街日报》开设全新栏目

2019 年，《华尔街日报》加快了数字建设的步伐，开设了一个全新的栏目——《万物的未来》（见图 12－2），该栏目以高度视觉化的页面为特色吸引受众。《华尔街日报》的现场报道团队还推出了一系列电话播客，让受众直接与现场报道的记者对话，将受众与采编人员实时地连接起来。

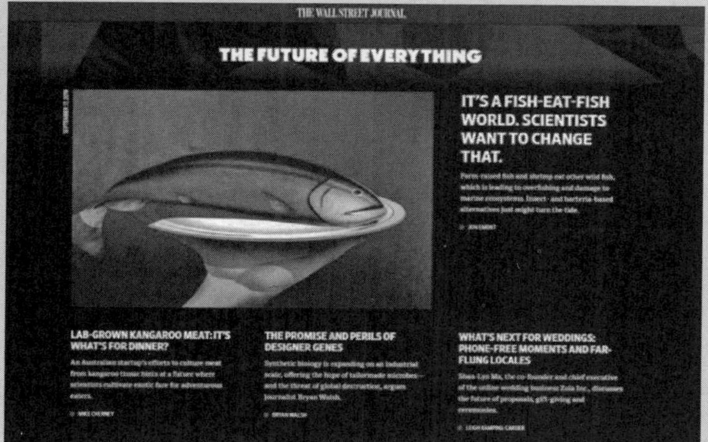

图 12－2 《万物的未来》界面截图

第二节 沉浸化叙事

一 沉浸化叙事内涵及应用

沉浸是指人们潜心于某种思想或境界中而忘却四周精神高度集中的一种状态。“沉浸式新闻”最重要的特点之一就是能够让用户对新闻现场有身临其境的体验感。虽然传统媒体的文字或者新媒体的视频的呈现方式也能让受众以第三人称视角进行信息的解码，然而，第三人称视角的信息解读无法比拟来自第一人称视角的沉浸化体验。第一人称视角的用户体验对新闻业有着重要价值。基于增强现实体验的媒介通过沉浸化的叙事理念对新闻进行报道的方式应运而生。

沉浸化叙事是伴随 VR 新闻、AR 新闻、直播、360 度全景视频、新闻游戏等系列沉浸传播技术形态兴起的主流媒体新的叙事表现形式。沉浸传播依靠时空边界的消失得以实现。它至少通过两种方式获得，一种是基于“环境参照系”的身体到心理的沉浸，另一种是依靠“自我参照系”的完全心理沉浸。这两种方式可以看作沉浸传播的两极，大多数媒介文本如 VR、游戏、社交网络等实现的沉浸，则介于这两极之间。

VR 叙事将“外化叙述”转变为“内化情境”，打破了传统基于叙事者的、固化的单线结构，进而转变为基于受众的、动态且自由的主动体验模态。借助于 VR 媒介，尤其是在 VR2.0 世代越来越精确的仿真手段、越来越先进的基于人类生物本能的感官模拟系统，用户的沉浸感显著提升。受众被“带入”新闻现场后，很难发现自己身处幻境，虚拟的现实成了真正的现实，在此般“共情效应”和“多感官刺激”下，用户对特定故事与主题的认知和体验随之提升。

案例 12-2　普利策获奖作品《雪崩：特纳尔溪事故》

2012 年 12 月 20 日《纽约时报》推出特别报道《雪崩：特纳尔溪事故》（Snow Fall：The Avalanche at Tunnel Creek，见图 12-3）（简称《雪崩》）。这是一部完全孕育于新媒体技术的新闻作品，先在《纽约时报》网站上发表，6 天之内就收获了 350 万次页面浏览，3 天后才在印刷版报纸中刊出。普利策奖评审委员会在颁奖词中丝毫不掩饰对它的喜爱：“《雪崩》对遇难者经历的记叙和对灾难的科学解释使事件呼之欲出，多媒体元素的灵活运用更使报道如虎添翼。”可见，除了高水平的写作、原汁原味的内容、连贯统一的行文，融合了多媒体的“三维特稿”才是记者约翰·布兰奇和他的团队带给受众的最大惊喜。

图 12－3　融合新闻报道《雪崩：特纳尔溪事故》截图

提供多媒体交互的现场感体验，是这部作品的显著特色。它报道的是 2012 年 2 月 19 日发生于美国史蒂文斯·帕斯滑雪场的一场灾难，讲述了由六个部分组成的惊心动魄的故事，集合了新闻事件回顾、当事人口述、雪崩的科学原理等多个视角。全景地图、采访视频和音频、交互图片与知名滑雪者的传记在该作品中有机地融为一体，形成了一个又一个小的视觉高潮。《雪崩》为沉寂已久的传统媒体走出困境带来了新的生机。当很多报社都将网络媒体当成纸质媒体的复制品时，《雪崩》对此做出了突破性的创新。它并非简单地将文字、图片、视频拼凑在一起，而是真正实现了“报网融合”，通过流畅的连接和叙事，将事故发生的背景、过程、后续处理以及每个当事人的口述娓娓道来。《纽约时报》的图像主管史蒂夫·都依内斯接受记者采访时说，他们一直尝试对《纽约时报》网站进行重新设计，开创更多类似于《雪崩》的项目，将多媒体元素整合在故事当中，形成一个连贯的框架。《雪崩》的成功证明了互联网的交互性和用户体验都是纸质媒体所无法媲美的，这也能够让许多纸媒从业者开始重视网络新闻媒体的巨大潜能。美国新闻主编协会（ASNE）称它“为在线报道树立了新标准”。科技博客创始人奥姆·马利克兴奋地称：“《纽约时报》的管理层真该赌一把：斥资2 500万美元打造 100 个类似《雪崩》的项目吧！”

资料来源：陈力丹，向笑楚，穆雨薇．普利策奖获奖作品《雪崩》为什么引起新闻界震动［J］．新闻爱好者，2014（6）．

国外在 VR 新闻报道中已有相关的尝试。2015 年 11 月《纽约时报》客户端首度开启 NYT VR 应用软件，它定期制作与发布 VR 新闻作品，同时该报向订阅用户赠送出一百多万套价值几十美元的简易 VR 设备 Google Cardboard，这一事件标志着 VR 技术被正式引入新闻媒体领域。中国的主流媒体亦一直在探寻沉浸化叙事的路径。2016 年 4 月，央视新闻官方微博发布的报道《央视记者访叙利亚巴尔米拉遗址》采用了 VR 技术加 360 度全景报道呈现，受众可以戴上 VR 头盔在手机上体验现场氛围。

二　交互产品与场景关联

新闻媒体具体是如何打造越来越富有沉浸感、交互式的产品呢？可以有以下几个方面的思考：一是布设场景，通过设定、模拟场景为用户提供熟悉可感的环境，从而促使用户参与互动。例如网易新闻 H5 产品《一分钟漫游港珠澳大桥》的场景就是个具体场景，用户可以从视觉上体验港珠澳大桥全景视频，同时也能在具体的大场景中与小场景进行深度互动，例如港珠澳大桥中就包括手动缴费、通关以及与大桥留下合影等。二是在不同内容上设置节点，让用户自行选择，从而实现新闻的多角度、多视点呈现。对于同一个事件，不同的用户基于立场、身份以及个性等会产生不同的看法。网易新闻推出以切尔诺贝利核电站爆炸事故 30 周年为主题的 VR 新闻《警告！你已进入史上最严重核事故隔离区》，开篇用与用户对话的方式，让用户选择“阅读完整特稿”或“用聊天的方式看”。用户根据自己的选择，多线索、多视点体验“死城”的一切。这种用户选择视角和叙事线索的方式更具参与性和互动性。未来，随着 AR、VR、全息摄影等技术的发展，新闻的沉浸化叙事也必然会有更多元的呈现方式。新闻从业人员应当勇于并善于抓住这一契机，实现沉浸化叙事在新闻业中的创新应用价值。

案例 12-3　线性触发设计与场景关联

来源：《人民日报》客户端与网易新闻
时间：2018 年“两会”期间

扫码可体验

强交互性 H5 产品便于在微信这一社交平台形成转发链，也便于在自建新闻客户端生成链接转入社交平台实现跨媒体传播。为适应微信渠道及自建客户端渠道的这一传播特点，2018 年全国“两会”期间，《人民日报》客户端联合网易新闻推出 H5 产品《重返这五年》。《重返这五年》在该主题报道的中期面向微信平台的广大潜在用户及《人民日报》客户端用户发布。该产品从普通人视角出发，以文艺化、场景化的方式回顾过去五年多的中国发展、中国变化，将党的十八大以来中国取得的历史性成就一幕幕生动再现。其直接用 H5 写作完成，视觉风格细腻精致。不同于移动端网页产品中经常使用的手指点击离开屏幕这一“点触性”动作触发翻页效果的设计，强交互性在这一产品中体现为用户通过手指滑动屏幕这一“线性”动作触发时间线及与之关联的场景随手指移动轨迹持续推移，当用户手指停止位移时，时间线及与之关联的场景均停止在当前而不再推进。这样一种线性触发行为的设计，给用户带来极强的卷入感，会产生“历史长河在我指尖下流淌”及“历史进程由我把控”的体验感。

在该主题报道的后期，编辑针对微信渠道与客户端渠道推出强交互式 H5 产品《你有一个来自人民大会堂的视频通话邀请》，以习近平同志进行宪法宣誓为起始情节，以用户挑战单位时间里为习主席点赞（见图12－4）的数量实现与用户的个性化互动。而在用户点赞的同时，五年来的成就会再次以简练的文字短句形式逐一出现，其形式类似于整个跨媒体叙事的最初环节《中国很赞》中的歌词，也以用户的交互动作回应了《中国很赞》中的关键动作“点赞”。事实证明，这样一种将移动传播特性融入跨媒体叙事策略的策划原则，在移动舆论场取得了良好的效果。

图12－4 “为习主席点赞”交互屏首页

强交互式H5产品《重返这五年》，在上线不到24小时的时间里，点击量就突破了200万。成就报道的最后，展示习主席宪法宣誓及五年来的成就、邀请网友再次点赞的强交互性H5产品《你有一个来自人民大会堂的视频通话邀请》，总页面浏览量超2 300万，网友总点赞次数更是超6.6亿。

在内容叙事上，虽然VR技术为新闻叙事提供了全新的呈现方式，但受制于有限的实践经验，其还远未形成一套固定的叙事模式。特别是因VR技术打破了原先的线性新闻叙事模式，电影式“蒙太奇”剪辑完全失效，这就大大限制了创作者在叙事上的主观能动性，极易导致VR作品“纪实性”强，但“叙事性”弱，无法有效设定叙事框架以向受众传递出明确的主题，让受众“迷失”于拟态现实之中，即所谓“叙事失焦”。

传统媒体环境中，受众通过报纸、广播、电视等媒介被动地接受新闻叙事。在互联网环境中，用户可以通过点击鼠标主动获取自己感兴趣的新闻，某种程度上进行了主动式的参与，但是仍然很难与所获取的内容无缝衔接。随着 AR、VR、全息摄影等技术日渐成熟，媒体就如何增强用户与新闻的互动进行了深入思考，力图实现用户、系统与真实环境的相互融合。当下主流媒体的交互式叙事，首先体现于受众与媒体的互动与反馈。这一及时互动与反馈的环节至关重要，它体现了传播的完整性，新闻事件在受众及时互动与反馈的过程中得到推进。其次，交互性叙事直接体现于新闻事件的报道由受众与媒体交互完成。对于事件（尤其是突发事件）的即时报道与转播要求主流媒体及时获得现场全面充分的信息，但单凭主流媒体几乎无法做到。因此，对突发事件的叙事往往由主流媒体与在场观众运用自媒体发布的信息共同完成。

三 故事消费与交互叙事

在媒介科技变革的当下，传统的新闻报道也从单向的故事消费与信息传播发展为用户参与和控制的互动建构，新闻与游戏的结合成为新闻报道产品创新的重要方向。新闻游戏化是技术变革下新闻与游戏的结合所带来的信息传播与交互体验相融合的产物，是借助交互游戏的体验方式让用户获取新闻信息的一种新的产品形式。对于新闻游戏来说，游戏更侧重于它能给新闻带来叙事策略的转变，我们将这种转变称为“解构”。新闻游戏之所以可以脱离传统新闻和一般交互新闻自成一派，是因为具有独特的解构文本的能力。它将传统新闻里的信息要素分解，并以游戏化的思维方式重新组合。

对于新闻游戏来说，场景就来自新闻事件本身所描述的一个或多个地点。新闻地点对于新闻可视化来说具有很多优势，无论是其本身自带的图像信息还是空间感，都为处于二维空间的网络媒体提供了更为广阔的信息承载空间。此外，随着 AR、VR 等科技的不断发展，新闻游戏的场景已经超越了我们所理解的空间，慢慢延伸至类似真实的三维空间。在更为广阔的空间中，人们的视角转变、行为改变都可能接触到更丰富的信息维度。因此，利用新闻地点来做场景规划能够为新闻游戏创造容纳更多信息的空间，多个场景的串联便可形成新闻游戏的雏形。例如，网易在切尔诺贝利事故 30 周年之际推出的 VR 报道《不要惊慌，没有辐射》就利用 VR 技术为用户呈现了 30 年前真实的新闻现场（见图 12 - 5）。大部分新闻游戏正是通过提取新闻事件中具有代表性的新闻场景来还原现场，为用户营造游戏氛围。因此，这也是新闻游戏擅长的沉浸化叙事手法最常利用的设计元素之一。[①]

新闻游戏是沉浸化叙事中比较特殊的一类，威廉 · 史蒂芬森（William Stephenson）提出传播的结果应该是交流的愉悦，人们“沉浸于主动的游戏之中”。游戏化叙

① 曾祥敏，方雪悦．新闻游戏：概念、意义、功能和交互叙事规律研究［J］．现代传播（中国传媒大学学报），2018（1）．

图 12-5　网易原创团队重返切尔诺贝利步入"死城"

事可视化程度高、沉浸性强，游戏化作为传播学界效果研究的重要命题，在互联网时代主流媒体的叙事中亦有相关尝试，如新闻报道《叙利亚 1 000 天》（1 000 Days of Syria）就采取了游戏化的叙事方式呈现。当前关于新闻游戏尚未有明确的定义，但主流媒体一直致力于对新闻的游戏化趋势路径的探究。尼曼新闻报告中提出新闻游戏是一个不断变化的概念，目前美国数字创意机构 ISL、《纽约时报》前记者玛吉·法利（Maggie Farley）以及 AU 实验室都相继开发了新闻游戏产品。他们发布了几款假新闻游戏 App，用户需要查阅、筛选新闻，识别假新闻，通过这种方式接收信息。

案例 12-4　征程——红军长征全景交互地图

来源：新华网
时间：2016 年 10 月 21 日

扫码可体验

该作品页面设计感强，技术创新突出，是一个极具互联网特色的融媒体创新产品。用户可以通过视频穿梭进入长征沿途各点，通过虚拟景观地图感受不同地区的地形特点和天气特点。三维模拟技术、无人机、影视剪辑等综合运用带来较强的视觉冲击，而虚拟现实技术又带来身临其境之感。此外，作品还融入互动、问答等元素，较强的交互性使用户能更好地体验长征的历史厚重感，更好地领悟红色精神。

新华网通过对长征的历史背景和整个历程的梳理以及对往年长征相关报道的研究分析，以全景交互地图的融媒体形态进行差异化表达，创新推出《征程——红军长征全景交互地图》（见图 12-6），让用户在网上身临其境地重走长征路，重温长征艰难，弘扬长征精神。这是迄今最具互联网特色的长征主题融媒体创新产品，成为极具“含金量”的纪念长征胜利 80 周年献礼作品。其具有以下特点：页面设计感强、融媒形态丰富。打开作品即可一目了然了解长征路线全貌，通过视频穿梭加三维模拟技术衔接进入长征沿途各点，以基于卫星遥感图像的虚拟景观地图，呈现出长征过程中不同地区的地形特点及天气特点。该作品全程融入互动、问答、直播、VR、无人机、影视剪辑等，让用户产生代入感，跟随漫游路线，感受和领悟到长征强烈的历史感和红色精神。该作品模块设计清晰、极具互动参与感。作品共分“漫游长征路”“全景看长征”“重走长征路”三大模块。除了丰富的内容展示外，在“漫游长征路”模块中设置了趣味问答环节，让用户在互动中追随红军长征的路线，了解红军在各地留下的感人故事，大大增强了长征精神的传播效果。该作品还纳入《红色追寻》系列互动直播，让用户从三个年轻人亲历的视角、亲身的经历，体验 80 多年前的艰苦历程。

该作品技术创新突出、沉浸体验感强。团队通过数字高程模型地理数据渲染出不同的地表景观，最终呈现出长征沿途的崇山峻岭、激流险滩；为增强用户的沉浸式体验，通过粒子系统的重力模拟出一整套天气系统，实现天气间的自然转换，增强用户阅读长征故事时的临场体验。

图 12-6 《征程——红军长征全景交互地图》页面

四 现场云

现场云秉承现场新闻理念，向媒体用户交付轻便、完整的移动采编发系统，采编人员用一台手机即可实现前方即拍即采即传、后方即收即审即发。由此，媒体实现了与以往采编场景完全不同的“行进式报道”，推动全程关注、全程发稿的“直播态报道”得到广泛应用。

在传统采编场景中，记者在采访过程中并不发稿。而在现场新闻报道中，记者从确定选题那一刻开始，就能够实时发布新闻的最新动态，记者、编辑、受众三者之间的信息传递接近零时差，受众与现场高度同步，新闻生产实现了“全程化”。

在传统采编场景中，只有广电直播能够实现实况直播，展现了全程报道的雏形。现场云对“直播”的定义进行了三个方面的延伸，衍生了“直播态报道”新业态：一是实现直播的轻便化，用一台手机替代了昂贵的直播车，用云导播台替代了复杂的物理导播间；二是实现了直播的全员化，打破广电对直播的垄断，为纸媒及新媒体赋能；三是突破了直播的场景限制，极大拓展了直播的题材范围，可以广泛应用到日常报道中，为媒体的“全程化”提供有力的支撑。①

5G 时代媒体将首先进入 24 小时运行状态。5G 和物联网技术相结合后，会进入万物皆连的时代，任何介质都可能成为传播媒介。整体的传播形态和架构可能会发生想象不到的变化。有学者认为，5G 和 VR 的结合可能很快就会到来，汽车也许会成为一个移动的办公场所和传播载体，这些对传播的基本概念都会造成挑战。

目前已经使用的演播室蓝箱等，实现了虚拟场景应用，这已经在改变传统新闻报道中“我在现场”的理念，对新闻的基本要素形成挑战。有人认为，习近平总书记提出了“四全”媒体，其中首先要实现的是全程媒体阶段，由此媒体可能会进入流水线作业模式，采用三班倒制度，进入 24 小时运作状态。

延伸阅读

具身化

离身观念曾主导着不同领域学者对传播与身体关系的研究，但他们彼此之间的冲突和张力为具身性进入传播与身体关系的研究提供了理论空间。研究发现，具身性为反思既有的两种传播观念以及观照新传媒技术实践提供了难得的逻辑切入点。首先，批判性地揭示传播传递观所隐含的刺激-反应这一实证主义逻辑，凸显身体及其知觉类型在传播效果研究中的系统性缺席；其次，从符号与现实关系的角度检视传播仪式观的作用机制，尝试以具身视角填补由这一作用机制造成的学理困境；最后，以具身观念反观新传媒技术及其实践，将虚拟现实理解为具身性的传播实践，借此为彻底离身的技术神话祛魅。

第三节 微视频叙事

全媒体时代现场报道作为媒介技术演进的当下延续，将故事与受众间的边界破除殆尽，人们借助 VR 技术可以第一人称视角“浸入”故事之中，并获得深度的“社会临场感”（social presence），其与故事亲历者的“共情效应”（empathy）可显著扩增受众对主题的理解与认知。比如短视频偏重于“生活瞬间”，其兴起与移动互联网时代注

① 贺大为．迈向全程、全息、全员、全效：现场云的媒体融合实践［J］．中国记者，2019（2）．

意力碎片化趋势密不可分。越来越多的短视频观看行为从电脑转移到手机等移动端，使短视频不仅在传播上能实现多个平台传播，而且在叙事上直奔主题能满足碎片化的收看预期。目前，很多短视频既具备当下网络文化的一系列特征，同时也有完整的故事链条。

短视频在故事建构策略上，倾向于有爆发力的信息呈现。从悬念角度说，取消“拖延悬念”环节，而采取瞬间“设置悬念”＋瞬间“解答悬念”。悬念是戏剧性释放的至关重要的方式，其实现分为三个阶段：“设置悬念”（设悬）、“拖延悬念”（抑悬）、“回答悬念”（释悬）。设置悬念常常需要循序渐进，甚至要环环相扣，毕竟观众“悬念感”的产生往往不是一蹴而就的。悬念逐渐设置完成后，根据实际情况，还需要适当通过抑制悬念的回答来拖延同时也是增强悬念感，甚至有的时候还要“暂停悬念”以便能够更好地在下一个叙事环节“激发悬念”。而回答悬念的时候，则有“逐渐回答”和“一次性回答”两种方式，各有利弊。

在传媒艺术的戏剧性表达中，众多叙事线索必须在大大小小的激励事件的推动下才能有进展并最终完成叙事，因此激励事件是能够使后续情节发生明显变化的导因性事件。例如，传媒艺术作品中那些使主人公走向不归之路，或者使故事走向转折的情节和事件，那些“不归点”“转折点”一定是重要的激励事件；再如情节中的各种矛盾冲突的纠葛，也一定会因为一些激励事件而累积形成。激励事件的阐释者罗伯特·麦基（Robert McKee）还认为：“应该把主情节的激励事件尽快引入……但务必等到时机成熟。一个激励事件必须‘勾住’观众，使之做出一种深刻而完全的反应。他们的反应不应只是情感的，还必须是理性的。”① 只是制作短视频安排激励事件时，恐怕没有太多的时间等到“时机成熟”，而是需要尽快将激励事件推出来，尽快把受众“勾住”。

传统主流媒体时代，新闻经过编辑与把关后，以固定的结构与封闭的文本呈现。在强调分秒必争的互联网时代，新闻的报道往往来不及形成这种新闻叙事结构，而是以连续性的报道来满足受众对速度与深度的同步追求。主流媒体的报道中快讯、背景、深度报道、反应、评论等系列新闻专题连续性推出。同时，与传统封闭性叙事不同，互联网时代叙事的非线性结构超链接建构了多路径叙事方式，它是一个开放的系统，在该系统中事件可以得以探讨、补充、反转与修正。② 此外，互联网作为典型的交互式媒体，对叙事方式的影响超过了叙事本身。互联网的交互叙事体现为受众对主导权的解构，传统媒体对封闭文本的权威控制被解除，叙事文本写作、阅读、互动并行。

例如，微博中以“两会黑科技”为题，采用图文结合的形式，将涉及的科技类成就进行更具体化的讲述和探讨，事件的细节因此更加清晰；“两会”现场的“代表通

① 麦基．故事：材质、结构、风格和银幕剧作的原理［M］．周铁东，译．北京：中国电影出版社，2001：236.

② 周丽．多元化叙事：互联网时代的主流媒体表达方式［J］．学术探索，2018（2）.

道”“委员通道”“部长通道”和各场新闻发布会上都设立了直播机位进行直播，对受众呈现出开放式的系统；《人民日报》的《大咖有话》栏目中出现的人物主角，对其的深度报道以文字形式出现在客户端、PC网站等渠道上进行补充或反转，以及以访谈直播的形式将事件再次具象地传达给受众。

这些案例反映出在开放式的叙事语境与叙事过程中，事件不是封闭的文本，而是动态发展的过程。传统主流媒体肩负主流价值观构建与传播的责任，在叙事上较多采用宏观叙事。针对互联网信息接收的碎片化特点，主流媒体在叙事上亦实现了从宏观叙事到碎片化叙事的转向。碎片化叙事最早来自达达派的拼贴作品和达利的意象元素组合的抽象画。其切碎、插入的策略在艺术作品与艺术行为中得到普及。纸媒时代报纸的分栏、影视作品的分镜头、互联网的超文本和超链接都在体现文本叙事的非线性特征。针对互联网时代处于信息碎片化接收的受众，主流媒体对受众进行目标分解，在形式与内容上建立相应的碎片化叙事的表现形式，私人订制新闻由此大量兴起。①

《好运中国》系列集中体现了后现代社会的审美特征，在制作手法上表现为快速的场景切换，让受众在极短的时间里穿越不同的时代和不同的情境。如在第四集《中国的桥》中，在短时间内相继展现了杭州西湖断桥、张家界大峡谷玻璃桥、四渡河大桥、杭州湾大桥，场景切换速度极快，平均一分钟转换一次场景。不仅现实空间的场景转换速度快，在第五集《英国小哥再次穿越侃两会，这次好像掉进巨人国!》中，还进一步将现实场景转换为虚拟时空，用抠像技术将英国小哥方丹变成小矮人，以台历、杂志、地球仪、电脑、汽车模型等物品为道具，方丹在不断穿越这些道具的过程中，梳理中国的改革开放历程。与传统的新闻视频比较起来，《好运中国》系列的场景变化速度极快，记者方丹始终处于不同的场景转换中。这种视频制作理念契合了现代受众对高度时空压缩社会的审美体验，因此一经推出就受到广泛关注，并逐渐发展成为《中国日报》最具品牌效应的系列报道。

案例 12－5　英国小哥再次穿越侃“两会”，这次好像掉进巨人国！｜好运中国

来源：《中国日报》
时间：2017年3月3日

了解完整内容请扫码

① 小明AI两会［EB/OL］.（2018－07－20）［2023－10－10］. http：//www.xinhuanet.com/zgjx/2018－07/20/c_137335220.htm.

画面	声音	分析
记者方丹用英文介绍，场景任意切换。 方丹在视频中随意走动，场景继续切换。 方丹变小“穿梭”在“巨人国”各个场景中有序回顾“两会”。 通过视频剪辑技巧将方丹缩小到手机屏幕中。 插播习近平总书记的讲话视频。	**记者 方丹**：草木芬芳，春意盎然。“两会”又要来了。大家好，我是英国小哥方丹，自40年前的改革开放以来，中国挖掘了巨大的潜能，人们迎来了更好的生活。让我很好奇的是，中国在过去短短几十年里取得如此大的成就，秘密是什么？我想中国成功的秘密就藏在那些定义里，“两会”的热点话题和热词里。那么这么多年所有“两会”热词里，最热的是哪个呢？ 1978年，《时代》周刊的年度风云人物选择了邓小平。那一年在他的领导下，中国开启了全国范围的改革开放。随后十年的“两会”上，“个体户”“特区”和“外资”成了“两会”的热词。中国人常说“时势造英雄”。 1984年，柳传志创立了他的计算机公司。1987年，宗庆后开始了他的饮料生意。1987年，任正非创办了华为。 嘿，我在这儿。90年代后期开始，“全球化”和“入世”成为中国“两会”热词。因为中国的决策者们明白，中国的持续改革开放需要与世界接轨。而中国也在2001年成功加入世贸组织。那时的马云刚创办了一家叫“阿里巴巴”的小公司。随后在21世纪的第一个十年，中国开始收获改革开放的果实。比如举办奥运会和世博会，超过日本成为世界第二大经济体。有些人曾说，中国不过是一直在世界经济中“搭便车”。但是“搭便车”的人就要变成司机了。这是个不断变化且充满“黑天鹅事件”的世界。了解中国和“两会”变得十分重要。 如今的中国，“两会”热词也发生了改变，“中国梦”“一带一路”“精准扶贫”“反腐”和“供给侧改革”这些热词都表明了中国继续深化改革的决心和目标。那么，“两会”最热的词到底是哪个？那是习近平总书记在他的书《习近平谈治国理政》里最频繁用到的一个词，其实也一直就在这个国家的名字和“两会”的名字里，就是“人民”。 （**习近平总书记讲话**：中国梦归根到底是人民的梦，必须紧紧依靠人民来实现，必须不断为人民造福。） 中国人正在追寻着自己的梦，希望生活在更繁荣的国家，一个处处清廉清洁的大地，一个有公平机会的社会。正是梦想开启了他们伟大的潜力。那么今年“两会”的热词是什么呢？我们一起拭目以待。好运中国！	短短几分钟的视频里他穿越时空、闪转腾挪。背景千变万化，惊喜从天而降，可他却一步也没有离开自己的办公桌。通过场景的切换以及形式的改变梳理历史由来，给受众极强的兴趣点，激发他们探索观看的好奇心与欲望。记者方丹能够通过有趣不失创意的形式展现“两会”。

【点评】《好运中国》是《中国日报》推出的系列短视频节目，通过创意视频的方式，以在华外国人的视角看待中国改革开放后的一系列变化，从宏观层面梳理中国经济、社会、文化等诸多方面的发展趋势，强调通过对发展脉络的梳理，展现执政党的发展理念、发展思路、发展成就，并通过中外两个层面的对比，展现当今中国发展的制度优越性及对全人类发展做出的巨大贡献。2016年3月，《中国日报》推

出以手机自拍形式呈现的首部视频作品《好运中国：英国小哥侃两会》，英国小哥方丹在视频中通过“一镜到底”的自拍方式解读与“两会”相关的大政方针，为主旋律宣传报道开创了新的叙事手法，成为多家媒体借鉴的范本。英国广播公司报道了《中国日报》的此项创举。2017 年 3 月，《好运中国》推出《英国小哥再次穿越侃两会，这次好像掉进巨人国!》（见图 12－7）。该片是贯彻落实习近平总书记做出的“融通中外的新概念、新范畴、新表述”“用海外读者乐于接受的方式、易于理解的语言，讲述好中国故事，传播好中国声音”指示的集中体现。

图 12－7　方丹细数“两会”关键词

案例 12－6　微电影《红色气质》

来源：新华社
时间：2016 年 6 月 20 日

了解完整内容请扫码

序号	画面	声音	分析
1	瞿独伊唱俄语《国际歌》，回忆父亲瞿秋白。 陈小波与瞿独伊。 中国照片档案馆及各位烈士影像。	**【解说词】** **新华社高级编辑 陈小波**：瞿独伊，今年 95 岁，与中国共产党同龄。81 年前，她的父亲唱着自己翻译的《国际歌》走向了刑场。 **【同期声】** **瞿独伊**：那个时候我还小，他牺牲的时候我哭出病来了。我始终不明白，儒雅的书生和壮烈的革命者哪一个是我的父亲。 **【解说词】** **新华社高级编辑 陈小波**：瞿独伊，瞿秋白唯一的女儿，也是我的同事，新华社驻莫斯科首任记者。几十年来，新华社记者记录了无数历史瞬间，见证着中国共产党九十五载风雨历程。	瞿独伊作为贯穿视频的线索首先出现，推动视频跟着时间线走。 陈小波在视频中担当的角色是“说故事的人”。陈小波以新华社图片编辑的身份，作为了解每一张照片背后故事的人，自然加入自己的理解，抒发

序号	画面	声音	分析
		走进中国照片档案馆，就打开了一部国家相册。烈士们大义凛然，从容自若，笑对死亡。这，就是共产党人的特殊气质。那么多先烈离去了，隐没在历史深处。	对中国共产党人的尊敬之情，从而使整个微电影具有强烈的代入感和现实感。
2	牺牲的共产党人照片及牺牲时间。	**【解说词】** **新华社高级编辑 陈小波：**其实，他们也有最灿烂的笑、最柔软的情，还有难以割舍的万般眷恋。	
3	1949年开国大典系列照片。 共产党员敢为人先的照片。	**【同期声】** **毛泽东：**中央人民政府成立了！ **【解说词】** **新华社高级编辑 陈小波：**开国大典时，瞿独伊用俄语向全世界播出了毛泽东主席的讲话。时隔14年，她亲眼看到了父辈的牺牲换来了这一天。每到历史转折的重大关头，总是他们担当着国家与民族的使命。他们有的已经离去，有的还生活在我们身边。很多面孔，已经深深印在人们的心里。	
4	焦裕禄系列照片。 运用“老照片+特技”的方式合成焦裕禄和家人们的合照。	**【解说词】** **新华社高级编辑 陈小波：**这张照片很多人并不熟悉，我们却都听说过他，焦裕禄。很多人不知道焦裕禄的另一面，他会拉二胡，演过歌剧，对家人充满柔情。可是，为了让百姓都吃饱饭，他日夜操劳，至死都没来得及跟家人拍一张合影。这篇家喻户晓的通讯，是我三位同事的作品。 **【同期声】** **新华社原总编辑 冯健：**他心里装着全体人民，唯独没有他自己。 **【解说词】** **新华社高级编辑 陈小波：**假如时光倒流，他能不能拿出一点时间，多陪陪家人？	陈小波以第三人称旁白的形式，向受众叙述照片背后的故事，并将受众一步一步带入一系列的故事中。 视频中不仅出现陈小波还有冯健，这说明了记者是时代的记录者。
5	农民种棉科学家吴吉昌系列照片。	**【解说词】** **新华社高级编辑 陈小波：**无论遇到怎样的艰难挫折，共产党人始终不忘初心。这是一位有特殊经历的党员，在“文革”中曾历经艰辛。历史揭开新的一页，为了周总理的嘱托，他继续为攻克农业难题呕心沥血。	陈小波以第三人称旁白的形式，向受众叙述照片背后的故事，并将观众一步一步带入一系列的故事中。
6	党的十一届三中全会场景和陈小波所在场景切换。 中国发展成就照片。	**【同期声】** **邓小平：**把全党工作的重心转到实现四个现代化上来。 **【解说词】** **新华社高级编辑 陈小波：**1978年，党的十一届三中全会拨乱反正，改革开放大幕开启。中国发展进入了一个高歌猛进的时代。	运用蒙太奇手法拼接画面，引导视觉关注。过去历史与现代讲述人的切换，给受众带来强大的心理冲击。

序号	画面	声音	分析
7	各位领导人照片。	**【解说词】** **新华社高级编辑 陈小波：**江山就是人民，人民就是江山，人民永远是共产党人的力量源泉。 **【同期声】** **习近平总书记：**人民对美好生活的向往，就是我们的奋斗目标。	视频将照片和 3D 相结合，将中国共产党和新中国的发展历程展现在视频中，让受众能了解过去，看到现在，展望未来。
8	利用“老照片+特技”的方式，瞿独伊从老照片上跑下来见证中国发展历程中的一幕又一幕。	**【同期声】** **瞿独伊：**他信仰这个美好的共产主义社会，为这个美好的社会而奋斗。	

【点评】2016 年 6 月 20 日，在庆祝中国共产党成立 95 周年的重大新闻主题报道中，新华社推出了微电影《红色气质》，通过一部时长约 9 分钟的微电影，向我们展示了中国共产党自成立以来的光辉历程。尤为突出的是，该片舍弃了“录像+文献”的传统叙述模式，首先利用特技对中国照片档案馆的老照片进行了创意复原（见图 12－8），其次启动 3D 技术还原了历史人物及历史瞬间，并利用“老照片+特效”的静态拼接方式，生动还原了当年的人物及场景。对于主流媒体而言，历史宏大主题的专题报道是每年一度的常态化报道。如何选择最合适的传播形式从而拉近与受众之间的距离，是每个媒体人都需要思考的关键问题。《红色气质》是新华社综合运用短视频表现形式的尝试，在有限时间内对核心内容及主题进行了深刻的阐释，拓展了短视频的内涵和外延。

图 12－8　创意复原老照片

延伸阅读

“讲故事”这事儿，看看当下的美国媒体怎么做

传媒发展已进入“微时代”。那么，“微故事”怎么讲？在美国，有一种受青睐的传播形式：微纪录片。普利策新闻奖获得者、曾为比尔·盖茨的数码图像公司做过图片和项目编辑的密苏里大学新闻学院媒体融合系副教授史蒂夫·赖斯，特别推崇的是，用微纪录片讲述微故事。他认为：“现在，微纪录片对报业、网站、客户端和社交媒体平台上用内容吸引受众发挥着重要作用。”

微纪录片是基于一个话题的短视频，长度一般在1分钟至20分钟。“视听审美在讲故事中发挥了很大作用，”史蒂夫·赖斯介绍说，“有研究证明在影像传播中，声音甚至比图像更重要。”在记者无法到达的现场，不少时候会出动无人机来辅助视频拍摄。密苏里大学新闻学院副教授比尔·艾伦专门研究无人机如何用于新闻采访、编辑与出版等新闻实务，他认为，“We all storytellers”（我们都是故事的讲述者）。在无人机拍摄的画面的后期编辑呈现中，“讲故事”依然是核心，拍摄和编辑的理念是故事要用“梗”来吸引人。讲好故事，不仅要有“人”，还要有“IP”。很多“IP”是在用户互动中诞生的，甚至有些就是用户在社交媒体创造的。观众不再被动观看，而是更加主动采集，可上传图片、文字、真实场景拍摄视频，由媒体将许多内容集合在一起，再呈现给观众或用户。在这里，用户不仅仅是用户，用户也可以是采访者或现场观察者。

美国新兴的新闻聚合网站BuzzFeed生产的内容就是主要依靠计算机程式化算法从众多新闻网站、博客中进行抓取，用户将浏览过的有趣内容分享到社交媒体，网站负责将严肃的新闻语言轻松化。密苏里大学新闻学院博士章于炎认为，BuzzFeed的成功在于时刻怀揣着“社交”的概念做新闻。新闻生产方式的改变，让内容也可以由新闻当事人贡献，这些信息经过人工智能处理后成为有公信力的内容，并立即送达用户。

BuzzFeed会充分利用人们在Snapchat实时分享的生活中的点点滴滴，聚合成办公室里员工们有趣的故事，在前线报道新闻的记者会以个人的身份在现场发送视频，为用户传递“幕后故事”。用户参与的浸入感还不仅限于此。人工智能、虚拟现实正在引领着传媒业走入全新的“浸媒体”时代。《今日美国》上线了一个名叫“VRtually There”的VR新闻报道网站，内容涵盖从地方到国家的政治、体育、科技、金融等多个领域。

美国CNN在2016年就拍摄了超过50个VR新闻，现在的CNN已经正式推出VR新闻平台。《华盛顿邮报》在这一领域的尝试，已经从虚拟现实报道发展到了增强现实报道，用户下载增强现实应用程序后，只要将智能手机摄像头对准《华盛顿邮报》的logo，就会出现三维增强现实报道。

在美国，还诞生了Alaxe、Jibo、Google Home等一批新闻服务机器人，这些智能机器人已成为新型的媒体平台。美国全国公共广播电台（NPR）的新闻内容目前已植入亚马逊的智能机器人Alex，NPR华盛顿总部数据产品发展总监德米安·佩里坦言：“这是一种双赢。用户可以通过Alex收听我们的新闻产品，我们的产品对Alex与用户的互动也有很大的贡献。”

资料来源：王婷．“讲故事”这事儿，看看当下的美国媒体怎么做：随浙报集团培训考察团考察美国报业融媒体探索有感[J]．中国记者，2017（12）．

第四节 VR 场景转移

虚拟化场景，能够带给人们充满想象的意境空间和艺术感知。从心理学的角度来看，体验是人对某些刺激产生的内在反应，包括感性因素（感官、直觉、情绪、情感）和理性因素（智力和思考），是人的某种经历、遭遇对其内心和思想的触动，是一种带有强烈主观色彩的心理感受。利奥塔的“话语的和图像的”二分法与 W. J. T. 米歇尔的“图像的转向”都强调了图像的重要性，而智能媒体所呈现的虚拟场景重新还原了故事情节，使图像的信息更加丰富饱满，让人们的经验和感觉成为真实的表征。人们将智能媒体所建构的虚拟世界想象成真实世界，甚至认为虚拟世界比真实世界还要真实。

学者彭兰对场景理论的贡献表现在对场景的概念及构成做出了初步的分析：一是认为“场景”一词应同时涵盖基于空间和基于行为与心理的环境氛围，场景包括情境；二是总结出构成场景的四个要素即空间与环境、用户实时状态、用户生活习惯以及社交氛围。喻国明对场景理论的贡献主要体现在《移动互联时代：场景的凸显及其价值分析》一文中。首先，构建起场景分析模型，对场景的生成要素和影响场景的要素都作了具体的分析。其次，从界面形式和功能的角度对场景进行了分类。再次，对场景的本质进行了深入探究。之前学者对场景作用和本质的把握仅停留在能满足人们不同情景下信息和服务的适配，喻国明则指出，场景更重要的作用表现在重构社会关系，开启新型关系赋权模式。最后，喻国明从技术发展的角度看待场景，没有停留在目前技术发展的“场景五力”上，而是谈及未来 VR、AR、AI 等技术的发展。把“场景”一词作为重要的概念和因素引入传播学始于罗伯特·斯考伯（Robert Scoble）和谢尔·伊斯雷尔（Shel Israel）。在 2014 年二人合著的 *Age of Context：Mobile，Sensors，Data and the Future of Privacy* 中，首次提到“场景”（context）。他们认为场景时代的到来依托五大技术的支撑即“场景五力”，分别是移动设备、社交媒体、大数据、传感器和定位系统。场景传播实质上就是特定情境下的个性化传播和精准服务。①

一 AI 合成主播

智能机器人参与“两会”新闻直播。

2019 年，《光明日报》社评室打造出《光明政论·小明说两会》专题栏目，AI 主播“小明”突破了以往虚拟人物的刻板形象，增添了有表现力的肢体语言，确保了人

① 蒋晓丽，梁旭艳．场景：移动互联时代的新生力量：场景传播的符号学解读［J］．现代传播（中国传媒大学学报），2016（3）．

物形象的逼真和画面的质感。同时，中央广播电视总台与百度公司合作开发了 AI 智能机器人“小白”和“小度”，并首次启用其参与“两会”新闻直播。

“小白”采集了央视主持人白岩松的声音，通过个性化语音合成技术形成“声音复刻”，参与央视“两会”直播，打造主持人白岩松的“伪在场”。而“小度”通过搜索全网相关文章、网友评论、实时热搜并智能分析，与“两会”现场记者问答互动，为收看央视直播的观众预测总理记者招待会热词。

在人工智能平台建设方面，2018 年已在“两会”亮相的新华社“媒体大脑”继续升级，采用“媒体大脑 3.0”技术，能够做到快速进行 2014 年以来历次政府工作报告中的同类数据对比分析，形成数据可视化短视频《一杯茶的工夫读完 6 年政府工作报告，AI 看出了啥奥妙》。该条短视频被多家媒体平台转载，形成传播爆点，全网浏览量约达 1.3 亿次。同时，“媒体大脑”还可实现对视频智能剪辑、封装、分发（如《MAGIC 看两会，这就是最高法报告中的力度、温度和速度！》等视频新闻），让解读更有深度，时效更快，也更符合互联网的传播规律。“媒体大脑”平台的升级将人工智能与新闻报道的融合引向更深入阶段，也对大数据时代媒介生态的未来进行了探索。

案例 12－7　“媒体大脑”想陪你聊聊“两高”这五年

来源：新华社

时间：2018 年 3 月 10 日

了解完整内容请扫码

序号	画面	声音	分析
1	新华社 2018“两会”MGC（机器生产内容）展示。 2018 年“两高”报告中值得关注的高频词（见图 12－9）。 “改革”一词在近五年的提及次数呈上升趋势。 与 2017 年相比，2018 年的“两高”报告中的新表述。	**【解说词】** 两高工作报告：3 月 9 日，十三届全国人大一次会议举行第二次全体会议，听取“两高”报告。媒体大脑为您解析报告、洞察热点。 媒体大脑对今年的“两高”报告进行分析后发现，报告中值得关注的高频词包括司法、检察、案件、犯罪、法院、监督、依法、工作、改革。其中“改革”一词共提及 80 次，近五年来呈现明显的上升态势。 相比于 2017 年，今年的“两高”报告中，出现了以下新表述，其中“习近平新时代中国特色社会主义思想”共出现 14 次，“营商环境”“智能辅助办案系统”也在最高法报告和最高检报告中均有提及。	新华社“媒体大脑”，第一时间用人工智能与生俱来的超高效率解析了最高人民法院工作报告和最高人民检察院工作报告。 “改革”一词的频繁出现，体现国家对改革创新精神的重视。 新表述背后体现的是“两高”的历史担当。“智能辅助办案系统”的出现体现现代科技的广泛应用。

序号	画面	声音	分析
	1980 年以来“两高”报告中消失的部分司法名词。2018 年最高法报告典型案件分布领域（见图 12－10）。	1980 年以来，以下的司法名词在“两高”报告中消失，“劳改”在 1996 年消失，“劳教”在 2011 年消失，“反革命”在 1994 年消失，“投机倒把”在 1997 年消失，“收容”在 1997 年消失。 “媒体大脑”注意到，在今年的最高法报告中提到了 30 个社会关注的热点案件，其中包括 8 起贪污贿赂犯罪。 在今年的最高检报告中提到了 58 个社会关注的热点案件，其中包括纠正 7 起重大冤假错案。	司法名词的消失体现了中国社会的进步与发展。 “两高”报告中提及多个社会关注的热点案件，体现“两高”用数据说话、以案例说法，既客观总结成绩，又坦诚指出问题，坚持不回避、不遮掩的态度。
2	2018 年最高检报告典型案件分布领域。 2018 年最高法报告和最高检报告中均被提及的典型案件。	**【解说词】** 有 18 个热点案件在最高法报告和最高检报告中均被提及，其中热度最高的是聂树斌案，在过去 5 年里有 467 338 条相关报道。 本条 MGC 视频新闻由“媒体大脑”生成。出品单位：新华社产品研究院、新华社对外新闻编辑部、新华社新媒体中心、新华智云科技有限公司。	“媒体大脑”自动解析报告，生成带有动态效果的可视化视频，相比静态图表提供了更丰富的数据维度和更强的表现力。

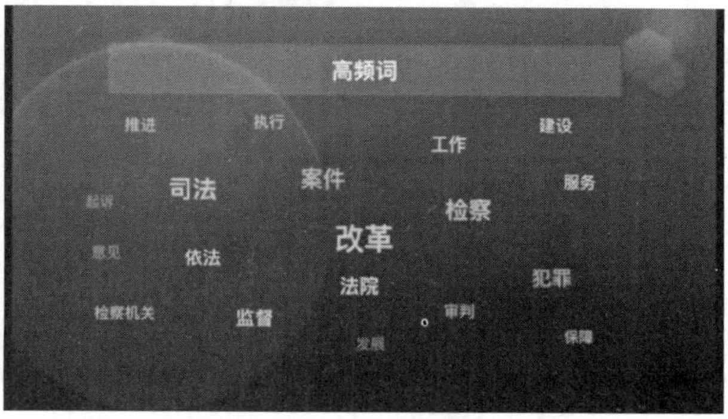

图 12－9 “两高”报告中的高频词

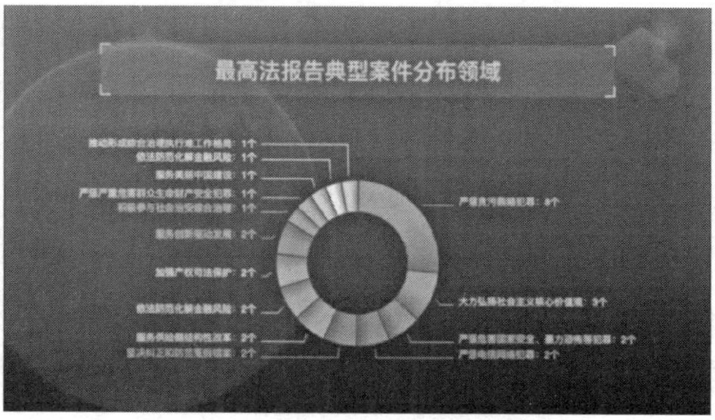

图 12－10 最高法报告典型案件分布领域

延伸阅读

基于虚拟场景的认知体验与主持感受

虚拟场景应用重点在三个层面呈现出不同的体验变化：一是主持人的体验变化。主持人一改正襟危坐的播报姿态，需要以不同的站位姿势来进行交流。在虚拟演播室中，更强调主持人驾驭语言的表现能力和场景呈现的想象能力。这种变化，带给主持人更多的行动活力和更大的心理张力，让播报更有表现力。二是受众的体验变化。目前的虚拟场景带给受众最直接的感受，还是视觉体验。总体上说，是与传统形式的区别变化以及这种变化所呈现出的趣味、个性、炫动和带给受众的仪式感。虚拟场景使新闻传播在体现互动关系的同时，让表达更有亲和力。三是编辑的体验变化。从体验美学的视角看，内容越是重要，就越需要形式的表现。在计算机技术的支持下，虚拟场景制作给新闻编辑提供了更多形式创新的可能性，特别是计算机图形模块和人机交互技术的应用，使新闻的传播意图有了多样性的可视化呈现，让新闻更有吸引力。

态势感知能力越强，驾驭、判断能力就会越强。比如，在虚拟演播环境中，对于主持人来说，其在新闻播报上的感知、理解和预测的方式与路径，要比传统新闻演播室中烦琐、复杂得多。这主要表现在，一是对“陌生化”环境的自我调节、适应，二是对虚拟环境中播报流程多种专业的了解、熟悉，三是对可视化场景终端呈现的预测、想象。以语言为例，如果从专业语言的要求上说，主持人对平时不太熟悉的计算机语言、图形语言、虚拟环境语言、符号语言等要有较深的理解，因为在虚拟场景中，这些语言已经成为播音主持语言的重要组成部分。再从知识储备和学习的方向上说，文理并重、阅读延伸、博学纵览、可视化阅读，都有助于主持人表现能力的增强。

二 沉浸式跨屏访谈

如果说传统叙事注重的是“语言”，智能时代媒介叙事则更看重“语境”，以及特定语境中的“言说”，而这种“言说”是一种未完成状态。传统叙事是一种“完成式”的叙事，故事结束，叙事完结；智能时代媒介叙事则呈现为“空间性”，强调“体验性”“互动性”与“沉浸感”，重点在于再现“事实”。

传统叙事是一种“闭合”结构，认为“意义现存，结构自足”；而智能时代的媒介叙事是一个“开放”结构，叙事结构本身的开放性是建立在承认“叙事本质是残缺的，应可被选择的”基础之上的。处在“人-机-人”的开放与多维互动状态中，媒介叙事依“语境”而重构，依“情绪”而生变。叙事所建立起来的意义不仅“可读”还“可写”。

案例 12－8 5G 沉浸式多地跨屏访谈

2021 年 3 月 1 日，全国“两会”召开前夕，一组精心打造的系列访谈视频，首集在新华社客户端甫一上线就“炸开了锅”，全网综合传播量超过 3 亿，“大开眼界”“黑科技”“酷”是海量网友留言中使用频次最高的词语。

3 月 2 日晚，不少电视观众发现“头条资讯”TV 版也转载了该系列访谈视频，并作为当周主要推送。从主流媒体到电视应用，从科技发烧友到普通大众，5G 沉浸式多地跨屏访谈（见图 12－11）火出了圈。

图 12－11 5G 沉浸式多地跨屏访谈

作为拍摄主场地的新华社新立方智能化演播室，在 2019 年设计之初就充分考虑了技术和应用场景。5G 沉浸式多地跨屏访谈是演播室 2021 年 1 月底交付使用后完成的第一件作品。

创作团队先采集代表、委员所在工作环境的实时信号，通过 5G、CAVE（基于投影的虚拟现实）技术、MR（混合现实）技术、LED 屏幕多角度三维缝合技术等，将场景在演播室做等比例还原，在有限的真实空间中打造出无限宽广丰富的沉浸式环境，实现了两个真实空间的虚拟交错，视觉效果上达到与拍摄环境的最佳融合。数字科技的仿真度与创造性，为演播室增加多元化空间的同时，也进一步拓展了场景想象力。主持人经固定点位行走其间，就好像是跨过了任意门，来到了代表、委员工作的地方。创作团队再通过播放器、多声道扬声器、播控系统等，构建出超大视角、超高沉浸感的视听呈现系统，使受众能够同时获得多方位的视听信息，带来单一平面视频无法展示的强大沉浸感。

这并不是新华社借助“技术＋创意”赋能新闻报道的首次创新。在 2020 年的全国“两会”上，新华社新媒体中心就推出了“5G 全息异地同屏访谈”——使用 5G 网络传输和全息成像技术，让采访对象与记者跨越时空“相见”并实时交流互动，被业界评价为“开创了5G时代远程同屏访谈的先河”。

“5G沉浸式多地跨屏访谈是一个全新的产品，其中5G都已经是配角了，我们强调的是沉浸感和三维透视的场景复现。”

案例12-9 “沉浸式”融媒体报道《听会》

在媒体深度融合时代，重大主题报道如何创新表现形式？2021年“两会”报道中，新华社推出“沉浸式”融媒体报道《听会》，通过多场景变换，让观众仿佛置身于“两会”现场，此外还将人民大会堂的温度一同传回，实现会内会外同频共振。相比以往虚拟现实或360度全景类“沉浸式”报道，《听会》借助模拟的虚拟环境，不仅提供给现场观众更加真实的体验和交互，而且通过融媒体手段进一步传播。未来，随着“沉浸式”新闻报道模式的优化，可将这类技术和报道方式应用在更多的新闻场景内，为5G技术在媒体融合中提供更多应用，形成集约高效的内容生产体系和传播链条。

沉浸式观“两会”实现“民有所呼，我有所应”

从郁郁葱葱的竹林到浩瀚无际的大海，从太空探测到高铁飞驰，从人民大会堂到新华社新立方演播室……十三届全国人大四次会议开幕之际，新华社新媒体中心创新性地推出“沉浸式”报道《听会》，通过“5G+8K”技术直击“两会”现场，突破时空之壁，带给观众不一样的听会体验。

《听会》通过可视化技术将场景图片、动态视频、3D建模等要素结合在一起，利用新华社最新建设启用的新立方演播室的五面环绕式大屏幕，将人民大会堂新闻场景重构，创造了每个观众都可感知的第二新闻场景。在此次报道中，所有在演播室的受邀嘉宾，如同步入人民大会堂中，在现场声音、画面的实时同步中，身临其境地感受到全国“两会”的召开这一激动人心的国家历史进程中的重大事件。《听会》将脱贫、抗疫、教育、医疗卫生、快递、社区等不同行业岗位的12位独具新闻性的嘉宾邀请到新立方演播室。北京朝阳医院眼科医生陶勇、海淀区法官王志勇、快递小哥王冠军等受邀嘉宾和现场观众一起，同人民大会堂的代表、委员同步听取了政府工作报告，并在现场结合自身的工作岗位和关注领域，畅聊时事，提出问题，直抒己见，共同探讨“两会”热点议题，真正实现了“沉浸式”参与“两会”。

在现场全程观会的一名青年大学生代表说，在现场不仅为全方位包裹的大屏幕所震撼，而且中间变换了很多动态的场景，让人印象深刻。“沉浸式”听“两会”与以往电视、手机上看“两会”完全不同，能够十分投入地听报告，让自己充满思考。

来自海淀区的法官王志勇在参加“沉浸式”听会后感慨道，这次身临其境的感觉特别强烈，报告的每一个字好像都能走进自己的心里。同时，《听会》报道是一次走好全媒体时代群众路线的实践。报道产品中，融入了现场嘉宾与多位全国人大代表实时对话的环节。网络主播李佳琦、《山海情》演员黄尧、全国脱贫攻坚先进个人秦俊彪分别与李君、马慧娟、程桔等三位人大代表进行连线，就乡村振兴、产业扶贫、民生教育等方面展开探讨。除此之外，在听会过程中，现场主持人与前方记者实时进行连线，不仅将观众的关切与心声第一时间传递给与会代表，更是将“两会”这件中国政治生活中的大事首次身临其境地搬到每一位观众面前，真正做到“民有所呼，我有所应”。

在创新与安全中寻找平衡点

5G技术的高速率、低时延等特征让媒体属性更加丰富，提升了观众的体验感。相比拍摄录制好的内容在手机中以360度视觉呈现的“沉浸式”新闻，此次《听会》报道进一步将“沉浸式”体验前置在演播间，通过创新技术手段制作虚拟场景，将新闻场景融入，全方位丰富观众接收新闻的方式。具体来看，在“两会”开幕当天，能够成功实现人民大会堂现场直播连线和沉浸式听会，主要有以下三个特征。

打破常规：坚持“真连线”，与人民大会堂现场零距离。此次报道团队准备了两种方案。一种是提前进场录播，后期剪辑；另一种是全部与人民大会堂前方现场直播连线。新冠疫情以来，“两会”的前方报道时间压缩、人员减少，特别是要求记者与代表、委员隔离开，条件比以往更为严格，这都大幅提高了直播连线的要求。尽管如此，为提高报道质量和效果，经团队反复研究讨论，最终决定坚持“真连线”，利用人民大会堂“两会”开幕入场到开幕之前仅半个小时左右的“黄金时间”，与现场进行直播互动。为此，演播室现场在一次次的预演和排练中反复卡点计时，最大限度降低不确定性，最终实现了演播室与会场的实时直播互动。前方连线的记者在连线时讲解“两会”和政府工作报告亮点后，话音刚落仅2秒，军乐团的演练声就在身后奏响，整个团队有惊无险地捏了一把汗。不仅如此，为保证前方8K信号与演播室实景契合，前方多位上会记者反复协调入场资格与设备位置、信号调试等工作，最终保障了8K直播信号准时无误地传回了演播室。

守正创新：用好“硬科技”，讨论内容紧贴“两会”议题。此次报道始终保持内容定力，专注内容质量，创新内容表现形式，不断提升内容传播效果。报道通过5G技术，将人民大会堂实时信号以“8K超高清分辨率”直播传回，与3D建模的人民大会堂场景进行拼接，不仅将人民大会堂通过五面立体屏幕逼真再现，还将提前精心准备好的“遨游太空”“星辰大海”“健康生活”等“沉浸式”主题画面融入科技创新、医疗健康、生态环境等报道主线，结合会议审查“十四五”规划内容，让会场内外观众瞬间“空间穿越”，达到虚拟空间与现实世界的完美融合，进一步提升感官体验，对观众形成心灵冲击。

严保安全：保障“零误差”，近百人团队现场协同作战。实现“5G+8K”既需要技术保障，也需要现场条件允许，原本就是不小的挑战，而这次报道还要与新立方演播室全程协同，更增加了难度。报道从创意策划到“两会”开幕，时间仅为一周，在如此短时间内高质量、零风险地完成报道任务，离不开团队整体通力配合。复盘整个流程，从报道策划、内容脚本、嘉宾邀请、技术保障、创新协同、前后配合、预演彩排、现场导播、进场协调、后期剪辑到最终完成报道播发和运营，几十大项、几百小项工作协同推进，几十个微信工作群并肩作战，确保每一个细分环节的责任落实到个人。值得注意的是，在这次融合报道中，团队的所有成员都在创新中进行了全媒化转型的“大练兵”，有人从记者转为了导演，有人从编辑变成了剪辑，几乎人人身兼数职，突破自身局限。团队中不少人连续四五天每天仅睡两三个小时，在报道中积累收获了大量经验，进一步推动新华社在人才技术等方面加快融合步伐。

在更多领域创新“沉浸式”新闻报道应用

这次报道创新，是一次以创新技术引领媒体融合的典型案例。作为首次推出的“两会”“沉浸式”新闻报道，在今后类似的重大主题报道中，既有更大的挖潜空间，也有更多的创新应用场景。

一是考虑更丰富的“沉浸式”形态，以互联网思维做强内容运营。为推动更多的“沉浸式”报道以媒体融合的方式全面挺进主战场，积累和丰富新技术应用经验，未来新闻报道中可考虑加强体验式报道的内容和功能设计，如采取更多互动手段推动体验式报道的网上传播，既包括微博等话题设置和组织更多线上线下活动，也包括进一步技术创新，如怎样利用好“沉浸式”技术打造青年人真正喜闻乐见的新闻报道。同时，还应优化手机及其他体验入口，让更多观众获得“沉浸式”体验，以此丰富传播手段，占领新兴传播阵地。

二是进一步丰富5G在新闻领域的实践应用。此次报道的技术支持方北京移动保障团队加班加点，方案几经论证，最终启用了商用5G SA to B大区核心网承载业务需求，圆满完成了任务，这也是该技术支撑方案首次应用于媒体报道。此次技术方案相比以往的传统直播，确保了人民大会堂的实时画面以8K超高清画质不间断回传，观众能以裸眼3D效果融入会议进程，更加直观地聆听“两会”、参与“两会”。这一模式的成功，进一步证明了5G技术在新闻领域应用的前景。未来，“5G+8K”的技术组合必将更加丰富地应用于新闻传播中，通过视频画质进步、传输速度提升，提供更为沉浸的体验。事实上，这也给媒体融合提供了更加丰富的想象空间，结合游戏、直播、教育、消费等领域，将带给受众更加多元的应用体验。

三是在更多领域加强“沉浸式”报道应用。在此次实践操作中，新立方演播室搭建的创新技术平台可以将一张普通的高清广角照片在几分钟内调试到五面大屏中，实现“沉浸式”报道，大大丰富了受众的体验。这一创新可以在各类重大主题报道中加强应用，例如建党100周年庆祝活动的融合报道，从中共一大会址、嘉兴红船到党的十九大等中国共产党成立以来里程碑式的各类场景。此外，重大科技主题报道中，如2021年“天问一号”在火星着陆时的虚拟火星场景、天宫空间站等内容，都可借此打造更加丰富的融媒产品。诸如此类应用在未来有着很大的想象空间。

四是优化“沉浸式”报道类别的全媒体生产传播结构，构建新型采编流程。“沉浸式”报道需要极有创意的内容策划，同时所包含的环节类似全要素的电视节目，涉及策划、流程、编导、剪辑等几十个步骤，复杂程度远超以往传统报道的采编发流程。未来各类媒体在应用中，亟须加强和健全此类体验式报道的采编发流程，最终形成集约高效的内容生产体系和传播链条。

资料来源：郭宇靖，屈萌．“沉浸式”新闻对重大主题报道创新的启示：以2021年全国两会报道《听会》为例［J］．青年记者，2021（8）．

延伸阅读

“元宇宙”中的媒介科技，从结绳记事到MGC

“飞流直下三千尺”，“壮士一去兮不复还”，“小舟从此逝，江海寄余生”，简单的文字就让一帧帧风景、一段段历史、一种种心情得到千古流传。但是对于普罗大众来说，正是媒介技术的不断更新，对时间与空间限制的不断突破，才让更多人在沟通、传达信息时能更好地逼近让受众“身临其境”“感同身受”的境界。与文字记录如影随形的语言、文化限制，被图画、照片等视觉形式突破了，而与静态图片一同凝固的时空限制，又正在被视频打破。如今视频时代，人手一机的普及，使得音视频的拍摄与传播极其方便，记录与呈现的门槛进一步降低，人人都是记录者。视频平台上的发布者数量就以千万计，浏览用户数则更以十亿计。同时，专业制作的视频内容形式还能带来更好的体验。比如直播这种形式，使得更多的受众可以突破时空的限制，直接参与记录者的历程，“亲临现场”。又比如影视这种形式，使得更多受众可以感受导演/编剧的视角，与导演/编剧所要表达的思想和感情产生共鸣。现有的视频记录与呈现形式仍然受到很多功能性的限制，比如无法为受众提供更为“自由沉浸”式的体验，视频制作周期长，缺乏个性化内容定制等等。

“元宇宙”将突破这些限制，更进一步降低记录与呈现的门槛，打造混合现实、实时营造沉浸式和个性化的体验。其中最关键的要素将会是内容生产引擎，也就是MGC系统。MGC集云计算、大数据、人工智能、智能硬件等技术于一身，致力于在“元宇宙”中赋予人们“所见即所得、所想即所得”的能力——人类的见闻、想法乃至转瞬即逝的灵感都能通过MGC去记录和呈现。

这一目标的实现之路已有一定基础，只是还很长，具体的阶段目标也还需要再细分，但广泛地实现“身临其境”“感同身受”将会是媒介的又一次变革。

资料来源：“元宇宙”中的媒介科技，从结绳记事到 MGC [EB/OL]. (2021-11-07)[2023-12-12]. https://mp.weixin.qq.com/s/1zN-E5BDwqGBcakBu5Y1TA.

【思考与练习题】

1. VR 会加深受众的真实感吗？
2. 分析新冠疫情场景报道。
3. 选择一个事件，拍摄一段 Vlog，由教师在课堂上点评。

【推荐阅读文献】

1. 史安斌．作为传播媒介的虚拟现实技术：理论溯源与现实反思 [J]. 人民论坛·学术前沿，2016 (24).

2. 晏青，付森会．沉浸与交互：叙事性传媒艺术的认知重启与实践 [J]. 现代传播（中国传媒大学学报），2016 (9).

3. 张倩，毛伟．2019 年全国两会三大央媒融媒报道创新亮点 [J]. 中国记者，2019 (4).

4. 郑越．沉浸式体验：虚拟现实新闻的前沿应用与发展趋势 [J]. 电视研究，2017 (6).

5. 张凯．从“网红”到“网红＋”：新时期网络直播的转型与发展 [J]. 传媒，2017 (13).

6. 杭敏．融合新闻中的沉浸式体验：案例与分析 [J]. 新闻记者，2017 (3).

7. 何冰洁．“直播＋”时代传统媒体的“上甘岭之战” [J]. 新闻战线，2018 (2).

8. 程明，战令琦．论智媒时代场景对数字生存和艺术感知的影响 [J]. 现代传播（中国传媒大学学报），2018 (5).

参考文献

一、著作部分

阿洛卡．刷屏：视频时代的疯传法则［M］．侯奕茜，何语涵，译．北京：中信出版集团股份有限公司，2018.

埃杰顿．美国电视史［M］．李银波，译．北京：中国人民大学出版社，2012.

艾柯．开放的作品［M］．刘儒庭，译．北京：新星出版社，2005.

敖芳，王娜．主持人化妆与形象设计［M］．武汉：华中科技大学出版社，2017.

白雪．播音员主持人化妆造型［M］．北京：中国传媒大学出版社，2013.

白岩松．白说［M］．武汉：长江文艺出版社，2015.

碧泠，陈枫．主持人是怎样炼成的［M］．北京：北京工业大学出版社，2005.

伯格．观看之道［M］．戴行钺，译．桂林：广西师范大学出版社，2015.

布隆代尔．《华尔街日报》是如何讲故事的［M］．徐扬，译．北京：华夏出版社，2018.

柴静．看见［M］．桂林：广西师范大学出版社，2013.

常昕．广播电视新闻业务［M］．北京：中国人民大学出版社，2019.

陈力丹，陈俊妮．传播学纲要［M］．2版．北京：中国人民大学出版社，2014.

陈力丹．传播学是什么［M］．北京：北京大学出版社，2007.

陈伟鸿．惊鸿一瞥：CCTV首席财经主播陈伟鸿自述［M］．南京：江苏文艺出版社，2013.

丹尼斯，梅里尔．媒介论争：数字时代的20个争议话题［M］．王春枝，译．北京：中国人民大学出版社，2019.

高钢，潘曙雅．新闻采访与写作［M］．北京：中国人民大学出版社，2018.

高贵武．出镜报道与新闻主持［M］．北京：中国传媒大学出版社，2012.

哈特．故事技巧：叙事性非虚构文学写作指南［M］．叶青，曾轶峰，译．北京：中国人民大学出版社，2012.

胡壮麟，刘润清，李延福．语言学教程［M］．北京：北京大学出版社，1988.

黄幼民，张卓．主持人形象塑造［M］．武汉：华中科技大学出版社，2006.

贾宁，等．播音员主持人稿件表达方法与技巧［M］．北京：中国传媒大学出版社，2013.

蒋育秀．主持人形象塑造艺术［M］．北京：中国广播电视出版社，2003.

科瓦齐，罗森斯蒂尔．新闻的十大基本原则：新闻从业者须知和公众的期待［M］．刘海龙，连晓东，译．北京：中国人民大学出版社，2011.

克雷默，考尔．哈佛非虚构写作课：怎样讲好一个故事［M］．王宇光，等译．北京：中国文史出版社，2015.

孔繁任．故事化营销：让你的产品和品牌深入人心［M］．成都：四川人民出版社，2019.

库尔德利．媒介、社会与世界：社会理论与数字媒介实践［M］．何道宽，译．上海：复旦大学出版社，2014.

库珀．边缘信使［M］．夏高娃，译．北京：北京联合出版公司，2019.

李敬一．节目主持概论［M］．武汉：华中科技大学出版社，2004.

李斯特，多维，吉丁斯，等．新媒体批判导论：第 2 版［M］．吴炜华，付晓光，译．上海：复旦大学出版社，2016.

李希光，孙静惟，王晶．新闻采访写作教程［M］．北京：清华大学出版社，2011.

廖声武．节目主持人教程［M］．2 版．北京：中国人民大学出版社，2015.

林奇．电视新闻视听心理研究［M］．北京：中国传媒大学出版社，2014.

刘静，邓秀军．出镜记者案例分析［M］．北京：北京大学出版社，2014.

迈尔斯，尼克斯．高效演讲：斯坦福最受欢迎的沟通课［M］．马林梅，译．长春：吉林出版集团有限责任公司，2013.

麦基，格雷斯．故事经济学［M］．陶曚，译．天津：天津人民出版社，2018.

欧文，普迪．国际新闻报道：前线与时限［M］．李玉洁，主译．北京：中国人民大学出版社，2012.

施拉姆．大众传播媒介与社会发展［M］．金燕宁，蒋千红，朱剑红，译．北京：华夏出版社，1990.

舒克，拉森，塔尔西奥．电视现场制作与报道：第 5 版［M］．雷蔚真，主译．北京：中国人民大学出版社，2013.

斯图尔特，凯什，龙耘．访谈的艺术：第 10 版［M］．上海：复旦大学出版社，2007.

宋晓阳．出镜记者现场报道指南［M］．北京：中国广播电视出版社，2008.

王怡红．人与人的相遇：人际传播论［M］．北京：人民出版社，2003.

肖建华．主持人审美修养［M］．武汉：华中科技大学出版社，2005.

徐浩然，雷琛烨，郭语言．主持人语言逻辑与管理制度研究［M］．北京：中国传媒大学出版社，2009.

延森．媒介融合：网络传播、大众传播和人际传播的三重维度［M］．刘君，译．上海：复旦大学出版社，2012.

严俊．主持人艺术［M］．广州：华南理工大学出版社，2016.

杨飞．流量池：“急功近利”的流量布局、营销转化［M］．北京：中信出版集团股份有限公司，2018.

叶子，赵淑萍．电视采访：探寻事实真相［M］．北京：北京师范大学出版社，2009.

尹均生．中外名记者及其新闻风格［M］．武汉：武汉理工大学出版社，2010.

应天常，王婷．主持人即兴口语训练［M］．2 版．北京：中国传媒大学出版社，2014.

俞虹．节目主持人通论［M］．杭州：浙江大学出版社，1996.

臧国仁，蔡琰．叙事传播：故事/人文观点［M］．杭州：浙江大学出版社，2019.

曾祥敏．电视采访：融合报道中的人、故事与视角［M］．3 版．北京：中国传媒大学出版社，2018.

詹金斯．文本盗猎者：电视粉丝与参与式文化［M］．郑熙春，译．北京：北京大学出版社，2016.

张超．出镜报道［M］．北京：中国人民大学出版社，2017.

赵雪．电视访谈节目语篇研究［M］．北京：中国戏剧出版社，2006.

朱羽君，雷蔚真．电视采访学［M］．北京：中国人民大学出版社，1999.

REARDON N，FLYNN T. 镜头前：如何报道、主持、采访［M］．成倍，张东岳，译．北京：人民邮电出版社，2015.

SPERBER D，WILSON D. Relevance：communication and cognition［M］．Oxford：Blackwell，1986.

二、论文部分

陈力丹，向笑楚，穆雨薇．普利策奖获奖作品《雪崩》为什么引起新闻界震动［J］．新闻爱好者，2014（6）.

陈晓春．故事品性、原型基因与功能释放：影视剧故事的价值分析［J］．现代传播（中国传媒大学学报），2019（10）.

陈晓春．论电视剧产品的核心价值［J］．现代传播（中国传媒大学学报），2010（1）.

谌贻照．一台手机的突围：中国新闻奖一等奖作品《柳州融水突围记》实战心得［J］．中国记者，2018（12）.

程明，战令琦．论智媒时代场景对数字生存和艺术感知的影响［J］．现代传播（中国传媒大学学报），2018（5）.

段淳林，吕笑．“大数据＋”与 IP 内容运营及价值分享［J］．现代传播（中国传媒大学学报），2017（4）.

傅丕毅，陈毅华．MGC 机器生产内容＋AI 人工智能的化学反应：“媒体大脑”在新闻智能生产领域的迭代探索［J］．中国记者，2018（7）．

傅翔．当前戏剧思维的偏离与缺失［J］．解放军艺术学院学报，2006（2）．

龚菊．探析《十三邀》的“偏见式”访谈节目特征［J］．新闻研究导刊，2018（4）．

郭磊．从新西兰恐袭案报道看一线记者融媒体意识能力建设［J］．中国记者，2019（4）．

杭敏．融合新闻中的沉浸式体验：案例与分析［J］．新闻记者，2017（3）．

郝雨，马宇涵．自媒体时代粉丝经济转型：回归经典品质［J］．出版发行研究，2019（12）．

何冰洁．“直播＋”时代传统媒体的“上甘岭之战”［J］．新闻战线，2018（2）．

贺大为．迈向全程、全息、全员、全效：现场云的媒体融合实践［J］．中国记者，2019（2）．

蒋晓丽，梁旭艳．场景：移动互联时代的新生力量：场景传播的符号学解读［J］．现代传播（中国传媒大学学报），2016（3）．

匡文波．5G 将彻底颠覆主流媒体的概念［J］．编辑之友，2019（7）．

稂宁．试论突发事件出镜记者提问技巧［J］．佳木斯职业学院学报，2018（1）．

冷冶夫．纪实艺术：从真实到真实感的流变：21 世纪对“真实”的再认识［J］．当代电视，2009（4）．

李军，范梅源．多点连线直播：现场报道的创新［J］．新闻战线，2019（9）．

李云雷．如何讲述新的中国故事?：当代中国文学的新主题与新趋势［J］．文学评论，2014（3）．

连新民．聚焦现场直播与现场报道：突发事件的集中呈现［J］．新闻研究导刊，2017（24）．

马小英．灾害报道中记者的“感同身受”［J］．中国广播，2008（11）．

马中红．新媒介与青年亚文化转向［J］．文艺研究，2010（12）．

毛振华．快速、深入、独立思考：突发灾难现场报道的突破与延伸：天津港“8・12”火灾爆炸核心区报道亲历［J］．中国记者，2015（9）．

彭兰．移动时代的节点化用户及其数据化测量［J］．暨南学报（哲学社会科学版），2016（1）．

彭兰．智能时代的新内容革命［J］．国际新闻界，2018（6）．

裘建民，宋元．灾害报道中节制采访是记者的美德［J］．视听纵横，2012（4）．

史安斌．作为传播媒介的虚拟现实技术：理论溯源与现实反思［J］．人民论坛・学术前沿，2016（24）．

孙藜．讲故事、受众想像与新闻的道德力量：以《华尔街日报》如何讲故事为例［J］．现代传播（中国传媒大学学报），2012（3）．

涂凌波，崔啸行．个人故事与国家叙事：中国电视纪实节目的“双重呈现”［J］．

中国记者，2018（8）.
王斌，王佳平．现场报道的即兴口语组织［J］．中国广播电视学刊，2009（3）.
肖力．在比较视野下的国家、灾难与秩序［J］．现代哲学，2010（4）.
熊征宇．主持传播能力与人际传播能力辨析［J］．中国广播电视学刊，2011（1）.
徐庆元．全媒体演播室中新闻主持人的功能定位与转变［J］．声屏世界，2015（1）.
晏青，付森会．沉浸与交互：叙事性传媒艺术的认知重启与实践［J］．现代传播（中国传媒大学学报），2016（9）.
於春，李娜．主体性建构：改革开放初期节目主持人的话语转型研究［J］．现代传播（中国传媒大学学报），2018（8）.
曾祥敏，方雪悦．新闻游戏：概念、意义、功能和交互叙事规律研究［J］．现代传播（中国传媒大学学报），2018（1）.
张法．全球化时代的灾难与美学新类型的寻求［J］．社会科学研究，2011（2）.
张凯．从“网红”到“网红＋”：新时期网络直播的转型与发展［J］．传媒，2017（13）.
张倩，毛伟．2019年全国两会三大央媒融媒报道创新亮点［J］．中国记者，2019（4）.
张群力．从电视纪实沿革中声画关系的嬗变看节目形态构成［J］．中国广播电视学刊，2013（12）.
张涛甫．打造全媒体时代的新型主流媒体［J］．中国记者，2019（3）.
张志安，吴涛．互联网与中国新闻业的重构：以结构、生产、公共性为维度的研究［J］．现代传播（中国传媒大学学报），2016（1）.
赵忠义．高端访谈节目如何提升亲和力探索［J］．新闻传播，2018（13）.
郑越．沉浸式体验：虚拟现实新闻的前沿应用与发展趋势［J］．电视研究，2017（6）.
周丽．多元化叙事：互联网时代的主流媒体表达方式［J］．学术探索，2018（2）.
周庆安，黄璐．媒体融合视野下媒体内容生产：观念、方式和表现形式［J］．南京政治学院学报，2015（4）.
周宪．再现危机与当代现实主义观念［J］．文学评论，2019（1）.
朱春阳，曾培伦．圈层下的“新网红经济”：演化路径、价值逻辑与运行风险［J］．编辑之友，2019（12）.
朱春阳．全媒体发展是媒体融合创新的行动坐标［J］．中国广播，2019（4）.
朱羽君，殷乐．大众话语空间：电视谈话节目：电视节目形态研究之二［J］．现代传播（北京广播学院学报），2001（2）.
朱羽君．论电视纪实：上［J］．电视研究，1994（2）.
朱羽君．论电视纪实：下［J］．电视研究，1994（3）.

三、电子文献

白岩松．三大伪命题、四个核心能力，白岩松解惑“传统媒体人的出路”［EB/OL］．

(2018 - 12 - 22) [2023 - 10 - 10]. https：//baijiahao. baidu. com/s? id=1620514791092142939.

传奇主播安德森·库珀：扛着摄像机，冲向所有人想逃离的地方 [EB/OL]. (2019 - 04 - 03)[2023 - 10 - 10]. 澎湃新闻·澎湃号·湃客.

封面新闻首席记者田雪皎：纪实调查报道如何进行现场突破 [EB/OL]. (2020 - 04 - 02) [2023 - 12 - 12] . https：//mp. weixin. qq. com/s/XPibm5hb33SpUPSpmKtbwQ.

马少华 . 马航失联，中国媒体落后在哪里 [EB/OL]. (2014 - 03 - 18)[2023 - 10 - 10]. 微信公众号 "仟言万语".

全球深度报道网（获授权转载）像制作电视剧一样做报道，法国媒体 Les Jours 的新闻实验 [EB/OL]. (2019 - 07 - 24)[2023 - 09 - 01]. https：//feng. ifeng. com/c/7notBNIomvo.

小明 AI 两会 [EB/OL]. (2018 - 07 - 20)[2023 - 10 - 10]. http：//www. xinhuanet. com/zgjx/2018 - 07/20/c _ 137335220. htm.

战地记者陈聪：揭秘最真实的现代战争 [EB/OL]. (2021 - 10 - 27)[2023 - 12 - 12]. https：//new. qq. com /rain/a/20211027A02MY300.

后记

本教材由我、宁波广播电视集团的李飒及宁波大学教学团队共同编写完成。全书约 40 万字，共十二章。我完成了全书的策划、编写（除第十章外）和校稿、统稿工作。第十章由李飒、宁波大学的赵书松合作完成。李飒全程参与了教材的研讨与策划，提供了大量的实践案例并对全书提出了修改建议。宁波大学的黄雨水、赵书松参与了教材前期策划和部分初稿写作工作。

同时，我邀请了中国传媒大学的高晓虹教授、隋岩教授、宋晓阳副教授，以及东北师范大学广播电视系主任孟翀博士，中央广播电视总台英语环球节目中心主任编辑王英女士担任这本教材的顾问，这些优秀的专家学者在各自的领域都有突出的造诣和独到的见解。

在编写过程中，本教材得到了宁波广播电视集团徐明明副总裁及诸多宁波业界专家的支持与帮助，还得到了宁波大学人文与传媒学院张伟教授等诸多领导与同事的鼎力支持，谨此一并致谢！

宁波大学姜雯嘉、郑蓉、田玉、陈昕、裘新蕾、吴雁灵等研究生协助整理了全书的案例文本和扫码视频。上海体育大学研究生范飞龙协助做了最后的二维码校对等技术工作。

本教材入选了浙江省普通高校“十三五”第三批新形态教材建设项目，得到了宁波大学与宁波广播电视集团部校共建精品课程项目、宁波大学人文与传媒学院精品教材培养项目的支持。

在记者节完成了这本教材的初稿，以此谨向一线的新闻工作者们致敬！

史文静

2024 年 11 月 8 日

图书在版编目（CIP）数据

出镜记者与主持人实务/史文静，李飒编著．--北京：中国人民大学出版社，2025.1
普通高等学校应用型教材．新闻传播学
ISBN 978-7-300-32549-1

Ⅰ.①出… Ⅱ.①史… ②李… Ⅲ.①记者－新闻工作－高等学校－教材 ②主持人－语言艺术－高等学校－教材 Ⅳ.①G214.2 ②G222.2

中国国家版本馆 CIP 数据核字（2024）第 039352 号

普通高等学校应用型教材·新闻传播学
出镜记者与主持人实务
史文静　李　飒　编著
Chujing Jizhe yu Zhuchiren Shiwu

出版发行	中国人民大学出版社		
社　　址	北京中关村大街 31 号	**邮政编码**	100080
电　　话	010－62511242（总编室）		010－62511770（质管部）
	010－82501766（邮购部）		010－62514148（门市部）
	010－62515195（发行公司）		010－62515275（盗版举报）
网　　址	http://www.crup.com.cn		
经　　销	新华书店		
印　　刷	北京宏伟双华印刷有限公司		
开　　本	787 mm×1092 mm　1/16	**版　　次**	2025 年 1 月第 1 版
印　　张	20.5 插页 1	**印　　次**	2025 年 1 月第 1 次印刷
字　　数	419 000	**定　　价**	59.80 元